吕思勉 著

中国民族史两种

吕思勉著作精选

专门史

图书在版编目(CIP)数据

中国民族史两种 / 吕思勉著. —上海：上海古籍
出版社,2021.5
（吕思勉著作精选. 专门史）
ISBN 978-7-5325-9936-3

Ⅰ.①中… Ⅱ.①吕… Ⅲ.①中华民族－民族历史
Ⅳ.①K28

中国版本图书馆 CIP 数据核字(2021)第 066097 号

吕思勉著作精选·专门史

中国民族史两种

吕思勉　著

上海古籍出版社出版发行

（上海瑞金二路 272 号　邮政编码 200020）

（1）网址：www.guji.com.cn

（2）E-mail：guji1@guji.com.cn

（3）易文网网址：www.ewen.co

上海颛辉印刷厂有限公司印刷

开本 890×1240　1/32　印张 12.75　插页 3　字数 298,000

2021 年 5 月第 1 版　2021 年 5 月第 1 次印刷

ISBN 978-7-5325-9936-3

K·2988　定价：52.00 元

如有质量问题,请与承印公司联系

前　言

　　有一种说法,说理想的历史著述家,要写过一部历史的专著,写过一部历史教科书,再写过一部历史通俗读物。又有一种类似的说法,把教科书换成了方志书,或是把通俗读物换成了历史地图册,说唯有著述了多种主题、多种形式的史学作品,历史著述才算达到了完满的境界。这些说法,当然不是在为史学评论提供一种评判的标尺,其本意是强调历史著述家除了要撰写专业领域里的学术著作,还要尽其所能为社会大众提供多种多样的历史作品,以满足不同层次、不同爱好的读者需要。

　　由此而论,史学家吕思勉先生倒是达到了理想的历史著述境界。他不仅写有大部头的史学著作,如《先秦史》《秦汉史》等成系统的四部断代史,还写过大量的文史教科书和历史通俗读物。其数量之多、品类之丰,在民国时代众多的史学大家中也是很罕见的。而且,他撰写的教科书和历史通俗读物,都是精心之作,或被后人称之为通俗读物之典范。

　　如此次"吕思勉著作精选"收录的一九二四年商务印书馆出版的《新学制高级中学教科书本国史》,黄永年先生曾评价说:这本书现在已经很少有人知道了,有一篇《吕思勉先生主要著作》,就没有提到这本书,也许认为这只是教材而非著作。"其实此书从远古讲到民国,只用了十二万字左右篇幅,而政治、经济、文化以及典章制度各个方面无不顾及,在取舍详略之中,体现出吕先生的史学史识,实是吕先生早期精心之作。有些青年人对我讲,现在流行的通史议论太多,史实太少,而且头绪不清,实在难读难记。我想吕先生这本要言不烦的《本国史》是否可以给现在编写通史、讲义的同志们一点启发。"(黄永年:《回忆我的老师吕诚之先生》,《学林漫录》第四集,北京,中华书局,1981 年)

又如《三国史话》,原是吕先生撰写《秦汉史》的副产品,出版之后,就很受欢迎,被视为历史通俗读物的典范之作。虞云国先生说:史学大师吕思勉既有代表其学术高度的断代史,又有通俗读物《三国史话》,"各擅胜场,令人叹绝"。(吕思勉:《三国史话》封底,北京,商务印书馆,2015 年)梁满仓先生也说:"《三国史话》的大家风范,首先体现在作者强烈的历史责任意识……还表现在一些经得住时间检验的观点……《三国史话》是一部通俗历史读物,然而通俗中却包含着渊博的知识……小中见大、通俗中见高雅,《三国史话》为我们树立了典范。"(梁满仓:《〈三国史话〉的大家风范》,吕思勉:《三国史话》,北京出版社,2012 年)如今,吕先生的各种著述一再重版、重印,成为民国史学家中最为大众欢迎的史家之一,说明上述史学家们的评说已经成为大家的共识。

本着这样的认识,我们在吕先生一千余万字的著述中,选择了二十余种兼具通俗性与专业性且篇幅适宜者,根据内容分为七类,分别是:通史、专门史、修身、历史分级读本、读史札记、史话和国学,组成"吕思勉著作精选",以飨读者。如最先推出的"吕思勉著作精选·专门史",收入《中国社会史》、《中国社会变迁史(附大同释义)》、《中国民族史两种》和《中国文化史六讲　中国政治思想史十讲》。何以收入此四种?吕先生历来备受关注者,即其"两部通史、四部断代史、一种札记",但其对专门史亦非常重视。他提倡"专就一种现象的陈迹加以研究"之专门的历史,并且身体力行,在史学实践中完成社会史、民族史、文化史、政治思想史等专史著作,涵盖面很广。且其专门史常常有一种贯通的眼光,既是朝代的贯通,也是"专门"的贯通,如其讲政治思想史、文化史,则先论社会史,因此其专门之中又多贯通,体现了其"综合专门研究所得的结果,以说明一地域、一时代间一定社会的真相"的治学路径。吕思勉先生的历史著作,大多都蕴含着这种"贯通"的眼光。以此为例,是想说明我们精选吕思勉著作的用意,以及帮助读者更好地理解中国历史的希望。

目　录

前言 ……………………………………………………………… 1

中国民族史

序 ………………………………………………… 陈协恭 3

第一章　总论 ………………………………………………… 5

第二章　汉族 ………………………………………………… 11

　　附录一　昆仑考 ……………………………………… 20

　　附录二　三皇五帝考 ………………………………… 23

　　附录三　夏都考 ……………………………………… 28

　　附录四　释亳 ………………………………………… 33

第三章　匈奴 ………………………………………………… 39

　　附录一　赤狄白狄考 ………………………………… 59

　　附录二　山戎考 ……………………………………… 66

　　附录三　长狄考 ……………………………………… 69

　　附录四　秦始皇筑长城 ……………………………… 74

第四章　鲜卑 ………………………………………………… 76

　　附录一　鲜卑 ………………………………………… 94

　　　附录二　后魏出自西伯利亚 ……………………… 97

　　　附录三　宇文氏先世 ……………………………… 99

　　　附录四　契丹部族 ………………………………… 101

第五章　丁令 …………………………………………… 105

　　　附录一　丁令 ……………………………………… 124

　　　附录二　丁令居地 ………………………………… 127

　　　附录三　突厥与蒙古同祖 ………………………… 131

第六章　貉族 …………………………………………… 137

　　　附录一　貉族发见西半球说 ……………………… 154

第七章　肃慎 …………………………………………… 158

　　　附录一　金初官制 ………………………………… 195

第八章　苗族 …………………………………………… 197

第九章　粤族 …………………………………………… 209

第十章　濮族 …………………………………………… 236

第十一章　羌族 ………………………………………… 249

　　　附录一　鬼方考 ………………………………… 262

第十二章　藏族 ………………………………………… 268

第十三章　白种 ………………………………………… 275

中国民族演进史

序 ……………………………………………………… 291

第一章　什么叫做民族 ………………………………… 293

第二章　中国民族的起源怎样 ………………………… 301

第三章　中国民族是怎样形成的 ……………………… 309

第四章　中国民族怎样统一中国本部 ………………… 322

第五章　中国民族第一次向外开拓怎样 ……………… 333

第六章　五胡乱后的中华民族是怎样的 ……………… 348

第七章　中国民族在近代所受的创痛是怎样 ………… 359

第八章　中国民族的现状怎样 ………………………… 375

第九章　怎样复兴中国民族 …………………………… 384

第十章　中国民族演进的总观察怎样 ………………… 390

附录一　参考书 ………………………………………… 395

附录二　复习问题 ……………………………………… 397

中国民族史

序

　　吕君诚之,著《先秦学术概论》,予既为序而行之矣。越三日,君复以所著《中国民族史》相示。读之,二日而毕。则其贯通精确,又有非前书所能逮者。汉高祖之盛也,以三十万众,困于平城。是役也,上距蒙恬之逐头曼,仅十余年耳。蒙恬之兵则强矣,自此以前,秦之兵威,未能若是其盛也;燕赵诸国,兵力尤不逮秦;匈奴之为国则旧矣,何以迄无冒顿其人者,侵扰北垂?此史事之可疑者一也。汉世所谓上谷、渔阳、右北平、辽西东者,实苞今辽、热二省,且渡鸭绿江入朝鲜。乌桓居五郡塞外,其地亦不狭矣。乃自魏武柳城一捷,而乌桓之名,几不复见,其众果何往乎?此史事之可疑者二也。朝鲜为箕子之国,无足疑者。然当商周之间,辽东西究作何状,殊不可知,无论箕子出走,武王封建,安能及于朝鲜?此史事之可疑者三也。蒙古由来,《元史》不载。赖有《秘史》,少窥崖略。然《秘史》所述,则蒙古王室之先世耳。其部族缘起,不可知也。近世考证之家,谓其实出室韦,以地望核之,是矣,然蒙人又自号曰鞑靼,何居?抑鞑靼者,《五代史》云:靺鞨别部之居阴山者也。靺鞨在松花江畔,何缘西附阴山?既附阴山,又何缘绝漠而北?此史事之可疑者四也。往史所载诸民族,一夫多妻者多,一妻多夫者少。苟其有之,必且竞相传述。当南北朝时,有具一妻多夫之俗者曰嚈哒,居今于阗。

史谓其自金山而南；班勇平西域时，已有其国。果如所言，《后书》、《国志》，何以一语不及？而吐蕃赞普，《唐书》谓其系出秃发，越积石而抚有群羌。羌固父死妻后母，兄亡报蝥嫂者。以一妻多夫之藏族，而谓其原出于羌，可乎？此史事之可疑者五也。苗、瑶、獠、僰占地既广，称名猥多。果一族乎？抑多族乎？若为多族，当得几族？若本一族，缘何派分？历来记诸族之事迹者多，能董理其派别者少。此尤予读书以来所怀疑莫释者也。一读此书，则向之怀疑莫释者，今皆昭若发蒙。昔人谓《汉书》可以下酒，得此快作，真可一石不醉矣。然向所胪举，仅就予所怀疑者言之耳。全书中精辟之处，盖未易枚数。如匈奴与中国同文也，其前后龙庭所在也，契丹十部八部之异也，金源王室得氏之由也，靺鞨二字之义也，文身食人之俗究出何族也，无一不怡然涣然，未道破则人不能言，已道破则人人共信者。又如濮族远迹，曾及秦豫；肃慎涉貉，皆因燕开五郡，播迁东北；则穿贯史事，若缀千狐之白而为裘，使往史失载之大事，突然现于眼前。斯尤足究民族盛衰兴替之原，岂徒曰诵习简策，若数米盐而已。近人所撰《东北史纲》，因夫余诸国，俗类有殷，而疑满族来自东方，远不如此书诸族本居燕北，因燕国开拓而播迁之说之善。盖尝论之：考证之学，以清代为最精。实详于经而略于史。清儒之考史者，多留心于一枝一节，为古人弥缝其阙，匡救其灾，其能贯串全史，观其会通者盖寡；比合史事，发见前人所未知之事实者，尤不可睹矣。君之所为，诚足令先辈咋舌。附录诸篇，若三皇五帝、昆仑、鬼方、长狄诸考，则又淹贯经子，虽专门之经生有不逮。才士固无所不可哉！谁谓古今人不相及乎？

民国二十二年夏武进陈协恭序

第一章　总　论

此书凡分十二族,今各述其大概如下:

(一)**汉族**　此为最初组织中国国家之民族。其语言、习俗、文化等,皆自成一体,一线相承。凡世所称为中国民族者,皆以其能用此种语言,具有此等习俗文化而言之也。此族初居黄河流域,渐向长江、粤江两流域发展。其开化之年代,今尚不能确知。据史家所推算者计之,则其有史时期,当在距今五千年前后。中国确实之纪年,始于共和元年,在公元前八百四十一年。自此以前,据《汉书·律历志》所推:周尚有一百二十二年,殷六百二十九年,夏四百三十二年,为公元前二千零二十四年,即民国纪元前三千九百三十五年,更加巢、燧、羲、农,及黄帝、颛顼、帝喾、尧、舜等,事迹较可凭信者,必在距今五千年前后也。其为故居此地,抑自他处迁徙而来,今亦未能确知,其奄有中国本部,盖定于秦、汉平南越开西南夷之日。自此以后,其盛衰之迹,即普通中国历史,人人知之。其与他族交涉,则述他族时可以见之。故述此族之事,即至此为止。

(二)**匈奴**　此族当前二世纪至纪元一世纪时,据今内外蒙古地方,为中国之强敌。一世纪末,为中国所破,辗转西迁,直至欧洲为止,与中国无甚交涉矣。其入居中国内地者,四世纪之初,乘中国内乱而崛起。是为五胡中之胡、羯,十六国中之前后赵,约五十年,大为冉闵所屠戮，遂骤衰，其遗族浸与汉族相同化焉。此族自周以前，盖与汉族杂居黄河流域，详见篇中。此时今内外蒙古之地，盖极地广人稀；错处之种族虽多，非尽此族。实无一强大者。故中国当未统一之前，无北方游牧民族侵掠之患，实天幸也。

（三）鲜卑　此族似即古所谓析支，散居中国之北。秦、汉时，则在今辽、热之间。盖南限于燕所开上谷、渔阳、右北平诸郡，西限于匈奴也。更东则为貉族。中国人称为东胡。公元前一二世纪之间，为匈奴所破，余众分保乌桓、鲜卑二山，因以为名。二山所在，今不能确知，然必满、蒙之间，所谓内兴安岭之脉者。乌桓在南，鲜卑在北。汉武帝时，招致乌桓，居于上谷、渔阳、右北平、辽西、辽东五郡塞外，助汉捍御匈奴。自此乌桓与汉较亲。一世纪末，匈奴亡。鲜卑徙据其地，而臣其遗落，由此大盛。至二世纪后半，遂与中国相抗衡。然未久复衰。惟其部落分布仍甚广。乌桓当二世纪后半，其大人亦颇有桀骜者。三世纪初，曹操袭破之于柳城。自此不能复振。然后此崛起之鲜卑，核其地，实多前此乌桓所据。故予颇疑鲜卑为其种族之本名，乌桓仅其分部之号；柳城战后，非乌桓自此遂亡，乃皆改从本名耳。此族分布既广，故五胡之乱，乘时崛起者颇多。前后燕、西秦、南凉、拓跋魏、宇文周皆是。高齐虽自称汉族，风气实同鲜卑，亦不能视为汉族也。两晋南北朝之世，此族之兴，始于慕容氏之据辽东西。事在三世纪末叶。至五八一年，隋代宇文周，而其在中国割据之局始终，其人亦大抵同化于中国。而其种落，仍有居西辽河上游流域者，是为奚、契丹。公元十世纪之初，契丹崛起，尽服漠南北；声威西至西域；又东北灭渤海；南割燕云十六州。至千一百二十五年，乃为金所灭。自东胡之强至此，盖千三四百年，其运祚，实远较匈奴为久也。

（四）丁令　此族在今日，中国人通称为回，西人则通称为突厥,皆其后来之分部。其种族之称,实惟丁令,异译作敕勒,亦作铁勒。地在匈奴及西域诸国之北。自贝加尔湖附近起,至咸海、里海之北,成一弧形。鲜卑侵入内地后,此族踵之而据漠南北。公元四世纪前半,北魏与柔然,争斗最烈。柔然虽鲜卑分部,其所用实皆丁令之众也。五世纪中叶,柔然衰,而此族之突厥盛。自此或与中国为敌,或则臣服于中国,至七世纪初乃亡。而其同族回纥又继之。至八世纪初叶,乃为黠戛斯所破。自此弃漠南北,居河西及天山南路,以至于今。以上所述,为此族之居东方者。其居西方者为西突厥。六世纪中叶,为中国所破。后中国之威力衰,则臣服于大食,然其种落仍在。大食衰,此族复多崛起者。元世,入居中国者不少焉。

(五)貉族　东洋史上,汉族而外,当以此族程度为最高。古所称东方君子之国者,实指此族言之。其根据地,予疑其本在辽、热、河北之间,自燕开五郡,乃为所逐,奔进塞外。于是此族名国,在今吉林西境者有夫余,其南下朝鲜半岛者,为高句丽及百济。夫余亡于三世纪之初。而句丽、百济,日益昌大,终成半岛之主人焉。此族文化,酷类有殷,盖受之箕子。古代之朝鲜,断不能在半岛,盖亦随燕之开拓,而奔进于东者也。

(六)肃慎　即今所谓满族,此族在古代,疑亦近北燕,随燕之开拓而东北走者,详见篇中。自汉以后,此族居于松花江流域,而黑龙江两岸,亦其种落所在。初盖服属夫余,后亦臣事句丽。句丽之亡,助之之粟末部,入居今热河境。七八世纪之间,因契丹叛乱,东走出塞,建国曰渤海。尽有吉、黑及清咸丰间割界俄国之地。并有今辽宁东境,及朝鲜北境。一切制度文物,皆模范中华,称为海东盛国。九百二十六年,为辽所灭。于是此族大致服辽。至千一百十四年,而此族之黑水部曰女真者兴起。以飘风暴雨之势,十有二年而灭辽,又二年而亡北宋,奄有中国之半。凡百二十年,而亡于元。其居长白山者，后四百年乃兴起，是为清。其居黑龙江上游者为室韦。其别部，唐时曰蒙兀，即后来之蒙古。然蒙古王室之先世，则实沙陀突厥与室韦之混种也。详见篇中。

（七）羌族　此族在今陇蜀之间，及西康、青海、前藏之境。其分支东出，沐浴中国之文化最早者曰氐。三代时，即与中国有交涉。据河、湟肥饶之地，为中国患最甚者，为汉时之西羌。又西北至天山南路，南至云南西境，亦有其种落。但非其蟠结繁盛之区而已。此族所处之地，极为崎岖，且较硗瘠，既不能合大群，产业亦无由开发，故其进化颇迟。然亚洲中央之高原，大半为此族所据。将来大陆中心开发时，实占极重要之地位也。

（八）藏族　此族有一特异之俗，曰一妻多夫。自晋以前无闻焉。南北朝时，乃有据今于阗之地者，曰哌哒。其兵威远暨西亚。至突厥兴，乃为所破。哌哒原起，史籍所云殊不足据。以予观之，则哌哒二字，实系于阗异译。后藏、于阗之间，本有交通孔道。哌哒盖后藏民族之北出者也。西康、青海、西藏同为亚洲中央高原。然其地势，仍有微别。西康、青海及前藏，皆向东南倾斜，为诸大川上游谷地，此为羌族所据。后藏之地，则高而且平，其水皆无出口，地理学家称为湖水区域，此则藏族之所据也。前藏之南，雅鲁藏布江流域，地最肥饶，亦较平坦，去印度又近，是以吐蕃王室之先，自此入藏，遂为羌、藏二族之主。此族以所居之地之闭塞，其开化亦迟。然正以此故，其信教之心极笃。佛教衰于印度，遂以此为根据。蒙、羌两族，亦皆受其感化。亚洲内陆开发时，亦必占极重要之位置也。

（九）苗族　南方诸族，向来论者，不甚加以分别。然考诸史籍，则固显然可分为三：其一族，予从今日通行之名，称之曰苗。又其二族，则稽诸古初，而称之曰越，曰濮。苗族古称黎，汉以后称俚，亦作里。其地居正南，故古书多称为蛮。今所谓苗，即蛮字之转音也。或以附会古之三苗,误矣。然今苗族之称,不因古三苗之国,而古三苗之国所治,则确为今之苗民,即所谓九黎也。此族当五帝时,曾据今长江中流,洞庭、彭蠡之间。后为汉族所破。周时,江域之地入楚。此族退居湖南,自汉以后,又沿洞庭流域西南退。凡今湖南及贵州沅江上游之地,古所谓蛮者,大抵皆此族也。

(一〇)越族 今所谓马来人。其分布之地,在亚洲沿海,暨环亚洲诸岛屿,即地理学家所谓亚洲大陆之真沿边者。其形状之异甚著,史多明载之。又文身食人之俗,散见史籍者甚多,比而观之,则皆系此族人。此族之程度,似较苗族为低。然其所据之地,远较苗族为广。山东半岛及江、浙、闽、广、湘、赣,古代盖皆此族人所据,且有深入川、滇者。今日中国人之成分中,此族之血胤必不少也。

(一一)濮族 此族今称倮儸。其与苗族之异,日本鸟居龙藏曾言之。然考诸史籍,其事亦甚显著也。此族之文明程度,又较苗族为高。其地在苗族之西;贵州西境,云南东境,四川南境,则其蟠据之区也。此族在古代,踪迹曾深入北方,达今秦、豫之境。湖北西半,亦大抵为所据,详见篇中。其去汉族盖最近,故其程度亦最高也。

(一二)白种诸族 今日欧、亚二洲之界线,非历史上东西洋之界线也。历史上东西洋之分界,实为亚洲中央之帕米尔高原。自此以东之地,其事皆与中国之关系多,与欧洲之关系少;自此以西之地,则与欧洲之关系多,而与中国之关系少矣。白种人之分布,大都在葱岭以西,故与中国关系较浅。然彼此往来,究亦不乏。而葱岭以东,白种人之分布,亦非曰无之,特非大部落耳。

以上所述,除白种诸族甚少不足计外,其余十一族,可分三派:匈奴、鲜卑、丁令、貉、肃慎为北派;羌、藏、苗、越、濮为南派;此以大致言。羌、藏中,亦有具北派之性质者。而汉族居其中。北派除貉族外,非据瘠薄之草原,则据山岭崎岖而苦寒之地,故其性好杀伐。历代为中国患,又蹂躏西域,有时且及于欧洲者,皆此派民族也。南方则地势崎岖,而气候炎热,其民性较弱,而团结亦较难,故不能为大患。然其开发亦不易。汉族卵翼之,教诲之,迄今已数千年,犹未能全然同化也。惟汉族,根据黄河,而渐进于长江、粤江两流域。川原交错,物产丰饶,幅员广大,交通利便,气候亦具寒热温三带,取精用弘,故能大启文明,创建世界所无之大国。得天独厚,良非偶然。然以四围诸族,程度皆下于我,遂不免傲然自大,而稍流于故步自封;又以广土众民,生活及文化程度,皆远较他族为胜;一时虽为人所征服,不久即能同化他人;不恃兵力,亦足自立,民气遂日流于弱;此则其缺点也。今日所遇诸族,则非复昔时之比矣。狃于蒲骚之役者,虽遇小敌,亦不免败绩失据,况今之所遇,固大敌乎? 可不深自念哉?

第二章　汉　族

民族与种族不同。种族论肤色，论骨骼，其同异一望可知。然杂居稍久，遂不免于混合。民族则论言文，论信仰，论风俗，其同异不能别之以外观。然于其能否抟结，实大有关系。同者虽分而必趋合，异者虽合而必求分。其同异，非一时可泯也。

一国之民族，不宜过杂，亦不宜过纯。过杂则统理为难，过纯则改进不易。惟我中华，合极错杂之族以成国。而其中之汉族，人口最多，开明最早，文化最高，自然为立国之主体，而为他族所仰望。他族虽或凭恃武力，陵轹汉族，究不能不屈于其文化之高，舍其故俗而从之。而汉族以文化根柢之深，不必借武力以自卫，而其民族性自不虞澌灭，用克兼容并苞，同仁一视；所吸合之民族愈众，斯国家之疆域愈恢；载祀数千，巍然以大国立于东亚。斯固并世之所无，抑亦往史之所独也。

汉族之称，起于刘邦有天下之后。近人或谓王朝之号，不宜为民族之名。吾族正名，当云华夏。案《书》曰："蛮夷猾夏。"《尧典》，今本分为《舜典》。《左氏》曰："戎狄豺狼，诸夏亲昵。"闵元年。又曰："裔不谋夏，夷不乱华。"定十年。又载戎子驹支对晋人之言曰："我诸戎饮食衣服不与华同。"襄十四年。《论语》曰："夷狄之有君，不如诸夏之亡也。"《八佾》。《说文》亦曰："夏，中国之人也。"则华夏确系吾族

旧名。然二字音近义同,窃疑仍是一语。_{二字连用,则所谓复语也。"裔}
_{不谋夏,夷不乱华"二语,意同辞异,古书往往有之,可看俞氏樾《古书疑义举}
_{例》。}以《列子》黄帝梦游华胥,附会为汉族故壤,未免失之虚诬。夏
为禹有天下之号,夏水亦即汉水下流。禹兴西羌,_{《史记·六国表》。}
汉中或其旧国。则以此为吾族称号,亦与借资刘汉相同。且炎刘不
祀,已越千年。汉字用为民族之名,久已不关朝号。如唐时称汉、
蕃,清时称满、汉,民国肇建,则有汉、满、蒙、回、藏五族共和之说是
也。此等岂容追改?夏族二字,旧无此辞。华族嫌与贵族混。或称
中华民族,词既累重,而与合中华国民而称为一民族者,仍复相淆。
夫称名不能屡更,而涵义则随时而变。故片辞只语,其义俱有今古
之不同。训诂之事,由斯而作。必谓汉为朝号,不宜用为民族之名,
则今日凡百称谓,何一为其字之初诂哉?废百议一,斯为不达矣。

　　汉族自有史以前,久居此土乎?抑自他处迁来,其迹尚有可考
者乎?此近人所谓"汉族由来"之问也。昔人暗于域外地理,即以其
国为天下,此说自无从生。今则瀛海大通,知中国不过世界列国之
一;远览他国史乘,其民又多非土著;而读史之眼光,始一变矣。法
人拉克伯里氏撰《支那太古文明西原论》,谓汉族来自巴比伦。日本
白河次郎、国府种德取其说以撰《支那文明史》。_{东新译社译之。改}
_{名《中国文明发达史》。}说极牵强。顾中国人自此颇留意考据。搜辑最
博者,当推蒋智由之《中国人种考》。_{见《新民丛报》。此篇以博为主,故所}
_{采不皆雅言。作者亦无确实论断。}此外丁谦、章炳麟等,咸有论著。或
主来自小亚细亚。_{丁氏之说。见所著《穆天子传地理今释》。略谓"此书体}
_{例,凡穆王经过诸国,有所锡赉皆曰'赐';惟于西王母则曰'献'。诸受天子之赐}
_{者,皆膜拜而受,惟西王母及河宗氏不然。天子觞西王母于瑶池之上。西王母}
_{为天子谣曰:白云在天,山陵自出。道里悠远,山川间之。将子无死,尚复能}
_{来。意谓中华大国,然其初起自西方,犹天上白云,出自山陵也。然则西王母为}

汉族故国，理自可信。传云：'自群玉之山以西，至于西王母之邦，三千里。自西王母之邦，北至于旷原之野，飞鸟之所解其羽，千有九百里。'又云：'至于西王母之邦，遂驱，升于弇山。乃纪其迹于弇山之石，而树之槐，眉曰西王母之山。'群玉之山，以穆王游行道里核之，当在今葱岭左右。旷原之野，盖印度固斯山以北高平之地。西王母在群玉之山之西三千里，旷原之野之西千九百里，则当在今小亚细亚。弇山，郭注云：弇兹山，日所入也。即《山海经》之崦嵫山。经云：崦嵫之山，苕水出焉，而西流注于海。可证西王母之地，西面滨海。然则西王母当在小亚细亚之西端。昔人所知陆地，西尽于此，遂以为日之所入耳。"愚案西王母之名，见于《尔雅》，为四荒之一。《淮南子·地形训》："西王母，在流沙之濒。"《礼记·王制》："自西河至于流沙，千里而遥。"则西王母之地，极远亦不过在今甘肃边境。《太平御览》地部引崔鸿《十六国春秋》"酒泉太守马岌上言：酒泉南山，即昆仑之体。有西王母石室"云云。虽未必密合，地望固不甚远。故虞舜时，西王母能来献其白琯，若在小亚细亚，则葱岭东西，古代了无交通之迹，西王母安能飞越邪？舜时西王母来献白琯，见《大戴礼记·少间》篇。

或谓来自大夏故墟。章氏之说，见《太炎文录·论种姓》篇。以西史之巴克特利亚（Bactria），《史记》称为大夏，必其地之旧名。而引《吕览·古乐》篇，黄帝命伶伦作律。伶伦自古大夏之西，乃之坑隃之阴，取竹于嶰谿之谷，为大夏为汉族故土之证。然大夏之名，古籍数见，虽难确指其地，亦必不得在葱岭之西也。详见近人柳诒徵所撰《大夏考》，载《史地学报》。要其立说，皆不免借《山海经》、《穆天子传》等书为佐证。此等书，后人所以信之者，以其述域外地理多合。予谓二书实出晋世，汉时西域地理已明，作伪者乃取以为资，而后人遂为所欺耳。此说甚长，当别著论，乃能详之。《山海经》系据汉后史志伪造。予所考得，凡数十事。予昔亦主汉族西来之说。所立证据，为《周官》郑注。谓古代之祀地祇，有昆仑之神与神州之神之别。入神州后仍祀昆仑，则昆仑为汉族故土可知。自谓所据确为雅言。迄今思之，郑氏此注，原本纬候。疏引《河图·括地象》为证。纬候之作，伪起哀、平，亦在西域地理既明之后。虽多取材故记，未必不附以新知。则其所言，亦与《山海经》、《穆天子传》等耳。据此议彼，未免五十步之笑百步也。参看拙撰《昆仑考》。

然则汉族由来，竟不可知乎？曰：非不可知也，特今尚非其时耳。草昧之时，讫无信史，为各国各族所同。他国古史，所以渐明者，或则发掘古物，以求证验；或则旁近史乘，可以参稽。吾国开化最早，四邻诸国其有史籍，皆远出我后；掘地考古，方始萌芽；则邃古之事，若存若灭，盖无足怪，与其武断，无宁阙疑也。

然则汉族发展之迹，竟不可知乎？曰：汉族入中国以前，究居何处不可知。其入中国后发展之迹，则尚有可征也。特皆在有史以后耳。案欲考汉族发展之迹，必先明其地理。考证古史地理，厥有三法：（一）考其疆域四至，及九州境界。（二）考古国所在。（三）考其用兵地理是也。疆域四至及州之境界，多有山川之名为据，似若可信。然此不过声教所及，非必实力所至也。古国所在，多难确考。有可考者，亦难分别其究为汉族，抑非汉族。无已，其惟考证古代帝王都邑乎？王朝史事，传者较详。都邑所在，亦较可凭信也。用兵地理，能传诸后世者，其间战胜攻取之方，遁逃负固之迹，皆足以考立国形势，交通路线。较诸仅知其都邑所在者，尤为可贵。故此三法者，第三法可用其全，第二法可用其半，第一法则全不足用也。

古代帝王事迹，多杂神话。其较可信者，盖始三皇五帝。三皇五帝，异说纷如，要以《尚书·大传》燧人、伏羲、神农为三皇，《史记·五帝本纪》黄帝、颛顼、帝喾、尧、舜为五帝之说为可信。详见鄙人所撰《三皇五帝考》。燧人都邑无征。《遁甲开山图》，谓伏羲生于成纪，今甘肃秦安县。徙治陈仓，今陕西宝鸡县。地在秦、陇之间。神农氏，一称厉山氏，亦曰大庭氏。厉山，《括地志》谓在随县，今湖北随县。即春秋时之厉国。而春秋时鲁又有大庭氏之库，皇甫谧《帝王世纪》,谓神农都陈徙鲁,《史记·五帝本纪》正义引。盖本诸此。黄帝邑于涿鹿之阿。服虔云:涿鹿,山名,在涿郡。今河北涿县。张晏谓在上谷,皆见《集解》。盖因《汉志》上谷有涿鹿县云然。窃疑服说为是也。颛顼、帝喾,《史记》皆不言其都邑。《集解》引《皇览》,谓其冢并在濮阳,今山东濮阳县。则在今山东境。尧都晋阳,今山西太原县。见于《汉志》。舜盖因之。《左》定四年,祝佗谓唐叔封于夏虚,启以夏政,则禹亦仍尧旧都也。然《世本》谓禹都阳城,盖其后嗣所徙。《左》哀六年引《夏书》曰:"惟彼陶唐,帅彼天常,有此冀方。今失其行,乱其纪纲,乃灭而亡。"盖指太康失国之事。窃疑有夏自此,遂失冀州,后嗣更居河南也。详见鄙人所撰《夏都考》。汤都曰亳,异说尤繁。鄙意当采魏氏源之说,以商、今陕西商县。偃师、今河南偃师县。及汉薄县今河南商丘、夏邑、永城三县境。三处皆为亳。汤初居于商,《史记》所谓"自契至汤八迁,汤始居亳,从先王居"者也。其后十一征,自葛始。韦、顾既伐,遂及昆吾、夏桀。桀败于有娀之虚,奔于鸣条。汤以其间又伐三𡐛。其战胜攻取之迹,皆在河南、山东,则必在汉薄县境矣。此孟子所谓"汤居亳,与葛为邻"者也。有天下之后,盖定都偃师。故盘庚渡河而南,《史记》谓其"复居成汤之故居"也。详见鄙人所撰《释亳》。其后仲丁迁于嚣;《书序》作嚣。《正义》:"李颙曰,嚣在陈留浚仪县,皇甫谧云:仲丁自亳迁嚣,在河北也。或曰:今河南敖仓。二说未知孰是。"《史记正义》:"《括地志》云:荥阳故城,在郑州荥泽县西南十七里,殷时敖地也。"案浚仪,今河南开封县,荥泽,今河南荥泽县。《水经·济水》注:济水又东经敖山,山上有城,即殷帝仲丁之所迁也。皆同《正义》或说。河亶甲居相;《史记正义》:"《括地志》云:故殷城,在相州内黄县东南十三里,即河亶甲筑都之所,故名殷城也。"案今河南内黄县。祖乙迁邢;《书序》:"祖乙圮于耿。"正义:"皇甫谧以耿在河东,皮氏县耿乡是也。"《史记索隐》:"邢,近代本亦作耿。"案此盖后人以《书序》改之。《通典》谓祖乙所迁之邢为邢州,说似较确。皮氏,今山西河津县。

邢州，今河北邢台县。盘庚涉河南，治亳；武乙立，复去亳，徙河北；《项羽本纪》："项羽乃与期洹水南殷虚上。"《集解》："应劭曰：洹水在汤阴界。殷虚，故殷都也。瓒曰：洹水，在今安阳县北，去朝歌殷都一百五十里。"然则此殷虚非朝歌也。案清光绪己亥，河南安阳县西五里小屯，发见龟甲兽骨，刻有文字。近人多谓即《史记》之殷虚，武乙所迁。亦皆在大河两岸。然则自伏羲至殷，汉族踪迹，迄在今黄河流域矣。

《史记·六国表》："或曰：东方物所始生，西方物之成熟。夫作事者必于东南，收功实者常于西北。故禹兴于西羌，汤起于亳，周之王也以丰、镐伐殷，秦之帝，用雍州兴，汉之兴，自蜀、汉。"此等方位地运之说，原不足信。然自汉以前，兴亡之迹，确系如此。此实考汉族发展者所宜留意也。伏羲起自秦、陇；神农迹躔兖、豫，黄帝、尧、舜，则宅中冀州，已隐有自西徂东之迹。然犹曰：古史茫昧，不尽可据也。至殷而事迹较详矣。犹曰：都邑地里，多有歧说也。至周则更无异辞矣。统观古史，大抵肇基王迹，必在今之陕、甘，继乃进取直、鲁、晋、豫，终至淮域而止。三代、秦、汉，莫不皆然。然则唐虞以前，虽无信史，亦可臆测矣。尧、舜嬗代，究由禅让，抑出争夺？久成疑案。予则颇信《史通·疑古篇》之说，别有《广疑古篇》明之。今姑勿具论。使予所疑而确，则舜卒于鸣条，禹会诸侯于涂山，今安徽怀远县。皆淮域地也。商事已见前。周封有邰，今陕西武功县。公刘迁邠，今陕西邠县。大王迁岐，今陕西岐山县。文王作丰，武王作镐，今陕西鄠县。皆在今陕西境。文王伐犬戎，见下篇。伐密须，今甘肃灵台县。则今陕西西北及甘肃境。虞、芮今山西平陆县。质成，败耆，今《尚书》作黎，今山西长子县。伐邘，今河南沁阳县。则今山西及河南北境。盖济蒲津东出。武王渡孟津，战牧野，则出函谷而东也。武王未受命，周公乃大成王业。亲戡三监之叛，而使子鲁公伯禽平淮夷、徐戎。成王复东征，践奄。《说文》奄在鲁。亦犹汤韦、顾、昆吾，三朡之伐，鸣条之放矣。武王营雒邑，周公卒成之，则汤之建偃师为景亳也。秦起关中，其出函谷，劫韩苞周，则武王东伐之路也。其迁魏安邑，_{今山西夏县。}坑赵众长平，_{今山西高平县。}南下上党，_{今山西晋城县。}北定太原，_{今山西太原县。}则文王东出之路也。而其灭楚，用兵亦至寿春_{今安徽寿县。}而止。与周之平淮夷、徐戎，如出一辙。特其灭燕，开辽东，及破楚鄢、_{今河南鄢陵县。}郢，_{今湖北江陵县。}争战之烈，则商、周所未有耳。汉高祖使韩信渡河北出，而身距项羽于荥阳、_{今河南荥泽县。}成皋_{今河南汜水县。}之间。卒背约追楚，破之垓下。_{今安徽灵璧县。}其形势，犹夫商、周以来之形势也。兴亡之迹，异世同揆，岂真有如《史记·六国表》之说，故"收功实者必于西北"哉？非也。射猎之民，率依险阻。降丘宅土，必耕农之世乃然。故汉族初基，实在黄河上流，后乃渐进于其下流。东方地形平衍，戎狄之杂居者少，其民以无与竞争而弱。秦、陇、燕、晋之境，则其民多与异族错处，以日事淬厉而强。此则三代、秦、汉，所以累世有胜于天下也。岂真有地运方位之说哉？然而汉族以河域发展之迹，则固可以微窥矣。_{春秋时强国，曰晋、楚、齐、秦，其后起者则吴、越，皆与蛮夷杂处。其居腹地者，如鲁、卫、宋、郑、陈、蔡等，皆寖弱以即于亡。一由无与竞争。一亦由四邻皆文明之国，非如戎狄之贵货贱土，拓境不易也。梁氏启超《中国之武士道》序，论此义颇悉，可以参看。又冀州亦邻戎狄，而商、周皆起雍州者，窃疑冀州为黄帝、尧、舜所都，其文明程度，已较雍州为高，故其民亦较雍州为弱矣。}

汉族在江域之发展，中流最早，下流次之，上流最晚。以蜀地大险，吴、越距文物之邦太远故也。中流古国，厥惟三苗。《韩诗》述其地曰："衡山在南，岐山在北；左洞庭之陂，右彭蠡之泽。"实跨楚、豫、湘、赣之交。近人误谓即今之苗族。以予所考，实为姜姓之国，炎帝之后，详见《苗族》篇。此实汉族开发江域之最早者矣。然自夏以后，阒焉无闻。《国语》谓"少昊之衰，九黎乱德。民神杂扰，不可方物"。得毋南迁之后，已化于越人巫鬼之习邪？三苗为九黎之君，见《苗族》篇。此江域文明之大启，所以必有待于楚人也。

楚封丹阳，《汉志》谓即汉时之丹阳县，地在今安徽之当涂。与郢都相距，未免太远。故后人多主杜预说，谓在今之秭归。宋氏翔凤始考得丹阳在丹、淅二水入汉处，地实在今南阳、商县之间。熊绎徙荆山，在今湖北南漳。至武王徙郢，乃居今之江陵。《过庭录·楚鬻熊居丹阳武王徙郢考》参看《濮族》篇。吾侪读此，乃知楚之开拓，实自北而南。本此以观古史，则知丹、淅一带，实为古代形胜之地。《吕览·召类》谓"尧战于丹水之浦，以服南蛮"；而其子朱，即封于此；《书传》谓"汤网开三面，而汉南诸侯，归之者四十国"；周南之地，《韩诗》谓在南郡、南阳之间，皆是物也。周公奔楚，盖亦袭三分有二之势，故出武关，走丹、淅矣。昭王南征而不复，管仲以诘屈完。杜预谓是时汉非楚境，故楚不受罪。信如杜言，管子岂得无的放矢？观宋氏之说，乃知是时汉正楚境，昭王是役，盖伐楚而败也。《左》僖四年："昭王南征而不复。寡人是问。"杜注："昭王南巡守，涉汉，船坏而溺。"正义："《吕氏春秋·季夏纪》云：周昭王亲将征荆蛮。辛余靡长且有力，为王右，还反涉汉，梁败，王及祭公陨于汉中。辛余靡振王北济，反振祭公。高诱注引此《传》云：昭王之不复，君其问诸水滨。由此言之，昭王为没于汉，辛余靡焉得振王北济也？振王为虚，诚如高诱之注，又称梁败，复非船坏。旧说皆言汉滨之人，以胶胶船，故得水而坏，昭王溺焉。不知本出何书。"又《史记·齐太公世家》集解："服虔曰：周昭王南巡狩，涉汉未济，船解而溺昭王。《索隐》：宋忠云：昭王南伐楚，辛由靡为右。涉汉中流而陨。由靡逐王，遂卒不复。周乃侯其后于西翟。"案《史记·周本纪》云："昭王南巡狩不返，卒于江上。其卒不赴告，讳之也。"此盖因周人讳饰，故传闻异辞。诸家或云巡狩，或云征伐；或云陨汉，或云卒江；甚有振王北济之说，皆由于此。然以理度之，自以伐楚而败，陨没于汉，为得其实。古人造舟为梁，梁败船坏，实非异事。屈完之对，乃谓此事楚弗与知，非谓是时汉非楚境也。**牧野之役，实有庸、蜀、羌、髳、微、卢、彭、濮人，**

得力于西南诸族者不少。详见《濮族》篇。至是武关道阻，而周室之威灵，亦日替矣。楚既南下，其势力寖达长江下游。观熊渠三子，皆封江域，少子实王越章可见也。越章即豫章，乃汉之丹阳也。亦见宋氏《楚鬻熊居丹阳武王徙郢考》。是时吴、越尚在榛狉之境，故皆服从于楚。至春秋时，巫臣奔吴，教之射御战陈，而形势乃一变。吴为泰伯后，越为少康后，其受汉族之牖启亦甚早，而其开化独迟者，则以地处僻远，不与上国通故也。《华阳国志》谓"蜀之为国，肇自人皇"，黄帝之子昌意，降居若水，说者谓即今雅龙江，而蜀至战国时始为秦有，亦同此理。

五岭南北，开拓尤晚。春秋时楚地不到湖南，顾氏栋高尝论之。《春秋大事表》。然《史记·越世家》载齐使说越王之辞曰："此时不攻楚，臣以是知越大不王，小不伯。复雠、庞、《集解》："徐广曰：一作宠。"长沙，楚之粟也。竟泽陵，楚之材也。越窥兵通无《集解》："徐广曰：无一作西。"假之关，此四邑者，不上贡事于郢矣。"《索隐》云："复字上脱况字。雠，当作雔。竟泽陵，当作竟陵泽。四邑者，雔一，庞二，长沙三，竟陵四也。"无假之关，《正义》谓在长沙西北。又云："战国时永、今湖南零陵县。郴、今湖南郴县。衡、今湖南衡阳县。潭、今湖南长沙县。岳、今湖南岳阳县。鄂、今湖北武昌县。江、今江西九江县。洪、今江西南昌县。饶、今江西鄱阳县。并属楚。袁、今江西宜春县。吉、今江西吉安县。虔、今江西赣县。抚、今江西临川县。歙、今安徽歙县。宣、今安徽宣城县。并属越。"则湖南、江西及皖南，皆已开辟矣。越攻楚而败，诸族子或为王，或为君，滨于江南海上，服朝于楚。后七世，闽君摇，佐诸侯平秦。汉高帝复以为越王。东越闽君皆其后。则浙东、福建之地，亦勾践后裔所开也。两广之地，秦始皇帝始略取之。秦亡，南海尉赵佗，据以自立。汉武时乃卒入版图。云南之地，楚庄蹻始开拓之，亦至汉武而后定，详见《粤族》、《濮族》两篇，此不赘。

附录一　昆仑考

昆仑有二：《史记·大宛列传》："汉使穷河源，河源出于阗，其山多玉石，采来，天子案古图书，名河所出山曰昆仑云。"此今于阗河上源之山，一也。《禹贡》："织皮：昆仑，析支，渠搜，西戎即叙。"《释文》引马云："昆仑，在临羌西。"《汉志》：金城郡临羌有昆仑山祠。敦煌郡广至有昆仑障。《太平御览·地部》引崔鸿《十六国春秋》："酒泉太守马岌上言：酒泉南山，即昆仑之体。"地望并合。《周书·王会解》："正西昆仑，请令以白旄、纰、𩊚为献。"旄，犛牛尾。纰，《说文》："氐人纰也。""纖，西胡毛布也。"犛牛正出甘肃、青海，物产亦符。析支，马云："在河关西。"《水经·河水注》："司马彪曰：西羌者，自析支以西，滨于河首，左右居也。河水屈而东北流，经析支之地，是为河曲矣。"《后汉书·西羌传》亦曰："河关之西南，滨于赐支，至于河首，绵地千里。"《禹贡》叙述之次，盖自西而东。渠搜虽无可考，《凉土异物志》："渠搜国，在大宛北界。"《隋书·西域传》："钹汗国，都葱岭之西五百余里。古渠搜国。"地里并不合。度必更在析支之东；故《汉志》朔方郡有渠搜县，盖其种落迁徙所居邪？蒋氏廷锡说，见《尚书地理今释》。析支在河曲，而昆仑更在其西，则必在今黄河上源矣。二也。《书》疏引郑玄云："衣皮之民，居此昆仑、析支、渠搜三山之野者，皆西戎也。"又申之曰："郑以昆仑为山，谓别有昆仑之山，非河所出者也。"《山海经·海内西经》："海内昆仑之墟在西北,河水出其东北隅。"郭注亦曰："言海内者,明海外复有昆仑山。"一似此两昆仑者,必不可合矣。然予谓以于阗河源之山为昆仑,实汉人之误,非其实也。水性就下,天山南路,地势实低于黄河上源;且其地多沙漠,巨川下流,悉成湖泊;安得潜行南出,更为大河之源? 汉使于西域形势,盖本无所知;徒闻大河来自西方,西行骤睹巨川,遂以为河源在是。汉武不知其诳,遽案古图书而以河所出之昆仑名之。盖汉使谬以非河为河,汉武遂误以非河所出之山,为河所出之山矣。太史公曰:"《禹本纪》言河出昆仑,昆仑,其高二千五百余里,日月所相避隐为光明也;其上有醴泉瑶池。今自张骞使大夏之后也,穷河源,恶睹《本纪》所谓昆仑者乎? 故言九州山川,《尚书》近之矣。至《禹本纪》、《山海经》所有怪物,余不敢言之也。"《禹本纪》等荒怪之说,自不足信。然其所托,实今河源所出之昆仑。史公据于阗河源之山以斥之,其斥之则是,其所以斥之者则非也。《太史公书》,止于麟止。此篇多元狩后事,实非史公所作也。《尔雅》:"河出昆仑墟。"虽不言昆仑所在,然又云:"西方之美者,有昆仑墟之璆琳琅玕焉。"《淮南·地形训》作西北方。《禹贡》昆仑之戎,实隶雍州;而雍州之贡,有璆琳琅玕。可知《尔雅》河所出之昆仑,即其产璆琳琅玕之昆仑,亦即《禹贡》之昆仑矣。《淮南·地形训》:"河水出昆仑东北隅,贯渤海,入禹所导积石山。"《海内西经》则云:"入渤海,又出海外,入禹所导积石山。"《说文》:"河水出敦煌塞外昆仑山,发源注海。"所谓海、渤海者,盖指今札陵、鄂陵等泊言,所据仍系旧说。《水经》谓"河水入渤海,又出海外,南至积石山下;又南,入葱岭,出于阗;又东,注蒲昌海",则误合旧说与汉人之说为一矣。以山言之则如彼,以河言之则如此。然则河源所在,古人本不误,而汉之君臣,自误之也。《周官·大宗伯》:"以黄琮礼地。"郑注:"此礼地以夏至,谓神在昆仑者也。"《典瑞》:"两圭有邸,以祀地旅四望。"郑注:"祀地,谓所祀于北郊,神州之神。"疏:"案《河图括地象》,'昆仑东南万五千里神州'是也。"案郑氏之说,盖出纬候,故疏引《河图括地象》为证。江、淮、河、济,古称四渎。汉族被迹,先在北方。北方之水,惟河为大。记曰:"三王之祭川也,皆先河而后海。或源也,或委也,此之谓务本。"《大司乐》注谓:"禘大祭地祇,则主昆仑。"昆仑为河源所在,故古人严祀之与?

附录二　三皇五帝考

　　言古史者，必称三皇五帝。三皇之名，不见于经。五帝则见《大戴礼记》。然说者犹多异辞。盖尝博考之，三皇之异说有六，五帝之异说有三。《河图·三五历》云："天地初立，有天皇氏，十二头。淡泊，无所施为，而俗自化。木德王，岁起摄提。兄弟十二人，立各一万八千岁。地皇，十一头。火德王。姓十一人，兴于熊耳、龙门等山，亦各万八千岁。人皇，九头。乘云车，驾六羽，出谷口。兄弟九人，分长九州，各立城邑。凡一百五十世，合四万五千六百年。"<small>司马贞《补三皇本纪》。</small>此三皇之说一也。《史记·秦始皇本纪》：丞相绾等与博士议帝号曰："古有天皇，有地皇，有泰皇。泰皇最贵。"此三皇之说二也。《尚书大传》以燧人、伏羲、神农为三皇。<small>《含文嘉》、《风俗通》引。《甄燿度》、宋均注《援神契》引之，见《曲礼正义》。《白虎通》正说、谯周《古史考》《曲礼正义》。并同。惟《白虎通》伏羲次燧人前。</small>此三皇之说三也。《白虎通》或说，以伏羲、神农、祝融为三皇。此三皇之说四也。《运斗枢》、<small>郑注《中候敕省图》引之，见《曲礼正义》。</small>《元命苞》<small>《文选·东都赋》注引。</small>以伏羲、女娲、神农为三皇。此三皇之说五也。《尚书·伪孔传》序、皇甫谧《帝王世纪》、孙氏注《世本》，以伏羲、神农、黄帝为三皇。<small>《史记·五帝本纪》正义。</small>此三皇之说六也。太史公依《世本》、《大戴礼》，以黄帝、颛顼、高辛、唐尧、虞舜为五帝，谯周、应劭、宋均皆同。《五帝本纪正义》。此五帝之说一也。郑注《中候敕省图》，于黄帝、颛顼之间，增一少昊。谓德合五帝座星者为帝，故实六人而为五。《曲礼正义》。此五帝之说二也。伪孔、皇甫谧、孙氏，以少昊、颛顼、高辛、唐、虞为五帝。《五帝本纪正义》。此五帝之说三也。案《大传》云："燧人以火纪，火，太阳，故托燧皇于天。伏羲以人事纪，故托羲皇于人。神农悉地力，种谷蔬，故托农皇于地。天地人之道备，而三五之运兴矣。"则三皇之说，义实取于天地人，犹五帝之义，取于五德迭代也。伏生者，秦博士之一。《始皇本纪》所谓天皇、地皇、泰皇者，盖即《大传》所谓燧皇、羲皇、农皇；《索隐》："天皇，地皇之下，即云泰皇，当人皇也。"虽推测之辞，说自不误。《河图》说虽荒怪，然其天皇、地皇、人皇之号，仍本诸此也。《白虎通》释祝融之义曰："祝者，属也。融者，续也。言能属续三皇之道而行之。"司马贞《补三皇本纪》曰："女娲氏，代伏羲立。无革造。惟作笙簧。故《易》不载，不承五运。一曰：女娲亦木德王。盖伏羲之后，已经数世，金木轮环，周而复始。特举女娲，以其功高而充三皇。"无革造及同以木德王，皆与属续之义相关。未知《白虎通》意果谁主？然司马氏之言，则必有所本也。《补三皇本纪》又曰"当其末年，诸侯有共工氏。与祝融战，不胜而怒，乃头触不周山，天柱折，地维缺。女娲乃炼五色石以补天，断鳌足以立四极"云云。原注："按其事出《淮南子》。"上云祝融，下云女娲，则祝融女娲一人。盖今文家本有此异说，故《白虎通》并列之，造纬候者亦取之也。实六人而为五，立说殊不可通。然实伪孔说之先河。《后汉书·贾逵传》："逵奏《左氏》大义长于《二传》者，曰：五经家皆言颛顼代黄帝，而尧不得为火德。左氏以为少昊代黄帝，即《图谶》所谓帝宣也。如令尧不得为火，则汉不得为赤。"此古文家于黄帝、颛顼之间，增一少昊之由，然以六为五，于理终有未安。伪孔乃去燧人而升黄帝为三皇，则少昊虽增，五帝仍为五人矣。且与《易系》盖取一节，始伏羲而终尧舜者相合。此实其说之弥缝而更工者也。伪孔以《三坟》为三皇之书，《五典》为五帝之典。据《周官·外史》疏，其说实本贾、郑。增改之迹，固可微窥。然则三皇之说：义则托于天地人；其人则或为燧人、伏羲、神农，或为伏羲、神农、祝融，此经师旧说也。因天地人之名，而立为怪说者，纬候也。五帝本无异说，古文家增一少昊，伪孔遂并三皇而易其人。异说虽多，固可穷其源以治其流矣。

问曰：三皇五帝之义，及其人之为谁某，则既闻之矣，敢问旧有此说邪？抑亦儒家所创也？应之曰：三皇五帝之名，旧有之矣。托诸天地人，盖儒家之义也。《周官》："都宗人，掌都宗祀之礼。凡都祭祀，致福于国。"注："都或有山川，及因国无主，九皇六十四民之祀。"疏："史记，伏羲以前，九皇六十四民，并是上古无名号之君，绝世无后，今宜主祭之也。"按注以因国无主之祀，释《周官》之都宗人，盖是。以九皇六十四民说周因国无主之祭，则非也。《周官》虽战国时书，然所述必多周旧制。九皇六十四民，见《春秋繁露·三代改制质文》篇。其说：存二王之后以大国，与己并称三王。自此以前为五帝，录其后以小国。又其前为九皇，其后为附庸。又其前为民，所谓六十四民也。其说有三王九皇而无三皇。《周官》："外史，掌三皇五帝之书。"伏羲者，三皇之一，疏引史记史记为史籍之通称。今之《史记》，古称《太史公书》。汉东观所续，犹称史记。盖未有专名，故以通名称之也。此疏所引史记，不知何书，然必南北朝旧疏，其说必有所本也。云伏羲以前，明在三皇五帝之前，其说必不可合。郑盖但知《周官》都宗人所祀，与《繁露》九皇六十四民，并是绝世无名号之君，遂引彼注此。郑注好牵合，往往如此。疏亦未知二说之不可合，谓史记所云伏羲以前上古无名号之君，即郑所云九皇六十四民，遂引以疏郑也。《史记·封禅书》："管仲曰：古者封泰山禅梁父者七十二家。"又曰："孔子论述六艺

传,略言易姓而王,封泰山,禅梁父者七十余王矣。其俎豆之礼不
章。"而《韩诗外传》曰:"孔子升泰山,观易姓而王,可得而数者,七十
余人,不得而数者万数也。"《封禅书正义》引,今本无之。然《书序》疏及《补
三皇本纪》,并有此语,乃今本佚夺,非张氏误引也。万盖以大数言之,然其
数必不止七十二可知。数不止七十二,而管仲、孔子,皆以七十二言
之者,盖述周制也。七十二家,盖周登封之所祀也。曰俎豆之礼不
章,言周衰,不复能封禅,故其礼不可考也。《春秋》立新王之事,不
纯法古制,然损益必有所因。因国无主之祭,及于远古有功德于民
之人,忠厚之至也。盖孔子之所因也,然不能无所损益。王制者,孔
子所损益三代之制也。《王制》多存诸经之传,如说巡狩礼为《尧典》之传是
也。皆孔门六经之义,非古制。郑以其与《周官》不合,多曲说为殷制大非。
《王制》曰:"天子诸侯,祭因国之在其地而无主后者。"此《周官》都宗
人之所掌,盖孔子之所因也。《繁露》曰:"圣王生则称天子,崩迁则
存为三王,绌灭则为五帝,下至附庸,绌为九皇,下极其为民。有一
谓之三代。虽绝地,庙位祝牲,犹列于郊号,宗于岱宗。"绝地者,六
十四民之后,封爵之所不及,故命之曰民。绝地而庙位祝牲,犹列于
郊号,宗于岱宗,此盖周登封时七十二家之祭矣。周制:盖自胜朝
上推八世,谓之三皇五帝,使外史氏掌其书,以备掌故。自此以往,
则方策不存,徒于因国无主及登封之时祀之而已。其数凡七十二。
合本朝为八十一。必八十一者,九九八十一;九者,数之究;八十一
者,数之究之究者也。孔子则以本朝合二代为三王,又其上为五帝,
又其上为九皇,又其上为六十四民。必以本朝合二代为三王者,所
以明通三统之义也。上之为五帝,所以视昭五端之义也。九皇之
后,绌为附庸;六十四家徒为民,亲疏之义也。此盖孔子作新王之
事,损益前代之法,《春秋》之大义。然此于《春秋》云尔;其于《书》,
仍存周所谓三皇五帝者,以寓"天地人之道备,而三五之运兴"之义;

故伏生所传,与董子所说,有不同也。《古今注》:"程雅问于董生曰:古何以称三皇五帝？对曰:三皇者,三才也。五帝,五常也。"三才者,天地人也。五常可以配五行。董子之言,与伏生若合符节。故知三皇五帝为《书》说,三王、五帝、九皇、六十四民为《春秋》义也。

或曰:《繁露》谓:"汤受命而王;亲夏,故虞绌唐谓之帝尧。以神农为赤帝。周以轩辕为黄帝;因存帝颛顼、帝喾、帝尧之帝号;绌虞而号舜曰帝舜,推神农以为九皇。"明九皇六十四民为周时制也。应之曰:此古人言语与今人不同,其意谓以殷周之事言之当如此,非谓殷周时实然也。或曰:管子曰:"古者封泰山禅梁父者七十二家;夷吾所记,十有二焉。"下历举无怀、伏羲、神农、炎帝、黄帝、颛顼、帝喾、尧、舜、禹、汤、周成王之名,凡十二家,明三皇五帝,即在七十二家之中。应之曰:此亦古今言语不同。上云七十二家,乃极言其多。下云十二家,则更端历举所能记者,不蒙上七十二家言。此以今人语法言之为不可通,然古人语自如是,多读古书者自知之也。《庄子·胠箧》篇,列古帝王称号,有容成氏、大庭氏、伯皇氏、中央氏、栗陆氏、骊连氏、轩辕氏、赫胥氏、尊卢氏、祝融氏,多在三皇以前。古人同号者甚多。大庭氏不必即神农、轩辕、祝融,亦不必即黄帝、女娲也。《礼记·祭法》正义引《春秋命历》序:"炎帝曰大庭氏。传八世,合五百二十岁。黄帝,一曰帝轩辕。传十世,二千五百二十岁。次曰帝宣,曰少昊,一曰金天氏,则穷桑氏。传八世,五百岁,次曰颛顼,则高阳氏。传二十世,三百五十岁。次是帝喾,即高辛氏。传十世,四百岁。"又《曲礼》正义:"《六艺论》云:燧人至伏羲,一百八十七代。宋均注《文耀钩》云:女娲以下至神农七十二姓。谯周以为伏羲以次,有三姓,始至女娲。女娲之后五十姓,至神农。神农至炎帝,一百三十三姓。"说虽怪迂,然三皇五帝,不必身相接,则大略可知;亦足为韩诗不得而数者万数作佐证也。二千五百二十岁之二,闽本宋本作一。

附录三　夏都考

　　夏都有二：《汉志》：太原郡晋阳，"故《诗》唐国"。《左》定四年，祝佗谓唐叔封于夏虚，启以夏政。服虔以为尧居冀州，虞、夏因之。是夏之都，即唐尧旧都也。金氏鹗《禹都考》云："杜预注《左传》云：夏虚，大夏，今太原晋阳是也。本于《汉志》，其说自确。《水经》云：晋水，出晋阳县西县瓮山。郦道元注：县故唐国也。亦本《汉志》。乃臣瓒以唐为河东永安，张守节以为在平阳。不知唐国有晋水，故燮父改唐曰晋。若永安去晋四百里，平阳去晋七百里，何以改唐曰晋乎？"愚按臣瓒、张守节之言，盖泥《史记》唐叔封于河、汾之东致误。不知古人言地理，皆仅举大概，太原固亦可曰河、汾之东也。顾亭林引《括地志》：故唐城，在绛州翼城县西二十里。尧裔子所封。成王灭之，以封唐叔。以为唐叔始封在翼。不知《括地志》此文亦误，故又有唐城，在并州晋阳县北二里。全谢山已纠之矣。《汉志》：颍川郡，阳翟，"夏禹国"。"应劭曰：夏禹都也"。"臣瓒曰：《世本》禹都阳城，《汲郡古文》亦言居之，不居阳翟也"。《礼记·缁衣》正义：谓《世本》及《汲郡古文》，皆云禹都咸阳。咸阳乃阳城之误。洪氏颐煊谓"阳城亦属颍川郡，与阳翟相近。或禹所都阳城，实在阳翟"。金氏鹗驳之，谓："赵岐《孟子注》，阳城在嵩山下。《括地志》：嵩山，在阳城县西北二十三里。则阳城在嵩山之南，今河南府登封县是也。若阳翟则在开封府禹州，其地各异。《汉志》于偃师曰殷汤所都，于朝歌曰纣所都，于故侯国皆曰国。今阳翟不曰夏禹所都，而曰夏禹国，可知禹不都阳翟矣。"愚案古代命山，所苞甚广，非如后世，但指一峰一岭言之。又其时去游牧之世近，民习于移徙。宫庙民居，规制简陋，营构皆易。不恒厥居，事所恒有。稽古都邑，而出入于数十百里之间，殊不足较也。《国语》："伯阳父曰：河竭而商亡。"韦注谓："禹都阳城，河洛所近。"盖据《世本》，说初不误。而金氏引《史记》吴起对魏武侯之言，谓桀都必在洛阳。其拘泥之失，亦与此同也。金氏又谓："《史记·夏本纪》：禹避舜之子于阳城，诸侯去商均朝禹，禹于是即天子位。知其遂都阳城，盖即所避之处以为都也。"释于是字亦非是。《史记》此文，大同《孟子》。《孟子》及《史记》叙舜事，皆有"之中国践天子位"语。《集解》引刘熙曰："帝王所都为中，故曰中国。"虽未知当否，然必自让避之处，复归建都之处可知。不然，即位之礼，岂可行之草莽之间哉？"于是"二字，指诸侯之朝，不指让避之地也。予谓夏盖先都晋阳，后都阳城。阳城之迁，盖在太康之后。《左》哀六年，引《夏书》曰："惟彼陶唐，帅彼天常，有此冀方。今失其行，乱其纪纲，乃灭而亡。"盖指太康失国之事。《伪五子之歌》曰："太康尸位以逸豫，灭厥德。黎民咸贰。乃盘游无度，畋于有洛之表，十旬弗反。有穷后羿，因民弗忍，距于河。厥弟五人，御其母以从。徯于洛之汭。五子咸怨，述大禹之戒以作歌。"伪书此文，将羿好田猎，移诸太康。且误太康兄弟五人为厥弟五人，不直一笑，夏之亡，由好乐太过，非以畋也。《墨子·非乐》："于武观曰：启乃淫溢康乐，野于饮食。将将铭苋磬以力，湛浊于酒，渝食于野。万舞翼翼，章闻于天，天用弗式。"辞虽不尽可解，然夏之亡，由好乐太过，则固隐约可见。《楚辞》曰："启九辨与九歌兮，夏康娱以自纵。不顾难以图后兮，五子用失乎家巷。羿淫游以佚田兮。又好射夫封狐。固乱流其鲜终兮，浞又贪夫厥家。浇身被服强圉兮，纵欲而不忍。日康娱而自忘兮，厥首用夫颠陨。"综述太康、羿、浞始末，以好乐属夏，以好田属羿，尤极分明。《周书·尝麦》："其在启之五子，忘伯禹之命。假国无正，用胥兴作乱。遂凶厥国。皇天哀禹，赐以彭寿，思正夏略。"似五子之间，复有作乱争夺之事，与《左》昭元年"夏有观扈"，《国语·楚语》"启有五观"之言合。韦注："五观，启子太康昆弟也。"《汉书·古今人表》："太康，启子。兄弟五人，号五观。"《潜夫论·五德志》："启子太康、仲康更立，兄弟五人，皆有昏德，不堪帝事，降在洛汭，是为五观。"皆以太康兄弟凡五人，武五同声，即墨子所谓武观也。然"须于洛汭"，亦见《史记·夏本纪》。即谓《史记》同《书序》处，为后人所窜。然《潜夫论·五德志》，亦有"兄弟五人，降居洛汭"之言，非撰伪书者所臆造也。《左》襄四年，"后羿自鉏迁于穷石，因夏民以代夏政"。鉏不可考。《淮南子·地形训》："河水出昆仑东北陬，贯渤海，入禹所导积石山。赤水出其东南陬，西南注南海。丹泽之东。赤水之东，弱水出自穷石，至于合黎，余波入于流沙。绝流沙，南至南海。洋水出其西北陬，入于南海。羽民之南。凡四水者，帝之神水。以和百药，以润万物。"此节文字颇错乱。王引之谓："自穷石以下十三字，为后人窜改。原文当作弱水出其西南陬。而出自穷石等文，当在下江出岷山诸条间。"王说信否难遽定。然王逸注《楚辞》，郭璞注《山海经》，并引《淮南子》，谓弱水出自穷石，则此语虽或简错，决非伪窜。至于合黎十字，或后人以《禹贡》旁注，误入正文。《淮南》既云绝流沙，不必更衍此十字也。然窃疑《禹贡》入于流沙之下，亦夺南至南海一类语。《禹贡·雍州》："弱水既西。"其导九川，先弱水，次黑水，次河，次漾，次江。黑水即今长江；黄河上源，出于昆仑，与今所谓河源同；予别有考。导川叙次，盖自西而东。《集解》引《地记》曰："弱水西流入合黎，余波入于流沙，通于南海。"《地记》古书，颇可信据。见予所撰《黑水考》。《集解》引郑玄曰："地理志：弱水出张掖。"又曰："地理志：流沙，居延西北，名居延泽也。"似郑亦宗《汉志》所谓古文说者。《汉志》：张掖郡，居延，"居延泽在其北，古文以为流沙"。然《索隐》又云："《水经》云：合黎山，在酒泉会水县东北。郑玄引《地记》，亦以为然。"合诸《集解》所载郑引《地记》之说，则郑初无所偏主矣。《禹贡》、《地记》说弱水，皆仅云西流，不云北向。古文以居延泽当之，盖误。既云入于南海，而又在黑水西，则弱水必今澜沧江。澜沧江东南流，而《禹贡》、《地记》云弱水西流者，其所指上源与今异也。《禹贡》云："道黑水，至于三危，入于南海。"《集解》引《地记》曰："三危山，在鸟鼠之西南。"弱水在黑水西，穷石亦必在三危之西。然亦不越陇、蜀、青海之境。羿迁穷石，果即此弱水所出之穷石者，则当来自湟、洮之间。其地本射猎之区，故羿以善射特闻，而其部族亦强，不可围也。太康此时，盖失晋阳而退居洛汭。少康光复旧物，然曾否定居河北，了无可考。窃疑自太康之后，遂居阳城也。《周官·大司徒》："以土圭之法，测土深，正日景，以求地中。日至之景，尺有五寸，谓之地中。天地之所合也，四时之所交也，风雨之所会也，阴阳之所和也，然则百物阜安，乃建王国焉。"注："郑司农云：土圭之长，尺有五寸，以夏至之日，立八尺之表，其影适与土圭等，谓之地中。今颍川阳城为然。"正义："颍川郡阳城县，是周公度景之处，古迹犹存。案《春秋左氏》，武王克商，迁九鼎于洛邑，欲以为都，不在颍川地中者。武王欲取河洛之间，形胜之所；洛都虽不在地之正中，颍川地中，仍在畿内。"司农父子，皆明三统历，所举当系历家旧说。《义疏》此言，亦当有所本。此可见阳城附近，确为历代帝都所在；而先后营建，出入于数十百里之间，则曾不足较也。然则《汉志》、《世本》，非有异说；应劭、臣瓒，亦不必相非矣。

夏迁阳城之后，盖未尝更反河东，故桀时仍在阳城，而伯阳父以伊、洛之竭，为夏亡之征也。郑氏《诗谱》云："魏国，虞舜夏禹所都。"此亦以大较言之。乃造《伪孔传》者，见战国之魏曾都安邑，遂以为夏都亦在安邑；又不知《史记》所谓"汤始居亳从先王居"者，先王为契，亳为契本封之商，而以为即后来所都之偃师；见予所撰《释亳》。于是解先王为帝喾；凿空，谓帝喾亦都偃师。《史记》云："汤自把钺，以伐昆吾,遂伐桀。桀败于有娀之虚。桀奔于鸣条。"《尚书大传》云：
"汤放桀,居中野。士民皆奔汤。桀与其属五百人,南徙千里,止于
不齐。不齐士民往奔汤。桀与其属五百人徙于鲁。鲁士民复奔汤。
桀曰：国,君之有也。吾闻海外有人。与五百人俱去。"《周书·殷祝》
篇略同。末作"桀与其属五百人去居南巢"。其迹皆自西而东。今安邑反
在偃师之西,其说遂不可通。《左》昭十二年："楚灵王谓子革曰：昔
我皇祖伯父昆吾,旧许是宅。"《国语》：史伯对郑桓公曰："昆吾为夏
伯矣。"韦昭云："祝融之孙陆终,第三子名樊,为己姓,封于昆吾。昆
吾,卫是也。其后夏衰,昆吾为夏伯,迁于旧许。"是则桀时昆吾之
地,在今许昌,去阳城极近。故得与桀同日亡。《孟子》曰："舜,生于
诸冯,迁于负夏,卒于鸣条,东夷之人也。"《吕览·简选》篇："殷汤登
自鸣条,乃入巢门。"《淮南·主术训》："汤困桀鸣条,禽之焦门。"《修
务训》："汤整兵鸣条,困桀南巢。谯以其过,放之历山。"则鸣条之
地,必与南巢、历山相近,当在今安徽境。故《孟子》谓之东夷。《书
序》："伊尹相汤伐桀,升自陑,遂与桀战于鸣条之野。"陑虽不知何
地,度必近接鸣条。《伪传》乃谓"陑在河曲之南,鸣条在安邑之西"；
遂生绕道攻桀,出其不意之说,费后来多少辩论。皇甫谧又谓："昆
吾亦来安邑,欲以卫桀,故同日而亡。"又谓："安邑有昆吾邑,鸣条
亭。"不知暂来卫桀,安暇筑邑,遂忘其自相矛盾也。不徒妄说史事,
并妄造地名以实之。江艮庭谓"谧无一语可信",诚哉其不可信矣！

西汉经说,多本旧闻。虽有传讹,初无臆造。东汉古文家,则往往以意穿凿。今
日故书雅记,百不一存,故无从考其谬。然偶有可疏通证明者,其穿凿之迹,则
显然可见。如予所考东汉人谬以仓颉为黄帝史官,其一事也。详见予所撰《中
国文字变迁考》。魏晋而后,此风弥甚。即如左氏所载,羿代夏政,少康中兴之
事,据杜注,其地皆在山东。设羿所迁穷石,果在陇蜀之间,则杜注必无一是处,
惜书阙有间,予说亦无多佐证,不能辞而辟之耳。

附录四　释　亳

　　《史记》曰:"自契至于成汤,八迁。汤始居亳,从先王居。"其后仲丁迁于敖。河亶甲居相。祖乙迁于邢。盘庚渡河南,复居成汤之故居。武乙立,复去亳,徙河北。历代都邑迁徙,盖无如殷之数者?而亳之所在,异说尤滋。《汉书·地理志》:河南郡,偃师县,"尸乡,殷汤所都"。《续汉书·郡国志》:偃师县下,亦云"有尸乡"。注引《皇览》曰:"有汤亭,有汤祠。"《书序》疏:"郑玄云:亳,今河南偃师县。有汤亭。"此皆以亳在偃师者也。《汉志》论宋地云:"昔尧作游成阳,舜渔雷泽,汤止于亳,故其民犹有先王遗风。"山阳郡薄县下,"臣瓒曰:汤所都"。偃师县下,又载瓒说曰:"汤居亳,今济阴薄县是也。今亳有汤冢,已氏有伊尹冢,皆相近也。"《续书·郡国志》:"梁国薄县,汤所都。"注:"杜预曰:蒙县西北有亳城,中有汤冢。"《书序》疏:"皇甫谧云:孟子称汤居亳,与葛为邻,葛伯不祀,汤使亳众往为之耕。葛即今梁国宁陵之葛乡也。若汤居偃师,去宁陵八百余里,岂当使民为之耕乎?亳,今梁国谷熟县是也。"又《立政》:"三亳阪尹。"疏:"皇甫谧以为三亳,三处之地,皆名为亳。蒙为北亳,谷熟为南亳,偃师为西亳。"此以薄、亳、蒙、谷熟之地为亳者也。魏氏源以《史记·六国表》,以"汤起于亳",与"禹兴于西羌;周之王也,以丰、镐伐殷;秦之帝,用雍州兴;汉之兴,自蜀汉"并言;又《雒子命》、

《尚书中候》，皆有"天乙在亳，东观于洛"之文，断"从先王居"之先王为契。谓"汤始居商，《帝喾（告）》、《厘沃》序疏："郑玄云：契本封商，国在太华之阳。"有天下后，分建三亳：徙都偃师之景亳，而建东亳于商丘，仍西亳于商州"。案魏氏说三亳，虽与皇甫谧异，而其立三亳之名，以牵合立政"三亳阪尹"之文则同。似非。《立政》疏云："郑玄以三亳阪尹，共为一事。云：汤旧都之民，服文王者，分为三邑。其长居险，故言阪尹。"盖是。此自周初事，不必牵及商代。此又以商之地亦为亳者也。《书古微·汤誓序发微》。王氏鸣盛《尚书后案》谓："薄县汉本属山阳郡。后汉又分其地，置蒙、谷熟二县，与薄并改属梁国。晋又改薄为亳，且改属济阴。故臣瓒所谓汤都在济阴亳县，及其所谓在山阳薄县，司马彪所谓在梁国薄县，杜预所谓在梁国蒙县者，本即一说。孔颖达《书》、《诗》疏，皆误认为异说。皇甫谧以一亳分为南北，且欲兼存偃师旧说，以合《立政》三亳之文，实为谬误。"其说甚确。然谧谓"偃师去宁陵八百余里，不当使民往为之耕"，则其说中理，不容妄难。王氏论古，颇为精核，惟佞郑太过。如于此处，必执谓"薄非亳。薄非亳，则蒙、谷熟可知"。其所据者，谓"晋人改薄为亳，乃以《汉志》谓汤尝止于是，又其地有汤冢也。然《汉志》仅谓汤尝游息于此。刘向云：殷汤无葬处。而《皇览》云：哀帝建平元年，大司空御史长卿案行水灾，因行汤冢。突然得之，足征其妄"。其说似辨矣。然于偃师去宁陵八百里，不当使民往为之耕之难，不能解也。此难不能解，而必谓薄非亳，则非疑《孟子》不可。尊郑而排皇甫谧可也，佞郑而疑《孟子》则慎矣。王氏于谧说，但谓"其说浅陋，更不足辨"，岂足服谧之心乎？魏氏谓汤始居商，所举皆古据。诸侯不敢祖天子；《玄鸟》之颂，及契而不及喾；先王为契，尤为确凿也。然则亳果安在邪？予谓古本无今世所谓国名。古所谓国者，则诸侯所居之都邑而已。然四境之内，既皆属一人所统，则人之称此国者，亦渐该四境之内言之。于是专指都邑之国，乃渐具今世国名之义焉。都邑可以屡迁，而今世之所谓国名者，不容数变。于是虽迁新邑，仍以旧都之名名之。如晋之新故绛是也。商代之亳，盖亦如是。《左》襄三十年，"鸟鸣于亳社"，是春秋之宋，其都仍有亳称也。《史记·秦本纪》："宁公二年，遣兵伐荡社。三年，与亳战。亳王奔戎。遂灭荡社。"《集解》："徐广曰：荡音汤，社一作杜。"《索隐》："西戎之君，号曰亳王，盖成汤之胤。其邑曰荡社。"徐广曰："一作汤杜，言汤邑在杜县之界，故曰汤杜也。"《封禅书》："于杜亳，有三社主之祠。"《索隐》：徐广云：京兆杜县有亳亭，则社字误，合作杜亳。且据文，列于下者皆是地邑，则杜是县。案秦宁公与亳王战，亳王奔戎，遂灭汤社。皇甫谧亦云："周桓王时自有亳王号汤，非殷也。"是汤后在雍州者，春秋时其都仍有亳称也。此皆亳不止一处之证。亳既不止一处，则商也，偃师也，薄县也，固无妨其皆为亳矣。予盖以汤用兵之迹证之，而知其始居商，中徙薄，终乃定居于偃师也。何以言之？案《史记》云："葛伯不祀，汤始伐之。"又云："当是时，夏桀为虐政，淫荒，而诸侯昆吾氏为乱。汤乃兴师，以伐昆吾。遂伐桀，桀败于有娀之虚。桀奔于鸣条，夏师败绩，汤遂伐三㺇。伊尹报。于是诸侯服，汤乃践天子位。平定海内，汤归至于泰卷陶，还亳"云云。葛，《汉志》：陈留郡宁陵，"孟康曰：故葛伯国，今葛乡是"。今河南宁陵县是也。昆吾有二：（一）《左》昭十二年，"楚灵王谓子革曰：昔我皇祖伯父昆吾，旧许是宅"。地在今河南许昌。（二）哀十七年，"卫侯梦于北宫，见人登昆吾之观"。注："卫有观，在古昆吾之虚。今濮阳城中。"今河北之濮阳，《国语》："史伯对郑桓公曰：昆吾为夏伯矣。"韦昭注："祝融之孙陆终，第二子名樊，为己姓，封于昆吾，昆吾，卫是也。其后夏衰，昆吾为夏伯，迁于旧许。"则此时之昆吾，在今许昌，去桀都阳城极近，桀都阳城，见予所撰《夏都考》。故得同日亡也。有娀之虚不可考。鸣条，《吕览·简选》篇云："登自鸣条，乃入巢门。"《淮南·主术训》云："汤革车三百乘，困之鸣条，禽之焦门。"注："焦，或作巢。"《修务训》云："乃整兵鸣条，困夏南巢。谯以其过，放之历山。"注：

"南巢，今庐江居巢是。历山，盖历阳之山。"居巢，今安徽巢县。历阳，今安徽和县。鸣条亦当在今安徽。故"舜卒于鸣条"，孟子以为"东夷之人"也。《史记·夏本纪》集解："郑玄曰：南夷地名。"《书·汤誓》序正义引同。三嵏者，《续汉书·郡国志》：济阴郡，定陶，"有三嵏亭"。地在今山东定陶县。泰卷陶者，《集解》："徐广曰：一无此陶字。"《索隐》："邹诞生卷作㽵，又作洞，则卷当为洞，与《尚书》同。解《尚书》者以大洞为今定陶，旧本或旁记其地名，后人转写，遂衍斯字也。"则泰卷亦今定陶也。《诗》云："韦、顾既伐，昆吾夏桀。"则汤伐昆吾之先，又尝伐韦、顾。《郡国志》：东郡白马县，"有韦乡"。注："杜预曰：县东南有韦城，古豕韦氏之国。"今河南滑县。《郡县志》："顾城，在濮州范县东，夏之顾国。"今山东范县。《尚书大传》："汤放桀，居中野，士民皆奔汤。桀与其属五百人南徙千里，止于不齐。不齐士民往奔汤。桀与其属五百人徙于鲁，鲁士民复奔汤。桀曰：国，君之有也。吾闻海外有人。与五百人俱去。"《周书·殷祝》篇略同。末云："桀与其属五百人，去居南巢。"不齐盖即齐，鲁则周公所封也。纵观汤用兵之迹：始伐今宁陵之葛；次伐今滑县之韦，范县之顾；遂伐今许昌之昆吾，登封之夏桀。一战而胜，桀遂自齐、鲁辗转入今安徽。汤以其间，更伐今定陶之三嵏。三嵏，盖桀东方之党也。其战胜攻取之迹，皆在今河南山东，则其所都，必跨今商丘、夏邑、永城三县境之薄矣。《礼记·缁衣》引《尹吉》曰："惟尹躬天见于西邑夏。"注："天当为先字之误。夏之邑在亳西。"夏都阳城，薄县在其东，商与偃师、顾在其西，此则《孟子》汤居亳与葛为邻之铁证也。《孟子》言："伊尹五就汤，五就桀。"《史记》言："伊尹去汤适夏，既丑有夏，复归于亳。"《书大传》："夏人饮酒，醉者持不醉者，不醉者持醉者，相和而歌。曰：盍归于亳？盍归于亳？亳亦大矣！故伊尹退而闲居，深听歌声。更曰：觉兮较兮！吾大命极兮！去不善而就善，何不乐兮？伊尹入告于桀，曰：大命之亡有日矣。

桀儴然叹，哑然笑，曰：天之有日，犹吾之有民也。日亡，吾乃亡矣。是以伊尹遂去夏适汤。"所谓先见也。郑释先见，谓"尹之先祖，见夏之先君臣"，似迂曲。如此，非谓夏本在毫西不可，则汤始商之说不可通。吾旧疑西邑夏，乃别于夏之既东言之，疑桀尝自阳城迁居旧许，故得与昆吾同日亡。然此说了无证据，亦不能立。似不如释尹躬先见，即为尹初就夏之为直捷也。**然汤始居商，后迁偃师**，亦自有其佐证。《太平御览·皇王部》引《韩诗内传》曰："汤为天子十三年，百岁而崩。葬于征。今扶风征陌是也。"韩诗当汉时，传授甚盛；刘向治鲁诗，与韩诗同属今文。韩诗果有此说，刘向岂得不知，而云殷汤无葬处乎？然则征陌汤冢，盖汤后裔，如《史记》毫王之类，或其先祖耳。然传者以为汤冢，则亦汤尝居关中之证也。《大传》谓："汤网开三面，而汉南诸侯，归之者四十国。"亦必居关中，乃能通武关之道，如周之化行江、汉矣。《盘庚》："不恒厥邑，于今五邦。"正义："郑王皆云汤自商徙毫，数商、毫、嚣、相、耿为五。"郑说商国在太华之阳，自商徙毫，即谓其自本封之商，徙居偃师。《春秋繁露·三代改制质文》篇"汤受命而王，作官邑于下洛之阳"，亦指偃师言之也。《孟子》谓："伊尹耕于有莘之野，汤三使往聘之。"《史记》则谓："阿衡欲干汤而无由，乃为有莘氏媵臣，负鼎俎，以滋味说汤。"《吕览·本味》云："有侁氏女子采桑，得婴儿于空桑之中，献之其君。其君令烰人养之。察其所以然，曰：其母居伊水之上，孕。梦有神告之曰：臼出水而东走，毋顾。明日，视臼，出水。告其邻，东走十里而顾。其邑尽为水。身因化为空桑。故命之曰伊尹。此伊尹生空桑之故也。长而贤。汤闻伊尹，使人请之有侁氏。有侁氏不可。伊尹亦欲归汤。汤于是请取妇为昏。有侁氏喜，以伊尹为媵，送女。""故命之曰伊尹"，黄氏东发所见本，作"故命之曰空桑"，盖是。如今本，文义不相衔接。身化空桑，迹涉荒怪。谓阿衡得氏，由其母居伊水，难可依从。尹之氏伊，盖由后居伊水，故后人以其母事附会之邪？有莘者，周太任母家，其地"在洽之阳，在渭之涘"，今陕西郃阳县是也。伊尹始臣有莘，后居伊水，亦汤初居商，终宅偃师之一证矣。统观诸说，汤盖兴于关中，此犹周文王之作丰，武王之宅镐也。其战胜攻取，则在薄县，犹周公之居东以戡三监也。终宅偃师，犹武王欲营洛邑，而周公卒成其志也。世之相去，五百有余岁；事又不必相师也，而其攻战之略，后先一揆，岂不诡哉？商周之得天下殆同。特周文武周公，相继成之，汤则及身戡定耳。

第三章　匈　奴

中华民国，所吸合之异族甚多。顾其与汉族有关系最早、且最密者，厥惟匈奴。

《史记·匈奴列传》曰："匈奴，其先祖，夏后氏之苗裔也，曰淳维。"其说未必可信。《索隐》："张晏曰：淳维以殷时奔北边。又乐彦《括地谱》云：夏桀无道，汤放之鸣条。三年而死，其子獯粥，妻桀之众妾，避居北野，随畜移徙，中国谓之匈奴。"案此说羌无证据。鸣条在南，桀子何由北走？又獯粥乃种族名，非人名，而此云"其子獯粥"。《索隐》因谓"淳维獯粥是一"，疏矣。顾又云："唐虞以上，有山戎、猃允、薰粥，居于北蛮。"则其由来之久，可想见矣。夷蛮戎狄，其初自系按方位言之。然游牧之族，迁徙无常。居地可以屡更，名称不能数变，则夷蛮戎狄之称，不复与其方位合矣。居地迁徙，种族混淆，皆常有之事，故古书中夷蛮戎狄等字，不能据以别种族，并不能据以定方位也。《史记·匈奴列传》，叙述匈奴古代之事，颇得纲要。或讥其并戎狄为一谈，非也。又或以戎为汉时之羌人，亦非。观第十篇及予所撰《山戎考》自明。此族在古代，盖与汉族杂居大河流域。其名称：或曰猃狁，亦作獫狁。或曰獯鬻，獯，亦作薰，作荤，鬻亦作粥。或曰匈奴，皆一音之异译。《史记索隐》："应劭《风俗通》曰：殷时曰獯粥，改曰匈奴。又晋灼云：尧时曰荤粥，周曰猃狁，秦曰匈奴。韦昭云：汉曰匈奴，荤粥其别名。"《诗·采薇》毛传："猃狁，北狄也。"笺云："北狄，今匈奴也。"《孟子·梁惠王下》赵注："熏粥，北狄强者，今匈奴也。"《吕览·审为》篇高注："狄人，猃允，今之匈奴。"案伊尹四方令径作匈奴。又案《史记》："唐虞以上，有山戎、猃狁、荤粥。"荤粥两字，盖系自注；史公非不知其为一音之转也。**又称昆夷、畎夷、串夷，则胡字之音转耳。**昆，又作混，作绲。畎，亦作犬。又作昆戎，犬戎。《诗·皇矣》："串夷载路。"郑笺："串夷，即混夷。"正义："《书传》作畎夷，盖犬混声相近，后世而作字异耳。或作犬夷，犬即畎字之省也。"案《诗·采薇》序疏引《尚书大传》注："犬夷，昆夷也。"《史记·匈奴列传》："周西伯昌伐畎夷氏。"又"自陇以西，有绵诸、绲戎"。《索隐》、《正义》皆引"韦昭曰：春秋以为犬戎"。足征此诸字皆一音异译。《索隐》又引《山海经》云："黄帝生苗，苗生龙，龙生融，融生吾，吾生并明，并明生白，白生犬。犬有二牡，是为犬戎。"又云："有人面兽身，名犬夷。"则附会字义矣。狄、貉、蛮、闽等字，其初或以为种族所自生。故《说文》有犬种、豸种、虫种之说。然其后则只为称号，不含此等意义。至于犬戎之犬，则确系音译，诸家之说可征也。昆夷，猃狁，系一种人，犹汉时既称匈奴亦称胡也。《孟子》"文王事昆夷"，"大王事獯鬻"，乃变文言之耳。《诗序》："文王之时，西有昆夷之患，北有猃狁之难。"竟以为两族人，误矣。《出车》之诗曰："赫赫南仲，猃狁于襄。"又曰："赫赫南仲，薄伐西戎。"又曰："赫赫南仲，猃狁于夷。"猃狁在西北，可称戎，亦可称狄，诗取协韵也。笺云："时方伐西戎。独言平猃狁者，猃狁大，故以为始以为终。"已不免拘滞。《序》析猃狁、昆戎而二之，益凿矣。"并明生白，白生犬"，今本作"并明生白犬"。此族在古代，与汉族之交涉盖甚多。其或可考或不可考者，乃书缺有间，吾族之记载，不甚完具，而非彼族之事迹有断续也。《史记·匈奴列传》曰："申侯怒，而与犬戎共攻杀周幽王于骊山之下。遂取周之焦获，而居于泾渭之间，侵暴中国。"又曰："于是惠后与狄后子带为内应，开戎狄。戎狄以故得入，破逐周襄王，而立子带为天子。于是戎狄或居于陆浑，东至于卫，侵盗暴虐中国。"一似戎狄本居塞外，至此乃入内地者。说春秋者亦多谓赤狄白狄等，乃踵周之东迁而入内地。然求诸古籍，实无此等部落本居塞外之证。故谓匈奴从古即与汉族杂居大河流域，实甚确也。

　　此族与我族交涉，见于史传最早者，则《史记·五帝本纪》所谓"黄帝北逐荤粥，合符釜山，而邑于涿鹿之阿"是也。又尧都晋阳，而《墨子》称其"北教八狄"，则《禹贡》冀州之域，自隆古即与此族杂居。

夏自中叶以后,盖迁都河南,商虽闲居河北,然不过在今河北大名,河南河北道境,非如黄帝、尧、舜之深入其阻,故此族在冀州之事,不复见于纪载;而其在《禹贡》雍州之域者,其事迹乃随商、周先世之史实而并传。史称"自契至于成汤八迁",其所以迁之故不可知;然观诸周代之行事,则商之先世,或亦为戎狄所迫逐,未可知也。周自后稷封于有邰。越数世,即失官,而窜于戎狄之间。至公刘,乃复修后稷之业,居于邠。《史记·周本纪》:"封弃于邰,号曰后稷,别姓姬氏。后稷之兴,在陶唐、虞、夏之际,皆有令德。后稷卒,子不窋立。不窋末年,夏后氏政衰,去稷不务,不窋以失其官,而奔戎狄之间。不窋卒,子鞠立。鞠卒,子公刘立。公刘虽在戎狄之间,复修后稷之业,务耕种,行地宜。自漆沮渡渭取材用,行者有资,居者有畜积,民赖其庆。百姓怀之,多徙而保归焉。周道之兴自此始。故诗人歌,乐思其德。"《匈奴列传》则曰:"夏道衰,而公刘失其稷官,变于西戎,邑于豳。"案"号曰后稷"之后稷,指弃。"后稷之兴"之后稷,指自弃以后居稷官者。"后稷卒"之后稷,则不窋之父也。周先世之失稷官自不窋,后迄未复,至公刘犹然。《匈奴列传》不叙鞠以前事,故径云"公刘失其稷官";其复修后稷之业则所谓"变于西戎"者也。本无矛盾。《正义》云:"《周本纪》云不窋失其官,此云公刘,未详。"疏矣。又案《周本纪索隐》:"《帝王世纪》云:后稷纳姞氏,生不窋。而谯周按国语云:世后稷,以服事虞夏,言世稷官,是失其代数也。若以不窋为弃之子,至文王千余岁,唯十四代,亦不合事情。"《正义》:"毛诗疏云:虞及夏殷,共有千二百岁,每世在位皆八十年,乃可充其数耳。命之短长,古今一也;而使十五世君,在位皆八十许载,子必将老始生,不近人情之甚。以理而推,实难据信也。"不窋非弃之子,古人早言之甚明。乃近犹有据此攻古书之不可信者,何其疏也。再传至大王,复为狄所逼,徙岐山下。以上参看前篇。爰及文、武,世济其德,而周势始张。文王伐昆夷。《书传》文王受命后,四年伐昆夷。《诗》:"柞棫拔矣,行道兑矣。混夷駾矣,维其喙矣。"笺云:"今以柞棫生柯叶之时,使大夫将师旅出聘问。昆夷见文王之使者,将士众过己国,则惶怖惊走,奔突入此柞棫之中而逃,甚困剧也,是之谓一年伐昆夷。"正义:"《帝王世纪》云:文王受命四年,周正丙子,混夷伐周。一日三至周之东门,文王闭门修德而不与战。王肃同其说，以申毛义，以为柞棫生柯叶拔然时，混夷伐周。"至武王，遂放逐之泾洛以北，命曰荒服，以时入贡。周之声威，盖于是为盛。然穆王之世，荒服即已不至。《史记·匈奴列传》："武王伐纣而营雒邑，复居于酆、鄗，放逐戎夷泾、洛之北，以时入贡，命曰荒服。其后二百有余年，周道衰，而穆王伐犬戎，得四白狼四白鹿以归。自是之后，荒服不至。"则穆王之所伐，即武王之所放也。至于幽王，卒有骊山之祸。时则猃狁"整居焦获"，《尔雅》十薮之一。据郭注，在今陕西泾阳县。"侵镐及方，至于泾阳"。周人尝命将伐之，至太原，而城朔方。诗家说此，多以为宣王时事。然观《史记·匈奴列传》，则似在骊山之役以后，疑莫能明也。《史记·周本纪》及《匈奴列传》，皆不言宣王时有与猃狁争战之事。《匈奴列传》曰："穆王之后，二百有余年，周幽王用宠姬褒姒之故，与申侯有隙。申侯怒，而与犬戎共攻，杀周幽王于骊山之下。遂取周之焦获，而居于泾、渭之间，侵暴中国。"又曰："初周襄王欲伐郑，故取戎狄女为后，与戎狄兵共伐郑。已而黜狄后，狄后怨。而襄王后母曰惠后，有子子带，欲立之。于是惠后与狄后、子带为内应，开戎狄。戎狄以故得入，破逐周襄王，而立子带为天子。于是戎狄或居于陆浑，东至于卫，侵盗暴虐中国。中国疾之，故诗人歌之曰：戎狄是膺（应）。薄伐猃狁，至于太原。出舆彭彭，城彼朔方。"则似诗之所咏，皆周东迁后事。案镐、方、朔方，说诗者皆不能指为何地。若以为东迁后事，则镐即武王所居，方或丰之转音也。刘向《讼甘延寿疏》："千里之镐，犹以为远。"镐京与雒邑，相去固得云千里。朔方亦当在泾水流域。自镐京言之，固可云西北也。平王虽不能御犬戎，特以畏逼东迁；不应一迁之后，西都畿内之地，即尽沦戎狄。据《史记·秦本纪》及《十二诸侯年表》：秦襄公伐戎至岐，在其十二年，当周平王五年。秦文公十六年，收周余民有之，地至岐，当平王十九年。德公元年："卜居雍，后子孙饮马于河。"可见是时秦东境尚未至河。德公元年，乃周僖王五年，东迁后之九十四年也。《六国表》曰："穆公修政，东境至河。"据《秦本纪》及《十二诸侯年表》，事在穆公十六年，则周襄王之八年，东迁后之百二十七年矣。周与西都交通之绝，由晋灭虢，守桃林之塞而然。虢之灭，在周惠王二十二年，亦在东迁后百十六年。然则自平王东迁后百余年间，周与西都之交通，迄未尝绝。西都畿内之地,亦未尝尽为秦有,命将出师,以征猃狁,固事所可有也。《出车》之诗曰:"王命南仲,往城于方。"毛传:"方,朔方,近猃狁之国也。"案《诗》又言"天子命我,城彼朔方",所咏当系一事,毛传是也。然则朔方乃近猃狁之地,在周之北。刘向《讼甘延寿疏》,亦以诗所咏为宣王时事。然古人学术,多由口耳相传,久之乃著竹帛,不审谛处甚多。无妨其言千里之镐为是,其言宣王时事为非也。

　　春秋以后,史籍之传者较富,此族之事,可考者亦较多。其见于《春秋》者,或称戎,或称狄,盖就其始所居之方位名之,无关于种族也。其称狄者,初止作狄,后又有赤狄、白狄之分。赤狄始见宣公三年,白狄始见宣公八年。据《左氏》杜说,则赤狄种类有六:曰东山皋落氏,今山西昔阳县东皋落山。曰廧咎如,《公羊》作将咎如,今山西乐平县。曰潞氏,今山西潞城县。曰甲氏,今河北鸡泽县。曰留吁,今山西屯留县。曰铎辰。今山西长治县。皆灭于晋。白狄种类有三:曰鲜虞,今河北定县。曰肥,今河北藁城县。曰鼓。今河北晋县。肥鼓亦灭于晋。鲜虞至战国时曰中山,灭于赵。《史记·匈奴列传》曰:"晋文公攘戎翟,居于河内(西)、圁、洛之间,号曰赤翟、白翟。"则居河内者为赤翟,居圁、洛之间者为白翟。窃疑《史记》之说为是也。详见予所撰《赤狄白狄考》。其以戎称者:曰扬拒、泉皋、伊雒之戎,扬拒,在今河南偃师县附近。泉皋,在今河南洛阳县附近。伊雒之戎,《春秋》作雒戎。文八年,公子遂会雒戎盟于暴。《释文》:"本或伊雒之戎,此后人妄取传文加之耳。"地皆入于周。曰蛮氏之戎,今河南临汝县。本居茅津。亦称茅戎,公羊作贸戎、地入于晋。曰骊戎,今陕西临潼县。地亦入晋。以上释地,据顾氏栋高《春秋大事表》。又有陆浑之戎,乃羌族,见第十篇。皆在今河南、陕西境。其跨今河南、山东及河北境者,时曰山戎,亦曰北戎。《管子》常以山戎与令支、孤竹并举。杜预又以山戎、北戎、无终三者为一。《汉志》:右北平无终,故无终子国。辽西郡令支,有孤竹城。汉无终,今河北蓟县。令支,今河北迁安县。读史者因以山戎为在今河北东北境。然据《公羊》,则齐桓公之伐山戎,尝旗获而过鲁;而《左氏》亦载北戎侵郑,北戎侵齐;又《春秋》所载,鲁与戎之交涉甚多;窃疑山戎之地,实不仅东北一隅。至于无终,则《左》襄四年,尝遣使请成于晋,昭元年,晋又败其众于太原;窃疑其地必近晋,亦不得在今河北东北境也。详见予所撰《山戎考》。又有所谓长狄者,其君盖别一种族,其民则亦狄也。详见予所撰《长狄考》。

以上所述,皆其地在腹里者。其君多有封爵,时与于会盟征伐,俨然厕于冠裳之列。较诸战国初年之秦,为东诸侯所摈者,犹或过之。自此以往,则其地较偏僻;其文明程度,亦当较低;故犹沿部落时代之习。《史记·匈奴列传》,所谓"自陇以西,有绵诸、绲戎、皆在今甘肃天水县。翟獂之戎;今陕西南郑县。岐梁山、泾、漆以北,有义渠、今甘肃宁县、庆阳县。大荔、今陕西大荔县。乌氏、今甘肃泾川县。朐衍之戎。今甘肃灵武县。而晋北有林胡、今山西马邑县。楼烦之戎,今山西岚县。燕北有东胡、山戎;各分散居溪谷,自有君长。往往而聚者,百有余戎。然莫能相一"者也。战国之世,燕、赵、秦、魏并起而攘斥之。魏有河西、上郡,后入于秦。赵有云中、雁门、代郡,秦有陇西、北地,以与胡界边。而燕秦开亦袭破东胡,置上谷、渔阳、右北平、辽西、辽东五郡。参看第三篇。赵自代并阴山至高阙,山名。在今绥远省境,黄河沿岸。燕自造阳地名,在上谷。至襄平,今辽宁辽阳县。秦于陇西、北地、上郡,皆筑长城以拒胡。及始皇并六国,燕、赵之地,亦皆入于秦。秦又使蒙恬收河南地,今河套。因河为塞。因边山险,堑溪谷,可缮者治之。起临洮,至辽东万余里。临洮,今甘肃岷县。秦之长城,全非今之长城。当起陇西、北地、上郡塞外。东循阴山,沿黄河北岸,经宣化之北,历热河至辽宁,迤东南,度鸭绿江,入朝鲜。即上谷、渔阳、右北平、辽西、辽东五郡之界也。秦长城东端,在乐浪郡遂城县,见《晋书·地理志》。乐浪郡,今黄海平安二道地也。汉初,辽东与朝鲜,以浿水为界。秦界则更在浿水以东。浿水,今大同江也。而北干山脉以南,谓黄河流域与蒙古之界山。尽为中国之地矣。

　　四裔为中国患者，莫如北族；北族之为中国患者，多在漠南北。中国人对朔方，遂有一种恐怖心，以为敌之起于是者，皆不可御也。中国自与欧洲交通，迄日俄战前，国人论者，皆最畏俄。林文忠曰："英法诸国，皆不足畏，终为中国患者，其俄罗斯乎？"徐继畲撰《瀛寰志略》，谓英法之助土耳其以拒俄，犹之六国之合从以摈秦。甲午战后，犹有著论，谓俄国形势酷类强秦者，皆此等见解也。其实不然，历代游牧之族，为中国患者，多非起自蒙古；即入据蒙古者，亦或能为中国患，或不能为中国患。可见敌国外患，原因甚多，地理特其一端耳。

　　蒙恬之斥逐匈奴也，匈奴单于曰头曼。头曼不胜秦，北徙。史不言其所居。然侯应议罢边塞事曰："北边塞至辽东，外有阴山。东西千余里；草木茂盛，多禽兽。本冒顿单于，依阻其中；治作弓矢，来出为寇，是其苑囿也。"冒顿弑父，龙庭未闻徙地，则头曼弃河南后，必即居阴山中矣。本居河南，平夷无险，至是盖依山为阻。秦之乱，适戍边者皆去。匈奴得宽，复稍度河南，与中国界于故塞。时北方游牧之族，在匈奴之东者为东胡，西为月氏，北为丁令。冒顿单于皆击破之。又南并楼烦、白羊王。白羊王，在河南。《史记》云："诸左王将居东方，直上谷，以东接涉貉、朝鲜。右王将居西方，直上郡，以西接氏、羌。而单于庭直代云中。"匈奴盖至是始尽有漠南北之地。冒顿子老上单于，又击破西域。置僮仆都尉，居焉耆、危须间。赋税诸国，取富给焉。孝文三年，右贤王入居河南为寇。其明年，单于遗汉书曰："今以小吏之败约，故罚右贤王，使至西方求月氏击之。以天之福，吏卒良，马力强，以灭夷月氏，尽斩杀降下之。定楼兰、乌孙、呼揭，及其旁三十六国，皆已为匈奴。"则匈奴之服西域，在孝文三四年间。而匈奴之国势，遂臻于极盛。

　　汉初对匈奴，亦尝用兵。已而被围于平城，今山西大同县。不利。乃用刘敬策，妻以宗室女，与和亲。盖以海内初平，不能用兵，欲以是徐臣之也。高后、文、景之世，守和亲之策不变。然匈奴和亲不能坚,时入边杀掠。中国但发兵防之而已。是时当匈奴冒顿、老上、军臣之世,为匈奴全盛之时。武帝即位,用王恢策,设马邑之权,以诱军臣单于。军臣觉之而去。匈奴自是绝和亲,攻当路塞,数入盗边。然尚乐关市,耆汉财物,汉亦关市不绝以中之。元光元年,汉始发兵出击。自后元朔二年、五年、六年,元狩三年,仍岁大举。而元朔二年之役,卫青取河南,置朔方郡;在今鄂尔多斯右翼后旗,黄河西岸。汉既筑朔方,遂缮蒙恬所为塞,因河为固。元狩二年,浑邪王杀休屠王降汉;汉通西域之道自此开,羌、胡之交关自此绝。匈奴受创尤巨。于是伊稚斜单于,军臣之弟,继军臣立。用汉降人赵信计,本胡小王,降汉,封为翕侯,败殁,又降胡。益北绝幕。欲诱疲汉兵,徼极而取之。元狩四年,汉发十万骑,私负从马凡十四万匹,粮重不与焉。使卫青、霍去病中分兵。青出定襄,今山西右玉县。至置颜山赵信城。去病出代,封狼居胥,禅于姑衍,临瀚海而还。自是匈奴远遁,而漠南无王庭。汉度河,自朔方以西至令居,今甘肃平番县。往往通渠,置田官。吏卒五六万人。稍蚕食,地接匈奴以北矣。

伊稚斜单于后,再传而至儿单于。儿单于之立,当武帝元封六年。自儿单于以后,益徙而西北。左方兵直云中,右方兵直酒泉、敦煌。龙庭所在,史亦不详。而以兵事核之,则距余吾水至近。天汉四年,贰师之出,且鞮侯单于悉远其累重于余吾水北,而自以兵十万待水南。征和二年,闻汉兵大出,右贤王驱其人民,度余吾水六七百里,居兜衔山。壶衍鞮单于时,汉生得瓯脱王,匈奴恐以为导袭之,即北桥余吾,令可渡。《山海经》:"北鲜之山,鲜水出焉。北流注于余吾。""北鲜"二字,疑鲜卑之倒误。余吾,仙娥,一音之转。颇疑今色楞格河,古时本名鲜水;即鲜卑水,或译名但取上一音,或夺卑字。而拜哈勒湖,则名余吾;后乃弛其所注之湖之名,以名其水也。本始二年,五原之兵,出塞八百余里,而至丹余吾水。丹余吾,当系余吾众源之一,或其支流。以道里计之,亦当在今色楞格河流域也。匈奴之弱，实由失漠南。侯应《罢边备议》谓："边长老言，匈奴失阴山之后，过之未尝不哭也。"据《汉书·匈奴传》：元封六年，冬，匈奴大雨雪，畜多饥寒死。诛贰师后，连雨雪数月，畜产死，人民疫病，谷稼不熟。始元二年，单于自将击乌孙。欲还，会天大雨雪，一日深丈余。人民畜产冻死，还者不什一。虚闾权渠单于之立，匈奴饥，人民畜产死十六七。盖三十七年之间，大变之见于中国史者四矣。度尚有较小，为中国史所不载者也。儿单于四传而至壶衍鞮单于。宣帝本始二年，匈奴欲掠乌孙。乌孙公主来求救。汉发五将军十五万众，出塞各二千余里以击之。匈奴闻之，驱畜产远遁。是以五将少所得，而校尉常惠，护乌孙兵，入自西方，获三万九千余级；马、牛、驴、骡、橐驼五万余匹，羊六十余万头。《乌孙传》云："乌孙皆自取所虏获。"则此数未必确实。然匈奴之所损，必甚多也。匈奴民众死伤，及遁逃死亡者，不可胜数。其冬，单于自将攻乌孙，颇有所得。欲还，会大雨雪，人畜冻死，还者不及什一。于是丁令攻其北，乌桓入其东，乌孙击其西，凡三国所杀，数万级；马数万匹，牛羊甚众。匈奴大虚弱，诸国羁属者皆瓦解。滋欲乡和亲，然尚未肯屈服于汉也。其后匈奴内乱，五单于争立。呼韩邪尽并诸单于，又为新立之郅支单于所败。乃于甘露元年，款五原塞降汉。三年，入朝。郅支北击乌揭，降之。发其兵，西破坚昆，北降丁令。并三国之众，留都坚昆。乌揭、坚昆、丁令，见第四篇。《三国志》注引《魏略》：匈奴单于庭，在安习水上，当系指此时言之。安习水，今额尔齐斯河也。后杀汉使谷吉，自以负汉；又闻呼韩邪日强，恐袭之；欲远去。会康居数为乌孙所困，使迎郅支居东边，欲并力取乌孙以立之。郅支大悦，引而西。康居王甚尊敬之，妻以女。郅支数借兵击破乌孙，乌孙西边空虚不居者且千里。郅支骤胜而骄，杀康居王女，又役康居之民为筑城。元帝建昭三年，西域副都护陈汤矫制，发诸国及车师，戊己校尉屯田兵攻杀之。传首京师。北方积年之大敌，至是称戡定焉。

呼韩邪既降汉，请留居光禄塞下；_{太初三年，徐自为所筑，去五原塞}近者数百里，远者千里。有急，保汉受降城。_{太初元年所筑，在今乌喇特旗}西北。许之。后人众渐盛，乃归北庭，事汉甚谨。王莽时，抚驭失宜，始复为寇。光武之世，至徙幽，并边人于常山、_{在今河北唐县。}居庸关_{在今河北昌平县。}之东以避之。幸匈奴旋复内乱。其奥鞬日逐王比，自立为呼韩邪单于，降汉。于是匈奴分为南北。南单于入居西河美稷。_{今鄂尔多斯左翼中旗。}北匈奴连年旱蝗，又为南部、丁令、鲜卑、西域所侵，益弱。和帝时，南部求并之。永元元年，窦宪合南部击之，降其众二十余万。至燕然山，出塞三千余里。明年，南部又分兵：左过西海，至河宗北；右绕天山南，度甘微河。北单于被创走。明年，右校尉耿夔又破之金微山。出塞五千余里，前此出师未尝至也。《后汉书》谓单于遁走，不知所在。《魏书·悦般传》则谓其逃亡康居。盖《后汉书》所载，乃当时军中奏报；《魏书》所载，则后来得之于西域者也。北单于之弟于除鞬自立，止蒲类海，遣使款塞。四年，立为北单于。欲辅还北庭，于除鞬自畔还北，汉使人诱还杀之。其余众辗转西域。_{《后汉书》：永元十六年，北单于遣使诣阙贡献，愿和亲，修呼韩邪故约。和帝以其旧礼不备，未许。元兴元年，重遣使诣敦煌贡献。辞以国贫，未能备礼。愿请大使。当遣子入侍。时邓太后临朝，亦不答其使，但加赐而已。据此，则北匈奴自章、和后，仍自有单于。特微弱，又去中国远，世系事迹，皆不可考耳。至南北朝时，犹立国于乌孙西北者曰悦般。其入欧洲者，立国于马加之地，为今匈牙利等国之祖焉。见《元史译文证补》卷二十七上。}

南单于入居西河后，汉使中郎将段郴、副校尉王郁留拥护之。又令西河长史岁将骑二千，弛刑五百，助中郎将护卫单于。冬屯夏罢，岁以为常。单于亦遣诸部王屯驻北地、朔方、五原、云中、定襄、雁门、代郡，为郡县侦罗耳目。明帝时，南部有欲叛还北者。置度辽营，以中郎将行将军事以制之。灵帝时，张纯反，率鲜卑寇五郡。诏发南匈奴兵配幽州牧刘虞讨之。国人恐单于发兵无已，反，攻杀单于。子于扶罗立。国人杀其父者遂畔。立须卜骨都侯为单于。一年死。南庭遂虚其位，以老王行国事。于扶罗诣阙自讼。会灵帝崩，天下大乱，单于将数千骑与白波贼合，寇河内诸郡。时民皆保聚，寇钞无利，而兵遂破伤。复欲归国。国人不受。乃止河东。卒，弟呼厨泉立。建安二十一年，入朝。曹操留之于邺，遣右贤王去卑监其国，分其众为五部。立其中贵者为帅，选汉人为司马监之。魏末，复改为长史。左部都尉所统可万余落，居太原故泫氏县。今山西高平县。右部六千余落，居祁县。今山西祁县。南部三千余落，居蒲子县。今山西隰县。北部四千落，居新兴县。今山西忻县。中部六千落，居太陵县。今山西文水县。左部帅豹，即刘渊之父。右贤王去卑，则赫连勃勃之先也。别部居上党武乡县之羯室者，今山西辽县。亦称羯，其后为后赵。而居临松卢水者，今甘肃张掖县。先世为匈奴左沮渠，遂以沮渠为氏，其后为北凉焉。

　　五胡之中，匈奴、鲜卑，部落皆盛；而匈奴尤居腹地，故最先叛。然刘、石二氏，皆淫暴无人理。石氏亡后，冉闵大肆杀戮，胡、羯遂衰。其历久而后同化者，惟稽胡而已。《北史》云："稽胡，一曰步落稽，盖刘元海五部之苗裔也。或曰：山戎、赤狄之后，自离石今山西离石县。以西，安定今甘肃固原县。以东，方七八百里。居山谷间，种类繁炽。虽分统郡县，列于编户；然轻其徭赋，有异华人。山谷阻深，又未尽役属。而凶悍者，恃险数为寇。"案元海部落，当时多散居郡县。《晋书》云："其部落随所居郡县，使宰牧之，与编户大同，而不输贡赋。"稽胡盖因生事及风俗之异，入居山谷。其能久而不亡，正以其自成一部落故也。两《汉书》及《三国志》，皆无稽胡之名。以为山戎、赤狄之后者，必误。《北史》云："言语类夷狄，因译乃通。"盖因少与汉人交接之故。

然又云："其俗土著，亦知种田。地少桑蚕，多衣麻布。其丈夫衣服，及死亡殡葬，与中夏略同。其渠帅颇知文字。"则渐染华风，亦非一日矣。故自隋、唐以后，遂泯焉无迹也。

匈奴政教风俗，与中国相类者极多。《史记》云："自淳维以至头曼，千有余载，时大时小，别散分离，尚矣。然至冒顿而匈奴最强大，尽服从北夷，而南与诸夏为敌国。"是则头曼以前，匈奴迄未尝为大国也。夫使当战国以前，漠南北之地，已有控弦数十万，如汉时之匈奴者，则深入杀略之事，必时有所闻；大兴师征伐，亦必在所不免；断非仅筑长城，所能限戎马之足也。参看附录《秦始皇筑长城》。然则自秦以前，漠南北部落，亦不过如《史记》所谓散居溪谷，莫能相一者耳。其大部落，实自皇古以来，即与汉族杂居黄河流域也。则其渐染汉族文化之深，固无足怪矣。

中国之俗，敬天而尊祖。而《史记·匈奴列传》曰："岁正月，诸长少会单于庭，祠。五月，大会龙城，祭其先天地鬼神。秋，马肥，大会蹛林，校课人畜计。"《后汉书》称其俗岁有三龙祠，尝以正月，五月，九月戊日祭天神。合二书观之，盖此三会皆祭天地，并及其余诸鬼神也。南单于内附后，兼祠汉帝。"单于朝出营，拜日之始生；夕拜月。"亦与中国朝日夕月合。其围高帝于平城也，其骑：西方尽白，东方尽駹，北方尽骊，南方尽骍；月尚戊己；祭天神以戊日；此中国五行干支之说也。贰师之降匈奴，岁余，卫律害其宠。会母阏氏病，律饬胡巫言："先单于怒曰：胡故时祠兵，尝言得贰师以社，今何故不用？"遂屠贰师以祠。征和中，汉武帝诏："军候弘上书：言匈奴缚马前后足，置城下，驰言：秦人，我匄若马。丞相，御史，二千石，诸大夫，郎为文学者，乃至郡属国都尉赵破奴等，皆以虏自缚其马，不祥甚哉。或以为欲以见强。重合侯得虏候者，言：闻汉军当来，匈奴埋羊牛所出诸道及水上以诅军。单于遗天子马裘，常使巫祝之。缚

马者，诅军事也。"贰师之出塞，匈奴使右大都尉与卫律将五千骑要击汉军于
夫羊句山狭。贰师遣属国胡骑二千与战，虏兵坏散，死伤者数百人。汉军乘胜
追北，至范夫人城。应劭曰：本汉将筑此城。将亡，其妻率余众完保之，因以为
名也。张晏曰：范氏，能胡诅者。夫信巫，则亦中国之古俗也。《北史·悦
般传》："真君九年，遣使朝献，并送幻人。称能割人喉脉令断；击人头，令骨陷血
出，或数升，或盈斗，以草药内其口中，令嚼咽之。须臾血止，养疮一月复常，无
瘢痕。世疑其虚。乃取死罪囚试之，皆验。云中国诸名山，皆有此草。乃使人
受其术而厚遇之。"此幻人自出西域。又云："又言其国有大术者，蠕蠕来钞掠，
术人能作霖雨、盲风、大雪及行潦。蠕蠕漂亡者十二三。"此则柔然、丁令，皆云
有此术，或受之匈奴耳。《左氏》：狄之入卫也，"囚史华龙滑与礼孔，以逐卫人。
二人曰：我大史也，实掌其祭。不先，国不可得也。乃先之"。注曰："夷狄畏
鬼，故恐言当先白神。"则狄人之巫鬼，由来旧矣。此其教之相类者也。

　　北狄无称其君为天子者，有之者，其惟匈奴乎？匈奴以外皆称汗。
汗，大也。盖音译则曰汗，意译则曰大人。匈奴称其君曰撑犁孤涂单于。
撑犁，天也。孤涂，子也。单于，广大之貌也；言其象天，单于然也。
老上《遗汉书》，自称"天地所生，日月所置，匈奴大单于"；狐鹿姑《遗
汉书》，亦曰"胡者，天之骄子"；得毋感天而生之说，亦为彼所习闻
邪？颇重盟约。永光元年，汉使韩昌、张猛送呼韩邪侍子。昌、猛见
单于民众益盛，塞下禽兽尽；单于足以自卫，不畏郅支。闻其大臣多
劝单于北归者，恐北去后难约束，即与为盟约，曰："自今以来，汉与
匈奴，合为一家。世世毋得相诈相攻。有窃盗者，相报，行其诛，偿
其物。有寇，发兵相助。汉与匈奴，敢先背约者，受天不祥，令其世
世子孙尽如盟。"俨然见古者束牲载书之辞焉。《汉书》载董仲舒之
言曰："如匈奴者，非可说以仁义也，独可说以厚利，结之于天耳。与
之厚利，以没其意。与盟于天，以坚其约。质其爱子，以累其心。"刘
敬之说高帝和亲也，曰："陛下诚能以适长公主妻单于，厚奉遗之。
彼知汉女，送厚，必慕，以为阏氏；生子，必为太子。陛下以岁时汉所

余,彼所鲜数问遗,且使辨土风谕以礼节,冒顿在,固为子婿,死则外孙为单于。岂闻外孙敢与大父抗礼哉? 可毋战以渐臣也。"此古代诸侯屡盟交质,事之以货贿,申之以昏姻之习;抑刘敬之策,亦莒人之所以亡鄫也。此其政之相类者也。

匈奴之俗,与中国尚文之世,若不相容,而反诸尚质之世,则极相类。"其送死,有棺椁、金银、衣裳而无封树、丧服。近幸臣妾,从死者数百人。"此古者不封不树,丧期无数及殉葬之俗也。"父死,妻其后母;兄弟死,皆取其妻妻之。"此晋献公所以烝于齐姜,象所以欲使二嫂治朕栖也。"有名不讳而无字。"幼名,冠字,本乃周道也。"贵壮健,贱老弱;壮者食肥美,老者食其余。"此古之人所以兢兢于教悌也。"利则进,不利则退;不羞遁走。苟利所在,不知礼义。"春秋时戎狄之俗皆如此,尤其久与汉族杂居河域之征也。其文教虽不如中国乎,然《史记》称其"狱久者不满十日;一国之囚,不过数人"。中行说谓其"约束径易行,君臣简可久;一国之政犹一体";犹足想见古者刑措不用;及未施信于民而民信,未施敬于民而民敬之风焉。要之匈奴之俗,与周以后不相类,若返诸夏、殷以前,则我国之俗,且可资彼以为借镜也。此其俗之相类者也。

《罗马史》载匈奴西徙后,有诗词歌咏,皆古时匈奴文字。当时罗马有通匈奴文者,匈奴亦有通拉丁文者,惜后世无传焉。见《元史译文证补》。案匈奴之有文字,史不言其始于何时,亦不言为何种文字。或谓当时西域诸国,多有旁行文字,匈奴或西徙后受之西域,如回纥文字,出自大食者然。案匈奴之服西域,事在孝文三四年间,自此以前,久与中国书疏相往还矣。中行说教单于左右疏记,以计识其人众畜数,必先有文字,疏记之法,乃有可施。《史记》谓其"无文书,以言语为约束",乃谓其无文书,非谓其无文字也。然则匈奴之有文字旧矣。创制文字,实为大业,虽乏史记,十口不得无传。辽、金、元、清、西夏皆然。然则匈奴文字，非由自制。既非自制，舍中国将安所受之哉？汉遗单于书以尺一牍；中行说令单于以尺二寸牍，及印封，皆令广长大；则其作书之具，正与中国同。从古北族文字，命意措词，与中国近者，莫匈奴若，初未闻其出于译人之润饰也。然则匈奴与中国同文，虽史无明文，而理有可信矣。抑《史》、《汉》之不言，非疏也。《西域传》云："自且末以往，有异乃记。"记其与中国异者，而略其与中国同者，作史之例则然。然则《史》、《汉》之不言，正足为匈奴与我同文之证矣。《汉书》于《安息传》，明著其画革旁行为书记，即因其有异而记之者也。然则我国文字之流传于欧洲也旧矣。日逐王比遣汉人郭衡奉匈奴地图求内附，则匈奴并有地图。又《说文》控字下曰："匈奴引弓曰控弦。"《一切经音义》引作"匈奴谓引弓曰控弦"。案《一切经》引是也，今本盖夺谓字。观此，则匈奴之语，亦有与中国同者矣。皆其久与汉族杂居之证也。《一切经》又一引作突厥。汉时无突厥，必误也。《观堂集林》有匈奴相邦印跋，曰："匈奴相邦玉印，藏皖中黄氏。形制文字，均类先秦。当是战国秦汉之物。考六国执政，均称相邦。秦有相邦吕不韦，见戈文，魏有相邦建信侯，见剑文。今观此印，知匈奴亦然。史作相国，盖避汉高帝讳改。《史记·大将军骠骑列传》，屡言获匈奴相国都尉。而《匈奴列传》记匈奴官制，但著左右贤王以下二十四长，而不举其目。又言二十四长，亦各自置千长、百长、十长、裨小王、相封、都尉、当户、且渠之属。相封即相邦。易邦为封，亦避高帝讳耳。"此印若真，亦匈奴与中国同文之一证。

匈奴与汉族关系之深如此，然其文明程度，终不逮汉族者，则汉族久进于耕农，而匈奴迄滞于游牧之故也。《史记》云："自唐、虞以上，有山戎、猃狁、荤粥，居于北蛮，随畜牧而转移。"可见其从事畜牧，由来之久。然迄春秋战国时，此族仍多以游牧、射猎为生。故魏绛劝晋悼公和戎之辞曰："戎狄荐居，贵货易土；土可贾焉。"《左》襄四年。杂居内地者如此，在塞外者，自更不待言矣。《史记·匈奴列传》，谓其"自君王以下，咸食畜肉，衣其皮革，被旃裘"。又云："儿能

骑羊,引弓射鸟鼠;稍长,则射狐兔;用为食。"盖犹《王制》所谓北方
之狄,衣羽毛穴居不粒食之旧也。《王制》:四海之内,北不尽恒山。所谓
北狄,当在恒山之北。然汉时之匈奴,亦间有事种植者。《汉书》谓匈奴
诛贰师,连雨雪数月,谷稼不熟。师古曰:"北方早寒,虽不宜禾稷,
匈奴中亦种黍穄。"师古此言,当有所本。盖生业之兴,由于地利,漠
南北亦有宜于种植之地,农业遂缘之而兴也。特究不以为正业耳。

《春秋》僖公三十二年:"卫人及狄盟。"杜注:"不地者,就狄庐帐
盟。"疏云:"狄逐水草,无城郭宫室,故云就庐帐盟也。"杜氏此注,非
必经意,然当时北狄未有宫室,说当不诬。《史记》云:"其后义渠之
戎,筑城郭以自守,而秦稍蚕食;至于惠王,遂拔义渠二十五城。"盖
后来之事;且亦未必凡戎狄皆然也。秦汉时之匈奴,"无城郭常居耕
田之业,然亦各有分地"。其国中间有城郭,大抵汉人所筑;如赵信
城,孟康曰:"赵信所筑。"范夫人城,应劭曰:"本汉将筑此城,将亡,
其妻率余众保完之。"是也。壶衍鞮单于初立,年少,母阏氏不正,国
内乖离,常恐汉兵袭之。卫律为单于谋,穿井,筑城,治楼以藏谷,观
此语,亦可知匈奴有农业。与秦人守之。汉兵至,无奈我何。即穿井数
百,伐材数千。或曰:胡人不能守城,是遗汉粮也。乃已。郅支之
徙康居,役其民以筑城,日五百人,二岁乃已。然终为汉兵所诛夷。
胡人不能守城,此其一证也。

匈奴极重汉物。"其攻战,斩首虏,赐一卮酒",酒之贵重可知。
汉文与匈奴和亲,遗以缯絮、秔糵,岁有数,所以中之也。自关市之
通,单于以下皆亲汉,往来长城下,几堕马邑之权。然犹乐关市,不
能绝,可知其陷溺之深。贾生三表五饵之说,不能谓为处士大言矣。
见《新书·匈奴》篇。中行说之说匈奴曰:"匈奴人众,不能当汉之一
郡,然所以强之者,以衣食异,无仰于汉也。今单于变俗,好汉物,汉
物不过十二,则匈奴尽归于汉矣。其得汉絮缯,以驰草棘中,衣袴皆

敝裂,以视不如旃裘之坚善也;得汉食物,皆去之,以视不如湩酪之便美也。"呜呼! 何其计之深而虑之远也!

匈奴风俗,最称强悍。《史记》曰:"其俗宽则随畜田猎为生业,急则人习战攻以侵伐,其天性也。"《淮南子》曰:"雁门之北,狄不谷食。贱长贵壮,俗尚气力。人不弛弓,马不解勒。"《原道训》。此即《中庸》所谓"衽金革,死而不厌,北方之强"者邪。扬雄《谏不受单于朝书》曰:"往时尝屠大宛之城,蹈乌桓之垒,探姑缯之壁,借荡姐之场,艾朝鲜之旃,拔两越之旗,近不过旬月之役,远不离二时之劳,固已犁其庭,扫其闾,郡县而置之;云彻席卷,后无余菑。惟北狄为不然,真中国之坚敌也;三垂比之悬矣,前世重之滋甚。"江统《徙戎论》曰:"并州之胡,本实匈奴。其天性骁勇,弓马便利,倍于氐羌。"是匈奴在四裔中为最强也。左伊秩訾之劝呼韩邪降汉也,呼韩邪问诸大臣,皆曰:"不可。匈奴之俗,本上气力而下服役,以马上战斗为国;故有威名于百蛮。战死,壮士所有也。今兄弟争国,不在兄,则在弟,虽死,犹有威名;子孙常长诸国。奈何乱先古之制,臣事于汉,卑辱先单于,为诸国笑? 虽如是而安,何以复长百蛮?"百世之下,读之虎虎有生气焉。其能以不逮一县之众,见附录《秦始皇筑长城》。使中国为之旰食,宜矣。

然匈奴众虽勇悍,而训练节制颇缺。"利则进,不利则退,不羞遁走",犹是春秋战国以来戎狄之旧俗。"其攻战,斩首虏,赐一卮酒;而所得卤获,因以与之。得人,以为奴婢。故其战,人人自为趋利,如鸟之集。其困败,瓦解云散矣。"此孙卿所讥齐人隆技击,若飞鸟然,倾侧反覆无日者也。古汉族事耕稼,故多居平原。戎狄事畜牧射猎,故多居山险。故汉族重车战,戎狄则用骑兵及步兵。《左》隐九年,北戎侵郑。郑伯御之。患戎师,曰:"彼徒我车,惧其侵轶我也。"昭元年,晋中行穆子败无终及群狄于太原。将战,魏舒曰:彼徒我车,所遇又厄,请皆卒。乃毁车以为行。而赵武灵王亦胡服骑射，以灭中山。皆是道也。汉时匈奴，仍系如此。晁错《论兵事疏》曰："上下山阪，出入溪涧，中国之马弗与也。险道倾仄，且驰且射，中国之骑弗与也。风雨罢劳，饥渴不困，中国之人弗与也。此匈奴之长技也。若夫平原易地，轻车突骑，则匈奴之众易挠乱也。劲弩长戟，射疏及远，则匈奴之弓弗能格也。坚甲利兵，长短相杂，游弩往来，什伍俱前，则匈奴之兵弗能当也。材官驺发，矢道同的，则匈奴之革笥木荐，弗能支也。下马地斗，剑戟相接，去就相薄，则匈奴之足弗能给也。此中国之长技也。"要而言之，匈奴长于骑，中国长于步；匈奴利于险阻，中国利于平地；匈奴之勇悍，非中国所及；中国之兵器及行陈，亦非匈奴所能当也。《史记》云："其长兵则弓矢，短兵则刀铤。"则其兵器，亦与中国同，特不如中国之精而已。又曰："善为诱兵以包敌。"此亦居广原，习于驰逐之故也。又曰："举事常随月盛壮以攻战，月亏则退兵。"案《左》成十六年，晋郤至谓楚有六间，"陈不违晦"其一，注："晦，月终，阴之尽，故兵家以为忌。"昭二十三年，戊辰，晦，战于鸡父。注："七月二十九日。违兵忌晦战，击楚所不意。"盖月无光时，惧敌夜袭，故不用师也。此亦匈奴俗类汉族之一证。

　　北族多辫发，惟匈奴则似椎髻。《汉书·李广苏建传》："昭帝立，大将军霍光、左将军上官桀辅政，素与陵善。遣陵故人陇西任立政等三人俱至匈奴招陵。后陵、律卫律。持牛酒劳汉使。博饮。两人皆胡服椎结。立政大言曰：汉已大赦，中国安乐，主上富于春秋，霍子孟、上官少叔用事。以此言微动之。陵嘿不应，熟视，而自循其发，曰：我已胡服矣！"明椎髻为匈奴俗也。或曰：文帝前六年遗单于，有比疏一。《史记》作比余。师古曰："辫发之饰也，以金为之。"此实匈奴辫发之证，陵、律盖未忍效之，故犹椎髻也。曰我已胡服，明发未尝如胡也。案比疏即箆梳，古今字。不必辫发然后可用。师古之说，似睹当时北族辫发，以意言之。《朝鲜列传》谓"卫满椎结蛮夷服，东走出塞"，明是时塞北蛮夷多椎结，满岂亦有所不忍邪？《北史·悦般传》，谓其"剪发齐眉"。又云："其人清洁。与蠕蠕结好。其主尝将数千人入蠕蠕，欲与大檀相见。入其界，百余里，见其部人不浣衣，不绊发，不洗手。妇人口舐器物。王谓其从臣曰：汝曹诳我，将我入此狗国。乃驰还。"不绊发即辫发之谓，辫发即被发也。从古西域多洁清，北族则否。悦般西徙后，盖已渐染西域之俗。然绊发当系匈奴之旧。剪发齐眉，不知为匈奴俗否？若然，则颇似中国之两髦矣。又匈奴之法，汉使不去节，不以墨黥面，不得入穹庐。盖以墨黥面，为示辱之意也。

匈奴为汉族所迫逐，正支西徙，至今立国欧洲。然其同化于我者实不少。《左》庄二十八年："晋献公娶二女于戎。大戎狐姬生重耳，小戎子生夷吾。"注："大戎，唐叔子孙，别在戎狄者。"《晋语》："狐氏出自唐叔：狐伯耳之子，实生重耳。"是杜注所本也。又曰："晋伐骊戎，骊戎男女以骊姬。"注云："骊戎，其君姬姓，爵男也。"案骊戎立国甚古。《周书·史记篇》："昔有林氏召离戎之君而朝之。"即骊戎也。《史记·周本纪》："纣囚西伯于羑里。闳夭之徒，求骊戎之文马而献之纣。"是时骊戎为姬姓之国与否不可知，然其与姬姓之国有交涉，则甚确凿矣。昭十二年，晋伐鲜虞，《公》、《穀》皆责其伐同姓。范注云："鲜虞，姬姓。"疏谓《世本》文。又戎州己姓，见哀十七年。己者，黄帝之子之姓也。_{见《国语》。} _{廧咎如隗姓。隗姓，《姓苑》谓出古帝大隗氏。}是则春秋以前，我族作大长于戎狄中者多矣。《公羊》谓潞氏"离于夷狄，而未能合于中国。晋师伐之，中国不救，夷狄不有"，实为其渐即诸夏之征。《穀梁》例，灭夷狄时，_{婴儿以贤书月。甲氏，留吁余邑，以贤婴儿，灭亦月。}左氏谓狄有五罪，亦谓酆舒有三俊才。《韩非子·外储说》："赵主父使李疵视中山可攻不也，还报曰：中山可伐也。君不亟伐，将后齐、燕。主父曰：何故可攻。李疵对曰：其君见好_{顾千}里曰：_{当依下文作好显。}岩穴之士，所倾盖与车，以见穷闾隘巷之士以十数；伉礼下布衣之士，以百数矣。"_{亦见《中山策》。}周秦诸子，固多寓言，然寓诸何国，亦必有其所由。中山之文明程度，亦可想见矣。然则古代之戎狄，至秦汉以后，不复闻其为患者，大抵皆同化于汉族也。汉时南部之降，汉人骄纵之太甚，读扬雄《谏不受单于朝书》，可见此时汉人之见解。卒酿成刘、石之乱，致召冉闵之杀戮。然是时胡人居中国者甚多，闵所杀戮，实不过十之一二。谓足摧挫胡、羯则有之，谓能诛锄胡、羯殆尽，则事理所必无也。据《晋书》载记：闵躬率赵人，诛诸胡羯，死者二十余万。屯据四方者，所在承闵书诛之。此亦杀其屯聚者耳。又云："高鼻多须，滥死者半。"高鼻多须，自系白种人，见第十三章。当时所谓胡，范围甚广，初不专指匈奴。如鲜卑称东胡，西域诸国称西胡是也。闵欲诛胡羯，而非胡羯以形状之异而滥死，则胡羯之形状不异者，必多获免可知。其颇同化于汉族者，更无论矣。魏五部都尉所统，已二万九千余落。晋初归化，武帝使居塞内者，亦辄千万落。此等非同化于中国，果何往哉？然则中华民国国民中，匈奴之成分，必不少矣。

附录一 赤狄白狄考

狄之见于《春秋》者，或止称狄，或称赤狄、白狄。宣十五年，"六月，癸卯，晋师灭赤狄潞氏。"注："潞，赤狄之别种。"疏云："狄有赤狄，白狄。就其赤白间，各自别有种类。此潞是国名，赤狄之内，别种一国。夷狄祖其雄豪者，子孙则称豪名为种，若中国之始封君也。谓之赤白，其义未闻；盖其俗尚赤衣白衣也？"案两爨亦称乌白蛮。《唐书》：初裹五姓皆乌蛮，其妇人衣黑缯，东钦二姓皆白蛮，其妇人衣白缯。疏盖据后世事推之。如疏意，则凡狄非属于赤，即属于白矣。窃谓不然。

赤狄种类，见于《春秋》者有三：潞氏及甲氏、留吁是也。宣十六年："晋人灭赤狄甲氏及留吁。"《左氏》云："晋士会帅师灭赤狄甲氏及留吁，铎辰。"杜注："铎辰不书，留吁之属。"似以意言之。又成三年："晋郤克卫孙良夫伐廧咎如。"《左氏》曰："讨赤狄之余焉。"是《左氏》所称为赤狄者，较《春秋》多一铎辰，一廧咎如也。廧咎如，公羊作将咎如。至东山皋落氏，则《左氏》亦不言为赤狄。杜注云："赤狄别种也。"正义："成十三年《传》，晋侯使吕相绝秦，云：白狄及君同州，则白狄与秦相近，当在晋西。此云东山，当在晋东。宣十五年，晋师灭赤狄潞氏。潞则上党潞县，在晋之东。此云伐东山皋落氏，知此亦在晋东，是赤狄别种也。"其说似属牵强。

白狄种类,《春秋》及《左氏》,皆未明言。昭十二年杜注曰:"鲜虞,白狄别种。""肥,白狄也。"十五年注又曰:"鼓,白狄之别。"疏云:"宣十五年,晋师灭赤狄潞氏。十六年,晋人灭赤狄甲氏及留吁。成三年,晋郤克,卫孙良夫伐廧咎如。《传》曰:讨赤狄之余焉。是赤狄已灭尽矣。知鲜虞与肥,皆白狄之别种也。"其说之牵强,与前说同。

案《春秋》、《左氏》言赤狄种类,虽似不同。然铎辰之名,《春秋》无之。"讨赤狄之余焉",语有两解。刘炫以为"廧咎如之国,即是赤狄之余"。见疏。杜预则谓宣十五年晋灭赤狄潞氏,其余民散入廧咎如,故讨之。揆以文义,杜说为长,以《春秋》、《左氏》,于潞氏,甲氏,留吁,铎辰,皆明言为赤狄,于廧咎如则不言也。然则《左氏》之意,盖不以廧咎如为赤狄。《左》不以廧咎如为赤狄,而铎辰为《春秋》所无,则《春秋》、《左氏》,言赤狄初无歧异矣。然则赤狄自赤狄;白狄自白狄:但言狄者,自属非赤、非白之狄;安得谓凡狄皆可分属赤狄、白狄乎?杜说盖失之也。

予谓赤狄、白狄,乃狄之两大部落。其但称狄者,则其诸小部落。小部落时役属于大部落,则有之;若遂以赤白为种类之名,谓凡狄皆可或属诸赤,或属诸白,则非也。《左》宣十一年云:"众狄疾赤狄之役,遂服于晋。"必赤狄之名,不苞众狄,乃得如此措辞。若众狄亦属赤狄,当云疾潞氏之役,安得云疾赤狄之役乎?此《春秋》及《左氏》,凡言狄者,不得以为赤狄或白狄之明征也。

然则赤狄、白狄,果在何方乎?曰:赤狄在河内,白狄在圜、洛之间。何以知之?曰:以《史记·匈奴列传》言"晋文公攘戎翟居于河内、圜、洛之间,号曰赤翟白翟"知之也。居河内者盖赤狄?居圜、洛之间者盖白狄也?曰:《史记》上云"攘戎翟",而下云"号曰赤狄、白狄",明赤狄、白狄为两种之总称,所苞者广矣。曰:《史记》之言,

盖举其大者以概其余，非谓凡狄皆可称赤狄或白狄也。若谓凡狄皆
可称赤狄或白狄，则无解于《春秋》之或称赤狄，或称白狄，或但称狄
矣。盖狄在《春秋》时，就大体言之，可区为二：一在东方，一在西
方。在东方者，侵轶于周、郑、宋、卫、齐、鲁之间。其地盖跨今河北
之保定、大名两道，山西冀宁道之东境，河南之河北道。或且兼及河
洛、开封道境。其中以居河内之赤狄为最大。居西方者，其地盖跨今
山西冀宁道之西境，及河东道。陕西之榆林道及关中道。其中以居
圈、洛之间之白狄为最大。故史公举之以概其余也。言春秋时狄事
者，莫详于《左氏》。今请举之，以为吾说之证。

　　狄之居东方者，莫张于庄、闵、僖之间。庄三十二年，伐邢。闵
二年，入卫。以齐桓公之威，纠合诸侯，迁邢于夷仪，封卫于楚丘；然
及僖十二年，诸侯复以狄难故，为卫城楚丘；其明年，狄侵卫；又明
年，侵郑；则其势初未弱也。齐桓公之卒也，宋襄公伐齐而纳孝公。
虽曰定乱，实有伐丧之嫌。诸侯莫能正。惟狄人救之。僖十八年。
是时邢附狄以伐卫。至二十五年，而为卫所灭。狄虽不能救；然二
十年，尝与齐盟于邢。《左氏》曰：为邢谋卫难也；二十一年，狄侵
卫；三十一年，又围卫；卫为之迁于帝丘；狄之勤亦至矣。先是僖公
九年，狄灭温。温者，苏子封邑，周初司寇苏忿生之后也。见成十一
年。十一年，王子带召扬拒、泉皋、伊洛之戎以伐周。入王城，焚东
门。秦、晋伐戎以救周。晋侯平戎于王。十二年，王讨王子带。王
子带奔齐。齐侯使管夷吾平戎于王，使隰朋平戎于晋。十六年，王
以戎难告于齐，齐征诸侯而戍周。此所谓戎，不知与狄有关否？然
及僖二十四年，王以狄师伐郑；冬，遂为狄所伐，出居于郑；大叔以狄
女居于温；则必即九年灭温之狄矣。晋文勤王，取大叔于温，杀之于
隰城。王以温锡晋。三十二年，狄有乱。卫人乘之侵狄，狄请平焉。
其在河内者，至是当少衰。然三十二年及文七年、九年、十一年，迭

侵齐;七年,伐鲁西鄙;十年侵宋;十三年又侵卫;则东方之狄,亦未
尝遂弱也。凡此者,《春秋》及《左氏》,皆但称为狄。惟文七年侵鲁
之役,《左氏》云:公使告于晋,赵宣子使因贾季问酆舒,且让之。酆
舒潞氏相,似其事由赤狄,然此只可谓侵鲁之狄役属于赤狄,不能谓
侵鲁者即赤狄也。

　　赤狄见《经》,始于宣公三年之侵齐。六年,伐晋。七年,又侵
晋,取向阴之禾。十一年,晋侯会狄于欑函。《左氏》云:"众狄服也。
众狄疾赤狄之役,遂服于晋。"观宣七年赵宣子之让酆舒,则知赤狄
是时所役属之狄颇众,故其势骤张也。及是,党与携离,势渐弱矣。
十三年,虽伐晋及清,及十五年,潞氏遂为晋所灭。晋侯治兵于稷,
以略狄土。明年,灭甲氏留吁及铎辰。成三年,又伐廧咎如,以讨赤
狄之余焉。赤狄之名,自是不复见。盖赤狄本居河内,是时强盛,故
兼据潞氏、甲氏、留吁、铎辰之地也。据《左氏》伯宗之言,则潞氏又夺黎侯
之地。其本据地河内,未知灭亡或否? 然纵幸存,其势力亦无足
观矣。

　　东方之狄,自晋灭赤狄后,不见于《春秋》及《左氏》者若干年。
至昭、定以降,鲜虞、肥、鼓,乃复与晋竞。《左》昭十二年,晋荀吴伪
会齐师者,假道于鲜虞,遂入昔阳。秋,八月,壬午,灭肥,以肥子绵
皋归。十三年,荀吴以上军侵鲜虞,及中人。十五年,荀吴伐鲜虞,
围鼓,以鼓子鸢鞮归。既献而反之。又叛于鲜虞。二十二年,六月,
荀吴灭之。定三年,鲜虞人败晋师于平中。四年,晋士鞅卫孔圉伐
鲜虞。五年,士鞅围鲜虞。哀元年,齐、卫会于乾侯,救范氏也。师
及齐师,卫孔圉,鲜虞人伐晋,取棘蒲。三年,齐、卫围戚。求援于中
山。四年,十一月,邯郸降。荀寅奔鲜虞。十二月,齐国夏会鲜虞,
纳荀寅于柏人。六年,晋伐鲜虞,治范氏之乱也。鲜虞、肥、鼓地与
潞氏、甲氏、留吁、铎辰相近;与齐、晋、鲁、卫,皆有关系;其形势,正

与自庄公至宣公时之狄同。《春秋》及《左氏》，皆绝不言为白狄，不知杜氏何所见而云然？以予观之，毋宁谓为与赤狄相近之群狄，为较当也。

白狄本国，盖在圁、洛之间。然西方之狄，跨据河之东西者亦甚众，非止一白狄也。晋之建国也，籍谈追述其事曰："晋居深山之中，戎狄之与邻，而远于王室。王灵不及，拜戎不暇。"昭十五年。是唐叔受封之时，已与此族为邻矣。二五之说晋献公也，曰："蒲与二屈，君之疆也。疆埸无主，则启戎也。"又曰："狄之广莫，于晋为都。晋之启土，不亦宜乎？"则蒲、屈所与为界者，即狄人也。僖五年，晋侯使寺人披伐蒲，重耳奔狄。明年，贾华伐屈。夷吾将奔狄。郤芮曰：后出同走，罪也。不如之梁。梁近秦而幸焉。乃之梁。重耳、夷吾，盖皆欲借资于秦以复国。夷吾不果奔狄，仍奔近秦之梁，则狄之近秦可知也。晋文公让寺人披之辞曰"予从狄君以田渭滨"，则晋文所奔，夷吾所欲奔而未果之狄，即与蒲、屈为界之狄；其地自渭滨跨河而东，界于蒲、屈也。《左》闵二年，"虢公败犬戎于渭汭"，虽未知即此狄否，然其地则相近矣。重耳之奔狄也，狄人伐廧咎如，获其二女叔隗、季隗，纳诸公子。成十三年，吕相绝秦之辞曰："白狄及君同州，君之仇雠，而我之昏姻也。"杜注："季隗，廧咎如赤狄之女也。白狄伐而获之，纳诸文公。"杜氏此注，殊属牵强，故疏亦游移其辞，不敢强申其说也。凡此等狄，其地皆与白狄相近。然《春秋》及《左氏》，皆不明言为白狄，则亦西方之众狄，与白狄相近者而已。僖八年，"晋里克帅师，梁由靡御，虢射为右，以败狄于采桑。梁由靡曰：狄无耻，从之，必大克。里克曰：惧之而已，无速众狄。虢射曰：期年狄必至，示之弱矣。夏，狄伐晋，报采桑之役也。复期月。"曰"无速众狄"，明西方狄亦甚众；如东方赤狄所役属也。西方之狄，与晋相近，故争阋颇烈。僖十六年，因晋韩原之败，侵晋，取狐厨，受铎，涉汾，及昆都。二十八年，晋作三行以御狄。三十一年，又作五军以御狄。三十三年，晋侯败狄于箕。郤缺获白狄子。曰获白狄子，而不言所败者即白狄，盖白狄与他狄俱来也？范文子曰："吾先君之亟战也有故。秦、狄、齐、楚皆强，不尽力，子孙将弱。"成十六年。以狄与秦、齐、楚并举，可以见其盛矣。此等狄人，东为晋人所攘斥；又秦穆修政，东境至河；《史记·六国表》。其在渭滨及河东之地，盖皆日蹙。昭十三年，晋人执季孙意如，使狄人守之；定十四年，晋人围朝歌；析成鲋，小王桃甲率狄师以袭晋，战于绛中；盖皆其服属于晋者也。《史记》云："秦穆公得由余，西戎八国服于秦。"此《匈奴列传》文。《秦本纪》云："益国十二，开地千里。"与韩非子《十过》篇同。《李斯传》作"并国二十"。二十字疑倒。《汉书·韩安国传》作"并国十四"，四亦疑二之误。古文一二三四皆积画也。穆公所服，盖多岐以东之地，即大王所事之獯粥，文王所事之昆夷，及灭幽王之犬戎也。然则同、蒲间之狄，盖尽为秦、晋所并矣。白狄居圁、洛之间，其地较僻，盖至魏开河西、上郡而后亡。

白狄之见《春秋》，始于宣公八年，与晋伐秦。成九年，与秦伐晋。十三年，吕相绝秦之辞曰："白狄及君同州，君之仇雠，而我之昏姻也。君来赐命曰：吾与女伐敌。寡君不敢顾昏姻，畏君之威，而受命于吏。君有二心于狄，曰：晋将伐女。狄应且憎，是用告我。"《左氏》亦曰："秦桓公既与晋为令狐之盟，而又召狄与楚，欲道以伐晋。"白狄盖叛服于秦、晋之间者也。《春秋》哀十八年，春，"白狄来"。《左氏》云："始来。"盖至是始通于鲁。可见所谓白狄者，惟指圁、洛间一族。若凡在西北者，皆可称白狄，则前此不得迄无往来矣。二十八年，白狄朝晋。昭元年，祁午称赵文子服齐、狄，杜注谓指此事，其重视之可知。《管子·小匡》篇，谓齐桓公"西征，攘白狄之地，遂至于西河"。《小匡》述事，不甚可信，然白狄之在西河，则因此而得一左证也。《左》僖三十三年杜注："白狄，狄别种也。故西河郡有白部胡。"

《左》襄四年，无终子嘉父使孟乐如晋，因魏庄子，纳虎豹之皮，以请和诸戎。杜注谓无终，山戎国名。其《释例》又谓山戎、北戎、无终，三者是一。案山戎，北戎在东方，别见予所撰《山戎考》。杜氏之云，未知何据？观魏绛劝晋侯和戎，谓"戎狄荐居，贵货易土，土可贾焉"？又曰"边鄙不耸，民狎其野，穑人成功"；则其地与晋密迩。昭元年，"晋荀吴帅师败狄于大卤"。《左氏》云："败无终及群狄于太原。"则无终即在太原附近。疑亦西方之狄，而能役属群狄者也。

夷、蛮、戎、狄之称，其初盖皆按据方位，其后则不能尽然。盖种落有迁徙，而称名不能屡更。故见于古书者，在东方亦或称戎，西方亦或称夷也。《春秋》时之戎，史公概叙之《匈奴列传》中，则亦不得谓之非狄。别见予所撰《山戎考》，此不赘。

附录二　山戎考

《管子·大匡》篇曰：“桓公遇南州侯于召陵，曰：狄为无道，犯天子令，以伐小国。以天子之故，敬天之命，令以救伐。北州侯莫至。上不听天子令，下无礼诸侯。寡人请诛于北州之侯。诸侯许诺。桓公乃北伐令支，下㓗之山，斩孤竹，遇山戎。”《小匡》篇曰：“北伐山戎，制冷支，斩孤竹，而九夷始听。海滨诸侯，莫不来服。”又曰：“桓公曰：北至于孤竹、山戎、秽貉，拘秦夏。”《霸形》篇曰：“北伐孤竹，还存燕公。”《戒》篇曰：“北伐山戎，出冬葱与戎菽，布之天下。”《轻重甲》篇曰：“桓公曰：天下之国，莫强于越。今寡人欲北举事孤竹、离枝，恐越人之至，为此有道乎？桓公终北举事于孤竹、离枝，越人果至。”皆以山戎在北方，与燕及孤竹、令支相近。燕召公封地，在今蓟县。《汉志》：辽西郡，令支，有孤竹城。注引应劭曰：“古伯夷国。今有孤竹城。”则今迁安县也。然《小问》篇曰：“桓公北伐孤竹，至卑耳之谿。”《小匡》篇曰：“西征，攘白狄之地，遂至于西河。方舟投柎，乘舟济河。至于石沈，县车束马，逾大行与卑耳之貉。拘秦夏。”又曰：“北至于孤竹、山戎、秽貉，拘秦夏。”“卑耳之貉”之貉，当系谿字之误。注随文妄说为“与卑耳之貉共拘秦夏之不服者”，误也。秽貉初在今陕西北境，予别有考。然则卑耳之谿，实在西河、大行附近；与汉之令支县，风马牛不相及矣。《轻重戊》篇曰：“桓公问于管子曰：

代国之出何有？管子对曰：代之出，狐白之皮，公其贵买之。代民必去其本，而居山林之中。离枝闻之，必侵其北。"则离枝又在代北，亦非汉令支地也。《穀梁》谓"齐桓越千里之险，北伐山戎，为燕辟地。"又曰："燕，周之分子也，而贡职不至，山戎为之伐矣。"其释齐侯来献戎捷曰："军得曰捷，戎，菽也。"皆与管子合。《史记·匈奴列传》谓："山戎越燕而伐齐。"又云："山戎伐燕，燕告急于齐。齐桓公北伐山戎。山戎走。"亦以山戎在北方，与燕近。然《公羊》谓其"旗获而过我。"疏云："齐侯伐山戎而得过鲁，则此山戎不在齐北可知。盖戎之别种，居于诸夏之山，故谓之山戎耳。"自来说山戎者，多主《左》、《穀》，鲜措意《公羊》。然《左氏》于齐侯来献戎捷，但云"诸侯不相遗俘"，无戎菽之说。其说公及齐侯遇于鲁济曰："谋山戎也，以其病燕故也。"虽似与《穀梁》合。然山戎果去齐千里，何为与鲁谋之？则其消息，反与《公羊》相通矣。《礼记·檀弓》："孔子过泰山侧，有妇人哭于墓者而哀。"《新序》亦记此事，而云"孔子北之山戎"。《论衡·遭虎》篇云："孔子行鲁林中。"《定贤》篇云："鲁林中哭妇。"俞氏正燮谓俱称林中，殆齐配林之类。《癸巳存稿》。明山戎实在泰山附近，故齐伐之，得旗获而过鲁也。《管子》一书，述齐桓管仲事，多不可据。即如一孤竹也，忽谓其在燕之外，忽焉伐孤竹所济卑耳之谿，又近西河、大行，令人何所适从邪？盖古书本多口耳相传；齐人所知，则管仲、晏子而已，辗转增饰，遂不觉其词之侈也。然谓伐山戎而九夷始听，则亦见山戎之在东而不在北矣。

　　杜预《释例土地名》，以北戎、山戎、无终三者为一。昭元年疏。僖十年注曰："北戎，山戎。"襄四年注曰："无终，山戎同名。"昭元年注曰："无终，山戎。"庄三十年注则曰："山戎，北戎。"《汉志》：右北平，无终，故无终子国。地在今蓟县。然襄四年，无终子嘉父使孟乐如晋，请和诸戎。魏绛劝晋侯许之，曰："戎狄荐居，贵货易土，土可贾焉。"又曰："边鄙不耸,民狎其野,稽人成功。"则无终之地,必密迩晋。故昭元年,荀吴得败无终及群狄于太原。若谓在今蓟县,则又渺不相及矣。故《义疏》亦不信其说也。

北戎之见于《春秋》者,僖十年,齐侯、许男伐北戎。其见于《左氏》者,隐九年,北戎侵郑;桓六年,北戎伐齐。亦绝无近燕之迹。且隐九年郑伯之患北戎,昭元年魏舒之策无终,皆云"彼徒我车";而《小匡》篇亦以"北伐山戎,制冷支,斩孤竹,而九夷始听",与"中救晋公,禽狄王,败胡貉,破屠何,而骑寇始服"对举。胡者,匈奴东胡,貉即涉貉。屠何者,《墨子·非攻中》篇曰:"虽北者且不一著何,其所以亡于燕、代、胡、貉之间者,亦以攻战也。"孙氏诒让曰:"且不一著何,当作且,不著何。且疑柤之借字。《国语》:晋献公田,见翟柤之氛。韦注云:翟柤,国名是也。不著何,亦北胡。《周书·王会》篇云:不屠何青熊。又《王会》伊尹献令,正北有且略,豹胡。且略即此且及《左传》翟柤。豹胡,亦即不屠何。豹不,胡何,并一声之转。不屠何,汉为徒何县,属辽西郡。故城在今奉天锦县。柤,据《国语》,为晋献公所灭,所在无考。"案孙说近之。古代异族在北徼者多游牧,杂居内地者则否。胡貉、屠何,为骑寇,而山戎、令支、孤竹不然,又以知其非一族矣。

戎之名,见于《春秋》者甚多。隐二年,"春,公会戎于潜"。"秋,八月,庚辰,公及戎盟于唐"。又是年,"无骇帅师入极"。贾云:极,戎邑。见疏。七年,"冬,天王使凡伯来聘。戎伐之于楚丘,以归"。桓二年,"公及戎盟于唐"。庄十八年,"夏,公追戎于齐西"。二十四年,"冬,戎侵曹"。二十六年,"春,公伐戎"。其地皆在今山东境。虽不云山戎,亦近鲁之地多戎之证也。窃疑山戎占地颇广,次第为诸国所并。至战国时,惟近燕者尚存。后人追述管子之事,不知其时之山戎,疆域与后来不同也,则以为在燕北而已矣。记此事者独《公羊》不误,亦足雪口说流行之诬矣。

附录三　长狄考

　　孟子曰："其事则齐桓、晋文，其文则史，孔子曰：其义，则丘窃取之矣。"斯言也，实治《春秋》者之金科玉律也。能分别其事与义，则《春秋》作经读可，作史读亦可。而不然者，则微特不能明《春秋》之义，于《春秋》时事，亦必不能了也。

　　《春秋》事之可怪者，莫如长狄。文十一年《经》云："叔孙得臣败狄于咸。"但云狄而已。而公羊及《左》、《穀》，皆以为长狄。《左氏》所载，但云长狄有名缘斯者，获于宋；有曰侨如者，毙于鲁叔孙得臣；侨如之弟焚如，获于晋；荣如获于齐；简如获于卫；鄋瞒由是遂亡而已。无荒怪之说也。《公羊》云"记异"，而不言其所以异。《穀梁》则云："弟兄三人，佚宕中国。瓦石不能害。叔孙得臣，最善射者也。射其目。身横九亩。断其首而载之，眉见于轼。"其荒怪甚矣。

　　注家之言，《穀梁》范注，但循文敷衍，无所增益。《左氏》杜注亦然。_{其云"盖长三丈"，乃本《国语》。《国语》、《左氏》，固一家言也。}何君之意，则不以长狄为人。故注兄弟三人曰："言相类如兄弟。"又曰："鲁成就周道之封，齐、晋霸，尊周室之后。长狄之操，无羽翮之助。别之三国，皆欲为君。此象周室衰，礼义废，大人无辅佐，有夷狄行。事以三成，不可苟指一。故自宣成以往，弑君二十八，亡国四十。"_{二十八当作二十，四十当作二十四，见疏。}疏引《关中记》曰："秦始皇二十六年,有长人十二,见于临洮。身长百尺。皆夷狄服。天诫若曰:勿大为夷狄行,将灭其国。"《穀梁疏》引《考异邮》曰:"兄弟三人,各长百尺,别之国,欲为君。"《汉书·五行志》引《公》、《穀》说,而曰:"刘向以为是时周室衰微,三国为大,可责者也。天戒若曰:不行礼义,大为夷狄之行,将至危亡。其后三国皆有篡弑之祸。近下人伐上之痼。"又引京房《易传》曰:"君暴乱,疾有道,厥妖长狄入国。"又曰:"丰其屋,下独苦。长狄见,世主虏。"又曰:"《史记》:秦始皇帝二十六年,有大人,长五丈,足履六尺。皆夷狄服。凡十二人,见于临洮,天戒若曰:勿大为夷狄之行,将受其祸。后十四年而秦亡,亡自戍卒陈胜发。"其义皆与何君同。

以长狄为非人,似极荒怪。然束阁三传,独抱遗经,以得臣所败,亦寻常之狄则可。否则以之为人,其怪乃甚于非人也。记事荒怪,《穀梁》为甚。然《公羊》谓:"其兄弟三人,一者之齐,一者之鲁,一者之晋。其之齐者,王子成父杀之;之鲁者,叔孙得臣杀之;则未知其之晋者也。"其说全与《穀梁》同。特不云其佚宕中国,瓦石不能害;又不言其长若干而已。然《穀梁》云:"不言帅师而言败,何也?直败一人之辞也。一人而曰败何也?以众焉言之也。"范注:"言其力足以敌众。"《公羊》曰:"其言败何?大之也。其日何?大之也。其地何?大之也。"意亦全同。以得臣所败为一人,则非谓其瓦石不能害,身横九亩,断其首而载之,眉见于轼不可矣。故《公》、《穀》之辞,虽有详略,其同出一本,盖无疑也。《穀梁》曰:"传曰"云云,盖据旧传也。惟《左氏》之说,最为平正。其曰:"富父终甥摏其喉以戈,杀之。"特记其杀之之事,非有瓦石不能害,必射其目之意也。详记齐、鲁二国埋其首之处,则杜氏所谓骨节非常,恐后世怪之,更未尝有身横九亩,眉见于轼之说也。虽杜注谓"荣如以鲁桓十八年死,至宣十五年一百三岁,其兄犹在,《传》言既长且寿,有异于人"。然年代舛讹,古书恒有。此乃杜推《左氏》之意如此,《左氏》之意,初未必如此也。然则《左氏》果本诸国史,记事翔实? 而《公羊》、《榖梁》,皆不免口说流行之诮邪。

　　盖《公羊》所云"记异"者,乃《春秋》之义也。何君所言,则发明《公羊》之所谓异者也。与事本不相干。至《公》、《榖》之记事,与《左氏》之记事,则各有所取。古事之传于今;有出史官之记载,士夫之传述者;亦有出于东野人之口,好事者之为者。有传之未久,即著竹帛者;亦有辗转传述,乃形简策者。由前之说,其言恒较雅,其事亦较确。由后之说,则其词多鄙,其事易芜。《左氏》所资,盖属前说;《公》、《榖》所本,则属后说也。以记事论,《左氏》诚为近实。然以义论,则公羊子独得圣人之传已。

　　《左氏》之记事,诚近实矣。然长狄究为何如人,《左氏》未之言也。则请征之《国语》。《国语》:"吴伐越,堕会稽,得骨专车。使问仲尼。仲尼曰:昔禹致群神于会稽山,防风氏后至,禹杀而戮之。其节专车。客曰:防风何守? 仲尼曰:汪罔国之君也。守封禺之山。漆姓。在虞、夏、商为汪罔氏,于周为长翟氏。今谓之大人。客又曰:人长之极几何? 仲尼曰:僬侥氏三尺,短之至也。长者不过十之,数之极也。"《史记·孔子世家》、《说苑》、《家语·辨物篇》略同。惟《说苑》漆姓作厘姓。又云"在虞、夏为防风氏,商为汪芒氏"耳。《说文》亦曰:"在夏为防风氏,殷为汪芒氏。"如此说,则长狄之先,有姓氏及封土可稽,身长三丈,乃出仲尼推论,非谓其人实如是,了无足怪矣。《义疏》云:"如此《传》文,长狄有种。种类相生,当有支胤。惟获数人,其种遂绝,深可疑。命守封禺之山,赐之以漆为姓,则是世为国主,绵历四代,安得更无支属,惟有四人? 且君为民心,方以类聚;不应独立三丈之君,使牧八尺之民。又三丈之人,谁为匹配? 岂有三丈之妻,为之生产乎? 人情度之,深可怪也。"又引苏氏云:"《国语》称今曰大人,但迸居夷狄,不在中国,故云遂亡。"案苏氏所疑,盖同贾疏,故以是为解。然窃谓无足疑也。疏之所疑,首由不知身长三丈,乃出仲尼推论而非其实。若知此义,自不嫌以三丈之君,牧八尺之民;更不疑乏三丈之妻为之生产矣。次则不知鄋瞒遂亡,惟指防风一族。盖泰伯、仲雍,窜身扬越,君为姬姓,民则文身。设使当日弟昆,并被异邦戕杀,南国神明之胄,固可云由是而亡。汪芒本守会稽,长狄跌宕兖、冀,盖由支裔北徙,君临群狄;昆弟迭见诛夷,新邑遂无遗种,此亦不足为怪。至于封禺旧守,原未尝云不祀忽诸也。

　　民国十年,十月,八日,予客沈阳,读是日之《盛京时报》,有云:"北京西城大明濠,因治马路,开掘暗沟。有工人,在下冈四十号民家墙根下,掘得巨人骸骨八具。长约八尺余。头大如斗。弃之坑内。行人观者如堵。监者虑妨工作,乃命工人埋之。"该报但云日前,未确记其日。此事众目昭彰,不容虚构。知史籍所云巨人、侏儒,纵有过当之辞,必非子虚之说矣。长狄之长,何君云百尺,盖本之《关中记》等书。杜云三丈,本诸《国语》。范云五丈四尺,则就九亩之长计之。并非其实。窃谓《左氏》"富父终甥樁其喉以戈"一语,即所以状长狄之长。谓恒人举戈,仅及其喉也。然则长狄之长,断不能越北京西城所得之骨矣。岂今日北京西城之地,亦古代长狄埋骨之区邪?

　　夫"语增"则何所不至?今之欧洲人,皆长于中国人;日本人则短于中国人;来者既多,日习焉则不以为异。设使欧人、日人,来者不过一家数口,后遂无以为继;数十百年之后,或则同化于我,或则绝世无传;而吾国于此,亦无翔实之记载,一任传说者之悠谬其辞;则不一再传,而欧人为防风,而日人为僬侥矣。然则《公》、《榖》记事之缪悠,亦不足怪,彼其所资者则然也。故借长狄之来以示戒,《春秋》之意也。古有族曰防风,其人盖别一种类,颇长于寻常人,事之实也。曰百尺，曰三丈，曰五丈四尺，事之传讹，说之有托者也。曰瓦石不能害，弟兄三人，即能侵宕中国，致兴大师以获一人，则又身长之传语既增，因而辗转附会焉者也。——分别观之，而《春秋》之义得，而《春秋》之事亦明矣。故曰：分别其事与义，乃治《春秋》者之金科玉律也。

附录四　秦始皇筑长城

　　秦始皇帝筑长城，誉之者以为立万古夷夏之防，毁之者以为不足御异族之侵略，皆不察情实之谈也。《史记·匈奴列传》曰："士力能弯弓，尽为甲骑。"又曰："自左右贤王以下至当户，大者万余骑，小者数千。凡二十四长，立号曰万骑。"则匈奴壮丁，尚不足二十四万。《史记》又云：冒顿"控弦之士三十万"，盖其自号之虚词也。《新书·匈奴》篇曰："窃料匈奴控弦，大率六万骑。五口而出介卒一人，五六三十，此即户口三十万耳。"此则其数太少。或贾生所计，非匈奴全国之众。南部之并北部也，领户三万四千，口二十三万七千三百，胜兵五万一百十七人。所谓胜兵，即力能弯弓之士也。然则匈奴壮丁，居其民数五之一弱。与贾生五口而出介卒一人之说合。今即以匈奴兵数为二十四万，以五乘之，其口数亦不过百二十万耳。贾生谓匈奴之众，不当汉千石大县；中行说谓匈奴人众，不能当汉之一郡，非虚词也。冒顿尽服从北夷时，口数如此，头曼以前当何如？《史记》曰："自陇以西，有绵诸、绲戎、翟豲之戎。岐梁山、泾、漆以北，有义渠、大荔、乌氏、朐衍之戎。而晋北有林胡、楼烦之戎，燕北有东胡、山戎，各分散居溪谷，自有君长；往往而聚者，百有余戎，然莫能相一。"头曼以前之匈奴，则亦如此而已。此等小部落：大兴师征之，则遁逃伏匿，不可得而诛也；师还则寇钞又起；留卒戍守，则劳费不资；故惟有筑长城以防之。长城非起始皇,战国时,秦、赵、燕三国,即皆有之。皆所以防此等小部落之寇钞者也。齐之南亦有长城,齐之南为淮夷,亦小部落能为寇钞者也。若所邻者为习于战阵之国,则有云梯隧道之攻,虽小而坚如偪阳,犹惧不守,况延袤至千百里乎?然则长城之筑,所以省戍役,防寇钞,休兵而息民也。本不以御大敌。若战国秦时之匈奴,亦如冒顿,控弦数十万,入塞者辄千万骑,所以御之者,自别有策矣。谓足立万古夷夏之防,几全不察汉后匈奴、鲜卑、突厥之事,瞀孰甚焉?责其劳民而不足立夷夏之防,其论异,其不察史事同也。

第四章　鲜　卑

　　北方游牧之族，继匈奴而起者，时曰鲜卑。鲜卑，古称东胡。《史记·匈奴列传》所谓"燕北有东胡、山戎"是也。《山海经·海内西经》："东胡，在大泽东。"又《周书·伊尹四方令》，正北有东胡。又曰："燕将秦开，为质于胡。胡甚信之。归而袭破东胡。东胡却千余里。燕筑长城，自造阳至襄平，置上谷、渔阳、右北平、辽西、辽东五郡以拒胡。"则东胡之所弃者，必即此五郡地矣。是时居五郡之地者，疑尚不止东胡。涉貉、肃慎等皆与焉。参看第五第六两篇。秦始皇时，东胡亦强，后为匈奴冒顿所袭破。《后汉书》曰："乌桓、鲜卑，本东胡。冒顿灭其国，余类保此二山，因名焉。"世因以东胡为此族之本名；乌桓、鲜卑，为其破灭后，因所居之山而得之称号。然《史记索隐》引服虔曰："东胡，乌桓之先，后为鲜卑。在匈奴东，故曰东胡。"又引《续汉书》曰："桓以之名，乌号为姓。"则东胡者，中国人称之之词。乌桓者，彼族大人健者之名姓。乃分部之专称，非全族之通号。惟鲜卑实其本名，故乌桓后来，亦以之自号也。《希腊罗马古史》，载里海以西，黑海之北，古代即有辛卑尔族居之。又拓跋先世，出于西伯利亚，而史亦云"国有大鲜卑山"，足知鲜卑种人，占地甚广，不仅匈奴之东，山岭崎岖之地矣。汉时之乌桓、鲜卑，盖皆山以部族名，而非部族以山名。参看附录《鲜卑》及《后魏出自西伯利亚》两条。

《后书》所谓乌桓、鲜卑二山，盖在今蒙古东部，苏克苏鲁、索岳尔济等山是也。更东则为肃慎，更北则为涉貉矣。参看该两篇自明。《史记·匈奴列传》云：东胡"与匈奴间，中有弃地，莫居，千余里"。匈奴左方王将直上谷。上谷今宣化，自宣化之北，至苏克苏鲁一带，恰千里也。二山盖乌桓在南，故其去中国较近，与中国之交涉亦较多。

乌桓自为冒顿所破，常臣服匈奴。岁输牛、马，羊皮。过时不具，辄质其妻子。及霍去病击破匈奴左地，乃徙其众于五郡塞外，为汉侦察匈奴动静。其大人岁一朝见。置护乌桓校尉监领之。壶衍鞮单于时，乌桓稍强，乃发单于冢墓，以报冒顿之怨。匈奴怒，发兵二万骑击破之。霍光闻之，遣范明友将二万骑出辽东邀击匈奴。时乌桓亦数犯塞。光戒明友："兵不空出。即后匈奴，遂击乌桓。"斩首六千余级，获其三王首。乌桓由是怨，寇幽州。宣帝时，乃稍保塞归附。王莽欲击匈奴，使严尤领乌桓屯代郡，皆质其妻子。乌桓不便水土，数求去。不许。遂自亡畔，还为钞盗。诸郡尽杀其质子。由是结怨。匈奴因诱臣之。光武初，匈奴率乌桓、鲜卑，寇钞北边无宁岁。乌桓居近塞，朝发穿庐，暮至城郭，为患尤深。建武二十二年，匈奴乱，乌桓乘弱击破之。匈奴北徙数千里。漠南地空。帝乃以币帛赂乌桓。二十五年。辽西大人郝思等二百二十二人诣阙朝贡。封其渠帅为侯、王、君、长者八十一人。皆居塞内。布列辽东属国、辽西、右北平、渔阳、广阳、上谷、代郡、雁门、太原、朔方诸郡。招徕种人，给其衣食，为汉侦候，助击鲜卑。置校尉于上谷宁城。今河北涿鹿县。而鲜卑亦以是时通译使。其归附者，诣辽东受赏赐。青、徐二州，岁给钱二亿七千万，以为常。安帝永初中，宁城下通胡市。因筑南北两部质馆。鲜卑邑落百二十部，各遣子入质。灵帝时，乌桓上谷大人难楼、辽西大人丘力居、辽东大人苏仆延、右北平大人乌延，皆拥众千百落，自称王。丘力居死，子楼班年少，兄子蹋顿立。

骁勇。边长老皆比之冒顿。袁绍矫制，皆拜为单于。后难楼、苏仆延奉楼班为单于，蹋顿为王。然蹋顿犹秉计策。广阳人阎柔，少没乌桓、鲜卑中，为所尊信。乃因鲜卑杀校尉邢举而代之。绍亦因加抚慰。绍败。子尚奔蹋顿。阎柔降。曹操即以为校尉。建安十二年，操破乌桓于柳城，今热河道凌源县。斩蹋顿，尚与楼班、乌延奔辽东。太守公孙康皆斩送之。余众降者，及阎柔所统万余落，皆徙诸中国，帅与征伐。由是三郡乌桓，为天下名骑。而其本族微不复振。见于史者，惟《新唐书》所载，有一极小部落，居乌罗浑之北云。

　　鲜卑当和帝时，北匈奴逃亡，转徙据其地。匈奴留者十余万落，悉自号鲜卑。由是始盛。《三国志》注引《魏略》，谓其地东接辽水，西当西城、西城，在今陕西安康县北。桓帝时，其大人檀石槐，尽据匈奴故地。立庭于高柳北三百余里弹汗山上。高柳，在今山西阳高县北。分其众为三部：东部，自右北平至辽东，接涉貊、夫余。中部，自右北平以西至上谷。西部，自上谷以西至敦煌。屡为边患。灵帝发兵三万征之，皆败绩。檀石槐死，子和连立。攻北地，为善弩射者所杀。子骞曼年小，兄子魁头立。后骞曼长大，与之争国。众遂离散。而小种鲜卑轲比能盛。自云中、九原，东抚辽水。亦数寇边。魏青龙中，幽州刺史并领乌桓校尉王雄遣勇士刺杀之。诸弟继统其众。在辽西、渔阳、右北平塞外，去边远，不复为害。

　　乌桓、鲜卑，汉时盖分为众小部落。观其来朝者，乌桓百二十二大人，入质者，鲜卑百二十部可见。自遭冒顿之祸，历前后汉四百年，未尝大见破坏。而鲜卑又并匈奴之众；其户口当大增。然终不能甚为中国患者盖以此。然部落既盛；复日与汉人相接，渐染其文化；程度渐高，终必有能用其众者，此慕容、拓跋诸氏之所由兴也。十六国中，鲜卑有三：曰慕容氏，曰乞伏氏，曰秃发氏；而拓跋氏继诸国之后，尽并北方。继其后而据关中者，又有宇文氏焉。渤海高氏,虽云汉姓,然久居朔土,遂化于胡,论其气质,实鲜卑也。与慕容氏并起辽西者,又有段氏。乘后魏之衰而入中国,为宇文、高氏之前驱者,又有尒朱氏。随尒朱氏入中原者,又有贺拔氏、侯莫陈氏等。虽其业或成或不成,然其扰乱中国则一也。盖乌桓、鲜卑当汉时散处辽东之北,至于凉州。部落虽小而甚众。两晋之世,收率辽东西之众者为慕容氏;收率上谷以西之众者为拓跋氏;介于慕容、拓跋二氏之间者,则宇文氏及段氏也。北魏自南迁以前,根本之地,实在平城,对北重于对南。太武所以屡亲征柔然、高车者以此。六镇之设,盛简亲贤,配以高门子弟,实为全国兵力所萃。慕容氏既入中原,故所据地,多为高句骊所陷。辽东西之鲜卑,遂不复振。后魏全国兵力所萃,亦即鲜卑全族兵力所萃矣。胡灵后之乱,尒朱、宇文诸氏,纷纷豕突中原。及其力尽而踣,而鲜卑乱华之局,亦遂于此告终,职是故也。惟宇文氏之众,当为慕容氏所破时,别有一支,窜居西辽河流域。隋、唐两代,休养生息,渐致盛强。晚唐五代之间,遭遇时会,遂能崛起,囊括北方,割据中国之燕云焉。盖鲜卑种人数千年来之盛衰如此。慕容氏之先曰莫护跋。建国于棘城之北,今热河道凌源县境也。孙涉归,徙邑于辽东北。涉归子廆,徙徒河之青山,在今辽宁锦县。后又徙大棘城,在今辽宁义县。廆子皝,筑龙城,徙居之,则今热河道之朝阳县也。慕容氏盛时,尝东侵高句骊,北并夫余,西破宇文氏。今辽宁全省,吉林西南境,热河道南境皆其地。乞伏氏:据《晋书·载记》,谓自漠北南出大阴山。后居苑川,在今甘肃靖远县境。秃发氏:《载记》云:其先与后魏同出。有匹孤者,始自塞北迁于河西。卒,子寿阗立。初母孕寿阗时,因寝,产于被中,乃名秃发,其俗为覆被之义。窃疑秃发,拓跋,同音异译。拓跋氏之先,出自西伯利亚,见附录。诘汾传子力微,始居定襄之盛乐,地在今归绥县北。四传至乐官,分为三部:一居上谷之北,濡源之西,东接宇文,自统之。濡水,今滦河也。一在代郡北参合陂,兄子猗㐌统之。参合陂,在今阳高县境。一在盛乐,兄子猗卢统之。猗卢合三部为一,助刘琨攻匈奴。琨锡以陉北之地。乃城盛乐为北都。修故平城为南都。后世以内难,尝筑城于东木根山。又以石赵来攻,迁于大宁。东木根山,在汉五原郡境,黄河东岸。大宁,在今宣化西北。其后又迁新盛乐,在故城南八里。至什翼犍,为苻秦所灭。道武帝复兴,仍居平城。宇文氏,见附录。段氏出于辽西。有日陆眷者,因乱,被卖为渔阳乌丸子家奴。渔阳乱,其主使将众就食辽西。招诱亡叛,遂致强盛。控弦十余万。其后世尝助王浚攻石勒。又贰于勒。后以自相携,或降于勒,或为石虎所破。徙屯令支。石氏亡,其酋南据齐地,为慕容氏所灭。尒朱氏:其先居尒朱川,世为部落酋帅。贺拔氏,与魏俱出阴山。侯莫陈氏,后魏别部。居库斛真水。世为渠帅。

当慕容氏崛起时,其支庶又有西徙入今青海者,是为吐谷浑。吐谷浑者,廆庶兄。与廆不协。西附阴山,逾陇而西,止于枹罕。今甘肃导河县。及于其孙,遂以王父字为氏。吐谷浑传十二世至拾寅,邑于伏罗川。丁氏谦曰:今湟水源博罗中克克河。十五世夸吕,徙青海西十五里之伏俟城。十九世诺曷钵,唐高宗龙朔三年,为吐蕃所破,走凉州。咸亨元年,薛仁贵纳之,大败。吐谷浑残众走鄯州。今甘肃碾伯县。又徙灵州。今甘肃灵武县。唐为置安乐州,拜为刺史。传四世,又为吐蕃所破。残众徙朔方、河东。德宗贞元十四年,以复为长乐都督,青海国王,袭可汗号。传一世而绝。五代时,其众服属于辽。

当拓跋氏之强,塞外诸部,尽为所收摄,然亦有崛强不服者,则柔然是也。柔然,《南史》云"匈奴别种",殊误。《魏书》云:"始神元之末,掠骑有得一奴,发齐肩。无本姓名,其主字之曰木骨闾。木骨闾者,首秃也。木骨闾,郁久闾声相近,故后子孙因以为氏。木骨闾既壮,免奴为骑卒。穆帝时,坐后期当斩。亡匿广漠溪谷间。收合逋逃,得百余人。依纯突邻部。疑当作纥突邻。木骨闾死,子车鹿会,雄健,始有部落。自号柔然。后太武以其无知,状类于虫,故改其号曰蠕蠕。"阿那瓖之降魏也,启魏主:"臣先世缘由,出于大魏。"观此,则柔然之先,必为鲜卑。惟纯突邻部,似系高车部落。车鹿会五传至社仑，为道武所破，遁走漠北，破斛律，并拔也稽，当即唐时之拔也固。则所用者，几全为高车之众矣。社仑三传至大檀，复南徙犯塞。太武屡亲征之。大檀及其子吴提，孙吐贺真时。降高车部落数十万。柔然由是衰弱。高车叛之。又有内乱，至明帝正光元年，阿那瓌、婆罗门先后降魏。魏置阿那瓌于怀朔镇北之吐六奚泉，怀朔镇，在今山西五原县北。婆罗门于敦煌北。时哌哒盛强，其王三妻，皆婆罗门妹。婆罗门叛降哌哒，为魏兵所讨禽。阿那瓌众渐盛。属魏衰乱，稍骄。天平后，东魏孝靖帝年号。遂复行敌国之礼。东西魏分立，虑其为敌用，争结昏姻，厚赂遗以抚之。然柔然终已不振。而其属部突厥，兴于西北方。北齐神武帝天保二年，突厥击柔然，大破之。阿那瓌自杀。北齐辅立其后。仍为突厥所破。西魏恭帝二年，阿那瓌子庵罗辰率千余家奔关中。突厥使译相继，请尽杀以甘心。周文帝议许之，收缚柔然主以下三千余人付突厥，尽杀之于青门外。柔然遂亡。柔然虽鲜卑分部，然其所用者，多高车之众；以民族论，实与鲜卑之关系浅，与高车之关系深。与谓为元魏之旁支，不如谓为突厥之前驱也。

鲜卑部落兴起最后者，时曰契丹。契丹者，宇文氏别种。参看附录《宇文氏先世》条。为慕容氏所破，窜于松漠之间。又为元魏道武帝所破。乃分为二：西曰奚。本称库莫奚。隋以后去库莫，但称奚。东曰契丹。奚众依土护真水，今英金河。盛夏徙保冷陉山。在妫州西北。契丹在潢水之西，土河之北。潢水，今西喇木伦河。土河，今老哈河。奚众分为五部，契丹分为八部焉。魏孝文时，有部族曰地豆干者，在室韦西千余里。欲与高句丽、柔然分其地。契丹惧，内附。止白狼水东。亦今老哈河。《辽史·营卫志》云：是时始去奇首可汗故壤。北齐文宣帝之世，击破之。虏其男女十余万口。又为突厥所逼。仅以万家寄于高句丽。隋时，乃复来归。依托纥臣水吐护真之异译。以居。分为十部。唐初，其酋长窟哥内属，以其地置松漠都督府。又有辱纥主曲据者，亦来归，以其地为玄州。奚酋可度者内附，以其地为饶乐都督府。又以八部、五部皆为州。而以营州治柳城。统饶乐、松漠二府焉。唐时，君临契丹者为大贺氏，继为遥辇氏，最后为世里氏。参看附录《契丹部族》条。《辽史·地理志》，谓唐以大贺氏窟哥为使持节都督十州军事，窟哥殆大贺氏之始主邪。窟哥死，契丹连奚叛。行军总管阿史德枢宾执松漠都督阿卜固，献于京师。阿卜固盖亦大贺氏窟哥后也。窟哥孙曰尽忠，为松漠都督。先是高祖时，契丹别部酋帅孙敖曹内附。诏于营州城旁安置。即以其地为归诚州。尽忠，敖曹孙，万荣之妹婿也。武后时，尽忠、万荣反，陷营州。进攻幽、冀。武后发大兵讨之，不能克。会尽忠死，其众为突厥默啜所袭破。万荣亦败于奚，为其家奴所杀。其余众不能立，遂附于突厥。契丹是时，虽见破坏，然其兵力，则已崭然见头角矣。玄宗开元二年，尽忠从父弟失活，以默啜政衰，来归。奚酋李大酺亦降。时奚亦服默啜。仍置松漠、饶乐二府，复营州都督。失活卒，开元六年。从父弟娑固袭。有可突干者，勇悍。娑固欲除之，不克。奔营州。都督许钦澹发兵及李大酺攻之，败绩。娑固、大酺皆死。钦澹惧，徙军入榆关。是为奚人见弱于契丹之始。可突干立娑固从父弟郁干。卒，开元十年。弟吐干袭。复与可突干猜阻，来奔。国人立吐干弟邵固，从《辽史》。《唐书》云李尽忠弟，必误。为可突干所弑。胁奚众共附突厥。奚酋鲁苏大酺弟。不能拒，亦来奔。幽州击可突干，破之。可突干走。奚众降。可突干复盗边。朝廷擢张守珪为幽州长史，经略之。守珪善将，可突干惧，阳请臣，而稍趋西北倚突厥。有过折者，亦契丹部长，与可突干俱掌兵，不相能。守珪使客阴邀之，即斩可汗屈列及可突干来降。时开元二十二年也。以过折为松漠都督。未几，为可突干余党泥里所弑，屠其家。泥里，即雅里，亦作涅里，辽太祖七世祖也。《辽史·百官志》载遥辇氏可汗九世,曰洼,曰阻午,曰胡剌,曰苏,曰鲜质,曰昭古,曰耶澜,曰巴剌,曰痕德堇,《营卫志》以屈列当洼可汗,则自邵固以上皆大贺氏矣。《辽史·耶律曷鲁传》说奚曰:"契丹与奚,言语相通。实一国也。我夷离堇于奚,岂有陵轹之心哉? 汉人杀我祖奚首,奚离堇怨次骨,日夜思报汉人,顾力微弱,使我求援于奚耳。"此奚离堇指太祖,则奚首者,太祖先世,为中国所杀者也。疑即可突干。辽人立迪辇阻里。唐赐姓名曰李怀秀,妻以宗室出女。时天宝四年也。是岁,杀公主,叛去。迪辇阻里,《辽史》以当阻午可汗。安禄山讨破之。更封其酋李楷落。禄山又出兵讨契丹,大败。《辽史·营卫志》:"太祖四世祖耨里思,时为迭剌部奚离堇。遣只里姑逆战潢水南,禄山大败。"《萧塔葛传》:"八世祖只鲁,遥辇氏时,尝为虞人。当安禄山来攻,只鲁战于鲁山之阳,败之。以功,为北府宰相。"即其事也。可见契丹是时兵力之强。自是契丹中衰,附奚以通于唐。其酋长曰屈戍,武宗会昌二年,回纥破,来降。《辽史》以当耶澜。习尔,咸通中再贡献。《辽史》以当巴剌。曰钦德,即痕德堇也。嬗于辽太祖。

太祖七世祖曰雅里,即弑过折之泥里,已见前。据《太祖本纪》,雅里之子曰昆牒,昆牒之子曰颏领,颏领之子曰肃祖耨里思,肃祖之子曰懿祖萨剌德,懿祖之子曰玄祖匀德,玄祖之子曰德祖撒剌的,德祖之子,即太祖也。当大贺氏之亡,推戴雅里者颇众。雅里让不有国,而立遥辇氏。见《耶律曷鲁传》。时则契丹八部,仅存其五。雅里乃更析为八。又析三耶律为七,二审密为五。三耶律者,曰大贺,曰遥辇,曰世里,即相次居汗位者。二审密者,曰拔里,曰乙室已,即后来之国舅也。三耶律之析为七也,大贺、遥辇二氏分为六,而世里氏仍合为一。是为迭剌部。故终遥辇氏之世,强不可制云。契丹之初,草居野次,靡有定所。雅里始制部族各有分地。又立制度,置官属。刻木为契,画地为牢。政令大行。《地理志》庆州:"辽国五代祖勃突,貌异常。有武略,力敌百人。众推为主。生勃突山,因以为名。没葬山下。"以世数核之,当为颏领。以音译求之,则于毗牒为近。案雅里为太祖七世祖,并太祖数之,实当云八世。明白无疑。而《兵卫志》误作六世,岂《地理志》亦误差一世。因以毗牒为五世欤?肃祖大度寡欲,令不严而人化。懿祖尝与黄室韦挑战,矢贯数扎。玄祖教民稼穑,又善畜牧,国以殷富。德祖仁民爱物,始置铁冶。其弟述澜,亦称释鲁,《皇子表》述澜为玄祖三子,德祖弟四。为于越。遥辇氏岁贡于突厥。至是始免。疑当作回纥,屈戌时事。述澜北征干厥、室韦,南略易、定、奚、霫。始兴版筑,置城邑。教民种桑麻,习织组。已有广土众民之志。至太祖,乘遥辇氏之衰,又直晚唐之乱,遂崛起而成大业焉。以上辽先世事迹,大抵见《营卫志》。兼据《兵卫志》《食货志》及《皇子表》。太祖东北灭渤海,服室韦、女直;西北服黠戛斯;西南服党项、沙陀、鞑靼、吐谷浑、回鹘;远至吐蕃、于阗、波斯大食,亦通朝贡;其声威可谓极广。《辽史・地理志》,称其地"东至海,西至金山,暨于流沙,北至胪朐河,南至白沟",犹仅以疆理所及言之也。

奚众当唐时,未尝犯边,有劳征讨,致遭破坏。然其后反弱于契丹。岂以宴安致然邪,抑其众本寡弱也?南北朝时,奚分五部:曰辱纥主,曰莫贺弗,曰契箇,曰木昆,曰室得。有阿会氏,五部中最盛,诸部皆归之。唐时,五部:曰阿会,曰处和,曰奥失,曰度稽,曰元俟折。五代时五部:曰阿荟,曰啜米,曰奥质,曰奴皆,曰黑纥支,盖即唐五部异译。居幽州东北数百里之琵琶川。契丹太祖强,奚服属之,常为之守界上。契丹苛虐,奚王去诸怨叛,以别部西徙妫州,依北山射猎。妫州北之山。常采北山麝香、人参赂刘守光以自托。其族至数千帐。始分为东西奚。去诸卒,子扫剌立。庄宗破刘守光,赐扫剌姓李,更其名曰绍威。绍威卒,子拽剌立。初绍威娶契丹舍利逐不鲁之姊为妻。后逐不鲁叛,亡入西奚。绍威纳之。及幽、蓟十六州割，绍威与逐不鲁皆已死。契丹太宗北还。拽剌迎谒。太宗曰："非尔罪也；负我者，扫剌与逐不鲁尔。"乃发其墓，粉其骨而扬之。后太宗灭晋，拽剌常以兵从。其后不复见于中国。盖奚至是始尽入契丹。然奚在契丹中，尚为大部族。辽之亡，奚王回离保，犹能拥众自立云。奚之名，见于《辽史·属国表》者，西奚，东奚之外，又有乌马山奚。

乌桓、鲜卑，皆以游牧为生。《后书》称其"俗善骑射，弋猎禽兽，随水草放牧。食肉饮酪，以毛毳为衣，居无常处，以穹庐为舍，东开向日"是也。然又云："其土地宜穄及东墙。东墙似蓬草，实如葵子，至十月而熟。俗识鸟兽孕乳，以别四节。耕种常以布谷鸣为候。能作白酒，而不知作曲蘖。米常仰给中国。"则亦非不知耕稼矣。

其风俗：贵少而贱老。妻后母，报寡嫂，死则归其故夫。氏姓无常，以大人健者名字为姓。怒则杀其父兄，而终不害其母，以母有族类，父兄无相雠报故也。其嫁娶：先略女通情。或半岁百日，然后送牛、马、羊畜，以为聘币。婿随妻还家。妻家无尊卑，旦旦拜之，而不自拜其父母。为妻家仆役，一二年间，妻家乃厚遗送女，居处财物，一皆为办。故其俗从妇人计。至战斗时，乃自决之。盖妇女持生计，男子事战斗，去女系时代未远也。鲜卑婚姻，先髡头，以季春月，大会饶乐水上。饮宴毕，然后配合。《后书》言风俗者，皆见《乌桓传》。《鲜卑传》曰："其言语习俗，与乌桓同，惟婚姻先髡头。"云云，盖惟婚礼为特异也。

其政治极为散漫，远不如匈奴之抟结。《后书》云："有勇健，能理决斗讼者，推为大人，邑落各有小帅，不世继也。自檀石槐后，诸大人乃世相传袭焉。"孟子称"舜、禹之有天下，必以朝觐讼狱之归"，而自禹以后，遂变禅让为世袭，其理可借鉴而明矣。又云："数百千落，自为一部。大人以下，各自畜牧营产，不相徭役。"此则许行所谓

"并耕而食，饔飧而治"也。"有所召呼，刻木为信。邑落传行。虽无文字，而部众不敢违犯。"殊足见其风俗之淳。"其约法：违大人言者，罪至死。盗不止死。若相贼杀者，令部落自相报。不止，诣大人告之。有罪者听出马、牛、羊以赎死。其自杀父兄则无罪。若亡畔，为大人所捕者，邑落不得受之。徙逐于雍狂之地，沙漠之中。其土多蝮蛇，在丁令东南，乌孙西北焉。"

"俗敬鬼神。祠天地、日月、星辰，及先大人之有健名者。祠用牛、羊，毕，皆烧之。""有病，知以艾炙。或烧石自熨，烧地卧其上。或随痛病处，以刀决脉出血，及祝天地，山川之神。无针药。"盖重巫，而医术则方在萌芽也。"俗贵兵死。敛尸以棺，有哭泣之哀。至葬，则歌舞相送。肥养一犬，以彩绳缨牵；并取死者所乘马、衣物，皆烧而送之。言以属累犬，使护死者神灵归赤山。赤山在辽东西北数千里，如中国人死者魂神归岱山也。"《三国志》注引《魏书》："至葬，日夜聚亲旧员坐。牵犬马历位。或歌哭者，掷肉与之。使一人口诵咒文。使死者魂神径至，历险阻，勿令横鬼遮护，达其赤山。然后杀犬马衣物烧之。"

以上所述，皆契丹旧俗。既与中国交通，其文明程度颇有进。灵帝时议击鲜卑，蔡邕谓："关塞不严，禁网多漏。精金良铁，皆为贼有。汉人逋逃，为之谋主。兵利马疾，过于匈奴。"又《三国志》称轲比能："自袁绍据河北，中国人多亡叛归之。教作兵器铠楯，颇学文字，故其勒御部众，拟制中国，出入弋猎，建立旌麾，以鼓节为进退。"可见一斑矣。《后书》谓乌桓："妇人能刺韦，作文绣。男子能作弓矢鞍勒，锻金铁为兵器。"疑皆中国人所教也。

晋时五胡，羯即匈奴，氐、羌亦一族，与鲜卑而三耳。匈奴，汉人所以畜之者太骄；羌则颇为汉人所侵役，故积怨而叛。惟乌桓、鲜卑，虽居塞下，而不处腹心之地。既不凌犯汉人，亦不为汉人所迫压，能获平和交通之利。故五胡之中，鲜卑最能仿效汉族之文明，非偶然也。割据中国之鲜卑，以慕容、拓跋二氏为大。北魏孝文帝尽弃其俗，以从中国，慕容氏亦济济多才；夫人知之，不待赘述。即远窜青海之吐谷浑，其文明亦有可观者。史称吐谷浑之孙慕延，援礼公孙之子，得以王父字为氏之义，因以吐谷浑为氏。又其主阿豺，尝升西强山，观垫江源，曰："水尚知归，吾虽塞表小国，可以独无所归乎？"因遣使通宋，此或使臣文饰之词，然其屡通南朝，则事实也。其风俗，多沿鲜卑之旧，或化而从羌。史称其"有城郭而不居。随逐水草，以庐帐为屋，肉酪为粮"。国无常赋。调用不给，辄敛富室商人，取足而止。杀人及盗马者死，他犯则征物以赎。亦量事决杖。刑人必以毡蒙头，持石从高击之。其婚姻，富家厚出聘币，贫者窃妻走。父死，妻其庶母。兄亡，妻其诸嫂是也。其主视罴，以子树洛干年少，传位于弟乌纥提，而妻树洛干之母。隋以光化公主妻其主世伏。国人杀世伏，立其弟伏允，亦请依俗尚主。皆鲜卑及羌俗也。然又称拾寅用书契，起城池，筑宫殿，居止出入，拟于王者。伏连筹准拟天朝，树置官司，称制诸国，以自夸大。其官：有长史、司马、将军、王公、仆射、尚书、郎中。又颇识文字。国中又有佛法。能与益州通商贾。则其建国之规模，实有可观者。惜乎羌人程度太低，未能一时丕变也。

　　从来北族之强盛，虽由其种人之悍鸷，亦必接近汉族，渐染其文化，乃能致之。过于朴僿，虽悍鸷，亦不能振起也。若其所居近塞，乘中国丧乱之际，能多招致汉人，则其兴起尤速。突厥、契丹，其最著者也。契丹太祖之兴也，史称刘守光暴虐，幽、涿之人，多亡入契丹。阿保机又间入塞，攻陷城邑，俘其人民，依唐州县，置城以居之。其后自为一部，治汉城。其地可植五谷。阿保机率汉人耕种。为治城郭、邑屋、廛市，如幽州制度。汉人安之，不复思归。又谓辽太祖之久专旗鼓而不肯受代，实出汉人之教。此虽未必然。然其自为一部，所用实系汉人，则彰彰矣。契丹隋世十部，兵多者不过三千，少者千余。大贺氏八部，胜兵合四万三千。太祖会李克用于云中，乃以兵三十万；伐代北，兵四十万，_{天祐二年。}亲征幽州，旌旗相望数百里。此如林之旅，果何自来哉？契丹建国，诚以部族为爪牙。太祖北讨南征，所俘降游牧之民亦不少。然《辽史》称其析本部_{迭剌部。}为五院六院，宫卫缺然，乃分州县，析部族，以立宫卫军；述律后居守之际，又摘蕃汉精骑为属珊军；_{凡三十万。}则其兵实有汉人。汉人之有造于契丹亦大矣。

契丹故游牧之族，分地而居，合族而处。分地所谓部，合族所谓族也。然其后有以族而部，部而族者。亦有部而不族，族而不部者。部族之众，大抵以游牧为生。亦或从事种植。分地之制，始于涅里。其后多因俘降而置。分合屯戍，各以政令定之，不能自专也。部族之胜兵甲者，即著军籍。无事田牧草莽间。生生之资，仰给畜牧。各安旧风，狃习劳事，不见纷华异物而迁。有事而战，旷骑介夫，卯命辰集。马逐水草，人仰湩酪；挽强射生，以给食用；糗粮刍茭，道在是矣。史称其"家给人足，戎备整完，虎视四方，强朝弱附，部族实为之爪牙"，非虚语也。然其所得中国之地，亦自为其国元气所在。其设官分南北面。北以旧制治宫帐部族，南以汉法治汉人州县。观其财赋之官，多在南面，即可知其立国之有资于汉人也。_{契丹之国，合耕稼及游牧之民而成，实兼居国及行国者也。其耕稼之民，得诸中国，所谓州县也。游牧之民，为契丹之国民者，部族是也。又有所谓属国者，则平时朝贡，战时征其兵粮而已，与契丹之关系实浅。}

其政治，虽有君主，而贵族之权颇重。《五代史》谓其尝推一大人，建旗鼓以统八部。及其岁久，或其国有疾疫而畜牧衰，则八部共议，以旗鼓立其次而代之。被代者以为约本如此，不敢争。太祖袭杀八部大人，乃立不复代。一似八部本无世袭之共主者。此说虽未必然。然八部大人之权力，则可以想见矣。_{参看附录《契丹部族》条。}

太祖即位之后,部族之权力,虽不如是其伟。然北面诸官,总以北南二宰相府。北宰相府,皇族四帐,世预其选。南宰相府,国舅五帐,世与其选。犹是以同姓、外戚,为国家之桢干也。皇族四帐者,太祖为横帐。德祖次子岩木之后为孟父房。三子释鲁之后为仲父房。太祖五弟之后为季父房。国舅五帐者,拔里氏二房:曰大父、少父。乙室已二房:曰大翁、小翁。太宗取于回鹘糯思之后,是为述律氏。其后为国舅别部。辽俗东向而尚左,东西为经,南北为纬,故御帐东向,称横帐,犹是乌桓穹庐东开向日之旧也。

奚与契丹,本皆以游牧为生,《北史》称其"随逐水草,颇类突厥"者也。至太祖之考匀德、仲父述澜,始教民以树艺、组织。太祖益招致汉人,令其耕种。及平诸弟之乱,弭兵轻赋,专意于农。至太宗时,则猎及出兵,皆戒伤禾稼。盖骎骎进于耕稼矣。道宗时,西蕃多叛。命耶律唐古督耕稼以给西军。唐古率众田胪朐河侧,岁登上熟。是其耕稼,不徒近中国之地,并以施之诸部族也。然史称"契丹旧俗,其富以马,其强以兵"。又称太祖时,畜牧之盛,括富人马不加多,赐大小鹘军万余匹不加少。"自太宗至兴宗,垂二百年,群牧之盛如一日。天祚初年,马犹有数万群,每群不下千匹。"则其生业,究以畜牧为重云。

当南北朝时,奚及契丹,即多与汉人互市。《魏书》载宣武帝诏:谓"奚,自太和二十一年以前,与边人参居,交易往来,并无欺贰。至二十二年,叛逆以来,率众远窜。今虽款附,犹在塞表。每请入塞,与百姓交易"是也。辽太祖招致汉人,于炭山北起榷务,以通诸道贸易。太宗既得幽州,即置市,而命有司治其征。余四京及他州县货产懋迁之地亦如之。雄州、高昌、渤海,亦立互市,以通南宋西北诸部及高丽之货。史称"女直以金帛、布、密蜡、诸药材,铁骊、鞨鞨、于厥诸部,以蛤珠、青鼠、貂鼠、胶鱼之皮,牛、羊、驼、马、麃麕等物,来易于辽者,道路绳属"。则当其盛时,北族之商业,必有可观者。惜乎史不能纪其详也。

契丹旧俗，亦敬天而尊祖。《地理志》："永州有木叶山。上建契丹始祖庙。奇首可汗在南庙，可敦在北庙。绘塑二圣并八子神像。相传有神人，乘白马，自马盂山浮土河而东。有天女，驾青牛，由平地松林泛潢河而下。至木叶山，二水合流，相遇，为配偶。生八子。其后族属渐盛，分为八部。"《述律后传》："尝至辽、土二河之会。有女子，乘青牛车，仓猝避路。忽不见。未几，童谣曰：青牛妪，曾避路。盖谚谓地祇为青牛妪云。"青牛妪为地祇，则白马神人，必天神矣。凡举兵，必率文武臣僚，以白马、青牛，祭告天地、日神，惟不拜月。又分命近臣告太祖以下陵及木叶山神，乃诏诸道征兵焉。《辽史》谓"终辽之世，郊丘不建"，《仪卫志》二。乃不用汉礼祭天，非其俗本不祭天也。

《礼志》："冬至日，国俗屠白羊白马白雁，各取血和酒，天子望拜黑山。黑山在境北，俗谓国人魂魄，其神司之，犹中国之岱宗。每岁是日，五京进纸造人马百余事，祭山而焚之。俗甚严畏，非祭不敢近山。"黑山，似即乌桓之赤山。契丹旧地，在潢、土二水合流处，其北，正在辽东西北数千里也。又云："岁十月，五京进纸小衣甲、枪刀、器械万副。十五日，天子与群臣望祭木叶山。用国字书状而焚之。国语谓之戴辣。戴，烧也。辣，甲也。"似亦乌桓送死烧乘马衣物之俗。《魏书·契丹传》云："父母死而悲哭者，以为不壮。但以其尸置于山树之上。经三年后，乃收其骨而焚之。因酌酒而祝曰：冬月时，向阳食。若我射猎，使我多得猪鹿。"与《后书》所述乌桓之俗不合。《后书》云："鲜卑习俗，与乌桓同。"契丹鲜卑部落，不应殊异至此。或魏时契丹尝与他族杂处，《魏书》误以他族之俗，为契丹之俗也。

其俗亦颇重巫。《五代史》：石敬瑭求援于契丹。契丹太宗以告其母。母召胡巫问吉凶。巫言吉，乃许。《辽史·列女传》：耶律奴妻尝与娣姒会，争言厌魅，以取夫宠。则崇信之者亦颇多。巫鬼固北族之通习也。

至通中国以后，则信佛颇笃。《辽史》：太宗援石晋，自潞州回入幽州。幸大悲阁，指佛像曰："我梦神人，令送石郎为中国帝，即此也。"因于木叶山建庙，春秋告赛，尊为家神。军兴，必告之，乃合符传箭于诸部。又其俗以二月八日为佛生日。京府及诸州，雕木为像。仪仗百戏，道从循城为乐。则风靡全国矣。兴宗以信佛故，屡降赦宥，释死囚。道宗时，一岁饭僧三十六万，一日祝发三千。皆其先世有以启之也。又《义宗传》："神册元年，春，立为皇太子。时太祖问侍臣曰：受命之君，当事天敬神。有大功德者，朕欲祀之，何先？皆以佛对。太祖曰：佛非中国教。倍曰：孔子大圣，万世所尊，宜先。太祖大悦。即建孔子庙，诏皇太子春秋释奠。"《太祖纪》：神册三年，四月，己亥，诏建孔子庙、佛寺、道观。则太祖实三教并尊。然其后来之崇信，则儒、道远非释氏之比矣。

契丹之慕效中国，由来已久。而其大有所得，则在入汴之后。《仪卫志》云："大贺，失活，入朝于唐。娑固兄弟继之，尚主封王，钦观上国。开元东封，邵固扈从，又览太平之盛。自是朝贡，岁至于唐。辽始祖涅里立遥辇氏，世为国相，目见耳闻，歆企帝王之容辉有年矣。至于太宗，立晋以要册礼，入汴而收法物，然后累世之所愿欲者，一举而得之。于是秦汉以来，帝王文物，尽入于辽。周宋按图更制，乃非故物。"以兵力之不竞，遂致举数千年来声明文物之积，一旦输之外邦，自契丹言之可幸，自中国言之，则可悲也。《辽史·太宗纪》："大同元年，三月，壬寅，晋诸司僚吏、候御、宦寺、方伎、百工、图籍、历象、石经、铜人、明堂、刻漏、太常乐谱、诸宫悬、卤簿、法物及铠仗，悉送上京。"《仪卫志》云："晋高祖使冯道刘煦册应天太后太宗皇帝，其声器与法驾，同归于辽。天子车服，昉见于辽自此。"又辽郊庙颂乐，得之于汴，散乐得之晋。天福三年，刘熙以伶官归辽,皆见《乐志》。《志》又云:"太宗入晋之后,皇帝与南班汉官用汉服,太后与北班契丹臣僚用国服。"《太宗本纪》:"会同三年,十二月,丙寅,诏契丹人授汉官者从汉仪,听与汉人婚姻。"《外戚表序》:"契丹外戚,其先曰二审密氏:曰拔里,曰乙室已。至辽太祖取述律氏。大同元年,太宗自汴将还,留外戚小汉为汴州节度使。赐姓名萧翰,以从中国之俗。由是拔里、乙室已、述律三族,皆为萧姓。"《后妃传》曰:"太祖慕汉高皇帝,故耶律俨称刘氏,以乙室、拔里比萧相国,遂为萧氏。"其慕效中国之心,可谓切矣。

契丹既入中国,一切制度,悉以中国为楷模;《辽史》又极简略;其旧制遂多不可考。惟《刑法志》载其用刑甚酷。亲王有罪,或投诸高崖杀之。淫乱不轨者,五车轘杀之。逆父母者视此。犯上者,以熟铁椎捂其口杀之。又有枭磔、生瘗、射鬼箭、炮掷、支解等刑。颇足见其野蛮之习。

契丹先世,本无文字。《辽史·本纪》:太祖神册五年,始制契丹大字。九月,壬寅,成。诏颁行。《五代史》谓汉人教契丹,以隶书之半增损之,作文字数千,以代刻木之约。则契丹大字,实出中国。又《皇子表》:迭剌,"性敏给。回鹘使至,无能通其语者。太祖使迭剌迓之。相从二句,尽习其言语。因制契丹小字,数少而该贯"。则契丹小字,出于回鹘。今世所传契丹书,系增损汉文为之,则其小字,盖未尝通行也。《突吕不传》:"制契丹大字,赞成为多。"《耶律鲁不〔古〕传》:"太祖制契丹国字,以赞成功,授林牙,监修国史。"

契丹文化之进步,观其种人通文学者之多,可以知之。其首出者当推人皇王倍。尝市书万卷,藏之医巫闾绝顶之望海堂。通阴阳,知音律。精医学砭焫之术。工辽、汉文字。尝译《阴符经》。善画本国人物。如《射骑》、《猎雪骑》、《千鹿图》等,皆入宋秘府云。此外通文学者,宗室中:若世宗第五子和鲁重,若人皇王第四子平王隆先,若耶律学古、耶律资忠、耶律庶成庶箴兄弟。庶箴子蒲鲁。耶律韩留、耶律昭、耶律陈家奴、耶律良。外戚中:若萧劳古及其子朴、萧阳阿、萧柳、萧韩家奴。究心史学者:则庶成、韩家奴,及耶律孟简、耶律谷欲、耶律俨。善画者:则耶律显学、耶律裹里。善医者,则庶成及萧胡笃之祖敌鲁、耶律敌鲁、迭里特等。其事备见于《辽史》,迥非草昧獉狉之旧矣。《兴宗纪》:重熙十三年,六月,丙申,"诏前南院大王耶律谷欲,翰林都林牙耶律庶成等编集国朝上世以来事迹"。《耶律谷欲传》:"奉诏与耶律庶箴、萧韩家奴,编辽国上世事迹,未成而卒。"《耶律孟简传》:"太康中,诣阙上表,言辽兴几二百年,宜有国史。上命置局编修。"实重熙十三年之诏所由来也。天祚帝乾统三年,又诏耶律俨纂太祖以下实录,共成七十卷。又案《辽史》谓耶律富鲁举进士第,帝怒其父庶箴,擅令子就科目,有违国制,鞭之二百。则辽人并不欲其本族人从事文学。然《天祚纪》又谓耶律大石举天庆五年进士。盖一时风气所趋,虽国法亦不能禁也。

　　北族除匈奴外,殆皆辫发,而其辫发之制,又小有不同。《后书·乌桓传》,谓其父子男女相对踞,以髡头为轻便。妇人至嫁时,乃养发为髻。而鲜卑则婚姻先髡头。《魏书·宇文莫槐传》:"人皆剪发。而留其顶上,以为首饰。长过数寸,则截短之。"是其所留之发颇短。然木骨闾发齐肩,而拓跋氏谥之曰秃,则拓跋氏之辫发,又颇长矣。此南朝所以呼为索虏欤。《晋书·载记》述慕容氏得氏之由曰:"燕代多冠步摇,莫护跋见而好之,敛发袭冠。诸部因呼之为步摇,音讹为慕容。"窃疑莫护亦慕容音转,此人实名跋也。此当为北族慕化解辫之最早者。而后来之满洲人,乃以强迫汉人剃发,大肆杀戮,人之度量相越,岂不远哉? 然汉族至今日,犹有辫发而效忠于胡者,则亦可谓不念始矣。

附录一 鲜 卑

鲜卑出于东胡，读史者无异词。近人或曰："通古斯（Tung-us）者，东胡之音转也。不译为东胡，而译为通古斯，则何不称孔子曰可夫沙士也？"窃有疑焉。《后汉书》曰："乌桓者，本东胡也。汉初，匈奴冒顿灭其国，余类分保乌桓山，因以为号焉。""鲜卑，亦东胡之支也。别依鲜卑山，故因号焉。"《三国志》注引《魏书》略同，盖《后书》所本也。然则东胡之亡，众分为二。乌桓、鲜卑，大小当略相等。顾鲜卑部落，自汉以后，绵延不绝，而乌桓自魏武柳城一捷，遂不复见于史。仅《唐书》所载，有一极小部落曰乌丸，亦作古丸，在乌罗浑之北。《辽史·太祖纪》，诏撒剌讨乌丸。穆宗时，乌丸叛，盖即此乌丸也。然其微已甚矣。乌桓当汉时，遍布五郡塞外，岂有柳城一捷，所余仅此之理，《通考》云：西晋王浚为幽州牧，有乌桓单于审登，前燕慕容俊时，有乌桓单于薛云，后燕慕容盛时，有乌桓渠帅莫贺咄科勒，亦其微已甚，不足数也。何耶？案拓跋氏之先，实来自西伯利亚。别有一条考之。《魏书》谓其国有大鲜卑山。希腊罗马古史，谓里海以西，黑海之北，古有辛卑尔族居之。故今黑海北境，有辛卑尔古城；黑海峡口，初名辛卑尔峡；而俄人称乌拉岭一带曰西悉毕尔。《元史译文证补·西域古地考康居奄蔡》。辛卑尔，即鲜卑也。此岂东胡灭后，余众所居邪？抑鲜卑山自欧、亚之界，绵亘满、蒙之间也？乌桓、鲜卑二山，以地理核之，当即今苏克苏鲁、索岳尔济等山。案《史记·匈奴列传》,《索隐》引服虔曰:"东胡,在匈奴之东,故曰东胡。"《后书·乌桓传》:"氏姓无常,以大人健者名字为姓。"《索隐》又引《续汉书》曰:"桓以之名,乌号为姓。"此八字或有讹误,然大意可见。然则东胡者,吾国人貤匈奴之名以名之,而加一方位以为别,犹称西域诸国曰西胡尔,非译名也。乌桓盖彼族大人健者之名姓,乃分部之专号,非全族之通称。彼族本名,舍鲜卑莫属矣。此族古代,盖自欧、亚之界,蔓延于匈奴之北及其东。实在丁令之北。其所居之地,皆以种人之名名之。故里黑海、乌拉岭、西伯利亚及满、蒙之间,其名不谋而合也。《史记》以东胡山戎分言。《索隐》引服虔曰:"山戎,盖今鲜卑。"又曰:"东胡,乌丸之先,后为鲜卑。"又引胡广曰:"鲜卑东胡别种。"则乌桓鲜卑,虽大同,似有小别。

　　近人或又云:鲜卑,即《禹贡》之析支。说颇可通。然惟据音译推度,未能详列证据。予昔尝为之补证,曰:"析支者,河曲之地,羌人居之,所谓河曲羌也。《后书·西羌传》注引应劭。羌与鲜卑,习俗固有极相类者。羌俗氏姓无常,或以父名母姓为种号,则母有姓父无姓可知。乌桓亦氏姓无常,以大人健者名氏为姓。又怒则杀其父兄,而终不害其母,以母有族类,父兄无相雠报故也。一也。羌俗父死则妻后母,兄亡则纳嫠嫂。乌桓亦妻后母,报寡嫂。二也。羌以战死为吉利,病终为不祥。乌桓俗亦贵兵死。三也。此皆鲜卑与河曲羌同族之证也。"由今思之,此等习俗,蛮族类然,用为证据,未免专辄。且如匈奴父死妻其后母,兄弟死,皆取其妻妻之,复可云与羌及鲜卑同祖邪? 然此说虽不足用,而鲜卑出于析支,其说仍有可立者。《禹贡》析支与渠蒐并举,则二族地必相近。《汉志》朔方郡有渠蒐县,蒋廷锡谓后世种落迁徙,说颇近之。《管子·轻重戊》篇:"桓公问于管子曰:代国之出何有? 管子曰:代之出,狐白之皮。公其贵买之。代人必弃其本,而居山林之中。离枝间之,必侵其北。"离枝即析支，是析支在代北也。《大匡》篇："桓公乃北伐令支，斩孤竹，遇山戎。"《小匡》篇："北伐山戎，制冷支，斩孤竹。"又曰："北至于山戎溇貊，拘秦夏。"令支、冷支，亦即析支。《汉志》：辽西郡，令支，有孤竹城。地在今河北迁安县。是析支在今河北境矣。溇貊者，即《诗·韩奕》之追貊。陈氏奂说，见所撰《诗毛氏传》疏。未知信否？予谓追未必即溇，然追貊之貊，必即溇貊之貊也。《诗》曰："王锡韩侯，其追其貊。"郑以韩在韩城，追貊为雍州北面之国。又曰："其后追也，貊也，为匈奴所逼，稍稍东迁。"说颇可信。予别有考。渠蒐者，《禹贡》析支之邻国，而汉时迹在朔方，溇貊者，周时地在离枝之东，而其后居今东三省境，然则自夏至周，青海至于辽东，种落殆有一大迁徙。离枝、渠蒐，何事自今青海迁至雍、冀之北不可知。若溇貊之走辽东西，鲜卑之处今蒙古东境，则殆为匈奴所逼也。又燕将秦开，袭破东胡。燕因置上谷、渔阳、右北平、辽西、辽东五郡。此五郡者，其初亦必离枝、溇貊诸族所杂居矣。《后书·乌桓传》："若亡畔，为大人所捕者，邑落不得受之，皆走逐于雍狂之地，沙漠之中。其土多蝮蛇，在丁令西南，乌孙东北焉。"丁令所居，北去匈奴庭安习水七千里，南去车师五千里，见《史记索隐》引《魏略》。安习水，今额尔齐斯河；乌孙则今伊犁地也。乌桓区区，流放罪人，安得如是之远？得毋居西方时，故以是为流放罪人之地，东迁后犹沿其法邪？然则吐谷浑附阴山逾陇而入青海，非拓新疆，乃归故国矣。此说虽似穿凿，然析支、渠蒐、溇貊，同有迁徙之迹，则亦殊非偶然也。又肃慎古代，亦不在今吉林境。予别有考。

附录二　后魏出自西伯利亚

　　五胡诸族，多好自托于古帝之裔，其说殊不足信。然其自述先世事迹，仍有不尽诬者。要当分别观之，不得一笔抹杀也。《魏书》谓："后魏之先，出自黄帝。黄帝子曰昌意。昌意少子，受封北国。其后世为君长，统幽都之北，广漠之野。黄帝以土德王，北俗谓土为拓，谓后为跋，故以为氏。"又谓："其裔始均，仕尧时，逐女魃于弱水北，人赖其勋，舜命为田祖。"此全不可信者也。然谓"国有大鲜卑山，因以为号"，则其说不诬。已见《鲜卑》条。又云："积六七十代，至成帝毛，统国三十六，大姓九十九，威振北方。五传至宣帝推寅，南迁大泽，方千余里，厥土昏冥沮洳。谋更迁徙，未行而崩。又七传至献帝邻，有神人，言：此土荒遐，宜徙建都邑。献帝年老，以位授其子圣武帝诘汾，命南移。山谷高深，九难八阻。于是欲止。有神兽似马，其声类牛，导引历年乃出。始居匈奴故地。其迁徙策略，多出宣、献二帝，故时人并号为推寅，盖钻研之义也。"此为拓跋氏信史，盖成帝强盛，故传述之事，始于其时也。《魏书》云："时事远近，人相传授，如史官之有纪录焉。"

　　今西伯利亚之地：自北纬六十五度以北，地理学家称为冻土带。自此南至五十五度，称森林带。又南，称旷野带。最南，称山岳带。其山，即西伯利亚与蒙古之界山也。冻土带极寒，人不能

堪之处甚多。森林带多蚊虻。旷野带虽沃饶,然卑湿,多疫疠,亦
非乐土。拓跋氏盖始处冻土带,以苦寒南徙,复陷旷野带中,最后
乃越山岳带而至今外蒙古也。大泽方千余里,必旷野带中薮泽。
或谓今拜喀勒湖,非也。拜喀勒湖乃古北海,为丁令所居,汉时服
属匈奴,匈奴囚苏武即于此,可见往来非难,安有山谷高深,九难
八阻之事。

附录三　宇文氏先世

《周书》谓周之先，出自炎帝。"炎帝为黄帝所灭，子孙遁居朔野。其后有葛乌兔者，雄武多算略。鲜卑奉以为主。遂总十二部落，世为大人。其裔孙曰普回，因狩，得玉玺三纽，文曰皇帝玺。其俗谓天子曰宇文，故国号宇文，并以为氏。普回子莫那，自阴山南徙，始居辽西，为魏甥舅之国。自莫那九世至侯归豆，为慕容皝所灭。"出自炎帝乃妄语。自莫那至侯归豆，世次事实亦不具。当以《魏书·宇文莫槐传》正补之。《宇文莫槐传》谓其先出自辽东塞外，世为东部大人，莫槐虐用其人，为部下所杀。更立其弟普不。普不传子丘不勤。丘不勤传子莫廆。莫廆传子逊昵延。逊昵延传子乞得龟。丘不勤取魏平帝女，逊昵延取昭帝长女，所谓为魏甥舅之国也。莫廆，逊昵延，乞得龟三世，皆与慕容廆相攻，皆为廆所败。乞得龟时，廆乘胜长驱，入其国。收资财亿计。徙部人数万户以归。别部人逸豆归，遂杀乞得龟自立。与慕容晃相攻，为所败。远遁漠北。遂奔高句丽。晃徙其部众五千余落于昌黎。自是散灭矣，逸豆归即侯归豆。侯逸同声，归豆豆归，未知孰为倒误也。侯应议罢边备塞吏卒，谓"北边塞至辽东，外有阴山，东西千余里"，则阴山之脉，远接辽东。《周书》谓莫那自阴山南徙，《魏书》谓莫槐出辽东塞外，似即一人。惟自莫槐至逸豆归，仅得七世。《周书》世次既不具，所记或有讹误也。《晋书》以宇文莫槐为鲜卑；《魏书》谓南单于之远属，又谓其语与鲜卑颇异。疑宇文为匈奴、鲜卑杂种，语亦杂匈奴也。又《魏书》以奚、契丹为宇文别种，为慕容晃所破，窜匿松漠之间，则逸豆归败亡时，慕容廆所徙五千余落，实未尽其众，奚、契丹之史，亦可补宇文氏先世事迹之阙矣。奚事迹无考。契丹事迹可知者，始于奇首可汗。别见《契丹部族》条，奇首遗迹，在潢、土二河流域，已为北窜后事，不足补宇文氏先世事迹之阙。惟《辽史·太祖本纪赞》，谓"辽之先世，出自炎帝，此即据《周书》言之。世为审吉国。其可知者，盖自奇首云"。审吉二字，尚在奇首以前，或宇文氏故国之名欤？然事迹无可征矣。

附录四　契丹部族

　　契丹部族,见于史者,在元魏及唐五代时,其数皆八,惟隋时分为十部,而逸其名。元魏八部:曰悉万丹,亦作欣服万丹。曰何大何,曰伏弗郁,曰羽陵,曰日连,曰匹絜,曰黎,曰吐六干。唐时八部:曰达稽,曰纥便,曰独活,曰芬问,曰突便,曰芮奚,曰坠斤,曰伏。《五代史》八部:曰旦利皆,曰乙室活,曰实活,曰纳尾,曰频没,曰纳会鸡,曰集解,曰奚嗢。其名前后皆不同。《辽史·营卫志》云:"奇首八部,为高丽、蠕蠕所侵,仅以万口附于元魏。生聚未几,北齐见侵,掠男女十余万口。继为突厥所逼,寄处高丽,不过万家。部落离散,非复古八部矣。"又谓大贺氏之亡,八部仅存其五。太祖七世祖雅里,更析为八。似乎契丹部族,时有变更。然唐之置羁縻州也,达稽部为峭落州,纥便部为弹汗州,独活部为无逢州,芬问部为羽陵州,突便部为日连州,芮奚部为徒河州,坠斤部为万丹州,伏部为匹黎、赤山二州,则芬问部即羽陵,突便部即日连,芮奚部即何大何,坠斤部即悉万丹,伏部即匹絜,惟达稽、纥便、独活三部,不能知其与元魏时何部相当耳。然则部众虽更,部名虽改,而其分部之法,则后实承前。《五代史》部名之异于唐,此八部盖即雅里就五部所析。当亦如是矣。《辽史·地理志》:永州,"有木叶山。上建契丹始祖庙。奇首可汗在南庙,可敦在北庙。绘塑二圣并八子神像。相传有神人,乘白马,自马盂山浮土河而东。有天女,驾青牛,由平地松林泛潢河而下。至木叶山,二水合流,相遇,为配偶,生八子。其后族属渐盛,分为八部"。盖八部之分,由来甚旧,所托甚尊,故累遭丧败,其制不改耶。《太祖本纪》:"辽之先世,出自炎帝,世为审吉国。其可知者,盖自奇首云?"奇首生都庵山,徒潢河之滨。太祖七年,登都庵山,抚奇首可汗遗迹,徘徊顾瞻而兴叹焉。《地理志》:上京道,龙化州,"奇首可汗居此,称龙庭"。《营卫志》:"潢河之西,土河之北,奇首可汗故壤也。"又云:"奇首可汗、胡剌可汗、苏可汗、昭古可汗,皆辽之先,世次不可考。"白马青牛,说虽荒诞,然奇首则似非子虚乌有之流。然隋时何以独分为十部。又唐置羁縻州之先,契丹酋长窟哥及辱纥主曲据皆来归,唐以窟哥之地置松漠都督府,以辱纥主曲据所都为玄州,合八部亦十部也。《辽史·营卫志》说如此。此又何说耶?曰:八部者所以象奇首八子,八部外之二部,则所以象奇首可汗及其可敦,即《辽史》所谓三耶律二审密者也。并三耶律二审密言之,则曰十部,去此二部言之,则曰八部。中国人言之有异,契丹之分部,则未尝变也。何以知之?曰:以太祖创业之事知之。

《五代史》述太祖之创业也,曰:"契丹部族之大者曰大贺氏。后分为八部。部之长号大人。而常推一大人,建旗鼓,以统八部。至其岁久,或其国有疾疫而畜牧衰,则八部共议,以旗鼓立其次而代之。被代者以为约本如此,不敢争。某部大人遥辇次立。时刘仁恭据有幽州,数出兵摘星岭攻之。秋霜落,则烧其野草。契丹马多饥死,即以良马赂仁恭,求市牧地。请听盟约,甚谨。八部之人,以为遥辇不任事,选于其众,以阿保机代之。阿保机,不知其何部人也。是时刘守光暴虐,幽、涿之人,多亡入契丹。阿保机又间入塞,攻陷城邑,俘其人民,依唐州县置城以居之。汉人教阿保机曰:中国之王,无代立者。由是阿保机益以威制诸部而不肯代。其立九年,诸部以其久不代,共责消之。阿保机不得已,传其旗鼓。而谓诸部曰:

吾立九年,所得汉人多矣,吾欲自为一部,以治汉城,可乎?诸部许
之。汉城,在炭山东南涨河上,有盐铁之利,乃后魏滑盐县也。其地
可植五谷。阿保机率汉人耕种,为治城郭、邑屋、廛市,如幽州制度,
汉人安之,不复思归。阿保机知众可用。用其妻述律策,使人告诸
部大人,曰:我有盐池,诸部所食。然诸部知食盐之利,而不知盐有
主人,可乎?当来犒我。诸部以为然。共以牛酒会盐池。阿保机伏
兵其旁。酒酣,伏发,尽杀诸部大人。遂立不复代。"似契丹共主,本
由选立,至辽太祖乃变为世袭者。然据《唐书》及《辽史》,则遥辇诸
汗,世次相承,初无大贺氏亡,分为八部之说。《辽史·太祖纪》:唐
天复元年,痕德堇可汗立,为本部夷离堇,专征讨。十月,授大迭烈
府夷离堇。三年,十月,拜于越,总知军国事。天祐三年,十二月,痕
德堇可汗殂。明年,正月,即皇帝位。其汗位受诸遥辇,又彰彰也。
此又何说邪?曰:太祖之所争,乃夷离堇之职,而非汗位也。夷离
堇者,后来之北南二大王。《辽史》谓其统部族军民之政。《五代史》
所谓建旗鼓以统八部者,盖即指此?世宗之立,即由北南二大王。李胡争
之,卒不胜。可见北南二王权力之大。契丹虽有共主,然征伐决之会议,
田猎得自行,其权力实不甚完;况于遥辇氏之仅亦守府?《五代
史》之所纪,盖得之汉人传述。斯时述契丹事者,知有夷离堇而不知
有可汗,正犹秦人之知有穰侯而不知有王,其无足怪。然太祖之汗
位,则固受之痕德堇,非由八部所推之大人而变。谓太祖变公推之
夷离堇为专任则可,谓其变嬗代之共主为世袭,则不可也。《辽史·
营卫志》谓雅里析八部为五,立二府以总之。又析三耶律为七,二审
密为五。三耶律者,曰大贺,曰遥辇,曰世里,即相次居汗位者;二审
密者,曰乙室已,曰拔里,即耶律氏所世与为婚姻者也。二府,盖即
后来之北南二宰相府。北宰相府,皇族四帐,世豫其选。南宰相府,
国舅五帐,世豫其选。然则是时之总八部者,盖即三耶律,二审密,

以其象奇首，故世汗位，以其象奇首可敦，故世婚皇族也。隋时十部，唐时八部之外，别有松漠、玄州。其故盖亦如此。《五代史》谓八部之长，皆号大人；又谓推一大人，建旗鼓以统八部；似建旗鼓之大人，即在八部大人之中者。然又谓阿保机不知何部人，又谓太祖请自为一部，则太祖实非八部大人，其部族且在八部之外，亦隐隐可见也。

第五章　丁　令

　　北方游牧之族，大者有四：曰匈奴，曰鲜卑，曰丁令，曰肃慎。匈奴起自上古，极盛于前汉，而亡于后汉。鲜卑继之，两晋南北朝时臻极盛，宇文周灭而亡。丁令继鲜卑而起。极盛于南北朝、隋唐之间，而亡于唐文宗时。自金之起，以迄于清，则肃慎极盛之世也。

　　丁令，亦作丁零、丁灵，异译曰敕勒，亦作铁勒。我国今日，统称此族曰回，西人则称为突厥。其实突厥、回纥，皆丁令之分部耳。详见附录《丁令》条。此族当汉代，居今拜喀勒湖附近。为匈奴冒顿所征服。又有居今西伯利亚西境者，当唐努乌梁海之西，额尔齐斯河之东南，吐鲁番之正北。为郅支单于所击破。《魏书》载其部落，分布尤广，自西海以东，依山据谷，往往不绝。康国之北，得嶷海之东西，伊吾以西，焉耆之北，以及金山西南，独洛河域，北海之南皆有之。《唐书》铁勒分十五部，今内外蒙及兴安岭一带皆其地。盖沿匈奴、鲜卑、乌孙、康居、大宛诸国之北，东西绵亘，如衣带焉。详见附录《丁令居地》条。其部落颇多，而缺于传结。故两晋以前，未有兴者。五胡乱华之时，鲜卑纷纷侵入内地，此族乃踵之，而入漠南北。

　　《魏书》云："敕勒，诸夏称之为高车。"是二者虽称名不同，实系一族。然又分高车、铁勒为二传，盖以迁漠南服魏者为高车，居漠北服柔然者为铁勒也。高车之在漠南者，居鹿浑海西北百余里。今达里泊。常与柔然为敌，亦侵盗于魏。魏道武帝击破之。柔然社仑之为魏所败也，走漠北，击高车，深入其地，尽并诸部。由是大张。其后太武征大檀，前后降其众数十万。皆徙之漠南。凡此者，史皆称之为高车。隋以后遂不复见，盖或与他族相同化，或则并入突厥也。其在漠北者，突厥起而收用之。

漠北之铁勒，首起与柔然抗者，为副伏罗部。然无所成。大檀之败，其部长阿伏至罗，与其从弟穷奇，走车师之北自立。后为柔然及哒所破。至南北朝之末，而突厥始盛。突厥起于金山。其先，盖柔然之铁工也。突厥缘起，详见附录《突厥与蒙古同祖》条。有名吐务者，讷都陆之孙。讷都陆，即纳都六设也。详见附录。吐务之名，见《唐书·西突厥传》。种类渐强。始号大叶护。吐务之长子曰土门，始至塞上市缯絮。土门求婚于柔然。柔然阿那瓌怒，使人詈辱之，曰："尔是我锻奴，何敢发是言也？"土门亦怒，杀其使者，遂与之绝，而求婚于魏。魏以长乐公主妻之。文帝大统十七年。废帝元年，土门击柔然，大破之。阿那瓌自杀。土门自号伊列可汗。卒，子科罗立，号乙息记可汗。乙息记可汗且死，舍其子摄图而立其弟，是为木杆可汗。遂灭柔然。又西破哒，东臣契丹，西南袭破吐谷浑。其地：东自辽海以西，至西海，万里。南自沙漠以北，至北海，五六千里。赫然为北方大国矣。周齐相争，惧其为敌用，争结婚姻，厚赠遗以抚之。突厥益骄。其他钵可汗至谓其徒属曰："但使我在南两个儿常孝顺，何忧无物邪？"他钵者，木杆之弟也。木杆舍其子大逻便而立之。他钵子曰庵逻。他钵谓庵逻："避大逻便。"摄图者，乙息记可汗子；他钵以为尔伏可汗，主东方；不可。庵逻继他钵立。大逻便不服，数使人詈辱之。庵逻不能制，以位让摄图。摄图立，是为沙钵略可汗。以大逻便为阿波可汗。齐之亡也，其范阳王绍义奔突厥。他钵可汗立为齐帝寇周。周人以千金公主妻之，乃执送绍义。沙钵略仍妻千金公主。周之亡也，公主痛宗社覆灭，日夜言于沙钵略。沙钵略侵隋。文帝击破之。沙钵略与阿波构兵。主西方之达头可汗沙钵略从父。助阿波。沙钵略乃降隋。立约，以碛为界。千金公主改姓杨，封大义公主。沙钵略卒，弟处罗侯立，是为叶护可汗。西禽阿波。卒，子雍虞闾立，是为都蓝可汗。沙钵略子染干，为突利可汗，主北方。使来求婚。文帝要以杀大义公主而后许。突利构公主于都蓝。都蓝杀公主。隋以宗女义安公主妻突利，故厚其礼以间之。突利南徙度斤旧镇。胡三省曰："即都斤山，旧沙钵略所居。"案《唐书·突厥传》曰："可汗建庭都斤山。"《薛延陀传》曰："树牙郁督军山，直京师西北六千里。颉利灭，率其部稍东，保右尉犍山独逻水之阴。远京师才三千里而赢。"《回纥传》曰："南居突厥故地，徙牙乌德犍山，昆河之间。"独逻水，今土拉河。昆河，今鄂尔坤河。都尉犍山与乌德犍山，地当相近。乌德犍为突厥故地，疑与都斤是一。惟郁督军山颇远。然《延陀传》又谓："突厥处罗可汗时，铁勒一时反叛，推契苾哥楞，延陀乙室钵为可汗。后突厥复强，二部黜可汗往臣之。回纥，拔野古，阿跌，同罗，仆骨，在郁督军山者，东附始毕。乙室钵在金山，西役叶护。"以郁督军山与金山对举，则距土拉、鄂尔坤二河，亦不能甚远。窃疑都斤，都尉犍，乌德犍，郁督军，均系一音异译，皆即今之杭爱山；而《唐书》直京师西北六千里之语有讹也。都蓝怒曰："我大可汗也，反不如染干？"击突利，破之。突利以五骑走归朝。拜为启民可汗。处之夏、胜二州之间。夏州，今陕西怀远县。胜州，今鄂尔多斯左翼后旗。时义安公主已卒，复妻以宗女义成公主。未几，都蓝为其下所杀。启民以隋援，尽有其众。臣服于隋。

　　从来夷狄之服，恒以我之盛强，适直彼之衰乱；而夷狄之横，亦以我之衰乱，奉成彼之盛强；此数见不鲜之事也。惟突厥亦然。启民之世，事隋甚谨。启民卒，子始毕立。直炀帝时，中国乱，始有轻中国心。炀帝北巡，始毕围之雁门，援至乃解。时中国大乱，华人归之者甚众。突厥遂大张，控弦之士且百万，前此夷狄未有也。群雄之崛起者，悉臣事之。唐高祖起太原，亦卑辞厚礼以乞援焉。天下已定,犹屈意奉之。而突厥求取无厌。始毕卒,弟处罗可汗立。处罗卒,弟颉利可汗立。自启民至颉利四世,皆妻隋义成公主。处罗始迎隋萧后及齐王暕子正道,处之定襄。今山西平鲁县北。及颉利,遂岁寇边。高祖至欲迁都以避之,以太宗谏而止。始毕子曰什钵苾,主东方,称突利可汗。太宗与之相结。突利贰于颉利。而颉利仍岁兴师,群下怨苦;又遭岁饥,褒敛苛重,铁勒叛之;势遂衰。贞观四年,太宗遣李靖击破之。颉利为行军总管张宝相所禽。于是突厥崩溃。或附薛延陀,或走西域,盖走西突厥。而来降者尚十余万。诏议处置之宜,温彦博请徙之兖、豫之间,分其种落,散居州县。教以耕织,化为齐民。魏征请遣还故土。太宗右彦博议。度朔方地,建顺、化、祐、长四州为都督府,以处其众。地皆在今河套内。剖颉利故地,左置定襄,右置云中都督府以统之。定襄都督府,侨治宁朔,今陕西榆林县境。云中都督府,侨治朔方,今陕西怀远县境。以突利为顺州都督,率其下就部。卒,子贺逻鹘嗣,后太宗幸九成宫,突利弟结社率以郎将宿卫,阴结种人谋叛,劫贺逻鹘北还。事败,诛。乃投贺逻鹘于岭外。立颉利族人思摩为可汗,树牙河北,悉徙突厥还故地。时薛延陀强,思摩畏之,不敢出塞。太宗赐延陀书,谕以“碛以北,延陀主之。其南,突厥保之。各守境,毋相钞犯。有负约,我自以兵诛之”。延陀受令,贞观十五年,思摩乃率其众渡河,牙于故定襄城。今归绥县境。居三年,下多携背。惭而入朝,因留宿卫。余众稍稍南渡河,处于夏、胜二州之间。其地为车鼻可汗所盗。

突厥者,铁勒之一部耳。其骤致强盛,虽曰土门、木杆之雄略,亦铁勒之众,为之辅也。《唐书·突厥传》,谓“自突厥有国,东征西讨,皆资其用,以制北荒”。故铁勒一叛,而突厥遂不可支。唐时铁勒诸部,以薛延陀、回纥为最强。颉利政衰,铁勒叛之,共推薛延陀部长夷男为主。太宗册为真珠毗伽可汗。突厥亡,延陀称雄北方。贞观十九年,夷男卒,子拔灼立。国乱,为唐所灭。铁勒诸部皆降。悉以其地置都督府州,即故单于台立燕然都护府以统之。在今归绥西。于是回纥南境至河。车鼻可汗者,亦阿史那氏。居金山北,势颇张。延陀亡,益盛。贞观二十一年,太宗以其逆命,发回纥、仆骨兵讨禽之。置单于、瀚海二都护府,分领突厥诸都督府州。高宗时,省单于,徙瀚海于古云中,改号云中都护府。后又改号单于,统碛以南。改燕然都护府曰瀚海,统碛以北焉。单于府酋温傅、奉职二部尝叛,温傅部再叛。裴行俭讨平之。高宗末年,颉利族人骨咄禄又叛。唐不能定。武后时,骨咄禄死,弟默啜立。遂大盛。铁勒诸部,回纥,契苾,思结,浑,皆度碛,南徙甘、凉间。余悉臣之。兵与颉利时略等矣。尝寇河北,至相州。今河南安阳县。武后发三十万众讨之,不能战,突厥徐引去。玄宗开元时,默啜老,昏暴,部落叛之。四年,北讨拔野古,胜归。不设备,为拔野古残卒所杀。弟默棘连立,为毗伽可汗。用默啜老臣暾欲谷,与中国和。突厥以安。又传两世,至天宝初,国乱。回纥怀仁可汗定之,尽有其地。徙牙乌德鞬山。自是回纥独雄漠南北矣。

　　回纥之强,非有以逾于延陀也。然突厥之初亡也,延陀据其地,不二十年而为唐所灭;突厥之再亡也,回纥雄张漠南北者且百年;则时会为之也。怀仁可汗之卒也,子葛勒可汗立。直安史之乱,使太子叶护,将兵四千,来助唐收东西京。叶护得罪死。葛勒卒,次子牟羽可汗立。其妻,仆固怀恩女也。仆固者,即铁勒之仆骨部也。史朝义诱牟羽入寇,代宗使怀恩往见之。牟羽乃请助唐讨朝义。唐以雍王适为天下兵马大元帅,往会之。王见可汗于陕州。可汗责王不蹈舞,榜杀兵马使魏琚,判官韦少华。怀恩及其子瑒,以回纥兵平东京,定河北。初叶护之助唐收西京也,约城克之日,土地归唐,金帛子女归回纥。西京既下,回纥欲如约。时广平王俶为天下兵马大元帅,率众拜于马前。回纥乃止。乃破东京,卒大掠三日。肃宗犹岁赐绢二万匹以酬之。朝义之平,回纥入东京,放兵剽攘,人皆遁保圣善、白马二祠浮屠。回纥怒,火之,杀万余人。后仆固怀恩反,诱回纥、吐蕃入寇。怀恩道死,二虏争长。郭子仪单骑见其帅于泾阳。回纥乃约和而还。自乾元后,肃宗年号。纳一马,取直四十缣。岁以马四万求雠,皆驽弱不可用。其人之留京师者尤骄横。至诟折官吏;以兵斫含光门,入鸿胪寺;曹辈掠子女,暴市物;杀人则首领劫囚,残狱吏去。德宗立,九姓胡劝可汗入寇。宰相顿莫贺达干谏。不听。弒之,屠其支党,及九姓胡几二千人,而自立,是为毗伽可汗。始回纥至中国,常参以九姓胡。往往留京师,居赀殖产甚厚。及是,毗伽诸父突董等还国,装橐系道。留振武军名,治单于都护府。三月,供拟珍丰,费不赀。军使者张光晟阴伺之,皆盛女子以橐。已而闻毗伽新立,多杀九姓。九姓胡惧,不敢归,往往亡去。突董察视严。群胡献计于光晟,请悉斩回纥。光晟因勒兵尽杀回纥及群胡。明年,因册使,归突董之丧。毗伽使谓册使曰:"国人皆欲尔死,我独不然。突董等已亡,今又杀尔,犹以血濯血,徒益污。我今以水濯血,不亦善乎?为我言:有司所负马直百六十万,可速偿也。"使随册使来朝。德宗隐忍,赐以金缯。然回纥虽横,多得唐物,寖骄侈,稍弱。自天宝末,陇右陷于吐蕃,安西、北庭,唐所置都护府。安西治焉者,今新疆焉者县。北庭治庭州,今新疆迪化县。朝贡道绝,假道回纥,乃得达。回纥由是求取无厌。沙陀突厥依北庭者苦之,密引吐蕃陷北庭。回纥以数万众攻之,大败。吐蕃又取深图川。当在今蒙、新间。回纥大恐,稍南其部落以避之。毗伽以后,国多弒逆。传十世,至馺驭(馺)特勒,当唐文宗开成四年,饥疫,为黠戛斯所破。可汗死。诸部皆溃。可汗牙部十三姓,奉乌介特勒为可汗,转侧天德、振武间。天德军,在今乌喇特旗境。求居天德,不许。攻云州,今山西大同县。唐兵败之，降其众数万。可汗收所余保黑车子室韦。唐啖黑车子杀之。其下奉其弟遏捻特勒为可汗，哀残部数千，仰食于奚。宣宗初，张仲武讨奚，破之。回纥寖耗灭。名王贵臣五百余，转依室韦。仲武谕室韦："羁致可汗等。"遏捻惧，挟妻子，驰九骑，夜委众西走。部人皆恸哭。室韦七姓，析而隶之。黠戛斯怒，伐室韦，悉收回纥还碛北。回纥之在漠南北者遂亡。余帐匿山林间，狙盗诸蕃自给，稍归于庞特勒。

　　回纥之为黠戛斯所破也，残众入安西、吐蕃。此所谓吐蕃，亦吐蕃所据河西及天山南路之地，非今海、藏地也。其相馺职，及外甥庞特勒，以十五部奔葛逻禄。后稍强。宣宗尝册为可汗。懿宗时，又有仆固俊者，击斩吐蕃将论恐热，尽有西州、今新疆土鲁番县。轮台今新疆轮台县。等城。自唐之衰，回纥贡会不常，史纪其事，不能备始末。然其居甘州、今甘肃张掖县。沙州、今甘肃安西县。西州等处者，时时以玉马与边州相市。自五代至宋，亦时通贡献。其上书，犹呼中国为舅，以唐代尚主故。答诏亦呼之为甥。契丹之兴，兵力尝至河西，回部远至于阗，皆通朝贡。元昊之强，河西亦服属之。辽之亡也，其宗室大石西走。会十八部王众于北庭。诒书回鹘王，谕以假道之意。回鹘王毕勒哥，即迎至邸，大宴三日。献马六百，驼百，羊三千，送至境外。元称其族曰畏吾儿。元太祖既定漠南北，畏吾儿亦都护巴而术阿儿忒的斤来朝。元人妻以女。元通西域之道始开。太祖之西征也，畏兀儿及哈剌鲁皆以兵从。盖自唐文宗时，回纥亡于漠南北，而其西南迁者，则日以盛大。自五代以降，河西及天山南路，几悉为所据云。元时，天山南路，地属太祖第三子察合台。清初，南路诸城主，仍多察合台后裔。先是元、明之际，元室疏族帖木儿，兴于撒马儿干，尽并西亚之地。帖木儿信天方教，教士多集于其都。教主后裔摩诃末亦至焉。后迁居喀什噶尔。摩诃末二子：长曰加利宴，其后为白山宗。次曰伊撒克，其后为黑山宗。南路政教实权，渐入其手。

而二宗轧轹殊甚。清康熙时，白山宗为黑山宗所逐，奔西藏，乞援于达赖喇嘛。准噶尔噶尔丹以达赖之命，纳白山酋。遂尽执元裔诸王，迁诸天山北路，并质回酋于伊犁。策妄阿布坦立，复替白山宗，代以黑山宗。白山酋马罕木特，实亦摩诃末之异译。据叶尔羌谋自立。策妄阿布坦执而幽之。马罕木特二子：长曰布罗尼特，次曰霍集占，所谓大小和卓木也。清定伊犁，大小和卓木遁归南路，自立。清兵进平之。二酋皆奔巴达克山。巴达克山执以献。于是葱岭以西回部，若巴达克山，若克什米尔，若乾竺特，即坎巨提。一作喀楚特。若博罗尔，即帕米尔。若敖罕，若布哈尔，若阿富汗，若哈萨克，若布鲁特，皆来朝贡。威令所及，直接波斯。布罗尼特子曰萨木克，居敖罕。清人赂敖罕银岁万两，使禁锢之。其子曰张格尔，嘉庆二十五年，犯喀什噶尔。守兵击却之。道光六年，复以敖罕兵入寇，陷喀什噶尔、英吉沙尔、和阗、叶尔羌。清杨遇春击破之。张格尔走布鲁特。布鲁特执献之。诏敖罕执献其家属。敖罕不听。清人绝其贸易。敖罕以兵资张格尔兄摩诃末，使为寇。后敖罕仍为清锢和卓木之族，清亦许敖罕互市以平。自元以来，回族错居内地，西北尤盛。以所信教之异，与汉人不能无龃龉。咸同间，粤捻兵起，回乱亦起于西南西北。张格尔子和卓布苏格，又以敖罕兵入据喀什噶尔。阿古柏帕夏者，敖罕将。尝拒俄人有功。同治六年，弑和卓布苏格而代之。尽有南路诸城。通使于土耳其。俄人与订通商条约。英印度总督亦遣使修好。又皆为之求封册。清廷姑息，欲许之。左宗棠力主用兵，卒平之。始改新疆为行省。然葱岭外诸回部，既皆亡于英、俄；伊犁河下流又割弃；新疆形势遂赤露；而西亚诸天方教国，又有欲借同教以诱致吾民者，其隐忧正未艾云。前数年，有土耳其天方教徒约翰沙马尔，请于政府。谓"西方回族，欲联合甘、新回族，创为回教大同盟。请自往甘、新劝导消弭"。政府为电甘、新督军，令加以保护。新督杨增新复电，谓

"凡外国回教人入新疆游历者,向不许入礼拜寺传教诵经。亦许新疆回教人,与外国回教人往来;及延请外国回教人入寺教经。十余年来,皆系如此办理。今约翰沙马尔,难保不劝导消弭其名,而诱惑煽动其实。望勿令入甘、新境。若业不能止,亦望告以新省向章,务令遵守"云。

天山南路,为回纥败亡后所迁。而自金山以西南,讫于黑海,则皆为西突厥故壤。西人今日,仍称此族曰突厥,盖有由也。西突厥者,其始曰瑟点蜜,亦作瑟帝米。叶护吐务次子,而伊列可汗之弟也。始分乌孙故地而有之。与都陆、即咄陆异译。弩失毕、哥逻禄、即葛逻禄。处月、处蜜、伊吾诸种相杂。案旧史所谓种者,大抵指氏族言之。《唐书》此语,盖谓阿史那外,又有此诸氏,非谓突厥之外,别有他民族也。其风俗大抵突厥也,言语小异。盖与西域诸国人相杂故。瑟点蜜子曰达头可汗,始助阿波,与东突厥构兵。以隋助启民故,达头败,奔吐谷浑。阿波之禽,其下立泥利可汗。后为铁勒所败。子泥撅处罗可汗立。其母向氏,中国人也。达头孙射匮,入朝于隋。隋拜为大可汗。袭败处罗。处罗奔高昌,隋使向氏要之,乃入朝。后唐以射匮之请,杀之。射匮建庭于龟兹北之三弥山。自玉门以西皆役属。卒,弟统叶护可汗立,并铁勒,服波斯、罽宾,控弦之士数十万。遂霸西域。徙庭于石国北之千泉。在碎叶城西四百五十里。碎叶城,在碎叶川上。碎叶川,今吹河也。已而负其强,不以恩接下。诸父莫贺咄杀之自立。国乱。其后复分为东西。西以五咄陆东以五弩失毕部为桢干,而以伊列水今伊犁河。为界。西咄陆可汗并东部。其下作乱,复出亡。国人来请立君。唐为册立乙毗射匮可汗。贺鲁者,瑟点蜜之五世孙也。居多逻斯川。今塔拉斯河。乙毗射匮迫逐之。贺鲁内属。唐处之庭州。招怀离散,部落日盛。西取咄陆可汗故地。复建牙于千泉,尽统咄陆、弩失毕之众。遂寇庭州。高宗讨平之,建昆陵、蒙池二都护府,以阿史那弥射、瑟点蜜五世孙,为昆陵都护,统左五咄陆之众。步真、弥射族兄。为蒙池都护，统右五弩失毕之众。分统其众。时乙毗射匮已死，子真珠叶护立。弥射击杀之。弥射为步真所诬，为唐所诛。旋步真亦死。西突厥益衰。突骑施乌质勒，据有其地。乌质勒卒，子娑葛，与弟遮弩毕相攻，皆为默啜所杀。突骑施别种车鼻施啜苏禄，雄张西域，众至三十万。肃宗后，葛逻禄徙居其地，即《元史》所谓哈剌鲁云，西突厥属部处月，异译亦曰朱邪。西突厥亡，依北庭都护府以居。地在金娑山之阳，蒲类海之阴，蒲类海，今巴里坤湖。有大碛曰沙陀，故俗称沙陀突厥，以苦回纥衰敛，引吐蕃陷北庭，吐蕃徙之甘州，入寇，常以其人为前锋。久之，回纥陷凉州。吐蕃疑沙陀贰于回纥，欲徙之河外，举部愁恐。其酋长朱邪尽忠，乃与其子执宜，悉其众三万落来归，吐蕃追之，战且走。所部死伤略尽，尽忠战死。执宜衰残部二千款灵州塞。今甘肃灵武县。节度使范希朝以闻，诏处之盐州。今甘肃盐池县。时宪宗元和三年也。希朝移镇太原，沙陀举族从之。希朝料其劲骑千二百，置沙陀军，而处其余众于黄花堆。在今山西山阴县北。后又料其部人三千，置代北行营，授执宜兵马使。死，子赤心嗣，迁蔚州刺史，云州守捉使。庞勋乱，从康承训讨平之。赐姓名曰李国昌，进大同节度使，大同军，治云州，今山西大同县。以回纥寇鄜、今陕西鄜县。延，今陕西肤施县。徙镇振武。僖宗时，其子克用，杀云州防御使段文楚，入据其州。朝议移国昌于大同，以为克用必无以拒也，而国昌欲父子各得一镇，不奉诏。遂反。幽州兵讨破之。国昌、克用，亡入鞑靼。已而黄巢乱，陷长安，官军四面讨之，不能克，卒召克用讨平之。乃以国昌镇代北，克用镇河东，遂为唐、晋、汉三朝入据中原之本。以上为西突厥事见于中国史者。其见于西史者，则有若哥疾宁朝（Ghazni），有若塞而柱克朝（Seljaks），有若花剌子模朝（Khwarozm），译名皆依《元史译文证补》，花剌子模，《元史》称为西域国。洪氏因之，亦称其补传为西域，于义未安。今改称花剌子模。皆尝雄据葱岭以西。后花剌子模为成吉思汗所破,西北亚之地,皆入蒙古。至近世,又为英、俄诸国所侵略。然雄据其地之民族,固犹以突厥为大。土耳其虽屡弱,固犹能自立于欧、亚之间也。

康里《元秘史》作康邻,西史谓亦突厥族,其地在咸海之北,西抵黑海。大食哈利发爱其勇悍,多募为兵。数传而后,遂跋扈。哈里发之废立,亦操其手。花剌子模王阿剌哀丁谟罕默德,有兵四十万,皆康里人。王母亦康里部酋女。王母以康里人为将,权与王埒。诸将亦倚王母,不听令。成吉思西征时,花剌子模所以一败涂地者,由其威权索夺,不可以御大敌也。<small>蒙古西征,由讹打剌城主杀蒙古西行之人,城主,王母之弟也。</small>《元史》之克列部,或曰即康里转音。其族本居欠欠州。<small>即谦河流域。在今唐弩乌梁海境。详见《元史译文证补》西北地附录释地下吉利吉思、撼合纳、谦州、益兰州等处条。</small>至王罕,乃徙土兀拉沐涟。<small>今土拉河。</small>王罕为成吉思父执。成吉思初起时,东征西讨,尝与合兵。后以王罕子你勒合,与成吉思有隙,乃至构兵。为成吉思所灭。

今之乌梁海,《明史》作兀良哈,《元秘史》作兀良孩。西人谓其容貌近突厥,盖亦丁令族。据《秘史》,其牧地在不而罕山。<small>今车臣、土谢图两部界上之布尔罕哈勒那都岭。</small>元时,居今热河、洮昌二道境。其地为大宁路,属辽阳行省。明初,大宁路来降,即其地置泰宁、朵颜、福余三卫,隶北平行都司。宁王权居大宁<small>今热河道隆化县境。</small>以节制之。成祖起兵,袭执宁王。即位后,改北平行都司为大宁都司,徙治保定。大宁遂入兀良哈。瓦剌既强,兀良哈役属之。清平卫拉特,其众乃自立,居于唐努山,谓之唐努乌梁海。设佐领四十八,分隶定边左副将军,哲卜尊丹巴呼图克图,及札萨克图,三音诺颜两部。其徙牧阿尔泰山者,则属科布多大臣。雍正时,唐努乌梁海之地,尝与俄分立界碑。同治八年,又各派员立界牌八。宣统二年,俄人忽将察布齐雅勒达布界牌撤毁。外务部与交涉。俄人谓同治八年所立界碑，未为妥协。唐努乌梁海界限，只可作为未定之案。交涉未了，外蒙叛变，清室遂无从过问。民国初年，亦未能问外蒙之事。迨四年，《中俄蒙协约》成立。俄人承认外蒙为中国领土。唐努乌梁海，当然亦在其内。乃俄人于五年，复强占乌梁海之地，给其头目以印信，使归俄辖。将该处华商，尽行驱逐，没其财产。政府拟设佐理专员于其地。俄人声言将以兵力拒之，遂不果。俄国革命，侨寓乌梁海之俄人，时以党派互争。华商及外蒙，皆请政府保护，政府乃以严式超为佐理员，偕外蒙所委员前往。俄人御诸途，杀严式超护兵三人。前年，政府电新疆督军杨增新，谓"准蒙古宣慰使函称：库伦再陷，赤俄侵入唐努乌梁海，外蒙遣使赴俄，私订条约，求将唐努乌梁海划归外蒙，俄人谓唐努乌梁海，已为独立之国，归俄保护云云。究竟唐努乌梁海情形如何，希查明见复"。新督复电：则谓"唐努乌梁海久为俄人占据，非我有"云。政府方困于内忧，不遑问边事；即国人亦罕留意于此者，唐努乌梁海之情形，至今尚属茫昧也。

丁令之政治，远不如匈奴之统一。匈奴单于，一而已矣。突厥则分据一方者，皆称可汗。其尊卑与大可汗，盖不甚殊，故每致纷争。突厥之地，大于匈奴；隋、唐所以对待之者，实力又不如汉代之厚；然不旋踵而皆奏肤功，则突厥之分崩离析，授之以隙也。其兵甚勇悍，而无节制。《北史·高车传》云："为性粗猛，党类同心。至于寇难，翕然相依。斗无行陈，头别冲突，乍出乍入，不能坚战。"《铁勒传》曰："人性凶忍，善于骑射。贪婪尤甚，以寇钞为事。"是其事也。社仑始立军法，以千人为军，军置将。百人为幢，幢置帅。先登者，赐以卤获。退懦者，以石击首杀之，或临时捶挞。然收效盖寡。杨忠与突厥伐齐，还，言于周武帝曰："突厥甲兵恶，赏罚轻，首领多而无法令，何谓难制驭？"颉利入寇，唐太宗谓突厥："众而不整，君臣惟利是视。可汗在水南，而酋帅皆来谒我，我醉而缚之，甚易。"可见自南北朝至隋、唐，其散漫情形，迄未尝改。此其所以地虽广，兵虽多，而终不竞于中国欤？《北史·突厥传》："候月将满，转为寇钞。"与匈奴同。盖所以利夜行也。

其生业，亦以游牧为主。《北史·铁勒传》，谓其"居无恒处，随水草迁移"；《突厥传》谓其"穹庐毡帐，随逐水草；食肉饮酪，身衣裘褐"是也。《铁勒传》又云："近西边者，颇知艺植。"盖为数甚少，故突厥取醉，仅知马酪，又不如匈奴之知饮蘖酒，乌桓之能酿而不知作曲矣。唐时，默啜求六州降户，并粟种十万斛，农器三千具。盖归化中国者，渐知种植也。

《北史·突厥传》，谓其"贱老贵壮；重兵死，耻病终"；此与匈奴、鲜卑相类。又称其"男子好樗蒲。女子好踏鞠。饮马酪取醉，歌呼相对"。可见其忼爽而少思虑。又《高车传》谓其"畜产自有记识，虽阑纵在野，终无妄取"。亦足见其风俗之淳也。

其服饰：男子辫发，女子则否。《北史·高车传》："妇女以皮裹羊骸，戴之首上，萦屈发鬓而缀之，有似轩冕。"《南史·蠕蠕传》："辫发。衣锦。小袖袍，小口袴，深雍靴。"利御寒而便骑射，亦各适于其地也。《北史·突厥传》称其"被发左衽"。隋唐《突厥传》载《沙钵略表》，谓"削衽解辫，华音从律，习俗已久，未能改变"。可见其由来之旧矣。

其婚姻丧葬之礼，亦颇有可考者。《北史·高车传》："婚姻用牛马纳聘。结言既定，男党营车阑马，令女党恣取。上马祖乘出阑。马主立阑外，振手惊马，不坠者即取之。坠则更取，数满乃止。"盖亦卖买婚姻之俗。又借以觇骑乘之术，则游牧之族之游戏也。又云："俗无谷，不作酒。迎妇之日，男女相将，持马酪、熟肉节解。主人延宾，亦无行位。穹庐前丛坐，饮宴终日。复留其宿。明日，将妇归。既而夫党还入其家马群，极取良马。父母兄弟虽惜，终无言者。颇讳取寡妇,而优怜之。"《铁勒传》:"其俗大抵与突厥同。惟丈夫婚毕,便就妻家,待产乳男女,然后归舍;死者殡埋之,此其异也。"《突厥传》:"葬日,男女咸盛服饰,会于葬所。男有悦爱于女者,归即遣人聘问。其父母多不违也。"又云:"父兄伯叔死,子弟及侄等妻其后母、叔母、嫂,惟尊者不得下淫。"此则类匈奴矣。

其丧葬之礼,有足见其俗之右武者。《北史·高车传》,谓"其死亡葬送,掘地作坎。坐尸于中。张臂引弓,佩刀挟矟,无异于生,而露坎不掩"是也。《突厥传》:"死者停尸于帐。子孙及亲属男女,各杀羊马,陈于帐前祭之。绕帐走马七匝。诣帐门,以刀剺面,且哭,血泪俱流。如此者七度,乃止。择日,取亡者所乘马,及经服用之物,并尸俱焚之。待时而葬。春夏死者,候草木黄落;秋冬死者,候华茂;然后坎而瘗之。案古之为丧服者,至亲以期断,取天地已易,四时已变,凡在天地之中者,莫不更始之义也。士庶人三月而葬,亦取天道一时而小变之义也。突厥之所谓时者,虽与中国异。然其候时之变而葬,则与中国同。可以见礼之缘起,大略相类也。葬日,亲属设祭。及走马,剺面,如初死之仪。表木为茔,立屋其中。图画死者形仪,及其生时战陈状。此可知壁画之缘起。尝杀一人,则立一石,有至千百者。又以祭之羊马头,尽悬于竿上。"案突厥丧仪,颇类乌桓,惟焚尸为异。岂以近接西胡,故染其俗邪?抑古氐羌之俗也。羌族本有火葬之俗,见第十一章。唐太宗谓颉利时葬皆起墓,则又渐染华俗矣。

肃宗以幼女宁国公主,下嫁回纥葛勒可汗。可汗死,国人欲以公主殉。主曰:"中国人婿死,朝夕临,丧期三年,此终礼也。回纥万里结婚,本慕中国,吾不可以殉。"乃止。可见其国本有殉葬之俗矣。

凡野蛮人,往往宽厚时极宽厚,残忍时又极残忍。由直情径行,而不能节之以礼也。丁令残忍之俗,观其刑法可见。古代刑法,恒较后世为酷者,亦以其任情而动,而不能节其疾恶之情也。《北史·蠕蠕传》:

"豆仑杀其臣石洛侯，夷其三族。"《突厥传》："反叛杀人，及奸人之妇，盗马绊者皆死。淫者割势而要斩之。奸人女者，重责财物，即以其女妻之。斗伤人者，随轻重输物。伤目者偿女，无女则输妇财。折支体者输马。盗马及杂物者，各十余倍征之。"《隋书》："盗者则偿赃十倍。"其用刑之酷，可以见其残忍。其动辄以女妇为偿，又可见其视人如物也。

丁令诸族，敬天地、日月、先祖，亦与匈奴同。《隋书·突厥传》："五月中，多杀羊马，以祭天神于都斤西五百里。有高山迥出，上无草树，谓之勃登凝梨，夏言地神也。"此可见"因高祀高"之礼意，登封所由昉也。《北史·突厥传》："可汗恒处于都斤山。牙帐东开，盖敬日之所出也。"此类乌桓。"每岁率诸贵人，祭其先窟。""西突厥亦岁使重臣向其先世所居之窟致祭。""以五月八月聚祭神。"《北史·高车传》："时有震死及疫疠，则为之祈福。若安全无他，则为之报赛。多杀杂畜，烧骨以燎。走马绕旋，多者数百匝。男女大小皆集会。文成时，五部高车，合聚祭天，众至数万。大会走马，杀牲游绕。歌吟忻忻。其俗称自前世以来，无盛于此会。"此即匈奴蹛林之俗也。亦重休咎征。木杆可汗与周武帝约婚，武帝使逆女。突厥贰于齐。会有雷风之变，乃许使者以后归。隋文帝之罪状突厥也，曰："彼地咎征袄作，年将一纪。乃兽为人语，人作神言，云其国亡，讫而不见。"文帝固好禨祥，然唐太宗亦谓突厥"盛夏而霜，五日并出，三月连明，赤气满野"，则必彼中先有此等妖祥之说，然后中国从而摭拾之矣。又其见于《唐书》者，武德元年，始毕牙帐自破，明年而始毕死。天雨血三日，国中群犬夜号，求之不见，而处罗死。"延陀将灭，有丐食于其部者。延客帐下。妻见客，人而狼首。主不觉。客已食，妻语部人共追之。至郁督军山，见二人焉，曰：我神也。薛延陀且灭。追者恐，却走。遂失之。果败此山下。"又回纥人自述其亡国之事云：

"唐以金莲公主宪宗女太和公主，穆宗时，下嫁登啰羽录没密施句主毗伽可汗。又三传而为黠戛斯所破。女回纥葛励的斤。别建牙于和林之别力跛力答，言妇所居山也。又有山曰天哥里于答哈，言天灵山也。南有石山曰胡力答哈，言福山也。唐使与相地者至其国，曰：和林之盛强，以有此山也。盍坏之以弱其国？乃诡语葛励曰：既为婚姻，将有求于尔，其与之乎？福山之石，于上国无所用，而唐人愿见。葛励与之。石大不能动。唐人烈而焚之，沃以醇酢。石碎，辇去。国中鸟兽为之悲号。后七日，葛励卒。自是灾异屡见，民弗安居。传位者又数亡。乃迁于西州。"语出虞集《高昌王世勋碑》。《元史·亦都护传》采之，而误西州为交州。于内忧外患，一无所忆，而转传此荒诞不经之语，亦可以见其程度矣。《北史·高车传》："俗不清洁。喜致震霆。每震，则叫呼射天而弃之，移去。来岁，秋，马肥，复相率候于震所。埋殺羊，然火拔刀，女巫祝说，似如中国被除；而群队驰马，旋绕百匝，乃止。人持一束柳桋回，竖之，以乳酪灌火。"一震霆之微，亦以为祥而禳之，可谓甚矣。

　　《唐书·黠戛斯传》，谓其呼巫为甘。黠戛斯虽白种，亦杂丁令，其语言多同回纥，此殆丁令语邪？柔然末主阿那瓌，兄曰丑奴。丑奴父曰伏图，伏图父曰那盖。那盖，可汗豆仑之叔父也。豆仑时，高车副伏罗部叛。部长阿伏至罗，与从弟穷奇走车师之北，自立。豆仑与那盖分两道击之。豆仑数败，而那盖累捷。国人咸以那盖为天所助，杀豆仑而立。卒，伏图立。时穷奇已为哌哒所杀，虏其子弥俄突等。阿伏至罗亦以残暴，为其下所杀。立其宗人跋利延。哌哒纳弥俄突，国人杀跋利延迎立之。伏图击弥俄突，败死于蒲类海北。丑奴立，壮健善用兵。西击高车，大破之。禽杀弥俄突。尽并叛者。柔然复盛。实中兴之雄主也，而以信巫亡其国。初伏图纳豆仑之妻侯吕陵氏，生丑奴、阿那瓌等六人。丑奴立后，忽亡一子，字祖惠。求募不能得，副升牟妻是豆浑地万，年二十许，为医巫。言此儿今在天上，我能呼得之。丑奴母子欣悦。后岁仲秋，在大泽中施帐幄，斋洁七日，祈请天神。经一宿，祖惠忽在帐中，自云恒在天上。丑奴母子抱之悲喜。大会国人，号地万为圣女，纳为可贺敦。授夫副升牟爵位。赐牛马羊三千头。地万既挟左道，亦有姿色。丑奴甚加宠爱，信用其言，乱其国政。如是积岁。祖惠年长，其母问之。祖惠言我恒在地万家，不曾上天。上天者，地万教也。其母以告丑奴，丑奴言地万悬鉴远事，不可不信；勿用谗言也。既而地万恐惧，潜祖惠于丑奴。丑奴阴杀之。魏明帝正光初，丑奴母遣莫何去汾李具列等绞杀地万。丑奴怒，欲诛具列等。会阿至罗未详何人。侵丑奴。丑奴击之，军败。还为母与大臣所杀。立阿那瓖。十日，其族兄俟力发示发伐之。阿那瓖战败，南走归魏。阿那瓖母及其二女，寻为示发所杀。案阿那瓖自降魏后，遂居漠南。北方诸部，非复威力所及。突厥遂以此时大张。向使仍居漠北，挟积世之声威，以摄服诸部，突厥之兴，或不至如是其速也。地万虽以色宠，其始实由巫进，亦可见巫风之足以亡人国矣。仆固怀恩之挟回纥入寇也，回纥有二巫，言此行必不战，当见大人而还。及与郭子仪盟，相顾笑曰：巫不吾欺也。其出兵必以巫卜可知。又其巫自谓能致风雨，亦常用之于行军。《南史·蠕蠕传》："其国能以术祭天，致风雪。前对皎日，后则泥潦横流。故其战败，莫能追及。或于中夏为之，则不能雨，盖以暵云。"薛延陀之败，会雨雪，众辄踣，死者十八。《唐书》谓"始延陀能以术祓神致雨雪，及是反自敝"云。此即《悦般传》所谓术人能作霖雨盲风大雪及行潦者，盖北族之旧俗也。突厥可汗初立，近侍重臣等舆之以毡。随日转九回。每回，臣下皆拜。拜讫，乃扶令乘马。以帛绞其颈，使才不至绝，然后释而问之，曰：尔能作几年可汗？其主既神情瞀乱，不能详定多少。臣下等随其所言，以验修短之数。此盖君权未重之世，立君由众，以此卜其吉不吉者。

《元史译文证补》曰："回纥称谓，多本突厥。可汗、可敦、特勒之名无论矣。突厥别部将兵者，皆谓之设。默啜可汗立其子弟为左厢察，右厢察。毗伽可汗，本蕃号为小杀。而回纥亦有左杀，右杀，分管诸部。曰设，曰察，曰杀，皆译音之异。骨咄禄可汗及叶护之称，达干之名，回纥并同突厥。度其言语，或亦多同。突厥文字，不复可考。回纥文字，至今犹存，所谓托忒字体是也。与西里亚文字相仿。泰西人谓唐时，天主教人，自西里亚东来传教，唐人称为景教。陕西之景教碑，碑旁字两行，即西里亚字，此其确证。回纥之有文字，实由天主教人授以西里亚文字之故。此一说也。回纥人自元以后，大率入天方教。而天方文字，本于西里亚。故信教之回人，谓蒙古文出于回纥，回纥文出于天方，以归功于谟罕默德。此又一说也。各私其教，傅会所由，皆属妄说。窃疑回纥文字，亦本突厥。特无左证，以折异议。"案《北史》谓突厥文字旁行，有类于胡。所谓胡者，西胡，指西域诸国也。丁令族人居西域者甚多，盖遂受其文字？突厥、回纥，皆沿而用之耳。《北史·突厥传》又云："无文字。其征发兵马，及诸税杂畜，刻木为数，并一金镞箭蜡印封之，以为信契。"盖有文字而不甚用也。观其能于茔屋中图画死者形仪及其生时战陈之状，则其图画已有可观，必不至不知文字。又《北史·蠕蠕传》："始无文字。将帅以羊屎粗记兵数。后颇知刻木为契。"似其文字又受之丁令者。

丁令诸族，自交华夏，颇仿其制度。《北史》谓"汝阳王暹之知泰州也，遣其典签齐人淳于覃使于阿那瓌。遂留之。亲宠任事。阿那瓌因入洛阳，心慕中国，立官号，僭拟王者。遂有侍中、黄门之属。以覃为秘书郎，掌其文墨"。据《北史》，柔然可汗，皆建年号。《南史》载其《相国表》辞有曰："京房谶云：卯金卒草肃应王。历观图纬，代宋者齐。"此必华人所为也。又道武帝谓尚书崔宏曰："蠕蠕之人，昔来号为顽嚚。每来钞掠，驾牸牛奔遁，驱犍牛随之。牸牛伏不能前。异部有教以犍

牛易之者。蠕蠕曰：其母尚不能行，而况其子？遂为敌所虏。今社
仑学中国，立法，置战陈，卒成边害。道家言圣人生，大盗起，信矣。"
《唐书》云："颉利得华士赵德言，才其人，委任之，稍专国。"《回纥
传》："吐迷度为瀚海都督，私自号可汗。署官吏，一似突厥。有北宰
相六，南宰相三。又有都督、将军、司马之号。"皆其模仿汉制，引用
汉人之征也。《北史》又云："齐有沙门惠琳，掠入突厥中。因谓他钵
曰：齐国富强，皆为有佛法。遂说以因缘果报之理。他钵闻而信
之。建一伽蓝。遣使聘齐，求《净涅槃》、《华严》等经，并《十诵律》。
他钵亦躬自斋戒，绕塔行道，恨不生内地。"《唐书》："默棘连欲城所
都，起佛老庙。以暾欲谷谏而止。"则并所信之教，亦受中国之感
化矣。

附录一　丁　令

　　洪氏钧《元史译文证补》，谓："今日葱岭西北西南诸部，我国统称之曰回，西人则称为突厥。回纥之盛，威令未行于咸海、里海之间，其衰，播迁未越于葱岭、金山以外。突厥盛时，东自辽海以西，至西海，万里。南自沙漠以北，至北海，五六千里。极西之部可萨，亦曰曷萨。西国古籍，载此部名哈萨克，即曷萨转音。亦曰喀萨克，即可萨转音。里海、黑海之北，皆其种落屯集。又东罗马古书，载与突厥通使。东罗马，即《唐书》之拂菻国也。种落繁多，幅员辽阔。匈奴而后，实惟突厥。而散居西土，亦惟突厥旧部为多。回纥、突厥之称，诚不敢谓己是而人非。"予案洪氏此言，乃知二五而不知一十也。若举强部以概其余，则西人与突厥之交涉多，而在东土，则回纥为后亡，彼我所称，均未为失。若原其朔，则此族当正称曰丁令。突厥、回纥，皆其分部之后起者耳。我之称回纥固非，彼之称突厥，亦未是也。

　　丁令之名，昉见于汉。《山海经·海内经》："有钉灵之国，其民从膝已下有毛，马蹄，善走。"《山海经》伪书，此条乃据后世史志所造。其来历见《三国志》注引《魏略》。又黄佐《六艺流别》卷十七《五行篇》引《尚书大传》："北方之极，自丁令北至积雪之野，帝颛顼神玄冥司之。"陈氏寿祺《尚书大传辑校》采之。然此条恐亦黄氏误采，不出《大传》也。亦作丁零、丁灵。异译作敕勒，又作铁勒。中夏称为高车。《北史》分高车、铁勒为二传，乃就其服于魏与未服于魏者分之，似无所据。《唐书》以回纥初与铁勒诸部并属突厥，仍列为铁勒十五部之一，而于突厥别为一传，不复著其为铁勒，亦未安也。

何以知突厥、回纥，皆铁勒之分部也？曰：言语相同，为种族相同之铁证。洪氏于突厥、回纥言语之相同者，历举凡如干事，则二者必为同族无疑。《唐书》回纥本列为铁勒十五部之一。回纥又作袁纥。《魏书·高车传》，其种有表纥氏，表纥即袁纥之讹。又《铁勒传》：独洛河北有韦纥。韦纥，亦回纥之异译也。回纥之为铁勒，明白无疑，而突厥言语，与之相同，安得不为铁勒哉？又突厥兴于金山，金山固铁勒之地也。《魏书》述突厥缘起，其一说曰：突厥之先，伊折泥师都娶二妻，云是冬神、夏神之女。一孕而生四男。其一国于阿辅水、剑水之间，号为契骨。契骨者，《唐书》所谓"黠戛斯，古坚昆国，或曰居勿，曰结骨，其种杂丁令"者也。又《魏书·高车传》云："或云其先，匈奴甥也。俗云：匈奴单于有二女，姿容甚美。国人皆以为神。单于曰：我有此女，安可配人？将以与天。乃于国北无人之地筑高台，置二女其上。曰：请天自迎之。经三年，其母欲迎之。单于曰：不可。未彻之间耳。复一年，乃有一老狼，昼夜守台嗥呼。因穿台下为空穴，经年不去。其小女曰：吾父处我于此，欲以与天。而今狼来，或是神物，天使之然。将下就之。其姊大惊，曰：此是畜生，无乃辱父母。妹不从。下为狼妻而产子。后遂滋繁成国。故其人好引声长歌，又似狼嗥。"此说谓铁勒之先，出于匈奴单于之二女，与伊质泥师都娶二妻之说，颇有类似之处。又《魏书》述突厥原起第一说，亦以突厥为狼种。突厥姓阿史那氏，以予考之，即《元秘史》帖赤那三字之异译，义谓狼也。见《突厥与蒙古同祖》条。然则突厥、铁勒，其谬悠传说，亦实不可分也。

《魏书》云："高车，盖古赤狄之余种也。初号为狄历，北方以为敕勒，诸夏以为高车、丁零。其语略与匈奴同，而时有小异。"赤狄余种，不知何所据而云然。征诸史传，铁勒之语，亦无与匈奴类者。岂丁令种落，有与匈奴近者，其种遂相离，故其语多同，吾国人因别称之曰高车，以与其余之丁零别与？赤狄余种之说，似又因其语与匈奴同而附会，以古以匈奴即狄也。高车传说，既自托于匈奴之甥，又谓其先祖母，匈奴单于，置之国北无人之地，则高车故地，必在匈奴之北。谓其与匈奴相近，或不诬邪？《魏书》述高车之称所由来，谓其车轮高大，辐数至多。阿卜而嘎锡，则谓古时其部侵掠他族，卤获至多，骑不胜负。有部人能制车。车高大，胜重载。乃尽取卤获以返，故以高车名其部。见《元史译文证补·康里补传》。铁勒种类，程度至低。能制车之部落，或亦其与匈奴近者与？推测之说，虽若可通，终未敢遂以为信已。或云：古代匈奴，实与汉族杂居大河流域。北荒之地，不得无人。今据《魏书》，则丁令、铁勒，实为狄历异译。狄历叠韵，简称之，固可但作一狄字。岂古称北族为狄，其原实指此族言之邪？此说于音译虽近。然丁令古代与汉族有交接之证据太乏，亦未敢遂以为信也。日本高桑驹吉曰：康里（Kankly）二字，乃突厥语，谓车也。

附录二 丁令居地

　　铁勒诸族，大者曰突厥，曰薛延陀，曰回纥。突厥至南北朝之末始盛；延陀、回纥之强，则当唐世矣。然其种落散布朔垂，实由来已久。突厥疆域之广，实由于此，非其力征经营，果有以超匈奴而几蒙古也。今就诸史所载铁勒居地，略为考索如下。

　　铁勒，古称丁令。其名首见于《史记·匈奴列传》。《匈奴列传》云：冒顿"北服浑庾、屈射、丁灵、鬲昆、薪犁之国"。《汉书》浑庾作浑窳，丁灵作丁零，鬲昆作隔昆。薪犁作新犁，新犁上又衍一龙字。《汉书·匈奴列传》云："郅支北击乌揭，乌揭降。发其兵，西破坚昆，北降丁令。"《三国志》注引《魏略》云："呼得国，在葱岭北，乌孙西北，康居东北，胜兵万余人。坚昆国，在康居西北，胜兵三万人。丁令国，在康居北，胜兵六万人。此上三国，坚昆中央。俱去匈奴单于庭安习水七千里。《史记索隐》亦引此语，而误作接习水。南去车师六国五千里。西南去康居界三千里，西去康居王治八千里。或以为此丁令即匈奴北丁令也。而北丁令在乌孙西，似其种别也。又匈奴北有浑窳国，有屈射国，有丁令国，有隔昆国，有新梨国，明北海之南，自复有丁令，非此乌孙之西丁令也。"案匈奴徙苏武北海上，丁令盗武牛羊，见《汉书·李广苏建传》，北海，今拜喀勒湖。而此与坚昆、呼得接壤之丁令，则实在今西伯利亚西南境。隔昆坚昆，一音之转，即唐时之黠戛斯。《唐书》："黠戛斯，古坚昆国。或曰居勿，曰结骨。其种杂丁令，乃匈奴西鄙也。可汗驻牙青山。青山之东，有水曰剑河。"剑河即后世之谦河，在今唐努乌梁海境内。见《元史译文证补·谦河考》。安习水，今额尔齐斯河。乌孙，今伊犁。康居之地，起今伊犁之西，西讫里海，北抵咸海附近。《元史译文证补·西域古地考康居奄蔡》。然则此三国之地，实在今西伯利亚境内，唐努乌梁海之西北，额尔齐斯河之东南，略当今吐鲁番诸县之正北。《魏略》云，坚昆中央，而《汉书》云，郅支降乌揭后，西破坚昆，北降丁令，则乌揭在坚昆之东，丁令在坚昆之西北。其去北海，盖千里而遥，故《三国志》注，诤其非一，然按诸后世史传，则丁令居地，实尚不止此也。《北史》述铁勒诸部，胜兵最多者，不过三万，且皆已合若干部落。而《魏略》谓丁令胜兵六万，亦必合多部言之。

《北史·铁勒传》："种类最多。自西海之东，依山据谷，往往不绝。独洛河北，有仆骨、同罗、韦纥、拔也古、覆罗，并号俟斤。蒙陈、吐如纥、斯结、浑、斛薛等诸姓，胜兵可二万。伊吾以西，焉耆之北，傍白山，则有契苾、薄落职、乙咥、苏婆、那曷、乌护、纥骨、也咥、于尼护等，胜兵可二万。金山西南，有薛延陁、咥勒儿、十槃、达契等，一万余兵。康国北，傍阿得水，则有诃咥、曷截、拨忽、比干、具海、曷比悉、何嵯苏、拔也末、谒达等，有三万许兵。得嶷海东西，有苏路羯、三素咽、篾促、萨忽等诸姓，八千余。拂菻东，则有恩屈、阿兰、北褥、九离、伏嗢昏等，近二万人。北海南则都播等。虽姓氏各别，总谓为铁勒。"案以上诸部名，多不可句读。然其地则大略可征。西海，盖今里海。独洛河，今土拉河。伊吾，今新疆哈密县。焉耆，今新疆焉耆县。白山在其北。金山，今阿尔泰山。康国，今撒马儿干。得嶷海，疑今咸海。拂菻，则罗马也。

《唐书》：铁勒，凡十五部：曰袁纥，即回纥，居薛延陀北娑陵水上。曰拔野古，漫散碛北，地千里。直仆骨东，邻于靺鞨。曰仆骨，在多览葛之东。地最北。曰同罗，在薛延陀北，多览葛之东。距京师七千里而赢。曰浑，在诸部最南。曰契苾，在焉耆西北鹰娑川，多览葛之南。曰多览葛，在薛延陀东，滨同罗水。曰都播，北濒小海，西坚昆，南回纥。曰骨利干，处瀚海北。其地北距海，去京师最远。又北度海，则昼长夜短，日入，烹羊胛熟，东方已明。曰白霫，居鲜卑故地。直京师东北五千里。与同罗、仆骨接。避薛延陀，保奥支水、冷陉山。南契丹，北乌罗浑，东靺鞨，西拔野古。地圆袤二千里，山缭其外。曰斛薛，处多览葛北。曰奚结，处同罗北。曰思结，在延陀故牙。回纥在薛延陀北娑陵水，则延陀故牙，在娑陵水南。娑陵水，今色楞格河。《唐书》异译，亦作仙娥。同罗水，亦今土拉河。都播北濒小海，盖今库苏古尔。骨利干北距海，仍即今拜喀勒湖，《地理志》：骨利干西十三日至都播，又北六七日至坚昆，道里符合。惟谓骨利干、都播二部落，北有小海，冰坚时马行八日可度，一似骨利干、都播，共濒一小海者然，则语欠分析。马行八日可度，自指拜喀勒湖，库苏古尔无此大。若谓都播亦濒拜喀勒，则道里不合。且北海自古不称小海，必《地理志》误。至《北史》云北海南则都播等者，以北海为大水，故举以为言；且言等，则非指都播一部也。鲜卑故地，当在今满、蒙之间。云圆袤二千里，山缭其外，则包今嫩江流域矣。

　　此族居地，盖自拜喀勒湖西附金山之阴；又西，当库里鄂模、伊犁河所注泊，今图作巴勒哈什。咸海、里海之北，直抵黑海。东西绵亘，成一直线。南北朝以前，据漠南北之地者，为匈奴、鲜卑。其西则中国，匈奴、狘主齐盟之城郭三十六国也。又其西，则乌孙也，大宛也，大月氏也。继大月氏而起者，则哦哒也。皆强国也。故此族无由南牧。迨鲜卑渐次南迁，此族乃踵之而入色楞格、土拉二河流域，且东取鲜卑故地。其为魏所破，而迁诸漠南者，则史所谓高车也。留居漠北，为柔然所抚用者，则史所谓铁勒也。至南北朝之末，而此族之中，自有一强部起，则突厥是也。突厥之兴，适当柔然、呒哒之衰，一举而皆为所破。散处之铁勒，靡不臣之。而其疆域，遂大莫与京矣。延陀、回纥之盛。虽未能踵武突厥，抟东西为一体。然其种人之散布各地者固自若。此其所以自唐迄今，仍为中西亚及东欧之一大族也。

附录三　突厥与蒙古同祖

　　突厥原起,《北史》所载,凡有三说:一曰:"其先居西海之右,独为部落。盖匈奴之别种也。姓阿史那氏。后为邻国所破,尽灭其族。有一儿,年且十岁。兵人见其小,不忍杀之。乃刖其足,断其臂,弃草泽中。有牝狼,以肉饵之。及长,与狼交合,遂有孕焉。彼王闻此儿尚在,重遣杀之。使者见在狼侧,并欲杀狼。于时若有神物,投狼于西海之东,落高昌国西北山,山有洞穴。内有平壤茂草,周围数百里,《隋书》作地方二百余里。四面俱山。狼匿其中,遂生十男。十男长,外托妻孕。其后各为一姓,阿史那其一也。最贤,遂为君长。故牙门建狼头纛,示不忘本也。渐至数百家。经数世,有阿贤设者,率部落出于穴中,臣于蠕蠕。"二曰:"突厥本平凉杂胡,姓阿史那氏。魏太武皇帝灭沮渠氏,阿史那以五百家奔蠕蠕。世居金山之阳,金山形似兜鍪,俗呼兜鍪为突厥,因以为号。"三曰:"突厥之先,出于索国。在匈奴之北。其部落大人曰阿谤步,兄弟七十人。其一曰伊质泥师都,狼所生也。阿谤步等性并愚痴,国遂被灭。泥师都既别感异气,能征召风雨。娶二妻,云是夏神、冬神之女。一孕而生四儿。其一变为白鸿。其一国于阿辅水、剑水之间,号为契骨。其一国于处折水。其一居跋斯鼠折施山,即其大儿也。山上仍有阿谤步种类,并多寒露。大儿为出火温养之,咸得全济。遂共奉大儿为主，号为突厥。即纳都六设也。都六有十妻，所生子皆以母族姓。阿史那是其小妻之子也。都六死，十母子内欲择立一人。乃相率于大树下共为约，曰：向树跳跃，能最高者，即推立之。阿史那年幼，而跳最高，诸子遂奉以为主。号阿贤设。"又《元史译文证补》译拉施特《蒙古全史》，述蒙古缘起曰："相传古时蒙古与他族战，全军覆没。仅遗男女各二人。遁入一山。斗绝险巇，惟一径通出入。而山中壤地宽平，水草茂美，乃携牲畜辎重往居。名其山曰阿儿格乃衮。二男：一名脑古，一名乞颜。乞颜，义为奔瀑急流。以其膂力迈众，一往无前，故以称名。乞颜后裔繁盛，称之曰乞要特。乞颜变音为乞要。曰特者，统类之词也。后世地狭人稠，乃谋出山。而旧径芜塞，且苦艰险。继得铁矿，洞穴深邃。爰伐木炽炭，篝火穴中。宰七十牛，剖革为筒。鼓风助火。铁石尽熔，衢路遂辟。后裔于元旦，锻铁于炉，君与宗亲，次第捶之，著为典礼。"与《北史》第一说绝相类，而锻铁之说，又足与第二说之世为铁工相印证。以风马牛不相及之两族，而其传说之相似，至于如是，实可异也。

　　民族缪悠之传说，虽若为情理所必无，然其中必有事实存焉。披沙拣金，往往见宝，正不容以言不雅驯，一笔抹杀也。今试先即《北史》所载三说观之。案此三说虽相乖异，然其中仍有相同之处。突厥姓阿史那氏，一也。突厥有十姓，阿史那其一，二也。首出之主曰阿贤设，三也。突厥先世，尝为他族所破灭，四也。狼生十子，说极荒唐。然突厥后世，牙门实建有狼头纛，又有所谓九姓部落者，于突厥为最亲。九姓之名：曰药罗葛。曰胡咄葛。曰掘罗勿。曰歌息讫。曰阿勿嚼。曰葛萨。曰斛嗢素。曰药勿葛。曰奚邪勿。见《唐书·回纥传》。《突厥传》述突厥之亡，谓后或朝贡，皆旧部九姓云，此谓阿史那氏既亡，其余九姓，犹或来朝贡也。又《回纥传》载九姓胡劝牟羽可汗入寇。宰相顿莫贺于谏，不听。怒，遂弑可汗。屠其支党及九姓胡，几二千人。九姓胡先随回纥入中国者闻之,因不敢归。此为九姓胡与回纥有别之证。九姓胡既与回纥较疏,则突厥之于九姓,必较回纥为亲。故《唐书》称为旧部。盖回纥等皆后来服于突厥者,惟九姓,则为阿史那同族也。又突厥可汗,尝岁率重臣,祭其先窟。而西突厥亦岁遣使臣,向其先世所居之窟致祭。则缪悠之传说,实为数典所不忘,断不容指为虚诬矣。据《元史译文证补》,突厥最西之可萨部,实在里海、黑海之滨。然则突厥先世,殆本居西海之右,迨为他族所破,乃辗转遁入阿尔泰之南山中,其地在高昌西北,其名则跋施处折施邪?锻铁之业,发明颇难。鲜卑、契丹,皆与汉人相习久而后能之。女真初起时,汉人有携甲至其部者,尚率其下出重赀以市。突厥僻陋,未必有此。或沮渠亡后,败迸北走者之所教与?

　　蒙古传说,与突厥相类,洪氏疑蒙人袭突厥唾余,以叙先德。夫突厥之在当日,则亦败亡奔北之余耳。引为同族,岂足为荣?若谓传述者语涉不经,载笔者意存毁谤,则拉施特身仕宗藩之朝,亲见捶铁典礼;又乞要特即奇渥温,为有元帝室得氏之由,亦断不容指为虚构。拉施特之修史也,其主尽出先时卷牍,以资考核;又命蒙古大臣,谙习掌故者,襄理其事;安得作此谓他人父之言?拉施特亦安敢亿造异说,作为谤书邪?然此说与《北史》第一说,相类太甚;又《蒙文秘史》,蒙古始祖名孛儿帖赤那,译言苍狼。帖赤那与阿史那,泥师都,似皆同音异译,虽欲不谓为一说而不得也。此又何故邪?予反复思之,然后知蒙古为鞑靼、室韦杂种,鞑靼为靺鞨及沙陀突厥杂种,拉施特《蒙古全史》之说,确与《北史》第一说,同出一原也。

　　蒙古先世,《元史》不载。洪氏谓即《唐书》大室韦之蒙兀部,其说甚确。然蒙人实自称鞑靼。《秘史》即然。《秘史》作达达,即鞑靼异译也。顺帝北迁,五传而大汗统绝。其后裔仍自号鞑靼可汗。此何说邪?《五代史》云:"鞑靼,靺鞨之遗种。本在奚、契丹之东北。后为契丹所攻,而部族分散。或属契丹,或属渤海。别部散居阴山者,自号靺鞨。后从克用入关,破黄巢。由是居云、代之间。"据《唐书》、《五代史》《辽史》,渤海盛时,靺鞨悉役属之。契丹太祖以前,并无攻破靺鞨之事。《满洲源流考》引《册府元龟》:谓"黑水帅突地稽,隋时率部落千余家内属。处之营州。唐武德中,以其部落置燕州。《五代史》所谓为契丹攻破者,实即此族"。其说是也。然此族实与室韦之蒙兀部,风马牛不相及,何缘以之自号乎?案彭大雅《黑鞑事略》曰:"黑鞑之国,号大蒙古。沙漠之地,有蒙古山。鞑语谓银曰蒙古。女真名其国曰大金,故鞑名其国曰银。"黄震《古今纪要逸编》云:"鞑靼与女真同种,皆靺鞨之后。其在混同江者曰女真。在阴山北者曰鞑靼。鞑靼之近汉者曰熟鞑靼,远汉者曰生鞑靼。鞑靼有二:曰黑,曰白,皆事女真。黑鞑靼至忒没真叛之,自称成吉思皇帝。又有蒙古国,在女真东北。我嘉定四年,鞑靼始并其名号,称大蒙古国。"孟珙《蒙鞑备录》曰:"鞑靼始起,地处契丹西北。族出于沙陀别种,故历代无闻其种有三:曰黑。曰白。曰生。案生、熟自以距汉远近言,不得与黑白并列为种别。此说盖误。所谓白鞑靼者,颜貌稍细。所谓生鞑靼者,甚贫,且拙,且无能为,惟知乘马随众而已。今成吉思皇帝及将相大臣,皆黑鞑靼也。"据此三说,则鞑靼及蒙古,自系二族。而鞑靼之中,又有黑、白之别。族出于沙陀别种,盖缘李克用败亡,曾居其部,遗种与靺鞨相杂,遂生黑白之别,其无足怪。惟所谓蒙古国者,除室韦之蒙兀部,无可当之。二者相距甚远,何由并合?为可疑耳。案《蒙鞑备录》又云:"鞑人在本国时,金虏大定间,燕京及契丹地有谣言云:鞑靼去,赶得官家没处去。虏酋雍,宛转闻之,惊曰:必是鞑人,为我国患。乃下令:极于穷荒,出兵剿之。每三岁,遣兵向北剿杀,谓之减丁。迄今中原尽能记之。鞑人遁逃沙漠,怨入骨髓。至伪章宗明昌年间,不令杀戮。以是鞑人稍稍还本国,添丁长育。"因童谣而出兵剿杀,语涉不经。然世宗初年,北边曾有移剌窝斡之乱，牵动甚众。仍岁兴师，说非无据。鞑靼之北走而与蒙兀合，盖在此时也。然此以鞑靼之部落言也。至于有元帝室，则其与蒙兀部落之牉合，尚别有一重因缘。《蒙文秘史》云："自天而生之孛儿帖赤那，与其妻豁阿马阑勒，同渡腾吉思水，东至斡难沐涟之源不儿罕哈勒敦。"孛儿帖赤那，译言苍狼。豁阿，女子美称。马阑勒，译言惨白牝鹿。乃人以狼鹿名。《大典本》之译述，意在考证蒙古语言，非以求其史实。故但旁注其为狼鹿，而不复释为人名。辑《大典》本《秘史》者，但就其旁解之文钞之，遂有狼鹿生人之讹也。此为奇渥温氏徙居漠北之始。孛儿帖赤那生巴塔赤罕。巴塔赤罕生塔马察。塔马察生豁里察儿篾儿干。豁里察儿篾儿干生阿兀站孛罗温。阿兀站孛罗温生撒里合察兀。撒里合察兀生也客你敦。也客你敦生挦锁赤。挦锁赤生合儿出。合儿出生孛儿只吉歹篾儿干。孛儿只吉歹篾儿干之妻曰忙豁勒真豁阿。忙豁勒真，犹言蒙古部人。盖孛儿帖赤那之后，至此"娶蒙古部女，遂以蒙古为部名，犹金始祖函普，娶完颜部女，子孙遂以完颜为氏也"。说本屠氏寄《蒙兀儿史记》。又案《蒙古源流考》云："土伯特智固木博赞汗，为奸臣隆纳木所弑。三子皆出亡。季子布尔特齐诺，渡腾吉思海，东行，至拜噶所属之布尔干哈勒图纳山下必塔地方，人众尊为君长。"布尔特齐诺，即《秘史》之孛儿帖赤那也。或据此，谓有元先世，出自吐蕃王室。然《源流考》之作，意在阐扬喇嘛教，故援蒙古以入吐蕃。其说殊不足信。即如此处，以智固木赞博汗为色哩特赞博汗之子。色哩特赞博汗者，尼雅特赞博汗之八世孙也。而下文又云：尼雅特赞博汗七世孙色尔特赞博汗，为其臣隆纳木所弑。又此处述智固木赞博汗，远在名哩勒丹苏隆赞之前。名哩勒丹苏隆赞，即《唐书》之弃宗弄赞，与太宗同时者也。其言尚可信乎？为金守长城之部曰汪古。成吉思汗之侵金，汪古实假以牧地，为之乡导，故金人先失外险，猝不及防。乃蛮之伐蒙古，约汪古与俱。汪古以告成吉思汗，成吉思汗乃得先发制人。盖汪古之于蒙古，论部酋，论部族，皆有同族之亲；而减丁剿杀之举，汪古虽力不能救，未尝不心焉痛之；故于元为特厚,而于金乃独酷邪? 纳都六三字,与脑古音极相近。设为突厥别部典兵者之称。岂突厥先世,为他族所破坏后,分为二派,一为脑古,即纳都六设,一为乞颜,即奇渥温氏之祖欤? 果然,则阿儿格乃衮之名,且足补突厥先窟称名之阙矣。

第六章　貊　族

北方诸族,传中国之文明最早者,莫如貊。"貊,又作貃",亦称涉貊。又单称涉。涉,亦作藏,作秽。

"此族见于经典者:《诗》'王锡韩侯,其追其貊,奄受北国'。又'保有凫绎,遂荒徐宅。至于海邦,淮夷蛮貊,及彼淮夷,莫不率从,莫敢不诺,鲁侯是若'。《论语》:'言忠信,行笃敬,虽蛮貊之邦,行矣。'《孟子》:'子之道,貊道也。夫貊:五谷不生,惟黍生之。无城郭宫室宗庙祭祀之礼,无诸侯币帛饔飧,无百官有司,故二十取一而足也。'"《周官》:"职方氏,辨其邦国都鄙,四夷,八蛮,七闽,九貊,五戎,六狄之人民。"案从古说貊,无以为在南方者。《鲁颂》以蛮貊与淮夷并举,自与《论语》之言蛮貊,同以为夷狄之通称。举在北之貊,以对在南之蛮,犹后世言胡越耳。伪《武成》"华夏蛮貊,罔不率俾",以蛮貊为对华夏之辞。《鲁颂》毛传:"淮夷,蛮貊而夷行也。"正义言:"淮夷蛮貊如夷行者,以蛮貊之文,在淮夷之下,嫌蛮貊亦服,故辨之。以僖公之从齐桓,惟能服淮夷耳,非能服南夷之蛮,东夷之貊,故即淮夷蛮貊,谓淮夷如蛮貊之行。"其说不误。乃其疏《韩奕》,又引此诗,而曰:"是于鲁僖之时,貊近鲁也。"可谓自相矛盾矣。至以貊在北方,或在东北方,则颇有异说。《孟子》赵注:"貊在北方,其气寒,不生五谷。"《职方》郑注,郑司农云:"北方貊狄。"《说文》豸部:"貊,北方豸种。"《诗》、《论语》、《释文》引,皆作"北方人也"。此皆以貉在北方者也。郑注秋官貉隶，"征东北方所获"。《诗》、《周官》正义引《郑志》，答赵商问："九貉，九夷，在东方。"《说文》羊部羌下："东方貉从豸。"此皆以貉在东北方者也。《周书·王会篇》：秽人，在稷慎、良夷之间，稷慎，即肃慎。今案《说文》羌下之文，不甚可信。其文云："南方蛮闽从虫，北方狄从犬，东方貉从豸，西方羌从羊，此六种也。西南僬侥从人。盖在坤地，颇有顺理之性。惟东夷从大。大，人也。夷俗仁，仁者寿，有君子不死之国。孔子曰：道不行，欲之九夷，乘桴浮于海，有以也。"《说文》一书，系博采通人而成，其体例本不纯一。详见予所撰《字例略说》。世之执例以绳《说文》者误也。然未有如此处作慨叹之辞者。古人说字，从无此例。盖后人识语混入者也。然貉自在东北方。其云北方，则浑言之耳。何以言之？

经典之言貉者，惟《韩奕》一诗有地名可考。得《韩奕》诗中诸地所在，则貉之所在，从可推矣。《韩奕》郑笺云："梁山，今左冯翊夏阳西北。韩，姬姓之国也。后为晋所灭，故大夫韩氏，以为邑名焉。幽王九年，王室始骚。郑桓公问于史伯曰：周衰，其孰兴乎？对曰：武实昭文之功，文之祚尽，武其嗣乎？武王之子应韩不在，其晋乎？"是郑以姬姓之韩，即武王之子。与《史记·韩世家》所谓"韩侯之先，与周同姓，姓姬氏。其后苗裔事晋，得封于韩原"；及《毛传》所谓"韩侯之先祖，武王之子"者，皆同物也。其笺"溥彼韩城，燕师所完"云："溥，大。燕，安也。大矣韩国之城，乃古平安时众民之所筑完。"笺"以先祖受命，因时北蛮，王锡韩侯，其追其貉，奄受北国，因以其伯"云："韩侯先祖有功德者，受先王之命，居韩城，为侯伯。其州界外接蛮服。因见，使时节百蛮贡献之往来。后君微弱，用失其业。今王以韩侯先祖之事如是，而韩侯贤，故于入觐，使其复先祖之旧职，赐之蛮服追貉之戎狄，令抚柔其所受王畿北面之国。因以先祖侯伯之事尽与之。"又云："其后追也，貉也，为猃狁所逼，稍稍东迁。"是郑以当韩侯受命时,追、貉实在王畿之北也。然据《释文》,则王肃、孙毓,并以"燕师所完"之燕,为北燕国。又《水经》圣水注:"圣水径方城县故城北,又东径韩城东。《诗》溥彼韩城,燕师所完。王锡韩侯,其追其貉,奄受北国。王肃曰:今涿郡方城县有韩侯城,世谓寒号城,非也。"《括地志》:"方城故城,在幽州固安县南十里。"案固安县,今属河北。与《潜夫论·志氏姓》篇"昔周宣王时,亦有韩侯,其国也近燕。故《诗》曰:溥彼韩城,燕师所完"之说合。近世顾氏炎武,《日知录》。朱氏右曾《诗地理征》。主之,谓:"《史记·燕世家》:易水东分为梁门。"《水经注》:"濕水经良乡县之北界,历梁山南,高梁水出焉。良乡县,今属河北。鲍丘水过潞县西,高梁水注之。潞县,今河北通县。水东径梁山南。"是近北燕亦有梁山也。韩实有二:(一)《左》僖二十四年,富辰所谓邗、晋、应、韩武之穆;《国语·郑语》所谓武王之子,应、韩不在;即《毛传》所谓韩之先祖,武王之子者。其受封在成王之世,封地在职方并州。王肃所谓涿郡方城县之韩侯城,其都邑也。(一)则《左》襄二十九年,叔侯所谓霍、杨、韩、魏皆姬姓者。即《史记·韩世家》所谓韩之先与周同姓。其受封在武王之世,封地在河东。后为晋所灭。《汉书·地理志》所谓韩武子食采于韩,《续汉书·郡国志》所谓河东郡河北县有韩亭,杜预所谓韩国在河东郡界者也,二者既未可混合,又皆不在河西。自郑氏笺《诗》,误以晋之梁山为韩之梁山。韦昭解《国语》,误以宣王命韩侯,为即晋所灭之韩。张华《博物志》,遂云,夏阳冯翊有韩原,韩武子采邑。隋世因之,置韩城县。说地者罔不以为据,岂知案之经传不可通云云。韩城,今仍为县,属陕西。其地在春秋时为少梁。朱氏曰:"《汉志》:左冯翊夏县,故少梁,秦惠文王更名。梁山在西北。无故为韩国之说。"顾氏谓左氏记秦晋韩之战,先言涉河,次乃言及韩,则韩实在河东。文十年,晋伐秦,取少梁,乃得今韩城地。其说似矣。然俞氏正燮申郑云:"禹甸梁山,必当为《禹贡》之梁山,在今韩城。

燕乃蹶父国也。周初有燕，有北燕。《左传》隐五年，卫人以燕师伐郑。注云：南燕国。今东郡燕县。正义云：《世本》：燕国，姞姓也。《汉书·地理志》：东郡南燕县云：南燕国，姞姓。今卫辉之封邱地。其国春秋前及春秋时谓之燕，其在蓟之燕，谓之北燕，《诗》言韩姞汾王之甥，蹶父之子，则蹶父姞姓，为厉王婿。以燕公族，入为卿士。《诗》言韩侯迎止，于蹶之里。知蹶不在燕，久居周，已有族里。韩城在河西，居镐东北，得受王命，为北诸侯长。蹶父亦得假王灵，用其国人，为韩筑城。如晋人城杞，亦戚好赴役，燕韩事同也。郑未思南燕姞姓，故疑之。王符云：周宣王时，亦有韩侯，其国也近燕，是亦不知燕，韩之地何在。王肃乃以寒号城为韩侯城，后人多喜其说。于《诗》之燕与姞，不能通也。"《癸巳类稿》。以经证经，其说尤长。予谓韩自以从郑说在韩城为是。虽以追、貉为王畿北面之国，自与其注司隶及答赵商之问相连，然谓"其后追也，貉也，为猃狁所逼，稍稍东迁"，似非凿空。参看第三章附录二《山戎考》，第四章附录一《鲜卑》自明。《墨子·兼爱》"以利燕、代、胡、貉与西河之民"。《荀子·强国》："秦北与胡、貉为邻。"亦以胡貉并举。追为何种不可考。陈氏奂《毛诗传疏》，谓"追涉声相近，疑追貉即涉貉。"然亦无他证。

　　貉族居地，初在燕北。其后则在辽东之外。盖当燕开上谷、渔阳、右北平、辽西、东五郡时，为所迫逐出走者也。《史记·燕世家》云："燕北追蛮貉。"此谓貉在燕北者也。《水经注》："清漳逾章武故城西。故涉邑也。枝渎出焉，谓之涉水。"章武，今大城，沧二县之地。郦氏之言而信，则貉并曾在燕南矣。《货殖传》云："燕北邻乌桓、夫余，东绾秽貉、朝鲜、真番之利。"此谓貉在辽东之外者也。《汉书·高帝纪》："四年，八月，北貉燕人来致枭骑助汉。"此北貉不知究在何所，疑遗落仍处五郡之内，近燕者也。《三国志·夫余传》："国之耆老，自说古之亡人。其印文言涉王之印。国有故城名涉城。盖本涉貉之地，而夫余王其中。自谓亡人，抑有由也。"此言微误。夫余盖即涉貉，为人所败，遁逃至此，故云亡人。若攘涉貉之地而居之，则是战胜攻取矣。其遁亡之由不可知，以意度之，或即燕开五郡之事也。予疑鲜卑、涉貉、肃慎，初皆居五郡之地，及燕开五郡，乃被迫出走。参看《鲜卑》、《肃慎》两篇。据《方言》，北燕朝鲜之间，言语略同。

　貉族国落，见于汉以后者：曰夫余，曰高句骊，曰百济，曰东涉，曰沃沮。据史籍所载，句骊出于夫余，百济出于句骊。句骊与百济之事不可知。若夫余，则其事之见于中国史者，反在句骊之后。而夫余、句骊、百济开国之事，相似太甚。其实为一事可知。《后汉书·夫余传》："初北夷索离国王出行。其侍儿于后妊身。王还，欲杀之，侍儿曰：前见天上有气，大如鸡子，来降我，因以有身。王囚之。后遂生男。王令置于豕牢。豕以口气嘘之，不死。复徙于马兰。马亦如之。王以为神，乃听母收养。名曰东明。东明长而善射。王忌其猛，复欲杀之。东明奔走。南至掩㴲水。以弓击水，鱼鳖皆聚浮水上。东明乘之得度。因至夫余而王之焉。"《三国志》注引《魏略》略同，盖《后书》所本。而《魏书》述百济开国事，又与此大同。皆即高句骊东明圣王事也。索离，注云："索一作橐。"橐疑橐之误，橐离，即高丽也。高句骊谓城曰沟娄。颇疑句骊二字，亦沟娄异译。高句骊，犹言高氏城耳。盖涉貉种落，散处辽东塞外，各自兴起者耳。《三国志·高句丽传》："东夷旧语，以为夫余别种。言语诸事，多与夫余同。其性气衣服有异。"《东沃沮传》："其言语与句骊大同，时时小异。食饮居处，衣服礼节，有似句骊。"于北沃沮云："其俗南北皆同。"于涉云："其耆老自谓与句骊同种。言语法俗，大抵与句骊同。衣服有异。"皆足征此诸国之为同族也。

　至其地，则跨今奉吉二省及朝鲜境。《志》称夫余在长城之北，去玄菟千里。南与高句骊，东与挹娄，西与鲜卑接。北有弱水。方可二千里。"多山陵，于东夷之域，最为平敞。"盖今吉林西境。弱水，今松花江也。高句丽："在辽东之东千里。南与朝鲜、涉貉，东与沃沮,北与夫余接。都于丸都之下。此丸都为山名。方可二千里。多大山深谷,无原泽。随山谷以为居。食涧水,无良田。虽力佃作,不足以实口腹。"丸都,今辑安,高句骊之地,盖跨鸭绿江上游两岸,今辽宁东南境,朝鲜平安道北境也。《后书》:"句骊,一名貊耳。"《三国志》:"句骊作国,依大水而居。西安平县北有小水,南流入海。句骊别种,依小水作国。因名之为小水貊。出好弓,所谓貊弓是也。"案西安平,在今安东县境。东沃沮,"在高句骊盖马大山之东。滨大海而居。其地形,东北狭,西南长,可千里。北与挹娄、夫余,南与涉貊接。其土地肥美,背山向海。宜五谷,善田种"。盖马大山,盖今平安、咸镜两道间之山。东沃沮,在今咸镜道境也。北沃沮,"一名置沟娄。去南沃沮八百余里。与挹娄接"。案汉武灭朝鲜,以沃沮地为玄菟郡。郡治在今咸兴附近。此所云相去八百里者,当自玄菟郡治计之。则在今咸镜道极北境矣。《满洲源流考》云:"沃沮,即窝集转音。"案沃沮人久知农作。且句骊名城曰沟娄,而北沃沮一名置沟娄,则已有城矣,非复林木中人民也。大抵研究四夷事,专据音译附会,最不足信。清人自谓能知北族之语,于旧译辄好妄改,或加解释。姑无论北族言语,不皆同于满洲。即女真确与满洲同族,其语亦有今古之异,地域之殊,安得辄武断邪?其缪误百出宜矣。涉,"南与辰韩,北与高句骊沃沮接。东穷大海,西至乐浪"。今江原道之地。此涉亦称东涉,又曰不耐涉,盖所以别于辽东北面之涉也。《三国志》又云:"自单单大岭以西,属乐浪。自岭以东七县,都尉主之。皆以涉为民。"案单单大岭,今江原及京畿黄海两道间之山。凡此皆貊族散布之区也。以上释地,略据朝鲜人金于霖所撰《韩国小史》。诸国地理,皆据《三国志》。《后书》亦大同。

貊介鲜卑、肃慎间,两族文明程度皆浅,而貊族程度独高。果何所受之哉?则不得不溯其原于箕子。箕子立国朝鲜,昔人皆以为即今朝鲜之地。近始有疑之者。谓箕子初封,当在广宁附近。予谓朝鲜初地,究在何处,殆难质言。然必不在今朝鲜境,度其大较,当在

燕之东北,与貉杂居。<small>或竟以貉为民。</small>貉族文化,多同于殷,盖自箕氏
有国以来所渐染,非待北燕拓境,然后受之也。朝鲜古籍,经卫满之
乱,悉亡佚。三国史籍,高句丽、百济之灭,亦俄空焉。<small>或曰:李勣焚
之。</small>故彼国史自三国以前,实不尽可信。惟较之我国所传,究属详
备。今姑据之,述朝鲜及貉族诸国兴亡大略如下。不过我国《竹书
纪年》《帝王世纪》之伦耳。

新罗僧无极,撰《东事古记》,云:"中国唐尧时,有檀君者,立国
于今平壤,号曰朝鲜。言东方之地,受朝日光鲜也。子解夫娄,与于
涂山之会。传国至商武丁时乃绝。或曰:北徙而为涉也。"其说殊
不可据。

箕氏世系事迹,见于鲜于氏奇氏谱牒。据谱牒所载:"箕氏凡五
十三王。其第五十一世曰元王勋者,有别子三:曰友平,其后为鲜
于氏。曰友诚,其后为奇氏。曰友谅,其后为韩氏云。"说亦未必可
信。今姑撷其大要如下:其略曰:"武王克殷,箕子耻臣周,走之朝
鲜,今平壤也。殷民从之者五千人,诗书礼乐及百工之具皆备。周
人因而封之。箕子不受。子松,始受周命为朝鲜侯。亦曰韩侯。
韩,方言大也。诗所谓王锡韩侯者,即其后也。箕子十八传至贞敬
王阙。其十三年,当周桓王十年。饥,使通齐鲁语者,泛海买米。二
十世曰孝宗王存。使上大夫鲜于益聘于齐。齐行人公孙恪来聘。
有伯一清者,自言周人。得轩辕氏之术,能炼丹长生。以访东海神
山,浮海至朝鲜。群臣请试其术。不许。太子孝信之。王卒,孝立,
是为天老王。以一清为国师。筑求仙台于纥骨山,高五百尺。以修
道故,传位于子修道王襄。以一清为国太师。使一清弟子卢龙,驾
大船数十,入东海求神山。至竹岛,遇风,舟尽覆。卢龙仅免。天老
王及修道王,皆以服丹药毒发卒。修道王子徽襄王迕立,诛一清及
卢龙。二十七世曰英杰王黎。周敬王元年立。北胡入寇,自将伐

之。拓地千里。北胡，或曰：即中国所谓东胡。或曰：实后世之靺鞨也。二十九世曰济世王混。禁人民潜商齐鲁者。三十二世曰赫圣王骘。燕僖公使来聘。卒，子和罗王谐立。六年，周安王二十二年。燕人侵边郡，郡守苗春败之。卒。子说文王贺立。五年，周显王四年。燕将以二万人侵辽西，上大夫卫文言败之五道河。燕将移屯连云岛。造船筏，将渡海来袭。明年，文言又败之。射杀其将。余众遁还。卒，子庆顺王华立。十二年，周显王十九年。北胡酋厄尼车吉汗来朝。请共伐燕。下大夫申不死以兵二万会之。北胡兵一千，共拔上谷。燕连年来侵，皆不得志。十九年，周显王二十六年。请和，许之。卒，子嘉德王翊立。二十年，周显王四十六年。燕称王，亦称王。追王箕子以下二十九世。卒，子三老王煜立。元年，周慎靓王五年。使大夫王霖如周。自箕子三十九世至章平王润，大为燕将秦开所败，失地二千余里。以潘满韩为界。未详何地。北胡酋阿里当夫请助报燕，不许。北胡怨，不朝贡。自将伐之，败还。卒，子宗统王杏立。王之世，服属于秦，惟不与朝会。卒，子哀王准立。立二十年而秦灭汉兴。二十七年，燕人卫满，率千余人来归。封以故秦空地曰上下障者数百里。明年，汉惠帝元年。卫满告王：汉兵十道至。请入卫，许之。满遂袭王。王与战，不胜。将左右宫人及余众数千浮海。攻马韩，王之。都金马郡，今全罗北道益山郡也。传九世，为百济所灭。时王莽始建国元年。遗民保聚一隅，奉先王之祀者曰后马韩。至建武时，降于新罗云。"其所记皆不近情理，伪迹显然。然天下无可全然伪造之物，总必略有事实为据。据之，亦可推想朝鲜古代之情形耳。

朝鲜初封，必不在今朝鲜之地，说已见前。其为燕攘斥东走之迹不可征；入今朝鲜后始居何地，亦不可考。《汉书》曰："始燕时尝略属真番、朝鲜，为置吏筑障。秦灭燕，属辽东外徼。汉兴，为其远，难守，复修辽东故塞，至浿水为界。"真番，即后来汉武所置四郡之一。据朝鲜史家所考,地跨今鸭绿江。朝鲜乃平壤古名。浿水,今大同江也。然则燕时,辽东边境,实较今中韩国界为远。宜《管子·轻重》,以"八千里之发,朝鲜与八千里之禺氏、吴越、昆仑之虚"并举,以为极远之地矣。汉武既灭卫氏,以其地置真番、玄菟、乐浪、临屯四郡。玄菟,今咸镜南道。乐浪,今黄海、平安二道。临屯,地在今汉江以北。自此至晋初,其地属于中国为郡县者,盖四百年焉。然距腹心之地太远,实非实力所及。而貉族势力,遂潜滋暗长于其间。至于典午分崩,纪纲失坠,而艮隅片土,遂不复隶中国之版图焉。述其略,可以见中国远驭之失,亦可以见貉族兴起之迹也。

夫余建国,旧说谓出北夷之国曰索离,其说之不可据,已述于前。《汉书·武帝纪》:"元朔元年,东夷薉君南闾等口二十八万降,为苍海郡。"数年而罢。夫余,似即此等薉君之后裔也。据《后书》所载,夫余之通中国,始于光武建武二十五年。历后汉之世,朝贡时通,侵叛甚鲜。晋初犹修贡职。太康六年,乃为鲜卑慕容廆所破。明年,护东夷校尉何龛送之复国。自是以后,纪载阙焉。日人某云:"《魏书·本纪》:太安三年,夫余来贡。又《高句丽传》有北至旧夫余之语。旧夫余,似对新夫余言之。《魏书》高句丽四至,盖得诸册封长寿王之李敖。长寿王初朝贡于魏,据《册府元龟》,事在太延元年。早于太安三年二十有二年。则太安时之夫余,已非故土。传又载正始间,文咨王上言,扶余为勿吉所逐,涉罗为百济所并,臣云惟继绝之义,悉迁于境内。《三国史记·高句丽纪》六,载文咨王三年,夫余王及妻孥以国来降。盖播迁后为靺鞨所逼,降于句丽也。"夫余建国,实在鲜卑、靺鞨之间,中国疆理以外。为二夷所逼,遂至不能自立。远不如句骊、百济,久居中国郡县之下,资其卵翼者,凭借之优矣。《魏书·豆莫娄传》,所载事迹,皆与《三国志·夫余传》同。盖夫余遗落,留居故土者。

朝鲜史籍，述句骊百济开国事云："夫余王解夫娄，用其相河兰弗之言，移都加叶原。地在今俄领沿海州。是为东夫余。王莽时，其王带素，为高句丽所攻杀。带素季弟，率国人奔鸭渌谷。当在鸭渌江上流。立国于曷思水滨。无考。汉明帝永平十一年，其孙解都头，降于高句骊。而东扶余亡。解夫娄之东徙也，族人慕漱，代主北国。慕漱通于部酋河伯之女曰柳花，河伯以其无媒而从人，谪之太白山南优勃水上。太白山，即长白山，朝鲜人谓之白头山。优勃水，无考。夫娄子金蛙，见而怜之。收置室中。若有日光，逐照其身。已而有娠。生子。七岁，自作弓矢，射无不中。夫余人谓善射者曰朱蒙，因名焉。金蛙七子，技皆不及朱蒙。忌欲杀之。柳花知之，以语朱蒙。朱蒙南走，至忽本，亦作卒本。今辽天兴京县境。攘斥靺鞨而立国。国号高句丽，以高为氏。都沸流山上。沸流水，即今佟家江支流富尔沟，山当在其附近。时汉宣帝神爵四年也。是为东明圣王。《东事古记》，永乐大王碑皆作邹牟王。邹牟即朱蒙音转也。卒，子琉璃明王类利立。琉璃，亦即类利转音。永乐大王碑作朱留王。初北夫余王优台，娶忽本人延陀勃女，曰召西奴。生二子，曰沸流，曰温祚。优台死，召西奴归于东明王。抚二子如己出。类利立，沸流兄弟郁郁，自视如赘疣，与其臣十人南走。百姓多从之者。至汉山，登贝儿岳，今汉城附近之山。以望可居之地。沸流欲居海滨。十臣谏，不听。乃分其民就弥邹忽。今仁川。温祚止北汉山下，树栅以居，是为北慰礼城。今汉城东北。以十臣为辅，号曰十济。后又以百姓乐从，改号百济。以先世出于夫余，遂以为氏。时汉成帝鸿嘉三年。沸流居弥邹忽，土湿水咸，不能奠其民。来视百济，都邑既定，人民安泰。惭恚而死。而百济遂日盛。"与中国史所载，大同小异也。

句丽百济建国之地，实在中国郡县之内。盖貉族酋豪，外隶中国，而内雄长其部落者，犹今日之土司耳。然汉族之于东北，实有鞭长莫及之势。驾驭之力，日即陵夷。而貊族遂因之坐大焉。自汉武帝置四郡，至昭帝始元五年，而并临屯于乐浪，真番于玄菟，以玄菟为诸部所侵，徙治高句骊西北。朝鲜史家云："高句骊本古国名，汉因之置县。地在辽水上源。"案此殆高句骊之旧国，尚在朱蒙都沸流以前者也。而析玄菟所领单单大岭以东，沃沮、涉貊之地，悉属乐浪。未几，以乐浪土广，分岭东置二部。东部都尉治不耐，今永兴。南部都尉治昭明。今春川。王莽之世，发句骊人伐匈奴。句骊不欲，多亡出塞为寇盗。光武建武六年，省东部都尉，弃岭东之地。因其土俗，悉封涉貊豪右为县侯。令岁时诣乐浪朝贡。二十年，渡海，复乐浪都尉。复取萨水以南。萨水，今清川江。后汉之世，句丽与中国屡构兵。及公孙氏守辽东，而形势乃一变。献帝建安九年，公孙康分屯有、即临屯。有盐今延安。以南之地，为带方郡。今临津江，古名带水。带方郡之地，大抵在临津江北。百济、日本，皆属焉。公孙氏亡，魏以刘昕为带方太守，鲜于嗣为乐浪太守。时萨水之道，为句丽所阻。二人浮海往定之。明帝景初七年，乐浪太守刘茂，带方太守弓遵伐岭东涉，降之。明年，幽州刺史毌丘俭，与茂、遵伐句骊，入丸都。琉璃明王徙治国内。八传至山上延优，筑丸都，徙都之。句骊东川王名优位居，山上王子。徙治平壤。晋初，句骊屡侵乐浪、带方，晋将张统战败，奔慕容廆。故国原王钊，东川王四传。复居丸都，兵力复及马訾水矣。鸭绿江古名。成帝延康八年，平州刺史慕容廆伐句丽。入丸都。虏钊母妻。发钊父墓，载其尸归。钊卑词请和，纳质奉贡，乃还之。句丽复去丸都，居平壤。又四传至广开土王谈德，南服百济，乘慕容氏之亡，尽取辽东。遂为东北方大国矣。

汉魏而后，朝鲜半岛，大国有三：在北者为句骊、百济，在南者则新罗也。新罗、百济，与日本皆有关系。后汉献帝时，熊袭叛日本，新罗尝助之。日本神功皇后，越海伐新罗。新罗请和。日人遂置任那府于弁韩故地。今庆尚道洛东江以西。与新罗时构衅隙。句骊之为慕容氏所破也，绝意于北，专务南侵。新罗、百济，尝联合以御之。自宋元嘉至梁天监，殆百年。天监而后，新罗日强。既攻取任那，遂思灭百济以拓土。与句骊联合攻之。百济惧，请成于句骊。句骊疾新罗之强，背盟与百济合。日本亦时出兵攻新罗。新罗势孤，不得不乞援于中国。此隋唐之际东北方之形势也。

　　句骊自并辽东后，事中国颇不谨。拓跋氏之世，即有违言。隋炀帝三伐之而无功。唐太宗自将征之，亦不克。至高宗世，乃与百济俱为中国所灭焉。于时朝鲜半岛，仅存新罗一国。唐所并句骊、百济之地，皆分置都督府州，设安东都护府于平壤以统之。而新罗嗾百济余众叛唐，因之略其地。咸亨元年，安东都护府内徙辽东。玄宗时，遂尽弃浿水以外。于是朝鲜半岛，唐室无复寸土。然新罗疆理，亦仅及浿水。浿水以北，大都为渤海所有。渤海亡，靺鞨复据之。高丽王氏之初，以萨水为界，其后稍度萨水而北。契丹圣宗伐高丽，高丽徐熙御却之。遂筑六城于今平安北道境。后复筑长城，起鸭绿江入海处，东傅今咸兴府以南海口，以攘斥女真。金之初兴，来侵。高丽击破之。于今吉州一带筑城九，女真卑辞请和，乃以九城还之。西北境与女真，以鸭渌江为界。鸭江为中韩界水，始此。契丹之与高丽构兵，契丹颇不利。然高丽亦困弊，卒称藩纳贡以和。女真本臣属高丽。宋徽宗政和七年，既破辽，遣使通好，始自称兄。后又渡鸭渌江，取保州。今义州。交涉多年，高丽卒以事辽者事之。乃归以保州。元人初起，因讨契丹遗族，阑入高丽境，约为兄弟之国。后蒙使归，渡鸭绿江，为盗所杀。蒙人疑高丽所为，衅端始构。遂致兵争。高丽不能御。其国人又多据地附蒙者。卒至国主废立，操于蒙古之手。蒙人且时于其地设行省焉。盖自辽、金、元之兴，而高丽恒为所弱。其原因，实由新罗不能正句丽、百济旧壤，犹之越灭吴而不能正淮泗之境也。勇夫重闭,守在四夷,岂非百代之龟鉴哉?

貉介鲜卑、肃慎间。二族之文明程度皆低,而貉族独高。谓其自然发生邪?则其所处之地,与二族无异也。谓其与燕杂处,有所受之邪?则鲜卑、肃慎,亦未尝不与燕杂处也。今观诸国政教风俗,多极类中国。又有可证其出于殷者。如祭天以殷正月及尚白之类。则朝鲜古国,必以貉为民可知矣。然则貉族古俗,不徒可见其族开化之迹,并可征殷之遗制也。

《孟子》称貉之道二十取一,则其俗已久进为耕农,而史称,夫余"水旱不调,五谷不熟,辄归咎于王,或言当易,或言当杀"。此人主有过,谪见于天实行之制。中国古者,岂亦如是?至后世,乃移其责于三公邪?王而可易可杀,则贵戚易位,粥拳兵谏,不为异闻;而伊周之事,尤不足为怪矣。诸国政制,亦有异同。有有王者,有无王者。其有王者,如夫余、句骊、百济是也,其无王者,如东沃沮,"有邑落长帅而无大君主"是也。夫余"以六畜名官,有马加,猪加,狗加等。其邑落皆分属诸加。大者数千家,小者数百家"。盖古采邑之制。"有敌,诸加自战,下户儋粮饮食之。"犹可见古者士与民之别。句骊"大加不佃作,坐食者万余口。下户远儋米粮鱼盐供给之"。此则所谓"治人者食于人",禄以代耕之制所由昉也。

诸族用刑,皆极严急。夫余之法:"杀人者死。又没入其家为奴婢。盗一,责十二。男女淫,妇人妒,皆杀之。尤憎妒妇。既杀,复尸之国南山上,至腐烂。女家欲得,输牛马,乃与之。"句骊:"无牢狱,有罪,诸加评议,重者便杀之。没入妻子为奴婢。反逆者缚之于柱,爇而斩之,籍没其家。盗则偿十倍。"百济:"退军及杀人者皆斩。盗者流,其赃,两倍征之。妇犯奸,没入夫家为奴婢。"均失之于严酷。岂殷代刑法,本甚峻急欤?

其兵,性质强悍,长于步战。而其好寇钞与否,则视其所居之地而殊。史称夫余之人，"粗大强勇，而谨厚，不为寇钞"；而高句骊之人，则以"凶急，有气力，习战斗，好寇钞"闻；其地之肥瘠异也。东沃沮之人，"性质强勇，便持矛步战"。涉人亦"少寇盗，能步战"。盖诸国，皆处山险，车骑非所尚也。其械器亦颇修饬。如夫余"以弓、矢、刀、矛为兵，家家自有铠仗"。句骊别种小水貊，出好弓，谓之貊弓。涉人又能作矛，"长三丈，数人共持之"。已非浅演之群所能逮矣。

史称涉人"知种麻，养蚕，作绵布。晓候星宿。豫知年岁丰约"。则其进于耕农，为时已久。又称夫余"以员栅为城，有宫室、仓库、牢狱"。高句骊之俗，"节于饮食，而好修宫室"。则又非《孟子》所称"无城郭宫室"之旧矣。

其丧祭之俗，最与中国类。史称夫余："以殷正月此从《三国志》，《后书》作腊月。祭天。大会连日，饮食歌舞，名曰迎鼓。是时断刑狱，解囚徒。有军事，亦祭天，以蹄占其吉凶。"句骊："好祠鬼神、社稷、灵星。以十月祭天大会，名曰东盟。疑即东明，谓以东明圣王配天也。其国东有大穴，号隧神，亦以十月迎而祭之。"涉："常用十月祭天，昼夜饮酒歌舞，名之为舞天。又祠虎以为神。多所忌讳。疾病死亡，辄捐弃旧宅，更造新居。"马韩："常以五月田竟祭鬼神。昼夜酒会，群聚歌舞。舞辄数十人相随，蹋地为节。十月农功毕，亦如之。诸国邑各以一人主祭天神，号为天君。又立苏涂，注：《魏志》曰：诸国各有别邑，为苏涂。建大木，悬铃鼓，以事鬼神。"以上据《后汉书》。百济："以四仲月祭天及五帝之神。立始祖仇台之庙于国城，岁四祠之。"《魏书》。此其祭礼之类中国者也。夫余："丧皆用冰。杀人殉葬，多者以百数。有棺无椁，停丧五月，以久为荣。其祭亡者，有生，有熟。丧主不欲速，而他人强之。常净引，以此为节。居丧，男女皆纯白。妇人著布面衣。去环佩。大体与中国相仿佛。"东沃沮之葬："作大木椁，长十余丈。开一头为户。新死者，先假埋之。才使覆形。皮肉尽,乃取骨置椁中。家人皆共一椁。刻木如生形。随死者为数。又有瓦鑋,置米其中,遍悬之于椁户边。"此似异俗,非殷遗。至如高句骊:"死者殡在屋内,经三年,择吉日而葬。居父母及夫丧,服皆三年。兄弟三月。初终哭泣,葬则鼓舞作乐以送之。埋讫,取死者生时服玩车马,置于墓侧,会葬者争取而去。""积石为封,亦种松柏。"则颇与中国类矣。貉俗好厚葬。史称句骊"婚嫁已毕,便稍营送终之具"。"金银财币,尽于厚葬"。马韩亦"牛马尽于送死",以致"不知骑乘"。盖厚葬本中国旧俗。经儒墨诸家之非议,乃渐革除者也。夫余之王,葬用玉匣。"汉朝常豫以付玄菟郡,王死则迎取以葬。"亦其好厚葬之一征也。

其婚姻,亦颇类中国古俗。史称夫余、句骊,皆兄死妻嫂,与匈奴同俗。案此亦中国古俗,第二章已论之。《三国志》谓句骊:"作婚姻,言语已定。女家作小屋于大屋后,名婿屋。婿暮至女家户外,自名跪拜,乞得就女宿。如是者再三。女父母乃听,使就小屋中宿。至生子已长大,乃将妇归家。"此盖女系时代,男子就婚于女氏之遗俗。赘婿之制,亦由是而起也。《魏书》称句骊婚嫁,"男女相悦,即为之。男家送猪酒而已,无财聘之礼。有受财者,人共耻之,以为卖婢"。而《魏略》载东沃沮嫁娶之法:"女年十岁,已相说许。婿家迎之,长养以为妇。至成人,更还女家。女家责钱。钱毕,乃复还婿。"则其俗适相反,俗固随地而殊也。《魏书》谓句骊:"俗多游女,夫无常人。"盖即女闾之制。

中国古俗,本好歌舞。礼称:"君子无故不去琴瑟。"又曰:"邻有丧,舂不相。里有殡,不巷歌。"《论语》谓:"子于是日哭,则不歌。"可见歌舞习为常事。古代礼乐之盛,盖亦以此。《后书·夫余传》,谓其"行人好歌吟,无昼夜,音声不绝"。《三国志·句骊传》:"民好歌舞,国中邑落,暮夜男女群聚,相就歌戏。"得毋亦殷之故俗欤? 此外诸国礼俗,与中国类者,盖尚不少。《后书·东夷传》总叙之曰:"东夷率皆土著,喜饮酒歌舞,或冠弁衣锦,器用俎豆。"《夫余传》:"其食饮用俎豆。会同,拜爵洗爵,揖让升降。"《高句骊传》:"其公会,衣服皆锦绣金银以自饰。大加主簿,皆著帻,如冠帻而无后。其小加,著折风,形如弁。"夫其服食器用,相类如此,其必有所受之,无可疑矣,而夫余"在国中衣尚白,出国乃尚缯绣锦罽",尤足为出于有殷之证也。

以上所述,为貊族古俗。貊族传受中国文化,当分三期。古代文化,盖受诸箕氏,此一期也。东晋简文帝咸安二年,苻坚使送浮屠顺道及佛像经文于句骊。未几,僧阿道继至。是为佛教入句骊之始。阅五六十年,而自句骊传入新罗。孝武帝太元九年,胡僧摩罗难陁自东晋入百济。百济枕流王迎之宫内。明年,立佛寺于汉山,度僧十人。是为佛教入百济之始。据金于霖《韩国小史》。新罗之世,佛教大盛。新罗立国制度,一切以唐为模范。然民间风气,咸习于佛。论者谓是时之新罗,以制度论则儒,以风俗论则佛也。此第二期也。元时,宋学始传入。至李朝而大盛,李朝太宗,修饬内治,有海东尧舜之称。世宗建藏书阁,敕文臣编撰书籍,作雅乐,正历象,制测雨器,欧洲测雨器,成于一千六百三十九年。后于朝鲜约二百年。造新字,朝鲜活字,创于太宗三年,即明永乐元年。欧洲活字,创于一千四百五十年,即明景泰元年。亦较朝鲜为后。一切文化,灿然可观。此第三期也。朝鲜当元时,剃发易服,几举国同化于胡。然卒能自振拔,洗腥膻之习,而沐浴中国之文明,可谓难矣。不幸其尚文治而忽武功,逞意气而好党争,亦与宋人类。至酿成近世之局面,卒为东邻所吞噬,亦可哀矣。然宗尚中华,感恩向化,列国中无如朝鲜者。清之兴,朝鲜尝助明以掎之。后以力不能敌,至于称臣。然心终右明。清太宗征其兵以伐明。朝鲜曰:"明吾父也,父可伐乎?"至再为清兵所蹂躏而不悔。清人既入关,朝鲜孝宗,犹训卒厉兵,欲伺其后。以清势方盛,赍志而殂。子显宗立,庸懦无能。吴三桂举兵时,朝鲜士人罗硕佐,三上万言书,请追先朝薪胆之志。不报。盖至是而孝宗之志荒矣。然怀明之念终不忘。肃宗筑大报坛,以太牢祀神宗。英祖时,又增祀太祖及思宗焉。模刻明成化所赐印,为子孙嗣位之宝。正祖辑《尊周汇编》,三致尊攘之意。终李朝,未尝用清年号,奉其正朔。乌乎!以数千年之史籍观之,中国之于朝鲜,诚犹长兄之于鞠子也。"死丧之威,兄弟孔怀",而今中国之于朝鲜何如哉?

东方诸族,能传中国之文明者,固当以貉族为第一。抑貉族之功绩,尚有大足自豪者,则以予所考,发见新世界者,实当以貉族为首是也。案《宋书·四裔传》载:"文身国,在倭东北七千余里。大汉国,在文身国东五千余里。扶桑国,在大汉国东二万余里。"其道里虽不可信,而其国则必在今南北美洲。文身、大汉,皆系粤族,别见第九章。扶桑国之事迹,得诸其国沙门慧深所述。其言云:"其国法有南北狱。犯轻罪者入南狱,重罪者入北狱。有赦,则放南狱,不放北狱。在北狱者,男女相配;生男,八岁为奴。生女,九岁为婢。犯罪之身,至死不出。贵人有罪,国人共会,坐罪人于坑,对之宴饮,分诀若死别焉。以灰绕之;其一重,则一身屏退;二重则及子孙;三重则及七世。名国王为乙祁。贵人:第一者为对卢,第二者为小对卢,第三者为纳咄沙。国王行,有鼓角导从。其衣色,随年改易:甲乙年青,丙丁年赤,戊己年黄,庚辛年白,壬癸年黑。其地无铁有铜,不贵金银。市无租估。其婚姻:婿往女家门外作屋,晨夕洒扫。经年而女不悦,即驱之。相悦,乃成婚。婚礼大抵与中国同。亲丧,七日不食。祖父母丧,五日不食。兄弟伯叔姑姊妹,三日不食。设坐为神象,朝夕拜奠;不制衰绖。嗣王立,三年不亲国事。"近人或以此为汉族古代早居西半球之征。予案乙祁、对卢之名,皆与高句丽同。而婿往女家门外作屋,亦与句丽婿屋之制相类。扶桑必貉人之浮海而东者矣。衣色随时改易,月令即然,但非随年耳。

附录一 貉族发见西半球说

　　近人《法显发见西半球说》云："《法显佛国记》云：弘始二年，岁在己亥，与慧景、道整、慧应、慧嵬等同契至天竺寻求戒律。初发长安，六年，到中印国。停经六年，到师子国。同行纷披，或留或亡。即载商人大舶上，可有二百余人。得好信风。东下。三日，便直大风，舶漏水入。商人大怖，命在须臾。如是大风，昼夜十三日，到一岛边。潮退之后，见船漏处，即补塞之。于是复前。大海弥漫无边，不识东西；惟望日月星宿而进。若阴雨时，为逐风去，亦无所准。当夜暗时，但见大浪相抟，恍若火色。商人荒遽，不知那向。海深无底，又无下石住处。至天明已，乃知东西，还复望正而进。若直伏日，则无活路。如是九十许日，乃到一国，名耶婆提，其国外道婆罗门兴盛，佛法无足言。停此国五月日，复随他商人大船，亦二百许人；赍五十日粮。以四月十六日发，东北行趣广州。一月余日，夜鼓二时，遇黑风暴雨，于是天多连阴，海师相望僻误，遂经七十余日。即便西北行求岸。昼夜十二日，到长广郡界牢山南岸。得好水菜，知是汉地。或言未至广州，或言已过，莫知所定。即乘小舶，入浦觅人，得两猎人，即将归；令法显译语问之，答言此是青州长广郡界，统属晋家。是岁晋义熙十二年矣。案师子国，即今锡兰。本欲自锡兰东归广州，乃反为风所播，东向耶婆提。耶婆提者，以今对音拟之，即南美耶科陁尔国；直墨西哥南，而东滨太平洋。科音作婆者，六代人婆和两音多相溷；如婆薮槃豆，一译作和修槃头，是其证。耶婆提，正音作耶和提，明即耶科陀尔矣。世传墨西哥旧为大国，幅员至广；则耶科陁尔，当时为墨西哥属地无疑。所以知耶科提必在美洲，非南洋群岛者，自师子国还向广州，为期不过四十六日。据《唐书·地理志》。故法显失道，商舶亦赍五十日粮。今遭大风，昼夜十三日，始至一岛；又九十日而至一国；合前三日计之，已得一百六日；是东行倍程可知。况南洋师子国，途次悉有洲岛；当时帆船，皆傍海岸而行，未有直放大洋者。今言海深无底，不可下石；而九十日中，又不见附海岛屿；明陷入太平洋中，非南洋群岛。逮至耶婆提国，犹不知为西半球，复向东北取道；又行百余日，始折而西。夫自美洲东行，又百许日，则还绕大西洋而归矣。当时海师，不了地体浑圆，惟向东方求径，还绕太西；进行既久，乃轶青州海岸之东；始向西北折行；十二日方达牢山；是显非特发见美洲，又还绕地球一周也。然据《佛国记》言：耶婆提国，已先有婆罗门，特无佛法；则法显以前，必有印度人遇风漂播至此者；故婆罗门教得传其地。又观美洲山脉，横贯南北者，在北美曰落迦，南美曰昂底斯。落迦本印度称山之语，如补陀落迦、咀落迦、弹落迦、竭地落迦是也。落迦冈底斯为西藏大山，即葱岭所自起。美之山脉，莫长于昂底斯，正与葱岭等，明昂底斯亦即冈底斯音转。斯皆以梵语命山，益明婆罗门曾先至美洲；特以姓名不著，而尸其名者独在法显；斯可为梵国前哲悲，亦为汉土尊宿幸矣。"予案观《宋书·四裔传》，则知印人浮海而东者，自古即极多。婆罗门之先至美洲，非必如原文所云，出于遇风漂播；特其与貉族之至美洲，孰为先后，则尚不可知耳。

近人《异闻录》云："《山海经·海外东经》言：汤谷上有扶桑，十日所浴。《淮南子·天文训》言：日出于汤谷，浴于咸池，拂于扶桑。

此皆悠谬之谈。然《梁书》确有扶桑国。齐永元元年,其国有沙门慧深,来至荆州。云扶桑在大汉国东二万余里。近西人诺哀曼(Nenmann),推度其地,谓即美洲墨西哥。此说未知确否。特墨西哥建国甚早,与闽粤沿海诸地,同一纬线,中隔太平洋,在齐梁时,非不能与中华交通。《梁书》言扶桑国多扶桑,故以为名。扶桑叶似桐,而初生如笋。绩其皮为布,以为衣,亦以为棉。其文字以扶桑皮为纸。今考墨西哥特产之植物,则有摩伽(Magney)。其学名曰Agave Ameri cana。土人亦名百岁花,谓经百岁始一花。其物多纤维。古时墨西哥象形文字,皆书于摩伽叶。此犹印度之贝叶,埃及之巴比利叶。若遽谓摩伽即梁时之扶桑,恐亦近于附会。但齐、梁时由中国东行二万余里,果有文物之国,则除墨西哥外,实无地以当之。此诺哀曼氏所以疑扶桑为墨西哥也。近世落花生,本来自南美之巴西,而《福清县志》言僧应元往扶桑觅种寄回,似亦以南美为扶桑。或者古人知中国极东有美洲,因附会《山海经》,名曰扶桑也。"又近年外交部尝咨教育部云:"据驻纽约总领事张祥麟呈称:准美国亚拉斯加省前任总督函称:本省前年掘土,发见古物二件:一系陶器。一系铜器。如能证明确系中国古物,则可征实华人曾经发见美洲。乞查明示复等因。并附发现古物拍照四纸前来。职领检阅《金石索》,内载形似泉币一图,其形恰与美人所发见之铜器相同;正面反面之摹本,亦无差异。该书注云:系唐代孙思邈《入山符》。惟未能释明所载符文系何意义。此地书籍不备,无从研究。至所发现之陶器,因物未目睹,亦无从查考。兹特将照片四纸,随呈附送。可否咨行教育部,将符文意义,查明见复,以凭转复等情。相应检同原送照片二纸,咨行贵部,查照核复,以凭转知可也。"教育部复文云"查该项铜器,确系我国厌胜钱币。《西清古鉴图》录是钱,以其面有符文,定名为符印钱;且谓文与孙思邈《入山符》略仿佛。《金石索》

及《吉金所见录》等钱谱,均沿袭其说,而未详其制作年代,及符文意义。本部辨其形制、图象、笔意,当属宋代道家作品。又查各项厌胜钱文,皆祈福避凶之作。是钱符文意义要不外此。一俟本部考有确证,再行详复。至陶器形制,甚似我国宋、元时磁洗。惟有无磁釉,质地及色泽若何,该总领事既未目睹原器,原文亦未经注明,本部自未便臆断为何时器物也"云云。观此,知华人至美洲,虽或在貉人印度人后,亦必在欧人之先矣。

第七章　肃　慎

今所谓满族，见于史籍最早者，当推肃慎。肃慎之名，见于《史记》之《五帝本纪》、《周本纪》、《孔子世家》；《大戴记·少闲篇》；《书序》；《周书·王会篇》；《左》昭九年；《国语·鲁语》；及《说苑》、《家语》之《辨物篇》。《大戴记》之文，似与《五帝本纪》，同出一原。《孔子世家》之文，与《国语》大同。王肃造《家语》，盖取诸此。即《书序》亦据此伪造，而后人更以窜入《周本纪》者也。

《五帝本纪》述舜之功云："方五千里，至于荒服。南抚交阯、北发，西戎析支、渠廋、氐羌，北山戎，发息慎，东长鸟夷。"《索隐》："北发，当云北户；南方有地名北户。又按《汉书》：北发是北方国名，今以北发为南方之国，误也，此文省略，四夷之名错乱。西戎上少一西字。山戎下少一北字。长字下少一夷字。"《大戴记》则云："朔方幽都来服，南抚交阯。出入日月，莫不率俾。西王母来献其白琯，粒食之民。昭然明视。民明教，通于四海。海之外：肃慎、北发、渠蒐、氐羌来服。"自"民明教"至"来服"二十字，下述禹、汤、文之功并同。案此两文似皆有错乱，然大意自同。所异者：《史记》以肃慎与山戎、北发并列，谓与交阯、北户、析支、渠廋、氐羌、鸟夷、长夷，同在荒服之外；《大戴记》则以交阯与朔方、幽都、西王母并举，似视之较近；其与肃慎并列者，则少山戎之名；与之并举，谓在海外者，亦少析支之名，并不举东南二方而已。

四海与荒服,似皆以大概言之,不能据昔人所言四海及五服远近里数,以定其所在。《尔雅》:"觚竹、北户、日下、西王母,谓之四荒。九夷、八狄、七戎、六蛮,谓之四海。"四荒在四海之外;而《王制》以雕题交趾为南蛮;则交趾、北户、浑言之,同为南方远国;析言之,则交趾视北户为近。山戎即战国时之东胡,其所居之地,已见第二篇。北发不可考。《史记》举三国之名,似系由近及远;则《大戴记》不举山戎,似即以朔方幽都当之,犹其于南方,近交趾而远北户也。

如上所言,仅知肃慎更在山戎、北发之表,而不能确知其所在。《周书》以肃慎与秽人并列,秽人即貉族,已见前篇。貉族古代居地,虽未能确知;然据前篇所考,大约在北燕之东北。则史家以后世之挹娄靺鞨,在今松花江上游者,当古代之肃慎,似不为过。然《左》昭九年,以肃慎与燕、亳并列,为武王克商后之北土;与魏、骀、芮、岐、毕为西土,蒲姑、商奄为东土,巴、濮、楚、邓为南土并举。辽东西之地,虽或以为古代营州之域;然谓松花江上游,周初视之,与魏、骀、芮、岐、毕诸国相等,终嫌其拟不于伦。《孔子世家》"有隼集于陈廷而死,楛矢贯之;石砮,矢长尺有咫。陈湣公使使问仲尼。仲尼曰:隼来远矣! 此肃慎之矢也。昔武王克商,通道九夷八蛮,使各以其方贿来贡;使无忘职业。于是肃慎贡楛矢石砮,长尺有咫"云云。此文虽不言肃慎所在,而有楛矢石砮方物为据;后世所谓挹娄、靺鞨者,其国固犹产此物;且犹以之为贡;考古者遂以此为古代肃慎。即在后世挹娄、靺鞨之地之诚证。然予谓此只可证古代之肃慎,即为后世挹娄、靺鞨其人,而不能证古代肃慎,必居后世挹娄、靺鞨之地。何者? 楛木固随处有之,石砮亦所在皆是;必指今长白山之木,中为矢干;松花江之石,中为矢镞;遂谓古代肃慎氏之楛矢石砮,必为此物,固无解于武断之讥也。阎百诗谓肃慎氏即今宁古塔。其地榆松枝枯,堕入混同江,化为石,可作箭镞。榆化者为上,松化者次之。未免失之穿凿。

然则谓朝鲜、涉貉、肃慎,皆本居燕北,迨燕开五郡时,乃为所攘斥而北走,虽书阙有间,若无诚证,而其理固有可信矣。《淮南·地形训》:"东北薄州曰隐土。"案薄、亳二字之互讹,已见第一篇附录《释亳》。此所谓薄州,殆即左氏所谓"肃慎,燕,亳"者也。亦可见肃慎与燕相近。

然则何以知古代之肃慎,必即后世之挹娄、靺鞨其人也?此其证有二:挹娄、靺鞨外,后世更无用楛矢石砮之民,一也。汉时但有挹娄,而《晋书》云:"肃慎,一名挹娄。"此必晋时挹娄人仍以肃慎之名自通。不然,则《晋书》当云挹娄古肃慎国,《魏书·勿吉传》:"旧肃慎国也。"旧字盖指晋时言之,若指三代以前,则常用古字矣。不得云"肃慎一名挹娄"也。二也。晋时之肃慎,《魏书》称为勿吉;《隋书》、《唐书》作靺鞨;辽以后称女真;至明末,乃有满洲之称。案《大金国志》云:"金国,本名珠里真;后讹为女真,或曰虑真。"宋刘忠恕亦称金之姓为朱里真。《满洲源流考》云:"北音读肃为须,须朱同韵;里真二字,合呼之音近慎;盖即肃慎转音。国初旧称所属曰珠申,亦即肃慎转音也。"又案清人自称其部族之名曰满洲。据日本稻叶君山所考:《清朝全史》。则谓"清人在明时,部落之名,仍曰女真。其建号曰清以前,尝自号其国曰金。至满洲二字,则明人及朝鲜人,音译皆作满住;乃大酋之称,既非国名,亦非部族名"。予案《魏书》:靺鞨之酋长,号大莫弗瞒咄;瞒咄即满住之异译。勿吉、靺鞨,似仍系瞒咄音差。此族人惯以酋长之称自名其部族,而他人遂误以称酋长之词,为其部族之名,固古今一辙也。《满洲源流考》又云:"挹娄二字,即今满语之懿路,乃穴居之义。"然则挹娄者,他人以其穴居而名之;勿吉、靺鞨,则误以酋长之称为部族之名;至其部族之名,则古曰肃慎,后世曰女真、虑真、珠里真、朱里真;清人则译作珠申;亦即现在所谓索伦,固有异译而无异语矣。

肃慎古代居地,盖遍今黑龙江及其支流流域;而史言其地不同者，则其通中国有早晚耳。《后汉书》云："挹娄，在夫余东北千余里。东滨大海，未知其北所极。"夫余都城，在今农安县附近；其疆域，则跨松花江而东。相去千余里，盖指夫余都城，及挹娄诸部落中，与中国交通之部落计之，其地当在今吉林东境。东滨大海，则抵今俄领沿海州矣。《晋书》云："在不咸山北，去夫余可六十日行。东滨大海，北极弱水。"不咸山，今长白山；弱水，今松花江也。与嫩江会合后东流之松花江。《魏书》述勿吉使者乙力支之来云："初发其国，乘船溯难河西上。至太弥河，沈船于水，南出陆行。度洛孤水，从契丹西界达和龙。"又述自和龙至勿吉之路云："自和龙北二百余里，有善玉山。山北行十五日，至祁黎山。又北行七日，至如洛瓖水。水广里余。又北行十五日，至太鲁水。又东北行十八日，到其国。国有大水，阔三里余，名速末水。"难河，今嫩江。太弥河，即太鲁水，《北史》作太岳鲁水。今洮儿河。洛孤水，即如洛瓖水，《北史》作洛瓖。今老哈河。速末水，《唐书》作粟末水，又作涑末江，今嫩江会口以上之松花江也。勿吉之地，盖本夫余所有。日本津田左右吉《勿吉考》云："《魏书·高句丽传》述其四至云：北至旧夫余。盖长寿王初通贡于魏时，魏封册使李敖所闻。长寿王之初贡魏，事在太延元年；据《册府元龟》。云北至旧夫余，则斯时高句丽之北方，尚不知有所谓勿吉。而乙力支之来朝，自云其国先破高句丽十落，密共百济谋，从水道并力取高句丽。据《册府元龟》，勿吉之初通魏，事在延兴五年，上距太延元年凡四十年；是时勿吉既与高句丽接界；则勿吉之强，盖在此四十年中。夫余旧土，遂为所并也。"文咨王时降于高句丽之夫余王，津田氏谓在浑河流域，所谓新夫余也。予案《晋书》谓肃慎"自汉以后，臣服夫余，故虽以秦汉之盛，莫之致焉"。则勿吉之地，盖本肃慎氏故土。夫余强时，夷为其属，故不能以名自通。迨夫余王室，自今长春附近，南迁浑河之滨；故居其地之肃慎人，乃日渐强盛；终至以勿吉之名,自通于上国。非必魏时勿吉之地,故为貉人所居,夫余既衰,肃慎乃从而据之也。其汉时所谓挹娄,晋时所谓肃慎,则在夫余东界之外;纵或服属,未尝系籍而为之民,故仍能以名自闻焉。降及隋时,其种人与中国通者愈多。《隋书》记其部落,大者有七:"曰粟末部,居最南,与高丽接。曰伯咄部,《唐书》、《五代史》均作汩咄。居粟末北。曰安车骨部,居伯咄东北。曰拂涅部,居伯咄东。曰号室部,居拂涅东。曰黑水部,居安车骨西北。曰白山部,居粟末东南。"粟末部,津田氏谓即魏时之勿吉,以地理征之,良是。盖魏时通中国者,惟此一部,不烦分别;隋时闻于中国者多,乃以粟末别称之也。白山,今长白山。黑水,亦今松花江。此水上源称粟末,会嫩江东折后,盖汉魏时称弱水,隋唐时称黑水,《唐书》述靺鞨诸部惟无号室之名;余六部名及地望,皆与《隋书》同;而曰"部间远者三四百里,近者二百里";核其道里,断不得至今黑龙江。《金史》云:"女直之地,有混同江、长白山。混同江,亦号黑龙江;所谓白山黑水者也。"语极明白。清人以敖嫩克鲁伦为黑龙江上源,不自知其与古不同,而转疑往史之言为误,可谓慎矣。《唐书》于六部之外又云:"黑水西北有思慕部。益北行十日,得郡利部。东北行十日,得窟说部。稍东南行,十日,得莫曳皆部。又有拂涅、亦称大拂涅。虞娄、越喜、铁利等部。《通考》:"渤海以越喜故地为怀远府。"《辽史》:东京韩州,"本渤海越喜县也"。又银州新兴军,"本故越喜国城"。又东京信州,"本越喜故城。地邻高丽"。《金史》:韩州柳河县,"本粤喜县地"。案渤海怀远府,辽金元皆为信州,在今宁安附近。辽韩州,在今开原之北。银州,今铁岭也。《通考》又云:"渤海以铁利故地为铁利府,故铁骊国地。"案渤海铁利府,当在今图们江北岸。拂涅、铁利、虞娄、越喜,时时通中国;而郡利、窟越、莫曳皆,不能自通。白山本臣高丽;唐师取平壤,其众多入唐。汩咄、安车骨等浸微,无闻焉。惟黑水完强,分十六落,跨水称南北部。"此即后来之金人也。

靺鞨之众，距中国远，而近朝鲜，故其兴起，恒为近于朝鲜之部落；前之渤海，后之女真皆是也。渤海之兴，新旧《唐书》记载互异。《旧书》云："大祚荣者，本高丽别种也。高丽既灭，祚荣率家属徙居营州。万岁通天中，契丹李尽忠反叛，祚荣与靺鞨乞四比羽，各领亡命东奔，保阻以自固。尽忠既死，则天命右玉钤卫大将军李楷固率兵讨其余党。先破斩乞四比羽。又度天门岭以迫。祚荣合高丽、靺鞨之众以拒楷固，王师大败，楷固脱身而还。属契丹及奚，尽降突厥，道路阻绝，则天不能讨。祚荣遂率其众，东保桂娄之故地；据东牟山，筑城以居之。"《新书》则云："渤海，本粟末靺鞨附高丽者，姓大氏。高丽灭，率众保挹娄之东牟山。地直营州东二千里。南北新罗，以泥河_{今江陵北之泥川水}为境；东穷海；西契丹。筑城郭以居。高丽逋残稍归之。万岁通天中，契丹尽忠杀营州都督赵翙反。有舍利乞乞仲象者，与靺鞨酋乞四比羽及高丽余种东走，度辽水，保太白山之东北，阻奥娄河，树壁自固。武后封乞四比羽为许国公，乞乞仲象为震国公，赦其罪。比羽不受命。后诏玉钤卫大将军李楷固，中郎将索仇击斩之。是时仲象已死，其子祚荣，引残痍遁去。楷固穷蹑，度天门岭。祚荣因高丽靺鞨兵拒楷固，楷固败还。于是契丹附突厥，王师道绝，不克讨。祚荣即并比羽之众；恃荒远，乃建国"云云。案《新书》之文，显系杂采众书，以致复缦误谬。自"渤海本粟末靺鞨"至"稍归之"，盖采自一书。此书仅言渤海兴起之大略；而南北新罗十五字，则又误以渤海盛时疆域，系之保据东牟山之时。自"万岁通天中"以下，当又采自一书。此书言渤海兴起之事较详；然似又采他说补苴之，故又误以"度辽水，保太白山之东北，阻奥娄河树壁自固"之语，系之天门岭战前。其实奥娄即挹娄音差，桂娄或挹娄形讹。《旧书》所谓桂娄故地之东牟山，《新书》所谓挹娄之东牟山，及太白山东北之奥娄河，三者正自一地；乃祚荣既败李楷固后所据，而与楷固战前保阻自固之地，虽在营州之东，必不能至挹娄故地；《旧书》大致，自不误也。《新书》称其部为粟末靺鞨，而《旧书》称为高丽别种。盖以其久附句丽云然。《新书》谓祚荣承乞乞仲象之业，《旧书》谓身自创乱，亦无从定其孰误。然二书皆称乞四比羽为比羽，则似乞四其姓，比羽其名。乞四二字，似仍乞乞音差；而大字又颇似据中国文义自定之姓氏。得毋乞乞仲象，为其本来之氏名，而大祚荣三字，则其自定之汉名汉姓欤？

渤海传国，凡十二世。其自立，在周圣历二年。其亡，在后唐明宗天成三年。前后二百三十年。其疆域：有五京，十五府，六十二州。其遗址不可悉考。大约上京龙泉府，在今敦化县附近。中京显德府，在今吉林西南。西京鸭绿府，在今辑安县境。东京龙原府，在今海参崴。南京南海府，在今朝鲜之咸兴。其疆域：盖包今吉林全省，奉天东边道之半，朝鲜之咸镜、平安二道，及俄领之沿海州；一切制度，无不模范中华；可谓海东盛国矣。其都城忽汗城，在今宁安南镜泊上，所谓忽汗城临忽汗海也。第三世文王钦茂，尝徙上京，又移东京。第四世成王华屿，还居上京。然契丹之灭渤海，为时曾不浃月，何哉？《辽史·本纪》：太祖以天赞四年，闰十二月，丁巳，夜围夫余府。明年，正月，庚申，拔之。进攻忽汗城。渤海哀王諲撰，使老相将兵三万拒战，败降。丙寅，围城。己巳，諲撰请降。辛未，遂出降，前后仅十四日。夫余府今农安县。《隋书》述靺鞨七部胜兵之数：粟末部数千，伯咄七千，余五部并不过三千；则幅员虽广，户口不繁。门艺之谏武艺曰："昔高丽盛时，士三十万；抗唐为敌，可谓雄强。唐兵一临，扫地尽矣。今我众比高丽，不过三之一，王将违之不可。"然则渤海国势，尚乃不逮句丽，所以能传世十二，历年二百者，徒以突厥为梗，道路阻塞；盛唐之师，不暇远略；而自句丽、百济，相继覆亡，新罗北疆，仅及浿水；又其嗣世之主，奕世尚文；拓土朔垂，非其所欲故耳。契丹勃起，而諲撰之亡忽焉，固其宜矣。

　　然渤海疆域广远，又其种人风气劲悍，谚曰：渤海三人敌一虎。故契丹虽用迅雷不及掩耳之势，系其王而墟其国，而究不能尽服其人。金于霖《韩国小史》云："渤海之亡，其民之归高丽者无虚岁。距契丹远者，往往自立称王。"案其见于中国史者：有定安国，宋太祖开宝三年，其王烈万华；太宗太平兴国四年，其王乌玄明，皆遣使通表。又有琰府王，太平兴国六年，尝诏其助讨契丹。《韩国小史》又云："高丽史高丽王氏之史。载契丹伐渤海，事在我国宋真宗二年。及徽宗政和五年，又有渤海旧国者，立大氏为王。金太祖攻克之。时渤海胜兵三万人。太祖虑其难制，仍岁驱之转戍山东。至绍兴十一年，遂尽驱以行。此渤海旧国，或云即忽汗城也。初契丹之灭渤海也，徙其名帐于辽阳等处，借以控制高丽、女真。案此即所谓曷苏馆者也。参看下文。每战，常以渤海为前锋。金太祖起兵，招诱之曰：女真，渤海，本同一家。其人遂降。然金卒忌其强，宋高宗绍兴十九年，尽驱其众于燕南。自是渤海之名，乃绝无闻焉。"以上皆据《韩国小史》。然则渤海之亡，实远在哀王败降之后也。

　　金源缘起，中国、朝鲜史籍所载，亦颇有异同。《金史》自述其先为黑水靺鞨。又云："渤海盛强，黑水役属之。渤海灭，复役属契丹。在南者系籍，号熟女直；在北者不籍，号生女直。生女直地有混同江、长白山。混同江亦号黑龙江，所谓白山、黑水也。"其说本甚明白。而朝鲜史籍，称熟女直为西女真，地在白头山即长白山。大干长岭之西，鸭绿江之北；生女直为东女真，在长岭之东，豆满江之南北。豆满江，即图们江。彼国史家，因疑金之先在黑水流域为太远。然以黑水为今黑龙江，限其名于与松花江合流之后，本清代史家之误，前已辨之。《大金国志》云："世居混同江之东长白山下；南邻高丽，北接室韦，西界渤海，东濒海。"其所言，固与朝鲜史所载相符也。女直之名，见于《辽史》者，又有北女直、南女直、长白山女直、鸭绿江女直、濒海女直，盖各就其地名之。

　　至金室之先，出于高丽，则《金史》与朝鲜史同。然《金史》谓其始祖名函普；而朝鲜史则云"平州今永兴。僧今俊，遁入生女真，生子，为金之始祖"；又有谓"平州僧金幸之子克守，娶生女直女，生古乙太师，为金之始祖者"。朝鲜史家云："《金史》载函普之徙，其兄阿古乃以好佛不肯从，则为僧之说，似非无因。"予案金源先世事迹，搜访纂辑，实出穆宗第五子勖，至为审慎，见《金史·始祖以下诸子传》。自不容以朝鲜人传闻之说致疑。然朝鲜史又载："宋徽宗崇宁八年，女真使裹弗失请和曰：昔我太师盈歌，尝言我祖宗出自大国，至于子孙，义当归附。今太师乌雅束，亦以大邦为父母之邦。"则金人之出于朝鲜，金人固自言之矣。予又案《金史》但称金之始祖名函普，初不言其姓氏。至其后以完颜为姓，则女真部族之名，非函普之氏也。而朝鲜史载金室之先，本为彼国金氏。金人国号之由来，《金史》始则谓"国言金曰安出虎，以安出虎水源于此，故名金源"。继又载太祖建国之诏，谓契丹名国，义取宾铁；宾铁虽坚，终亦变坏；惟金不变。遂号国为大金。二说自相矛盾。窃疑生女直之俗，犹用女系；故始祖娶完颜部女，而子孙遂以为姓。然始祖之为金氏，其子孙固犹能识之，其后遂以为国名。观《金史》"安出虎水源于此"之说，则知金源之名，远在太祖称号以前；太祖之诏，特傅旧名以新义耳。自古闻女直有黑水，不闻有金川。安出虎水之名，果何自来哉？或正由高丽金氏居此而命之与？高丽金氏，系出中国，则金室之先，且出于汉族矣。史事变幻，固有非常情所度者，夏桀淳维之说，亦不能概斥为无征矣。

　　金室之先，盖以文明人入野蛮部落；以开明之酋，驭悍鸷之众；故其兴也浡焉。始祖居完颜部，在仆干水之涯。今布尔哈图河。取其部女，生二子，一女，遂为完颜部人。始祖之曾孙曰献祖，徙居海姑水。又徙安出虎水。今阿勒楚喀河。始筑室，知树艺。献祖子昭祖，稍用条教为治。辽人以惕隐官之。昭祖耀武，至于青岭、白山，入于苏滨、渤海之率宾府，金之恤品路。地自今兴京西南越鸭绿江。耶懒之地。耶懒，即后来之曷懒路。地自今朝鲜吉州以南，至咸州。子景祖，受辽命，为生女直部族节度使。自白山、耶悔、未详。统门、图们异译。耶懒、土鲁伦未详。之属，至于五国之长，辽五国部，城在朝鲜会宁府，宋二帝所迁也。皆听命。女真部族，骎骎向统一矣。自景祖以后，常挟辽以号令同族，因以市功于辽。而又力阻辽兵入其境。景祖传位于次子世祖，使越三子而传位于第四子肃宗，以及第五子穆宗。世祖初年，同族群起构衅，势颇危急。世祖一战破之。诸部次第来降。女真统一之业，至是告成。穆宗卒，世祖子太祖立，遂举兵叛辽。

契丹控制女真之地有三：一咸州，在铁岭东。一宾州，今吉林宾县。一宁江州，吉林北松花江右岸之乌拉旧城。《大金国志》云："居混同江之南者为熟女真，北为生女真。契丹自宾州混同江北八十里，建寨以守之。"又云："契丹诱女真豪右数千家，处之辽阳之南，谓之曷苏馆。自咸州东北分界入山谷，至涷末江，中间所居之女真，隶咸州兵马司，谓之回霸。极远而野居者，谓之黄头女真。居涷末(涷沬)江之北，宁江州之东。地方千余里。户十余万。族帐散处山谷，无国名，自推豪桀为长。小者千户，大者数千户。"而黄龙府今农安。则其总汇之地也。金太祖既起兵，连克宁江、咸州。辽遣使议和。金要其迁黄龙府于别地。盖金之初兴，部落寡小，见下。谓其欲取辽而代之，断无是理。其所求者，不过脱离辽人之羁制而已。乃和议迁延不就，而黄龙府遂为金所克。天祚帝自将征之，又以内乱，仓卒而返。未几，渤海人高永昌据东京，金太祖攻克之。东京郡县，遂为金有。不但辽之所以控制女真者全亡，即前此所迁渤海之众，亦皆归于金。女真至此，可谓悉离辽而自立。然谓其遂有取辽而代之之心，犹未必然也。故迁延于和议者仍累年。其后和议终不就，辽室又自行分裂,谓南京别立秦晋国王淳。辽耶律余睹又来降,则姑发兵尝之。尝之而天祚帝竟不能抗;秦晋国王,既不能定其众,又南迫于宋;太祖自将,居庸不守;而辽祚遂忽焉以斩矣。然其在金,则仍幸也,非真有兵力,足以亡泱泱大国之辽也。职是故,辽地殆皆金人所下,而燕云故地,仍举以还宋,不过欲得一平州而已。其后宋金启衅,汴京被围,为城下之盟,金之所欲得者,不过太原、中山、河间三镇。进一步,所欲者亦止于两河。和议不定,宋人又不能守河南、山东。金人乃出兵经略之。然仍立一刘豫。刘豫又不能守,挞懒等几欲举以还宋,宗弼乃决策再取之。盖自挞懒败亡以前,金人迄未有意于河南、山东也。所以者何?其部落寡小,其力实止于是也。故金之兴,虽由其部落之善战,而其成功之大,则亦多直天幸,非尽人力所致也。

女真之衰,由于海陵、世宗之南迁。其种人多入中原,既失旧时强悍之风,而又不能勤事生产。一旦蒙古崛起,而其势遂不可支矣。见下。

蒙古,亦女真同族也。蒙古出于室韦。《魏书》作失韦,云:"盖契丹之类;在南者为契丹,在北者号为室韦。"《唐书》云:"鲜卑之别部。"案契丹为鲜卑宇文氏之后,已见第四章。则二书之说相同。然《魏书》云"其语与奚、契丹同";而《唐书》云"其语言靺鞨也";则又相乖异。今案《魏书》,室韦酋长,号余莫弗瞒咄,此语正与靺鞨同,则《唐书》之言不误。《魏书》之云,盖指其邻近契丹之部落言之。魏时室韦之通于中国者,固不若唐时之盛也。余莫弗瞒咄,《唐书》作莫贺咄。室韦风俗,有与契丹类者,契丹父母死,置尸树上;南室韦则部落共构大棚,置尸其上是也。有与靺鞨类者,北室韦、钵室韦、深末怛室韦之冬月穴居是也。故知《魏书》之云,实以室韦与契丹相混。

肃慎、挹娄、靺鞨,皆在松花江以南,室韦则在嫩江沿岸。满族开化，既由朝鲜之牖启，则渤海、金源，立国早于蒙古，亦其势也。漠北自回纥之亡，久无强部；而游牧之族，散处其间者甚多；终必有能收率而用之者，蒙古则其选也。故蒙古之兴，与渤海、金源，事势又异。而满洲之兴，地实在今吉会铁路沿线，则其情势，与渤海、金源正同也。

《魏书》述失韦疆域云："出和龙北千余里，入契丹国。又北行，十日，至啜水。又北行，三日，有盖水。又北行，三日，有犊了山。其山高大，周围三百余里。又北行，三日，有大水，名屈利。又北行，三日，至刃水。又北行，五日，到其国。有大水，从北而来，广四里余，名捺水。"捺水即难河，事至明白。余诸山水，皆不能确指其今名。然此行必越辽河及洮儿河以至今嫩江，则无疑矣。魏时所通之失韦，盖止于此。《隋书》则区其众为五部：曰南室韦："在契丹之北三千里。土地卑湿，至夏则移向西北贷勃、欠对二山。"此部盖即魏时所通。当在今龙江附近。"距契丹三千里"，似失之远。然四裔道里，往史多不甚详。即如《魏书》云，"自和龙千里而入契丹"，其词亦不谛也。"自南室韦北行，十日，至北室韦，依吐纥山而居。又北行，千里，至钵室韦，依胡布山而居。"盖皆在今兴安岭中。"西南四日行，至深末怛室韦，因水为号也。"屠氏寄《蒙兀儿史记》云："今俄领阿穆尔省有结雅河，东源曰昔林木迪；蒙古语，译言黄曲水；即深末怛异文。""又西北行数千里，至大室韦。径路险阻，言语不通。"则逾兴安岭入西伯利南境矣。"言语不通"，似非同种。盖因自室韦以往，故假名之。《唐书》云："室韦居猞越河北。"似仍专指隋时之南室韦。猞越河，即捺水异译也。又述其分部凡二十余："曰岭西部，曰山北部，此所谓岭及山，盖指今苏克苏鲁索岳尔济等山。曰黄头部，曰大如者部，曰小如者部，曰婆莴部，盖即钵室韦。曰讷北部，曰骆丹部，悉处柳城东北；近者三千里，远者六千里而赢。"今自洮南经吉林长春至龙江附近,皆其地也。"最西之乌孛(素)固部,与回纥接,当俱轮泊之西南。"俱轮泊,今呼伦池也。"自泊而东,有移塞没部。稍东,有塞曷支部。益东,有和解部、乌罗护部、耶(那)礼部。岭西直北曰纳北支部。北有大山,山外曰大室韦。濒室建河。"室建即萨哈连异译,今黑龙江也。河南有蒙兀部。其北有落坦部。猥越河之北,则称东室韦焉。五代时凡分三部:一曰室韦,二曰黄头室韦,三曰兽室韦。其见于《辽史》:有单称室韦者;又有大小黄室韦,盖即所谓黄头室韦也。黄头室韦,即黄头女真也。可见室韦,女真为同族。

　　蒙兀,《旧唐书》作蒙瓦。洪氏《元史译文证补》谓即后来之蒙古,其说甚确。蒙古,《辽史》作盟古,萌古,《金史》作盟骨,《契丹事迹》作朦古,《松漠纪闻》作盲骨子,《西游记》始作蒙古,明时修《元史》用之,遂为定称。蒙古部族,据予所考,实鞑靼、室韦之混种;而鞑靼又为靺鞨及沙陀突厥之混种。有元帝室之始祖曰孛儿帖赤那,始居斡难沐涟之源。十传至孛儿只吉歹蔑儿干,娶蒙古部女,始以蒙古为部名。与金始祖娶完颜部女,子孙遂以完颜为氏正同。已见第四篇《附录》,兹不赘述。孛儿只吉歹之子曰脱罗豁勒真伯颜。脱罗豁勒真二子:长曰都蛙锁豁儿,次曰朵奔蔑儿干。朵奔蔑儿干之妻曰阿阑豁阿。生二子:长曰别勒古台,次曰不古讷台。既寡,又生三子:曰不忽合塔吉,曰不合秃撒勒只,曰孛端叉儿蒙合黑。初,朵奔蔑儿干猎于脱豁察黑温都儿。温都儿,译言高山。遇兀良哈人,即鹿林中,乞其余。已而遇马阿里黑名。伯牙兀歹,氏。《元史》作伯岳吾。饥困,请以子易肉。许之。携其子归,以为奴。别勒古台,不古讷台疑其母私于奴。母知之。春日,烹伏腊之羊,食五子,曰:"夜见黄白色人,穿穹庐顶孔入,摩挲我腹,光明入腹中。其去也以昧爽。我窃窥之,如黄犬然。遂生此三子。后日必有贵者。"不忽合塔吉之后为合答斤氏。不合秃撒勒只之后为撒勒只兀惕氏。孛端叉儿之后为孛儿只斤氏。

孛儿只斤，译言灰色目睛，谓与神人同也。此三族，蒙人称曰尼伦，义谓絜清。别派曰多儿勒斤，犹言常人也。伯牙兀歹之于奇渥温，其犹吕之于嬴乎？孛端叉儿玄孙曰海都，始有汗号，盖其部落渐强。海都次子曰察剌合领忽，察剌合领忽之子曰想昆必勒格。领忽，即令稳转音，想昆，亦详稳异译，盖皆受职于辽也。海都曾孙曰合不勒，复有汗号，统辖蒙兀全部。合不勒卒，遗命立想昆必勒格之子俺巴孩。金人诱之往，以"木驴"_{非刑之名}杀之。诸部立哈不勒第四子忽都剌为汗。忽都剌卒，蒙古无共主，后衰。成吉思汗之父曰也速该，_{合不勒孙。父曰把儿坛}尝统辖尼伦全部。成吉思汗年十三，也速该为塔塔儿人所毒杀。部族离散。成吉思幼年，备尝艰困。同族泰亦赤兀，龃龉尤至。泰亦赤兀氏者，俺巴孩之后也。

当时漠南北部落：有翁吉剌者，_{《元史》、《亲征录》作弘吉剌。《源流考》作鸿吉剌。}据《秘史》，其与主因塔塔儿战，在捕鱼儿、_{今达里泊。}阔涟_{今呼伦泊。}两海子间，《元史·特薛禅传》谓其居于苦烈儿温都儿、斤、迭烈不儿、也里古纳河之地。屠氏寄云："根河出伊勒呼里山，西流百余里，径苦烈业尔山之南。其北，有特勒布尔河，略与平行。苦烈业尔，即苦烈儿。温都儿，蒙语高山也。特勒布尔，即迭烈不儿。也里古纳者，额尔古讷河之异译也。"此族与蒙古世为婚姻，当系同族。又有蔑儿乞者，《秘史》载其牧地，在斡儿洹、薛凉格二水流域。斡儿洹，今鄂尔坤河；薛凉格，今色楞格河也。此族与蒙古种类极近。蔑儿乞，疑仍系靺鞨转音。又有斡亦剌者，其居地在今西伯利亚南境。其种名见于《秘史》者，有不里牙惕、兀儿速惕、合卜合纳思、康合里、秃巴昔等。不里牙惕，在萨拜喀勒省之巴尔古精河上。阿穆尔省之牛满河上亦有之。牛满河，一名布里雅特河，即不里牙惕之异译也。兀儿速惕，在牛满河之北。《西北地附录》称为乌斯，谓以水为名；盖即乌苏之异译。合卜合纳思，《西北地附录》作憾合纳，云在乌斯东，谦河所从

出,则在今多特淖尔附近。康合里,地在今杭爱山之北。秃巴昔,在今
俄领托波儿斯克省境。此种人部落盖甚多,故《秘史》统称之曰秃绵斡
亦剌。秃绵亦作土绵,译言万也。明时谓之瓦剌,清时谓之卫拉特。
以当时所居之地考之,殆即古所谓大室韦也。

塔塔儿,即鞑靼异译。居捕鱼儿海附近。其分部颇多。见于
《秘史》者,有主因塔塔儿、阿亦里兀惕塔塔儿、备鲁兀惕塔塔儿等。
主因即朱邪异译,可证其为沙陀突厥与鞑靼之混种也。此族与蒙
古,世为仇雠。俺巴孩之死于金,主因塔塔儿实执送之;也速该之
死,亦主因塔塔儿毒之也。然白鞑靼之一族曰汪古者,于蒙古甚亲。
汪古,即《辽史》之乌古也。其部名见于《辽史·百官志》者,有乌古
涅剌、斡特盌乌古、隈乌古、三河乌古等。又有乌隗、乌骨里、乌泧等
部,疑亦乌古转音。《元史》称为汪古者,地在今归绥县北,马祖常
《月乃合神道碑》所谓"雍古部族,在净州之天山"者也。净州故城,在
今归绥县北。《秘史》谓之白达达。此族为金守长城。成吉思汗之侵
金,此族实假以牧地,为之乡导;乃蛮之伐蒙古,亦此族豫告成吉思
汗,成吉思汗乃得先发制人。岂蒙古本出鞑靼,故二者有同族之亲;
而减丁剿杀之事,汪古未尝不心焉痛之;故欲借手于蒙古,以报女真
耶? 又有乌梁海者,牧地亦在不而罕山。客列部,《元史·本纪》及《亲
征录》作克列。《元史》列传作怯列,《源流考》作克哩叶特。始居欠欠州,后
徙土兀剌木涟。二者亦突厥族,见第五章。

以上诸族,皆在今蒙古之东偏。其雄据蒙古之西部者,则乃蛮
也。乃蛮盖白种,见第十三章。

成吉思汗亦取于翁吉剌;而客列部长脱邻斡勒,成吉思汗之父
执也;故二族右成吉思汗。兀都亦惕蔑儿乞酋脱黑脱阿,与蒙古有
怨,袭成吉思汗,篡其妻孛儿帖去。成吉思汗母诃额仑,本脱黑脱阿弟也
客赤列都之妻,而也速该篡之。札答剌部长札木合,孛端叉儿尝虏一孕妇,

所生前夫之子曰札只剌歹，其后为札答剌氏。成吉思汗安答也。安答，译言
交物之友。成吉思汗以札答剌、客列之师袭蔑儿乞，复得孛儿帖。始
与札木合同牧。诸部多归心成吉思汗，札木合忌之。成吉思汗乃他
去。诸部共推为汗。此蒙古本部族之汗，犹俺巴孩，忽图剌等之称汗号也。
札木合、泰亦赤兀等十三部来袭。成吉思亦分其众为十三翼以迎
之。败绩。已而主因塔塔儿叛金。金丞相完颜襄讨之。成吉思汗
与脱邻斡勒助之。襄喜，授成吉思汗札兀忽里，札兀，蒙古语，译言百。
《金史·百官志》："部长曰孛堇，统数部者曰忽鲁。"忽里即忽鲁转音。札兀忽
里，犹言百夫长也。封脱邻斡勒为王。脱邻斡勒自此亦称王罕。同汗。
乃蛮亦难察汗，乘王罕助金，纳其弟。王罕还战，不胜，奔西辽。已
而东归。成吉思汗援之复国。亦难察卒，子太阳罕不亦鲁黑交恶，
分国而治。太阳居金山之阳，南近沙漠。不亦鲁黑居其北，近金山。成吉思
汗与王罕袭不亦鲁黑，破之。不亦鲁黑奔欠欠州。东方诸部，立札
木合为古儿罕，来袭。成吉思汗逆击，破之。又与王罕连兵，击破诸
部。诸部多降。遂灭泰亦赤兀。王罕子你勒合桑昆，与成吉思汗不
协，来袭。成吉思汗暂退。旋出不意，袭客列，亡之。王罕、桑昆皆
走死。太阳罕约汪古来伐，汪古以告。成吉思汗伐乃蛮，灭之。太
阳罕战死。其子古出鲁克奔西辽。后篡其国，谋复仇，蒙古西征之
师所由兴也。乃蛮既亡，漠南北皆定。宋宁宗开禧二年，诸部大会
于斡难沐涟之源，上尊号曰成吉思汗。此为诸部族之大汗。而伐金之
师旋起矣。

　　蒙古入中国之事，尽人知之，无待赘述。其用兵四方，头绪繁
杂，须别为专篇，乃能详之。今但撮叙蒙古所征服之地，及蒙人分布
之迹，盛衰之略，取足见蒙族之兴替而已。

　　成吉思汗手定漠南北及西域，分其地于四子。和林旧业，与季
子拖雷。叶密立河滨之地，叶密立河，今额米河。与次子太宗。昔浑河

滨之地,昔浑河,今锡尔河。与第三子察合台。咸海、里海以北之地,
与长子拙赤。日本那珂通世云:"太宗所得者,为乃蛮旧地。察合台所得者,
为西辽旧地。拙赤所得者,为花剌子模旧地。"其说是也。蒙俗产业传诸幼子。
幼子称斡赤斤,义谓守灶。故以本族旧地界之。其后宪宗使阿里不哥守和林,
犹此意也。其后平定西北诸部,功出尤赤之后拔都;而平定西南诸
部,则拖雷子旭烈兀之功最多。故尤赤分地,拔都之后,为之共主;
而花剌子模以西南之地,旭烈兀之后,实君临之。蒙兀共主,本由诸
部推戴,谓之"忽烈而台"。译言大会。太宗之立,由成吉思汗遗命,
故无异议。太宗死,子定宗继之。三年而殂。于是太宗后人,与拖
雷后人争立。拖雷子宪宗卒立。太宗孙失立门,定宗可敦皆见杀。
分裂之机始肇矣。宪宗使弟世祖开府金莲川,在今独石口外。以治漠
南;阿里不哥留守和林,以治漠北。宪宗攻宋,死于合州。世祖不待
忽烈而台之推戴,遽自立于开平。今多伦。阿里不哥亦自立于和林。
与世祖战,败绩,乃降。而太宗之孙海都,自立于海押立。在巴尔哈
什湖西南。察合台、尤赤之后多附之。惟旭烈兀后王,以与世祖同出
拖雷,不附。然地与世祖隔绝。海都死于成宗世,其子察八儿来降。
然蒙古大汗之号令,自海都之叛,不复行于分封诸国,分裂之势
成矣。

　　直属于蒙古大汗之地,为今内地十八省,关东三省,内外蒙古,
青海,西藏,略与见在疆域相当。其中和林为蒙古旧业,和林城为太宗
所建。今土谢图汗本旗之额尔德尼招,其遗址也。开平为世祖即位之地。
定都燕京之后,建为上都,历代时巡幸焉。应昌为翁吉剌氏农土,应
昌,在达里泊旁。元外戚世臣也。顺帝既失燕京,退居应昌。子爱猷
识里达腊,为明师所逐,后奔和林,其子脱古思帖木儿,为其下所弑。
自此五传至坤帖木儿,皆见弑,而大汗之统遂绝。此据《明史》。《源流
考》:爱猷识里达腊作阿裕锡哩达喇,脱古思帖木儿作特古斯特穆尔,云是阿裕

锡哩达喇之弟。特古斯特穆尔死,子恩克卓里图、额勒伯克相继为汗。格勒伯克死,子琨特穆尔继之,即《明史》之坤帖木儿也。琨特穆尔后,尚有其弟谔勒哲依特穆尔。及谔勒哲依特穆尔子德勒伯克两汗。**有鬼力赤者,自称鞑靼可汗。**俄为知院阿鲁台所杀。成吉思汗弟哈布图哈萨尔后。迎立元裔本雅失里。又为瓦剌部长马哈木所弑。瓦剌,即斡亦剌也。明初,元臣猛可帖木儿长其部。猛可帖木儿死,众分为三:马哈木、太平、把秃孛罗分长之。马哈木并三部为一。欲自立,其下不可。乃立元裔脱脱不花。马哈木卒,子脱欢袭。脱欢卒,子也先袭。弑脱脱不花,自立。部众日强,遂有土木之变。也先后为知院阿剌所杀,瓦剌复衰。鞑靼部长孛来,杀阿剌,立脱脱不花子麻儿可儿。诸部纷拏,争据河套,边患日棘。巴图蒙克者,额勒伯克汗之五世孙也。明宪宗成化六年,年七岁,即汗位。及长,尽服诸部,统一漠南北。孝宗弘治十七年,再正诸部大汗之位。是为达延汗。达延汗长子图鲁,早死。次子乌鲁斯,征套部,败死。达延汗怒,使三子巴尔苏攻套部,破之。巴尔苏遂留镇其地。是为鄂尔多斯部。巴尔苏次子阿勒坦,即《明史》之俺答,居大同北,是为土默特部。为边患最深。达颜汗季子格埒森札赉尔,留镇漠北,是为喀尔喀部。今土谢图、车臣、札萨克三汗之祖也。达延汗自与图鲁之子博迪阿拉克,即《明史》之卜赤,徙牧近长城,是为察哈尔部。《明史》作插汉儿。插,蒙语近也。初蒙古酋亦不剌、阿尔秃厮,以明武宗正德四年,袭据青海。是为蒙人占据青海之始。明人出兵攻之。阿尔秃厮遁去。亦不剌仍据其地。死,其党卜儿孩继之。世宗嘉靖三十八年,俺答与子宾兔、丙兔入青海。卜儿孩走,宾兔、丙兔遂留居焉。时黄教新盛,宾兔、丙兔亦信之。黄教由此传于漠南。俺答末年,所以甘就封贡者,实喇嘛教劝化之力也。然俺答虽就范,而察哈尔复为患。神宗初,高拱为相,擢戚继光守蓟镇,李成梁守辽东。继光严守备,成梁力战破敌,患乃平。卜赤六传至林丹汗,复强盛。陵轹漠南诸部。初阿鲁台之见杀也,其众走嫩江,依兀良哈。哈布图哈萨尔十四世孙蒙克塔斯哈刺长之。是为嫩江科尔沁部。郭尔罗斯、杜尔伯特、札赉特,皆其族也,明神宗万历二十一年,尝合叶赫、哈达等九国之师攻清,为清太祖所败。后清攻乌拉,科尔沁援之,又败绩。自是降附于清。林丹汗既强,漠南诸部为所陵者,多走科尔沁。林丹汗怒,攻之。以清援得解。时明熹宗天启五年也。于是漠南诸部,次第降清。天启七年,清太祖死,子太宗立。思宗崇祯七年,太宗征诸部之兵伐察哈尔。乘辽河盛涨,出不意袭其庭。林丹汗走青海,道死。清遂取归化城。使宣捷于喀尔喀。喀尔喀震慑,岁使进白驼一,白马八,时曰九白之贡。自是内外蒙古,皆服于清,而科尔沁以降附早,世婚清室,称肺腑焉。

　　蒙古既衰,瓦剌复盛。瓦剌,清时曰卫拉特。分为四部:曰和硕特,居乌鲁木齐。元太祖弟哈布图哈萨尔之后长之。曰准噶尔,居伊犁。曰土尔扈特,居额尔齐斯河。部长皆也先后。曰杜尔伯特,居塔尔巴哈台。元臣翁罕之后长之。和硕特固始汗,始并青海、喀木之地。崇祯十年,西藏第巴官名。桑结,招之入藏,袭杀红教护法藏巴汗,而奉班禅居札什伦布。固始汗遂徙牧青海,遥握西藏政权。卒,子达颜汗立。与桑结不协。于是准噶尔浑台吉,亦逐土尔扈特,服杜尔伯特。浑台吉卒,弟噶尔丹立。与桑结有旧。桑结又招之,袭杀达颜汗。准噶尔遂统一卫拉特四部。噶尔丹徙牧阿尔泰山,以窥蒙古。清圣祖康熙二十七年,以兵三万,袭喀尔喀。三汗部众数十万,同时溃走漠南。圣祖命发粟振之。并令科尔沁部,假以牧地。亲出兵征噶尔丹。噶尔丹累战不利;伊犁旧地,又为兄子策妄阿布坦所据;遂自杀。三汗还治漠北。圣祖崩,固始汗嫡孙罗卜藏丹津,诱青海诸部为乱。岳钟琪击破之。罗卜藏丹津奔策妄阿布坦。青海平。设办事大臣于西宁以统辖之。策妄阿布坦死，子噶尔丹策零复犯蒙古。札萨克图汗部额驸策凌大败之。高宗乾隆二年，定以阿尔泰山为准、蒙游牧之界。嘉策凌之功，析土谢图汗所属二十一旗隶之，使独立，称三音诺颜汗。喀尔喀始有四部。十年，噶尔丹策零死，准部内乱。辉特部长阿睦尔撒纳来降。辉特，本土尔扈特属部。使为向导，攻准部，平之。高宗欲仍杜尔伯特、和硕特之旧，以辉特代土耳扈特，绰罗斯补准噶尔之阙，各以降人为汗；使如喀尔喀之例，为外藩。而阿睦尔撒纳觊兼长四部，复叛，又发兵讨平之。而以满兵驻防其地焉。清代平定准、蒙之事，大略如此。

　　蒙古分封诸汗国，自元之衰，亦多衰颓不振。察八儿既败，太宗分地，多入察合台后王。拔都之王也，立鄂尔多于浮而嘎河下游之萨莱，是为阿尔泰鄂尔多，译言金帐也。其兄鄂尔达，分地在昔浑河北，是称白帐汗。弟昔班，分地在鄂尔达之西，至于乌拉河，称蓝帐汗。即月即别族。又译作月祖伯族（Usoeg）。昔班之弟脱哈帖木儿之后，地在阿速富海沿岸，称哥里米汗。金帐汗后裔既绝，三家之裔，争欲据其位，纷争不绝。帖木儿（Timur）者，初隶月即别族。后自起兵据两河间。阿母、锡尔两河。定都于撒马儿干。明太祖洪武五年。东定察合台分地。西服旭烈兀后王。破土耳其，定小亚细亚。西北服钦察。征俄罗斯，破莫斯科。蒙古在西域之声威，几复成吉思汗西征时之盛。帖木儿卒，诸子争立，国复分崩。帖木儿六世孙巴拜尔（Zdhir Udin Baber）入印度，定都特里。明世宗嘉靖五年。是为印度蒙兀儿朝。日译讹作莫卧儿。巴拜尔孙亚格伯（Akoar），服西北中三印度。未几，德干高原诸国，结麻剌他同盟（Maratha）以抗之。明神宗万历四十三年，英人始至印度互市。清圣祖康熙四十八年，东印度公司成。以蒙兀儿朝与麻剌他同盟构兵，英商多受侵害，始抽饷练兵以自卫。及乾隆时，英人遂据孟加拉。孟加拉者，印度最富饶之区也。自是英人数干预印度内乱,稍夺其收税之权。乾隆五十年,英人合麻剌他同盟陷特里,蒙兀儿朝亡。咸丰七年,孟加拉叛英,立蒙兀儿朝后裔于特里。明年,为英所破。英人遂收公司之权归政府。置印度大臣于伦敦,总督于印度。德宗光绪三年,英女皇维多利亚,始兼印度皇帝之号焉。

　　蒙族之在中西亚者,至俄罗斯强,而悉为所并。初俄之败于蒙也,诸小侯皆受命于钦察汗。_{朮赤之后},_{西史称 Km of Kiptchak 异译亦作奇卜察克}。其中以莫斯科为最强。明英宗天顺时,遂叛蒙古而自立。时钦察汗之后,分为大斡耳朵(Orda)、阿斯达拉干(Astrakan)二国。_{窝瓦、乌拉二河间}。北有喀山,_{哥里米汗同族}。西有哥里米二汗。咸海之滨,则月即别族萃焉。又有居叶尼塞、鄂毕二河间者,西史称为失必儿汗(Sibir),实鲜卑之转音也。俄人与喀山、哥里米两汗同盟。明孝宗弘治十五年,大斡耳朵为哥里米汗所并。世宗嘉靖十一年,俄人灭喀山。越二年,并阿斯达拉干。哥里米汗附土耳其,至清高宗乾隆四十八年,卒为俄所并。巴拜尔之入印度也,两河间地,为蓝帐汗之后所据,分为阿富汗、基华二国。穆宗同治十二年,亦为俄所灭。

　　以上述蒙族盛衰大略。既竟,以下略述满洲之事。案满洲二字,昔人恒以为部族之名。盖据清人所自述,其建号曰清以前,实以此二字为称号也。然据日本稻叶君山所考证,则清之建号曰清,实在太宗天聪十年,即以是年为崇德元年,实明思宗之崇祯九年。是年以前,国号本称后金,其见于朝鲜人之纪载,及奉天铭刻者甚夥。至满洲二字,则明人书作“满住”,系最大酋长之称;非国名,亦非部族名也。_{详见稻叶氏所著《清朝全史》。近人《满洲名称考》云:“满住系最大酋长之称,建州历代相沿如此。日本人所搜辑之朝鲜书,燃藜室记述中所录之《栅中日录》,记万历四十七年,朝鲜都元帅姜弘立降清。约和后,胡将言当到城见}

满住，许令还国云云。当时太祖已建元称号，将士尚称之曰满住。建州部族，既以满住为酋长，谓为满洲部族，犹之称国为王国、帝国、侯国，略无足怪。其对明言我满洲如何，犹之明人谓上命如何。然彼此误会，他人以为建州人自名其国或部族，建州人亦遂讱之。其后太宗致书袁崇焕，即自称满洲国皇帝矣。其中蜕化之由，约略可见。"《清实录》载其始祖，姓爱新觉罗，名布库里雍顺，为天女佛固伦之子。定三姓之乱，居长白山东俄漠惠—作鄂谟辉。之野俄朵里城。—作鄂多里。数世，国乱，族被戕。有范察者得免，隐其身以终。又数传至肇祖都督孟特穆，乃计诱先世仇人诛之，而定居于赫图阿拉。据近人所考证；则明代女真，凡分三种：曰建州，曰海西，曰野人，皆设卫以处之，而统以奴儿干都司。建州者，渤海之旧疆；《唐书》所谓率宾府领华、益、建三州，而《元一统志》所谓故建州也。盖自渤海设建州以来，其地即恒以是为名，故辽金时治所虽移，《元志》犹称之曰故建州。地在今兴京附近。海西者，元行政区域之名，即后来扈伦四部之地。野人卫，地在吉黑二省之极东。曹廷杰《西伯利亚东偏纪要》载特林地方，有明代敕建及重建《永宁寺碑》，皆太监亦失哈述征服奴儿干及海中苦夷等事，苦夷即今库页，可见明时肃慎族散处之地，仍与前此相同。建州卫设于明永乐元年，见《明实录》。左卫设于永乐十年，见《明史》。《实录》载"十四年二月，赐建州左卫指卫使猛哥帖木儿宴"。朝鲜《龙飞御天歌》朝鲜李氏自颂其开国之词。注有云"东北一道，本肇基之地也；畏威怀德久矣。野人酋长，远至移兰豆漫，皆来服事。如女真则斡朵里豆漫夹温猛哥帖木儿，火儿阿豆漫古论阿哈出，托温豆漫高卜儿阇"云云。《元史·地理志》：辽阳等处行中书省所属合兰府水达达等路，元初设军民万户府五：一曰桃温，今屯河。一曰胡里改，呼尔哈异译，今宁安河名。一曰斡朵怜，一曰脱斡怜，一曰孛苦江。斡朵里，即斡朵怜之异译。火儿阿，即胡里改之音差。托温，亦即桃温音转。移兰豆漫，原注义为三万户。盖夹温猛哥帖木儿、古论阿哈出、高卜儿阏，实元斡朵怜、胡里改、桃温三路之万户也。猛哥帖木儿，即肇祖之名孟特穆。《元史》之帖木儿，清修《三史国语解》，均改为特穆尔可证。所谓都督，则满洲人自称其长官之词。明廷虽授以指挥，满人仍称为都督，《明实录》中，不乏其例。满文称某人某官者，例先官而后人；日本人由奉天钞得之《清实录》，清初记载尚多如此。猛哥帖木儿既为万户，则必有所受之。《元史·兵志》谓元万户千户百户，皆世其官。此三万户者，既仍存元初之名，则必得之世袭。《开国方略》：《圣武记·开国龙兴记一》，王氏《东华录》万历十年十二月。"太祖责乌喇贝勒布占泰云：我爱新觉罗氏由上天降生，事事循天理，顺天命。汝即不知百世以前事，岂十世以来事，亦不知邪？"则雍顺之得姓，据太祖自言，不过十世以来之事。从太祖上溯之，七世而至肇祖；再溯其前，不过三世，即满十世之数。是知《实录》所云，雍顺开国。越数世而国乱，又数世而后至肇祖，必系悠缪之词。由元初至明洪武末，相距百年，正合三世之时限。则雍顺必即元初受万户职者，俄朵里城，亦即斡朵里之异译。其地当在今三姓附近，故《清实录》谓雍顺往定三姓之乱也。特其位置，在长白山北而不在其东耳。

《龙飞御天歌》注谓夹温即猛哥帖木儿之姓，而朝鲜《东国舆地胜览》则又称为童孟哥帖木儿。《明实录》"神宗万历十七年九月辛未，以建州夷酋童奴儿哈赤为都督佥事"，则清太祖亦姓童。而《东夷考略》又云："奴儿哈赤姓佟。"佟为辽东大族，童佟音近，或夷人不知文字而误书？太祖元妃佟佳氏，亦即佟家。今佟家江，明时尚称婆猪江，似亦因建州女直曾居其地，而得佟家之名。然则清室之先，必为佟姓无疑。至夹温二字，则或系斡准之双声互倒？金国语称金为斡准，又作按春，即清所自称之爱新也。

猛哥帖木儿既受职于明，亦臣服朝鲜。朝鲜太祖授以万户，世祖又升为上将军。明宣宗宣德八年,为七姓野人所杀。并杀其子阿古,子童仓,弟凡察,挟卫印亡入朝鲜。凡察,当即《清实录》之范察也。旋袭指挥使。未几,猛哥帖木儿子董山出,与之争印。明诏凡察以印与董山。凡察不听。乃分建州为左右二卫,使董山持新印掌左卫,凡察以故印掌右卫焉。《清实录》载肇祖二子:长曰充善,即董山对音。次曰褚宴,盖仓字合音,童则其姓也。凡察之后不详。董山颇桀骜,明檄致广宁诛之。时宪宗成化二年。其下拥其子脱罗,为之复仇。脱罗者,《清实录》充善之子妥罗也。久之,乃无闻。建州左卫,盖至是中衰。《清实录》:褚宴次子曰锡宝齐篇古,锡宝齐篇古之子曰兴祖都督福满。都督福满六子:长德世库,次刘阐,次索昌阿,次景祖觉昌安,次包朗,次宝实,是为宁古塔贝勒。宁古塔,译言六也。景祖第四子曰显祖塔克世。塔克世长子努尔哈赤,即太祖也。都督福满,求诸《明实录》,无相当之人。稻叶氏疑建州左卫之统绪,实至董山而中绝。其后入主左卫者,乃别一部落。近人撰《心史史料》,据稻叶氏书引《明实录》武宗正德间左卫都督兀升哈求升职之表,疑即兴祖其人。当时求升职盖得请,故以都督称之;且谥之曰兴。予则颇疑兴祖为凡察后,故清虽出左卫,仍以凡察为其先世也。

兴祖时,建州左卫颇式微。《清实录》谓宁古塔贝勒,各筑一城,相距近者五里,远者不过二十里可见。而海西强盛。海西者,清所谓扈伦四部也。《清实录》载清初满洲部落,大别为四:曰满洲,其分部五:一苏克苏浒河,二浑河,三完颜,四栋鄂,五哲陈。曰长白山,其分部三:一讷殷,二珠舍里,三鸭绿江。曰东海,其分部二:一瓦尔喀,二库尔哈。曰扈伦,其分部四:一叶赫,二哈达,三辉发,四乌拉。满洲及长白山,均明建州地;东海为野人卫地;扈伦则海西卫地。然其部族,实非明初之海西女真,乃野人女真,于正统时侵入者。故有之海西女真，遂为所逐。其人本在黑龙江支流忽剌温河上，忽剌温即扈伦异译，其为因地得名，抑地以部族得名，则不可考矣。诸部种族，亦不尽纯。如叶赫酋长姓土默特氏，实来自蒙古；而库尔哈，或云即兀良哈异译是也。特其大体，则皆为肃慎族耳。叶赫酋祝巩革，筑城于吉林西南。后为哈达酋王台所杀。王台之居，在松花江流域。距开原四百余里。二部互阋，李成梁征服之。时建州右卫王杲亦桀骜犯边。成梁击破之。王杲走哈达。哈达执送之。叶赫酋那林孛罗，《清实录》纳林布禄。尝言清太祖为王杲之裔。钱谦益《岳武穆画象记》亦云佟奴为王杲遗孽。《清实录》显祖大福晋喜塔喇氏，阿古都督女。阿古都督，盖即王杲也。王杲子阿台《清实录》阿太章京。怨明。万历十一年，苏克苏浒河部图伦城主尼堪外兰，与李成梁攻阿台。阿台之妻，景祖长子礼敦女也。景祖及显祖往救，皆死焉。明人书，景祖名叫场，显祖名他失。明人归其丧，以太祖袭指挥使。后太祖攻破尼堪外兰。尼堪外兰奔明边。明人执以付太祖，并开抚顺、清河、宽甸、瑷阳四关互市。清势自是日张，满洲诸部，次第为所慑服。至万历四十四年，遂以七大恨告天，誓师伐明矣。以上所述清代兴起之事，略据稻叶氏《清朝全史》及近人《心史史料》。

　　肃慎处山岭崎岖之地，故其政治极为简陋。《汉书·挹娄传》云："无大君长。邑落各有大人，处于山林之间。"《北史·勿吉传》云："邑落各自有长，不相总一。"《唐书·靺鞨传》云："其部众离为数十，酋各自治。"盖自渤海以前，迄未尝有共主也。渤海制度，一切模范中华，稍变獉狉之旧。然《金史·本纪》云"生女直之俗，无书契，无约束，不可检制。昭祖欲稍立条教，诸父部人，皆欲坑杀之。已被执。叔父谢里忽，弯弓注矢，射于众中，劫执者皆散走，乃得免。昭祖稍以条教为治，部落寝强。辽以惕隐官之。诸部族犹以旧俗，不肯用条教。昭祖耀武，至于青岭、白山。见前。顺者抚之，不从者讨伐之"云云。则渤海之治,所能变靺鞨之俗者亦仅矣。《唐书》谓渤海开国时,即已颇知书契,而《金史》谓其无书契,亦渤海文化不普及于女真诸部之征。

其风俗则极强劲。《晋书》谓其"人性凶悍,以无忧哀相尚。贵壮而贱老。父母死,男子不哭泣。哭者谓之不壮"。又谓其法律极严酷,"相盗窃,无多少皆杀之。故虽野处而不相犯"。《北史》谓其"种众虽少,而多勇力;处山险;又善射,发能入人目";故"于东夷中号称强国"。当汉时,其居与北沃沮邻。尝乘船寇钞。北沃沮畏之,夏则深藏岩穴,冬乃下居平壤焉。夫余责其租赋重。魏黄初中,其众遂叛。夫余数伐之,亦不能定也。其人多以射猎为业,故善造弓矢。《后汉书》云:"弓长四尺,力如弩。矢用楛,长一尺八寸。青石为镞。镞皆施毒,中人即死。"《晋书》云:"其国东北有山,出石,其利入铁。将取之,必先祈神。"《北史》云:"其角弓长三尺,箭长尺二寸。常以七八月造毒药,傅矢,以射禽兽,中者立死。"《晋书》谓其"土无盐铁"。《金史·本纪》亦云:"女直旧无铁。邻国有以甲胄来粥者,景祖倾资厚价,以与贸易。亦令昆弟族人皆馐之。得铁既多,因之以修弓矢,备器械,兵势稍振。"则此族至宋世犹无铁也。《仪礼·乡射礼》注:"肃慎氏贡楛矢,铭其栝。"其铭当系中国人所为。

其生业,虽主渔猎畜牧,亦有五谷、麻布。有马不乘,但以为财产而已。盖处山险故也。多畜猪,食其肉,衣其皮。冬以猪膏涂身,厚数分,以御风寒。夏则裸袒,以尺布蔽其前后。夏巢居,冬穴处。其穴处:负山水,坎地,梁木其上,覆以土,如丘冢然。开口向上,以梯出入。穴以深为贵,大家至接九梯焉。无井灶,作瓦鬲,受四五升以食。坐则箕踞,以足挟肉而啖之。得冻肉,坐其上令暖。其人臭秽不洁,作厕于中,圜之而居。又以溺洗面。《后书》谓其于"东夷之中,最无纲纪",信不诬也。

《金史·本纪》云："黑水旧俗，无室庐，负山坎地，梁木其上，覆以土。夏则出随水草，冬则入处其中。迁徙不常。献祖乃徙居海古水，耕垦树艺。始筑室，有栋宇之制，人呼其地为纳葛里。纳葛里，汉语居室也。"《礼志》："天会十四年，文武百僚太师宗磐等上议：皇六代祖，徙居得吉，即纳葛异译。播种是勤，去暴露获栋宇之安，释负戴肇车舆之利。"则女真之穴居，直至金初始革也。

肃慎嫁娶：男以毛羽插女头，女和则持归，然后致礼聘之。初婚之夕，男就女家，执女乳而罢。妇贞而女淫。然妻外淫，人告其夫，夫辄杀妻，而后悔，必杀告者，由是奸淫事终不发。死者，其日即葬之于野。交木作小椁，杀猪积其上，以为死者之粮。《晋书》。亦有无棺椁，但埋之者。秋冬死，或以其尸捕貂。貂食其肉，多得之。《唐书》。

辫发之俗，北族类然。肃慎则又剃去其前。《晋书·肃慎传》云："俗皆编发。"《唐书·靺鞨传》亦云："俗编发。"可知其由来之旧矣。俞樾《曲园杂纂》引宋玢《建炎德安守御录》，谓"建炎二年十二月二十八日，有北来一项群贼数万人，皆剃头辫发，作金人装束"，可见金人不但辫发，抑且剃头。稻叶氏《清朝全史》云："综宋代纪事，蒙古人之辫发，前与左右皆留，他尽剃，其前所留，垂下，如今支那南方妇人之前发。两侧所留则辫之，余端垂下。"竹崎季长《蒙古袭来绘词》犹言图记。中，蒙古人皆两辫，但不见前有留发耳。

《北史·勿吉传》："国南有徒太山者。华言太皇。俗甚敬畏之。人不得山上溲污。行经山者，以物盛去。上有熊罴豹狼，皆不害人；人亦不敢杀。"徒太山即太白山，见《唐书》。《金史·礼志》，谓金之郊祀，本于旧俗，有拜天之礼。又谓金初朝日用本国礼。又大定十一年，世宗谓宰臣："本国事天之礼甚重。"《太祖本纪》谓故事，五月五日，七月十五日，九月九日，拜天射御，岁以为常。则其俗亦敬天地、日月、山川,然巫鬼之习,亦由来甚旧。《始祖以下诸子传》谓:"国俗有被杀者,必使巫觋诅咒杀之者。乃系刃于杖端,与众至其家,歌而诅之。曰:取尔一角,指天一角。指地之牛,无名之马,向之则华面,背之则白尾,横视之则有左右翼者。其声哀切凄惋,若蒿里之音。既而以刃画地,劫取畜产财物而还。其家一经诅咒,家道辄败。"又云:"初昭祖久无子,有巫者能道神语,甚验,乃往祷焉。巫良久,曰:男子之魂至矣。此子厚有福德,子孙昌盛,可拜而受之。若生,则名之曰乌古迺。是为景祖。又良久,曰:女子之魂至矣。可名曰鸦忍。又良久,曰:女子之兆复见。可名曰斡都拔。又久之,复曰:男子之兆复见,然性不驯良,长则残忍,无亲亲之恩,必行非义,不可受也。昭祖方念后嗣未立,乃曰:虽不良,亦愿受之。巫者曰:当名之曰乌古出。既而生二男、二女,次第先后,皆如巫者之言。遂以巫所命名名之。"此其巫鬼之习,即今日所谓萨满教也。清代有所谓堂子者,《啸亭杂录》云:"立竿祭天,又总祀社稷诸神于静室,谓之堂子。"然其所祀实非尽正神,故终清代秘其礼云。

《金史》谓女真地狭产薄,故其部族极贫窭。《太祖纪》:"康宗七年,岁不登,民多流莩。强者转而为盗。欢都等欲重其法,为盗者皆杀之。太祖曰:以财杀人,不可。财者,人所致也。遂减盗贼征偿者,为征三倍。民间多逋负,卖妻子不能偿。康宗与官属会议,太祖在外庭,以帛系杖端,麾其众,令曰:骨肉之爱,人心所同。自今三年勿征。过三年徐图之。众皆听令,闻者感泣焉。"然粥身为奴,及粥卖妻子之事,《食货志》及《本纪》中尚屡见,皆其本部族之人也。又太宗天会元年,诏字董阿宾赉曰:"先皇帝以同姓之人,旧有自粥及典质其身者,令官为赎。今闻尚有未复者,其悉阅赎。"则宗室亦不免矣。

惟其然也,故其兵力之强,乃为举世所罕觏。以少胜众之民族,考诸往史,殆无如女真者。女真初起,兵不满千。穆宗袭节度使后,为辽讨叛,募兵始得千余。太祖攻辽,诸部兵皆会,仅二千五百人。出河店之战,兵始满万。然天祚亲征,众号七十万,金人拒之者,不过二万。耶律余睹来降,引金深入,太祖亲临前敌,众亦不过万人。其追天祚于大鱼泺,则仅四千人耳。入燕之役,宗望以七千人先。其后伐宋,恒分两路,每路不过三万,已多杂他部族与汉人矣。《金史·兵志》曰:"金兴,用兵如神,战胜攻取,无敌当世。曾未十年,遂定大业。原其成功之速:俗本劲鸷,人多沈雄。兄弟子侄,才皆良将。部落队伍,技皆锐兵。加之地狭产薄;无事苦耕,可给衣食;有事苦战,可致俘获。劳其筋骨,以能寒暑。征发调遣,事同一家,是故将勇而志一,兵精而力齐。一旦奋起,变弱为强,以寡制众,用是道也。及其得志中国,自顾其宗族国人尚少,乃割土地,崇位号,以假汉人,使为效力而守之。猛安谋克,杂厕内地,听与契丹、汉人婚姻,以相固结。迨夫国势寖盛,则归土地,削位号,罢辽东渤海、汉人之袭猛安谋克者。渐以兵柄,归其内族。然枢府金募,兼采汉制;伐宋之役,参用汉军及诸部族,而统以国人。非不知制胜长策,在以志一之将,用力齐之兵也。土宇既广,岂得尽任所亲哉?"盖金兵力之有限,实由其部众之寡少,至其风气之强悍,则固不可诬矣。《宋史·吴玠传》"玠死,胡世将问玠所以制胜于璘。璘曰:璘从先兄,有事西夏。每战,不过一进却顷,胜负辄分。至金人,则更进迭退,忍耐坚久。令酷而下必死。每战,非累日不决。胜不遽追,败不至乱。自昔用兵,所未尝见也。久与角逐,乃得其情。盖金人弓矢,不若中国之劲利。中国士卒,不若金人之坚耐。吾常以长技,洞重甲于数百步外,则其冲突固不能相及。于是选据形便,出锐卒更迭挠之,与之为无穷,使不得休暇,以沮其坚忍之势"云云。《金史·郦琼传》:"语同列曰:琼常从大军南伐,每见元帅国王,亲临陈督战,矢石交集,而王免胄,指挥三军,意气自若;用兵制胜,皆合孙吴;可谓命世雄才矣。至于亲冒锋镝,进不避难。将士观之,孰敢爱死?宜其所向无前,日辟国百里也。"此金将勇而志一,兵精而力齐之注脚也。元帅国王,谓宗弼。清太祖之兴也,以遗甲十三副。其攻鄂勒珲,尼堪外兰失图伦后所居,在今龙江西南。身被卅余创,犹力战,卒克之。其御杨镐四路之师,以四旗六万之众。虽曰明兵以分而弱,以寡击众,实为虚词。见《圣武纪·开国龙兴记》。然其往来扞御,巧而且速,其智略勇气,亦不可及也。故老传言:"满洲初兴,汉人望而生畏。以一满人,可逐数十汉人。如驱羊然,莫敢格者。"知方兴之朝气,必有不容轻视者矣。

然此等野蛮民族,一入中国,即易刚而为柔。其初兴也,沛然莫之能御,其衰也,亦一落千丈。则由其程度太低,与文明之民族接,不能传其文化,而惟纷华靡丽之悦也。金之衰,盖自迁种人入中原始。猛安谋克户之入中原也:民口二十五,受田四顷四亩有奇,岁输粟不过一石。税之可谓极薄,又多拘良田与之。然诸猛安谋克人,皆惟酒是务。令汉人佃莳,而取其租。有一家百口,陇无一苗者。《世宗本纪》:"大定十六年,上与亲王、宰执官从容论古今兴废,曰:女直旧风,最为纯直。虽不知书,然其祭天地,敬亲戚,尊耆老,接宾客,信朋友,礼意款曲,皆出自然;其善,与古书所载无异。"秦桧之谋南归也,告于监者。监者许之。桧犹以为虑。监者曰:"吾国人许人一言,无不生死以之者。"即此一端,亦足见其慷慨诚朴矣。其能灭辽迁宋,岂偶然哉? 然及世宗时,业已译汉姓,改汉名,效南人装束,寖至不能女直语。世宗虽力主保守旧俗,亦无如之何矣。

清室初兴时,即能略知书史。金人忘其本俗之事,太宗时即引为鉴戒。崇德元年,尝集诸王贝勒大臣,令弘文院官读《金史·世宗本纪》,谕以勿忘旧制,废骑射,效汉俗,为万世之计。康、雍、乾诸朝,于此尤兢兢焉。然其部族风气,转移尤速。崇德元年,太宗谕王大臣,即云:"太祖时,八旗子弟,一闻行师出猎,皆踊跃争先。今则或托妻子有疾,或以家事为辞。"逮乎入关,则战伐多恃降将。三藩之变,自尚善贝勒一路外,多怀异心。有欲举襄阳以北降敌者,转赖汉将持之得免。见《啸亭杂录》。满人至此,已如泽中之麋,蒙虎之皮矣。而其不能勤事生业,亦与金人无异。入关之始,即圈占近畿田宅,以给旗兵。康、雍、乾之世,负债则为代偿;典卖田地,则为代赎;又时有恩赐、借贷。其待种人,盖又较金源为厚。然其人皆侈衣食,事敖游;得田则卖,得粟则粜,得金则挥霍立尽;与金猛安谋克户,无以异也。初入关时,旗人四出强卖人参;又向商贾强行市易,至有恃强鞭挞者。于是禁不得出外经商。乾隆时,乃借以库银,令其营运。然其人本不能商,不旋踵,亏折以尽。见《熙朝纪政》。时又徙八旗余丁三千于吉林,令其耕垦。亦以所得地典与汉人,逃归北京。八旗生计,遂终清世无善策。至于今日,犹劳汉族代筹焉。

女真文字,亦本华文。创之者为完颜希尹。自希尹创制后,宗室中通习最早者,当推景祖曾孙宗宪;宗宪又通契丹、汉文。其后精深者,推温迪罕缔达;善教授者,称纥石烈良弼。宗室中精中国文学者,为世宗子豫王允成,孙琦。《始祖以下诸子传》:穆宗第五子勖:"女直既未有文字,亦未尝有记录。故祖宗事皆不载。宗翰好访问女直老人,多得祖宗遗事。""天会六年,诏书求访祖宗遗事,以备国史。命勖与耶律迪越掌之。勖等采摭遗言旧事,自始祖以下十帝,综为三卷。凡部族,既曰某部,复曰某水之某,又曰某乡某村,以别识之。凡与契丹往来,及征伐诸部,其间诈谋诡计,一无所隐。有详有略,咸得其实。"今一披读《金史》,先世事迹,秩然可考。不徒远胜《元史》,亦非《辽史》取资中国旧籍者所得比肩,皆勖等之功也。

女真部族,程度尚较契丹为低,而其模效中华,则较契丹为力。《金史·文艺传》谓"金用武得国,无异于辽,而一代制作,能自树立唐、宋之间,有非辽世所及",谓此也。以与女真本族无关,今不之及。中国文物,为女真所劫掠者亦甚多。《宋史·钦宗纪》靖康二年："夏,四月,庚申朔,金人以帝及皇后、太子北归。凡法驾、卤簿、皇后以下车辂、卤簿、冠服、礼器、法物、大乐、教坊乐器、祭器、八宝、九鼎、圭璧、浑天仪、铜人、刻漏古器、景灵宫供器、太清楼秘阁三馆书、天下州府图,及官吏、内人、内侍、技艺、工匠、倡优、府库蓄积,为之一空。"其所失,殆过辽之入汴矣。武力不竞,文物随亡,岂不痛哉？金初制度之简陋,可参看附录《金初官制》条。

清时,女真开化,又非金世之比。其文字创于额尔德尼,而达海加以圈点。乃以蒙古文为根原。满、蒙言语多同,固较用汉字为便也。太祖即通汉文,能读《三国演义》及《水浒传》。初设文馆,后分为三院,弘文院专译汉书。故一切制度,较金初亦觉美备。太宗时已能修《太祖实录》,而辽宁所存《满文档案》,史家亦视为瑰宝焉。

蒙古虽出室韦,然既与沙陀突厥混合,其居地又在漠北,故其风气,与室韦等处山岭之地者少殊。室韦人能种粟麦及穄,又有曲以酿。冬逐水草,夏亦城居。《五代史》称其地多铜铁金银;其人工巧,铜铁诸器皆精好。且善织毛锦。则已颇进于农工矣。而蒙古初兴,纯为游牧种人风习。盖地势使然也。然室韦无君长,惟有大酋,号余莫弗瞒咄,筦摄其部。死则子弟代立。嗣绝,则择贤豪立之,其众大者数千户,小或千户,滨散川谷,逐水草,不税敛。每弋猎,即相啸聚,事毕而去。不相臣制。而蒙兀汗位,亦时绝时续,必待众推,似仍室韦旧习也。

蒙古官制,极为简陋。除以万户治军旅,断事官治政刑外,可考者惟四怯薛之制。怯薛者,蒙古亲卫军之名。其所属：有火儿赤、昔宝赤、怯怜赤,主弓矢鹰隼之事。有札里赤,主书写圣旨。有必阇赤,为天子主文史。有博尔赤,亲烹饪,以奉上饮食。有云都赤、阔端赤,侍上,带刀及弓矢。有八剌哈赤,司阍。有答剌赤,掌酒。有兀剌赤、莫伦赤,典车马。有速古儿赤,掌内府上供衣服。有帖麦

赤,主牧橐驼。有火赤,主牧羊。有忽剌罕赤,主捕盗。有虎儿赤,
掌奏乐。皆分番更直,而领于怯薛之长;实皆近习耳。其兵制,则确
能举国皆兵。用本部族人者,谓之蒙古军。用他部族人者,谓之探
马赤军。其法:家有男子,十五以上,七十以下,无众寡,皆令为兵。
孩幼稍长,又籍之,为渐丁军。故其部族不多,而兵数颇众。又能取
异族之长,以自补其短。每攻破州县,辄招取铁木金火等人,以充炮
手。其后来之军,有以技名者,炮军、弩手军、水手军是也。其所向
无前,宜矣。

蒙人生事,本至简陋。骤入中国,惟知见纷华美丽而悦。至于
损上益下,藏富于民,为久长之计,则非其所知也。《元史·耶律楚
材传》:"太宗时,近臣别迭等言:汉人无补于国,可悉空其人,以为
牧地。又议裂州县以赐亲王功臣。"楚材力争,乃止。其初下中原,
尝举降人为驱丁,虽儒者不免。盖视中国人皆俘虏矣。惟颇喜技
巧。凡克城邑,工匠必别籍之。其制:凡攻城,敌以矢石相加,即为
拒命;既克,必尽杀之。汴梁将下,速不台欲屠其城。耶律楚材谓奇
巧之工,厚藏之家,皆萃于此,遂已。太宗时,商贾雠物于朝廷者,皆
得驰驿。太宗崩,乃蛮真后称制。西域商人奥都剌合蛮,以言利得
政柄,使专掌财赋,至付以御宝宫纸,使自书行之。又有旨:"奥都剌
合蛮所建白,令史不为书者,断其手。"其卤莽灭裂,亦可笑矣。然终
元世,其理财之策,除胺民以自奉外,实他无所知,正不特初起时为
然也。

蒙古旧俗,亦尚巫鬼。《元史·文宗纪》"天顺二年,正月,封蒙
古巫者所奉神为灵感昭应护国忠顺王,号其庙曰灵佑"是也。然此
等神教,程度甚浅,入人不深。故与他族相接后,信其教甚易。如其
接吐蕃,则信喇嘛教,居西域,则信天方教是也。成吉思汗征西域,
尝掠得徒思妇人名法特马者,以归。法特马好巫蛊,乃蛮真后宠之。

太宗朝旧人，半为所谗构斥逐。可见其迷信之易矣。然亦以此故，于各教无所歧视。克敌时，于其民所信之教悉仍之，遂为民心所归。如古出鲁克据西辽，强其民改教，以致灭亡。蒙古取之，人民信教，一听自由，民遂以安是也。

蒙古初用畏兀文。后据藏文，别造新字。其传受汉人文化，远不如辽、金二代。《廿二史札记》云："《元史·本纪》：至元二十三年，翰林承旨撒里蛮言：国史院纂修太祖累朝《实录》，请先以畏吾字翻译进读，再付纂定。元贞二年，兀都带等进所译《太宗宪宗世祖实录》。是皆以国书进呈也。其散见于他传者：世祖问徐世隆以尧、舜、禹、汤为君之道。世隆取书传以对。帝喜，曰：汝为朕直解进读。书成，令翰林承旨宏藏译写以进。曹元用奉旨译唐《贞观政要》为国语。元明善奉武宗诏，节《尚书》经文，译其关于政事者。乃举文升同译。每进一篇，帝必称善。虞集在经筵，取经史中有益于治道者，用国语、汉文两进读。译润之际，务为明白，数日乃成一篇。马祖常亦译《大训》以进。_{皆见各本传。}是凡进呈文字，必皆译以国书，可知诸帝皆不习汉文也。惟裕宗为太子时，早从姚枢、窦默受《孝经》。及长，则侍经幄者，如王恂、白栋、李谦、宋道等，皆长在东宫备咨访。中庶子伯必，以其子阿八赤入见。太子谕令入学。伯必即令入蒙古学。逾年，再见。问所读何书？以蒙古书对。太子曰：我命汝学汉人文字耳。此可见裕宗之留心学问。然未即位薨。以后如仁宗，最能亲儒重道。然有人进《大学衍义》者，命詹事王约等，节而译之。则其于汉文，盖亦不甚深贯？至朝廷大臣，亦多用蒙古勋旧，罕有留意儒学者。世祖时，尚书留梦炎等奏：江淮行省，无一人通文墨者。乃以崔彧为江淮行省左丞。《彧传》。李元礼谏太后不当幸五台。帝大怒，令丞相完泽、不忽木等鞠问。不忽木以国语译而读之。完泽曰：吾意亦如此。是不惟帝王不习汉文，即大臣中习汉文者亦少也。”以视辽、金二代，相去不甚远哉。

金人以同化于中国而败，元人颇豫防之。《元史·世祖本纪》：至元二十三年，“以从官南方者多不归，遣使尽徙北还”。《成宗纪》：大德七年，“以行省官久住，多与所部人联姻，乃诏迁其久任者”。是其事也。然亦终无救于其不振。此事自关文化之深浅，非可以力争也。

野蛮民族，大都直情径行。故其宽厚质直之处，或非文明人所及。然其残酷，亦出意外。蒙古欲空中国为牧地，最足骇人听闻，然犹空言耳。至女真，则其待中国之酷，有出人意计之外者。洪迈《容斋三笔》云：“靖康之后，陷于金虏者，帝王子孙，宦门仕族，尽没为奴婢，使供作务。每人一月，支稗子五斗，令自舂为米，得一斗八升，用为糇粮。岁支麻五把，令绩为裘。此外更无一钱一帛之入。男子不能绩者，则终岁裸体。虏或哀之，则使执爨。虽时负火得暖热，然才出外取柴归，再坐火边，皮肉脱落，不日辄死。惟喜有手艺，如医人绣工之类。寻常只围坐地上，以败席或芦借之。遇客至开筵，引能乐者使奏技。酒阑客散，各复其初。依旧环坐刺绣；任其生死，视如草芥。”《金史》载海陵杀赵氏子孙一百三十余人。世宗时，梁肃奏：“天水郡公钦宗。本族，已无在者。其余皆远族，可罢其养济。”盖二帝之亲支尽矣。撰《蒙兀儿史记》之屠君敬山，寄。尝为予言：“宁古塔人民，有于岁首阖户哀泣终日者，习俗相沿，莫知其故。实皆赵宋之遗黎，在当日以是志亡国之痛者也。”枯鱼过河，泣将焉及？“我宁山头望廷尉，不能廷尉望山头。”今之高谈无国界，无种族界者，其念之哉！

然金元等虽恃其强盛，陵轹汉人，而及其末叶，则受报亦惨。《廿二史札记》云：“一代敝政，有不尽载于正史，而散见于他书者。金制，以种人设明安穆昆即猛安谋克，清乾隆时所改译字。分领之，使散处中原。世宗虑种人为民害，乃令明安穆昆，自为保聚。其土地与民犬牙相入者，互易之。使种人与汉人，各有界址。意至深远也。案世宗为保守旧俗最力之人。其令种人自为保聚，乃虑其与汉人同化，且欲团结以制汉人耳；非为汉人计也。赵氏盖以清代亦有圈地之事，故不得不为此回护之辞。其后蒙古兵起，种人往战辄败。承安中，主兵者谓种人所给田少，不足豢身家，故无斗志。请括民田之冒税者给之。于是武夫悍卒，倚国威以为重，有耕之数世者，亦以冒占夺之。及宣宗贞祐间，南渡，盗贼群起。向之恃势夺田者，人视之为血仇骨怨；一顾盼之顷，皆死于锋镝之下；虽赤子亦不免。事见元遗山所作《张万公碑文》。又《完颜怀德碑》亦云：民间仇拨地之怨，睚眦种人，期必杀而后已。寻踪捕影，不三二日，屠戮净尽。甚至掘坟墓，弃骸骨。惟怀德令临淄，有惠政，民不忍杀，得全其生。可见种人之安插河北诸郡者，尽歼于贞祐时。盖由种人与平民杂处，初则种人倚势虐平民，后则平民报怨杀种人，此亦一代得失之林也。"予案今俗犹有杀鞑子一语，鞑子即鞑靼也。然则元室亡时，其种人虽多以改姓自媚于汉得免，见《日知录·二字姓改一字》条。其见屠戮者，亦必不少矣。"无平不陂，无往不复"，好杀戮者，其念之哉？

　　清承金元之后，文化稍高，又能粗知书史，故其待汉族，暴虐无异金元，而又益之以深鸷。当太祖时，获汉人皆以为奴，得儒士皆杀之。然亦能用范文程等，盖深知其忠顺者则用之，不敢必者则杀之。太祖自知为野蛮人，深虑知计不足与汉儒士敌也。太宗时，渐有窥伺中原之心，务为笼络人心之计。故待中国降将极厚。又尝考试儒士，免其为奴。然究非出于真诚，故不旋踵，复定奴仆不许应试之制。崇德二年，都察院承政祖可法以为言。太宗则斥之曰："今满洲家人，非先时滥行占取者可比。间有一二生员，皆攻城破敌之际，或经血战而获，或因阵亡赏给。无故夺之，彼死职之劳，捐躯之义，忍弃之乎？若另以人补给，所补者独非人乎？尔等止知爱惜汉人，不知爱惜满洲有功之人，及补给为奴之人也。"是年，因责都察院承政张存仁等庇护汉人，又曰："若礼部承政祝世昌，奏请禁阵获良人妇女卖充乐户一疏。祝世昌岂不知乐户一事，朕已禁革？不过徇庇汉人，借此立言要誉耳。朕料祝世昌身虽在此，心之所向，犹在明也。祝世昌果系忠臣，彼明以大元田、刘、张三姓功臣之裔为娼，即当奏请禁止矣。"不惟私其种族，而又左袒胡元。其仇视汉人之心，可谓深矣。中国以没入妇女充乐户，固系秕政，然系本外族一律，非专以此待异族。宁完我云："汉官不会满语，常被骂詈辱打，至伤心堕泪。皇上遇汉官，每每温慰恳至，而国人反陵轹作践，将何以成一体，徕远人邪？"清室初年，汉官见满洲王大臣白事皆长跪，虽大员亦如此。耿、尚、洪、吴等，虽若特蒙宠眷，其所处之境地，亦可想见矣，况其下于此者？而其能引决，曾不若臧获婢妾；且甘为胡虏鹰犬，以搏噬父母之邦，其用心岂不异哉？入关而后，圈占田宅之夺民生计；嘉定、扬州之肆行屠戮；列朝文字之狱之挫折士气，摧毁文化；迄今言之，犹令人发指眦裂焉。而炎黄之胤，神明之胄，犹有被发效忠于胡者，无所迫而为之，其用心，以视当日之降俘，尤可异矣。

清代深谋，尤在联合满、蒙，以制汉族。不特关东之地不许汉人屯垦，即于蒙地亦然。奉天将军岁终例须奏报并无汉人出关，至末叶犹然也。然而究何益哉？藏舟于山，夜半，有力者负之去矣！坐使满、蒙之地，广田自荒，致生异族之觊觎，此则其禁阻汉人之效耳。今日关东，欲求一但知满语之满人，岂复可得？升允崎岖，终于赍志，蒙人之所以助满者，又何如乎？沃沮叶鲁，终即华风。白水黑山，转滋异类。清朝之祖宗，得毋令后人笑汝拙乎？然此皆汝曹自为之，又何咎也？老子曰："天之道，其犹张弓与？""其事好还。""天网恢恢，疏而不失。"

附录一 金初官制

　　《金史·百官志》:"金自景祖,始建官属,统诸部,以专征伐,巍然自为一国。其官长皆称曰勃极烈。故太祖以都勃极烈嗣位,太宗以谙班勃极烈居守。谙班,尊大之称也。其次曰国论忽鲁勃极烈。国论,言贵,忽鲁,犹总帅也。又有国论勃极烈,或左右置,所谓国相也。其次诸勃极烈之上,则有国论、乙室、忽鲁、移赉、阿买、阿舍、吴、迭之号,以为升拜宗室功臣之序焉。其部长曰孛堇,统数部者曰忽鲁。凡此,至熙宗定官制皆废,其后惟镇抚边民之官曰秃里。乌鲁图之下,有扫稳、脱朵。详稳之下,有么忽、习尼昆。此则具于官制而不废。皆踵辽官名也。"此段文字,殊欠清晰。其《国语解》云:"都勃极烈,总治官名,犹汉云冢宰。谙版勃极烈,官之尊且贵者。国论勃极烈,尊礼优崇,得自由者。胡鲁勃极烈,统领官之称。移赉勃极烈,位第三曰移赉。阿买勃极烈,治城邑者。乙室勃极烈,迎迓之官。札失哈勃极烈,守官署之称。昃勃极烈,阴阳之官。迭勃极烈,倅贰之官。诸纠详稳,边戍之官。诸移里堇,部落墟寨之首领。秃里,掌部落词讼,察非违者。乌鲁古,牧圉之官。"胡鲁,即忽鲁。国论勃极烈、忽鲁勃极烈,据解乃两官,而《志》误合为一。下又重出国论勃极烈之名。"则有国论、乙室、忽鲁、移赉、阿买、阿舍、吴、迭之号"句,国论、忽鲁又重出。阿舍,即《解》之札失哈。吴为昃字之误。盖此诸号,至熙宗皆废,故作史者亦不能了然也。《桓赧散达传》:"国相雅达之子也。雅达之称国相,不知其所从来。景祖尝以币与马求国相于雅达。雅达许之。景祖得之,以命肃宗。其后撒改亦居是官焉。"案《辽志》:属国职名,有左相右相。又载景宗保宁九年,女直国来请宰相,夷离堇之职,以次授者二十一人。则雅达之国相,必受诸辽,故须以币与马求之。然则金初国论勃极烈为最尊之官;都勃极烈、谙版勃极烈,皆后来所设;故移赉勃极烈,位居第三也。

《志》又云:"诸纠详稳一员,掌戍守边堡。么忽一员,掌贰详稳。习尼昆,掌本纠差役等事。""诸移里堇司。移里堇一员,分掌部族村寨之事。""诸秃里。秃里一员,掌部落词讼,访察违背等事。""诸群牧所,国言谓乌鲁古。提控诸乌鲁古一员。又设扫稳、脱朵,分掌诸畜,所谓牛马群子也。"此等序谓踵辽官名,其下皆无勃极烈字。然则凡有勃极烈字者,皆女真之旧也。金初官制,大略可见矣。

第八章　苗　族

　　西南诸族，最为错杂，而名称亦狠多。我国古代，通称为蛮，后世讹而为苗。近今之言种族者，亦多通称为高地族而已。不甚加以分别，此甚疏也。今就载籍可稽者，略加爬梳，析为五族：曰苗，曰粤，曰濮，曰羌，曰藏，以次分论之。

　　苗者，盖蛮字之转音。我国古代，称四方之异族曰夷、蛮、戎、狄，原以其方位言，非以其种族言。既习以是为称，而其种族之本名遂隐。今所谓苗族者，其本名盖曰黎。我国以其居南方也，乃称之曰蛮；亦书作髳作髦；《书·牧誓》："及庸蜀羌髳微卢彭濮人。"《诗·小雅》："如蛮如髦。"毛传："髦，夷髦也。"郑笺："髦，西夷别名。武王伐纣，其等有八国从焉。"正义："彼髳此髦，音义同也。"案西夷种族，别无称髳者。若系国名，则不得与夷蛮对举。《毛传》例不破字，其称夷髦，正系以夷蛮为训。《韩诗》："今夫肢体之序，与禽兽同节；言语之暴，与蛮夷不殊；混然无道，此明王圣主之所罪。《诗》曰：如蛮如髦，我是用忧。"亦以夷蛮训蛮髦，韩毛同义也。如蛮如髦，乃以双声之字为重言耳。近人或云：髳为马留二字合音，非。马留乃粤族，见下篇，与今所谓苗族，古称为蛮者无涉。晚近乃讹为苗。既讹为苗，遂与古之三苗国混。三苗姜姓。当五帝时，姬姜二姓之争甚烈。《晋语》："昔少典娶于有蟜氏，生黄帝、炎帝。黄帝以姬水成，炎帝以姜水成，成而异德，故黄帝为姬，炎帝为姜；二帝用师，以相济也。"可见姬姜二姓，实为当时两大族。自黄帝战胜炎帝后，颛顼、帝喾、尧、舜、禹、契、稷，相继而有天下者，皆黄帝之子孙；

姜姓望国不过齐、许、申、吕；盖姬成而姜败矣。姜为姬败，乃南走。服九黎之民而君之，时曰三苗。近人既不察今之苗族与古之三苗之别，又不察古之姜姓，其君九黎而称三苗，实在北方战败之后；乃误以为初与姬姓战于北方者，即为后来之三苗，所用者亦即为后来九黎之民；遂有今之苗族，先汉族入中国，后乃为汉族所逐之说矣。今请得而辩正之。

何以知三苗为姜姓之国，而非种族之名也？案古之言三苗者：马融、王肃云："国名也，缙云氏之后为诸侯，盖饕餮也。"《书·尧典》释文。高诱云："帝鸿氏之裔子浑敦，少昊氏之裔子穷奇，缙云氏之裔子饕餮，三族之苗裔，故谓之三苗。"《淮南子·修务训》注。韦昭云："炎帝之后，诸侯共工也。"《书·吕刑》正义。其言苗民者：郑玄云："苗民，谓九黎之君也。九黎之君，于少昊氏衰，而弃善道，上效蚩尤重刑。必变九黎言苗民者：有苗九黎之后，颛顼代少昊，诛九黎，分流其子孙，为居于西裔者三苗。至高辛之衰，又复九黎之恶。尧兴，又诛之。尧末，又在朝。舜时，又窜之。后王深恶此族三生凶恶，故著其氏而谓之民。民者冥也，言未见仁道。"《礼记·缁衣》正义引郑注《吕刑》。然则苗者氏族，民者贬辞。既不容望文解为人民，自无从凭臆断为种族。至于三苗本系，则高诱三族苗裔之说，似即缘三字而附会，别无确据。且即如所云，亦仍有缙云氏之裔在内。杜预注《左氏》，谓缙云为黄帝时官名，文十八年。此仅得为氏，以官为氏。而未详其姓。《史记集解》《五帝本纪》。引贾逵云："缙云氏，姜姓也。炎帝之苗裔。"与韦昭"炎帝之后"之说合。惟昭又谓为共工，似显与《书》之"流共工"、"窜三苗"分举者背。然《周语》：太子晋谓"共工壅防百川"；又谓"共之从孙四岳佐禹，祚四岳国，命为侯伯，赐姓曰姜，氏曰有吕"。韦注引贾逵说，亦以共工为炎帝之后，姜姓。而据宋翔凤所考，则谓四岳即《左氏》"夫许大岳之胤也"之大岳；隐十一年。实即

《尧典》之伯夷；《尚书大传》之阳伯；《墨子》、《所染》篇。《吕览》《当染》篇。之许由、伯阳；《庄子》尧让天下于许由；实即《尧典》咨四岳逊朕位之事。其说甚为精核。又《韩非子·外储说》："尧欲传天下于舜。共工谏曰：孰以天下而传之于匹夫乎？尧不听，举兵而诛共工于幽州之都。"而郭璞注《山海经》《海外南经》。亦曰："昔尧以天下让舜，三苗之君非之。帝杀之。有苗之民，叛入南海，为三苗国。"然则共工、三苗，皆当时姜姓之仇舜者；实仍姬姜之争耳。纵令韦昭以三苗当共工为误，而三苗之必为姜姓，则无疑矣。《后汉书·羌传》："西羌之本，出自三苗，姜姓之别也。"其说与贾、马、韦、高合，盖必有所受之矣。《后汉书》又云："其国近南岳，及舜流四凶，徙之三危，河关之西南羌地是也。"其说地理亦极合。案自来说三危者，多误以为在敦煌附近，而"至于三危入于南海"之黑水，遂至聚讼纷纭。今案《史记集解》引郑玄云："《地理志》，益州滇池有黑水祠，而不记此山水所在，《地记》曰：三危山，在鸟鼠之西南。"又《水经注》两引《山海经》，以证《尚书》之三危。三十卷云："三危山，在敦煌南，与岷山相接，南带黑水。"四十卷云："三危之山，三青鸟居之。广圆百里，在鸟鼠山西。"又："江水东过江阳县，雒水从三危山道广魏雒县南，东南注之。"雒县，今四川广汉县。三危山，在鸟鼠西南，岷山之西，明系今青海地方，长江上源以北，黄河上源以南之山。黑水在三危之南，明即今金沙江。金沙江古名泸水，泸从卢，卢即黑也。滇池有黑水祠，滇池固在金沙江南岸也。《禹贡》雍梁二州，皆以黑水为界，盖雍州西南，抵今青海地方江源之北；梁州西界，抵今西康之江东岸；故雍州得包有析支。所谓入于南海者，乃夷蛮戎狄谓之四海之海，非洋海之海也。古代命山，所包至广，非如后世，但指一峰一岭言之。云三危在敦煌南，犹云河水出敦煌塞外；以敦煌为当时中国最西北境，故云。非谓必在敦煌附近也。自《左》昭九年"允姓之奸，居于瓜州"，杜注谓"允姓阴戎之祖，与三苗俱放三危者；瓜州，今敦煌"；于是移敦煌南之三危于敦煌境内；《括地志》因之，凿言"三危山在敦煌县东南四十里"，而异说始滋矣，其实《前汉书·地理志》，及《续汉书·郡国志》，敦煌郡下，均不言有三危山也。《后书·羌传》，言三危析支，地理皆与经义密合。清圣祖以哈剌乌苏为黑水,因谓康、卫、藏为三危,犹中国之三省。其说殊为荒缪。然世多信之者,以哈剌乌苏译义为黑水耳。其实舍泸水之泸字不取,而转以哈剌二字相附会,真所谓舍近而求远也。

何以知三苗之君为姜姓,而其民则为今之苗族也?案郑注《吕刑》,明言苗民为九黎之君,则九黎二字,系指人民可知。马融、高诱、伪孔,以蚩尤为九黎之君;其用蚩尤二字,虽少涉含混;然九黎二字,系指人民言则同。参看下文。高注《淮南子》,于三族苗裔之说之外,别举一说曰:"一曰窜三苗国民于三危。"郭注《山海经》亦曰:"尧诛三苗,其民叛入南海。"皆以君与民分别言之。三苗君民之实非同族,亦隐隐可见。虽郑注谓"有苗九黎之后",又谓"颛顼代少昊,诛九黎分流其子孙,为居于西裔者三苗",又谓"至高辛氏之衰,又复九黎之恶",一似九黎亦为君名,而为苗民之祖;然此九黎二字,自以代九黎之君四字用。其言"有苗九黎之后",犹言九黎之君之后。颛顼诛九黎,犹言诛九黎之君。又复九黎之恶,犹言又复于少昊氏衰而弃善道上效蚩尤重刑之九黎之君之恶。古人文字简略,上文既明言之曰"苗民谓九黎之君",又紧承之曰"九黎之君,于少昊之衰,而弃善道"云云,故下文遂省去"之君"二字耳。《后汉书·南蛮传》:"建武十二年,九真徼外蛮里张游,率其种人,慕化内属。封为归汉里君。"注"里,蛮之别号,今呼为俚人"是也。里、俚皆即黎,字变而音未变。盖姜姓既败于北,乃南走而臣九黎,犹月氏破于匈奴,乃西走而臣大夏耳。

何以知姜姓之君九黎,必在其北方既败之后也?案近人误以与黄帝战于北方者,为今日之苗族,皆为"蚩尤九黎之君"一语所误,殊不知古之称人,惟重氏族;子孙父祖,同蒙一号者甚多。即如战于阪泉之野之炎帝,岂得以为"斫木为耜,揉木为耒"之炎帝乎?伪孔及高诱《秦策》注。之释蚩尤,但曰"九黎之君","九黎民之君",诚少涉含混。然马融则明著之曰"少昊之末九黎君名",《书·吕刑》释文。实

本《楚语》"少昊之衰，九黎乱德"之语，则不以为与黄帝战于涿鹿之
蚩尤可知。郑更明著之曰："九黎之君，于少昊氏衰，而弃善道，上效
蚩尤重刑。"则蚩尤在九黎之君之前可知。其释蚩尤也，则曰"霸天
下，黄帝所伐者"；《吕刑》正义。绝不言为九黎之君；则与黄帝战之蚩
尤，实未尝君临九黎可知。《韩诗》称三苗之国曰："衡山在南，岐山
在北；左洞庭之陂，右彭蠡之泽。"《史记·吴起列传》，《战国策·魏策》略
同。《史记·五帝本纪》则云："在江淮荆州。"从古无以三苗为在北
方者。则战于涿鹿之蚩尤，虽为三苗国君之祖，而其身实未尝君临
三苗，又可知矣。且郑玄既以蚩尤为霸天下，应劭又以蚩尤为古天
子，《吕刑》正义。而《史记·五帝本纪》述黄帝与炎帝、蚩尤之争，其
词又颇错乱。其文曰："轩辕之时，神农氏世衰；诸侯相侵伐，暴虐百
姓，而神农氏弗能征。于是轩辕乃习用干戈，以征不享，诸侯咸来宾
从；而蚩尤最为暴，莫能伐。炎帝欲侵陵诸侯，诸侯咸归轩辕。轩辕
乃修德振兵，以与炎帝战于阪泉之野，三战然后得其志。蚩尤作乱，
不用帝命。于是黄帝乃征师诸侯，与蚩尤战于涿鹿之野，遂擒杀蚩
尤。而诸侯咸尊帝为天子，代神农氏。"夫既云"诸侯相侵伐，暴虐百
姓弗能征"矣，又云"欲侵陵诸侯"，其事弗类；而以"习用干戈"、"诸
侯宾从"之轩辕，阪泉之役，犹必"三战然后得其志"，转与最暴莫能
伐之蚩尤，酷似一人，是则可疑也。今世所传《大戴记》，虽未必可
信，然要为古书；其述五帝事，多与《史记》同，尤足以资参证。今案
《五帝德篇》，只有与炎帝战于阪泉之文，更无与蚩尤战于涿鹿之事。
然则《五帝本纪》之蚩尤、炎帝，究为一人，抑为二人？殊未易定。崔
氏适谓《易·系辞》之"黄帝垂衣裳"，《风俗通》《声音》。引作皇帝；又
《春秋繁露》，《三代改制质文篇》。亦以轩辕为皇帝，足征皇黄二字，古
可通假；《吕刑》之"皇帝遏绝苗民"，实即黄帝与炎帝战于阪泉之事，
殊为有见。然则谓蚩尤用九黎之民，即今日之苗族，与黄帝驰驱于

幽、冀之域者，其为武断无据，概可见矣。

三苗与黎民之关系既明，则黎族古史，可以进考。案今之所谓苗族者，实为汉长沙武陵蛮之后。其种族原始，《后汉书》备载之。曰："昔高辛氏有犬戎之寇。帝患其侵暴，而征伐不克。乃访募天下：有能得犬戎之将吴将军头者，购黄金万镒，邑万家；又妻以少女。时帝有畜狗，其毛五采，名曰槃瓠。下令之后，槃瓠遂衔人头造阙下，群臣怪而诊之，乃吴将军首也。帝大喜。而计槃瓠不可妻之以女，又无封爵之道；议欲有报，而未知所宜。女闻之，以为帝王下令，不可违信，因请行。帝不得已，乃以女配槃瓠。槃瓠得女，负而走入南山，止石室中，所处险绝，人迹不至。于是女解去衣裳，为仆鉴之结，著独力之衣。帝悲思之，遣使寻求；辄遇风雨震晦，使者不得进。经三年，生子一十二人；六男六女。槃瓠死后，因自相夫妻。织绩木皮，染以草实，好五色衣服，制裁皆有尾形。其母后归，以状白帝。于是使迎致诸子。衣裳班阑，言语侏离；好入山壑，不乐平旷。帝顺其意，赐以名山广泽，其后滋蔓，号曰蛮夷。外痴内黠，安土重旧。以先父有功，母帝之女，田作贾贩，无关梁符传租税之赋；有邑君长，皆赐印绶；冠用獭皮。其渠帅曰精夫，相呼为姎徒。今长沙武陵蛮是也。"注："今辰州卢溪县西有武山。"黄闵《武陵记》曰：山高可万仞，山半有槃瓠石室，可容数万人。中有石床，槃瓠行迹。今案山窟前有石羊石兽，古迹奇异尤多。望石窟，大如三间屋。遥见一石，仍似狗形。俗相传云是槃瓠像也。案唐卢溪县，在今湖南泸溪县西南。此说一望而知为汉人所附会。然干宝《晋纪》，范成大《桂海虞衡志》，皆谓苗人杂糅鱼肉，扣槽而号，以祭槃瓠。《文献通考·四裔考》引。则槃瓠确为苗族之祖。近人或云："吾国古帝，踪迹多在北方；独盘古则祠在桂林，墓在南海。"《述异记》。又今所传盘古事迹，或谓其与开辟俱生，《三五历记》："天地混沌如鸡子，盘古生其中。万八千岁，天地开辟；阳清为天，阴浊为地；盘古在其中。一日九变,神于天,圣于地。天日高一丈,地日厚一丈,盘古日长一丈,如此万八千岁,天数极高,地数极深,盘古极长,后乃有三皇。"或谓其以一身化为万有,《五运历年记》:"首生盘古,垂死化身:气成风云,声为雷霆;左眼为日,右眼为月;四支五体为四极五岳;血液为江河;筋脉为地理;肌肉为田土;发髭为星辰;皮毛为草木;齿骨为金石;精髓为珠玉;汗流为雨泽;身之诸虫,因风所感,化为黎甿。"《述异记》略同。亦与其余缪悠古说,设想迥殊。现在粤西岩洞中,尚时有崇宏壮丽,榜为盘古庙者,中祀盘古及天皇、地皇、人皇。旧历六月二日,相传为盘古生日,苗族远近咸集,致祭极虔。则盘古殆即吾族所谓槃瓠,与天、地、人三皇,皆为苗族古帝;而其传说,转见于吾族之载籍欤。《遁甲开山图》谓:"天皇氏被迹在柱州昆仑山下;地皇氏兴于熊耳、龙门之间;人皇氏兴于刑马山、提地之国。"柱州,以昆仑山高,若天柱然,故名。刑马山,旧说在蜀。俱见《通鉴外纪》。《尚书璇玑钤》谓"人皇氏乘六羽驾云车出谷口";而《华阳国志》谓"蜀之为国,肇自人皇"。然则此族殆自中亚高原沿江东下者,地皇之迹,至于熊耳龙门,则彼族初封,初不局于洞庭、彭蠡间矣。予案盘古名号,雅记无征。司马贞作《补三皇本纪》,从郑玄说,以伏羲、女娲、神农为三皇;又据《河图三五历》,列天皇、地皇、人皇之说于后;可谓好用纬候矣;然亦不采盘古。而《三五历记》及《五运历年记》之说,与《摩登伽经》所谓"自在以头为天,足为地,目为日月,腹为虚空,发为草木,流泪为河,众骨为山,大小便利为海";《外道小乘涅槃论》所说"本无日月星辰,虚空及地,惟有大水。时大安荼生,形如鸡子。周匝金色。时熟破为二段。一段在上作天,一段在下作地"者,顾极相类。疑为象教东来以后,窃彼外道之说而成。案厄泰梨雅优婆尼沙昙(Aitareya Upanishab)云:"大古有阿德摩(Atman),先造世界,世界既成,后造人。此人有口,始有言,有言乃有火。此人有鼻,始有息,有息乃有风。此人有目,始有视,有视乃有日。此人有耳,始有听,有听乃有空。此人有肤,始有毛发,有毛发,乃有植物。此人有心,始有念,有念,乃有月。此人有脐,始有出气,

有出气,乃有死。此人有阴阳,始有精,有精乃有水。"其思想亦相类,盖本印度民族旧说,各种神教哲学,同以为蓝本也。既非吾族固有之词,亦非苗族相传之说。至于三皇,则古书所载,一似异说纷如,其实理而董之,仅得两说:一为今文家言,《尚书大传》所谓"遂人为遂皇,伏羲为戏皇,神农为农皇"是也。一为古文家言,《白虎通义》或说,以伏羲、神农、女娲为三皇是也。详见第二章附录《三皇五帝考》。然则安有所谓被迹昆仑之天皇,兴于熊耳、龙门之地皇,乘六羽,驾云车,出谷口之人皇欤?又古所谓昆仑,实在青海境内。详见第二章附录《昆仑考》。其地与三危,同为西徼。然三危实三苗所流放,而非其发祥之所也。神州种族,多自西来。谓苗族之兴,亦在中亚高原,说或可信。又槃瓠、盘古,音读相同;扣槽之仪,千载未泯;则谓盘古实为彼族古帝,或亦非诬。然必据百家言不雅驯之书,即为彼族十口相传之说,则未免失之早计矣。

苗族古代疆域,似未越洞庭、彭蠡之间。或引《吕览·召类》"尧战于丹水之浦,以服南蛮",谓此族曾到南阳附近。然汉江上游,在古代实为濮族之地。见第十章。南蛮二字,为南方异族之通称,不能即断为苗族也。观熊赀迁郢而启濮,则夷陵以西,亦为濮族所据。惟熊渠东伐扬粤,至于鄂;粤为今马来人种,当时踪迹,似未能至夏口,见第九章。或实为此族欤。然自楚人拓地而南,又沿江东下,此族遂并洞庭、彭蠡间地而失之,而退入今湖南境内矣。

洞庭流系,古称九江。其独立入湖者凡四:湘、资、沅、澧是也。四水之中,湘江流域,地最平坦,故其开辟独早。秦、汉时已无蛮患。盖自楚辟湖南后,湘江流域,即逐渐开化矣。参看第一章。自汉以后,中国所致力者,乃在今川、鄂、湘三省之交。《后汉书》云:吴起相悼王,南并蛮、越。遂有洞庭、苍梧。秦昭王使白起伐楚,略取蛮夷置黔中郡。汉世改为武陵。今湖南沅陵县。岁令大人输布一匹,小口二丈,是谓賨布。虽时为寇盗,而不足为郡国患。光武中兴,武陵蛮夷特盛。建武二十三年,精夫相单程等,据其险隘,大寇郡县。遣刘尚击之,败没。二十五年,马援乃破平之。章、和、安三世,澧中溇中诸蛮,_{溇水,今澧水支流九澥河。}数为寇盗。顺帝永和元年,武陵太守上书:以为蛮夷率服,可比汉人,增其租赋。其冬,澧中溇中蛮反。以李进为太守,讨破之。进简选良吏,在郡九年,得其情和。桓、灵时,长沙、武陵、零陵蛮,_{零陵,今湖南零陵县。}复数反叛焉。三国而后,纲纪废弛,此族遂大为侵寇。《南史》述其事曰:"东连寿春,_{今安徽寿县。}西通巴、蜀,北接汝、颍,往往有焉。其于魏氏,不甚为患。至晋之末,稍以繁昌。渐为寇盗。刘、石乱后,诸蛮无所忌惮,其族渐得北迁。宛、洛萧条,略为丘墟矣。"案夷陵以西,本为濮族所据。夏口附近,亦有氐羌居之,_{各见本篇。}不尽此族。惟当时此三族者,实已混合而不可分耳。_{马贵与说。}晋时,于荆州置南蛮校尉,雍州置宁蛮校尉以治之。宋孝武初,罢南蛮,而宁蛮如故。大抵在今河南境者,常叛服于南北朝间;又数为内寇。在今湖北境者,深山重阻,人迹罕至,为患尤深。甚至屯据三峡,断遏水路。荆、蜀行人,为之假道焉。其居今湖南境者:顺附者一户输粟数斛,余无杂调。而宋人赋役严苦。贫者不堪,多逃亡入蛮。蛮无徭役,又不供官税。结党连群,动有百千。州郡力弱,则起为盗贼。种类渐多。户口不可知也。其后居楚、豫间者,南北朝末,渐与汉人同化。居楚、蜀间者,周武帝天和末,命陆腾讨破之。惟在今湖南境内者,至隋、唐之世,始加以经略焉。

今湖南境内,湘江流域,开辟最早;而沅、资流域较晚。雄、横、武、辰、酉之域,尤为群蛮荟萃之区,所谓五溪蛮也。隋时,始于今沅陵县地置辰州,唐时进置锦州、_{今湖南麻阳县。}溪州、_{今湖南永顺县。}巫州、_{今四川巫山县。}叙州。_{今湖南黔阳县。}唐末,群蛮分据其地,自署为刺史。宋有天下,任徭人秦再雄招降之。于是沅江流域之地,分为南北江。北江蛮酋,彭氏最大。南江蛮酋,舒氏、田氏、向氏最大,而资江流域,则为梅山峒蛮所据。其地东接潭,南接邵,西接辰,北接鼎、澧,最为腹心之患。又有杨氏者,据今靖县地,号十峒首领。神宗始任章惇,招降梅山蛮,置安化、新化二县。今县同。又平南江蛮,置沅州。今芷江县。降十峒首领,置诚州。北江之地,亦归版籍,于是今湖南全境,未定者仅西北一隅,与湖北西南境毗连之地。明时,辟施州、今湖北恩施县。永顺、今湖南永顺县。保靖。今湖南保靖县。清康熙时,增辟乾州、今湖南乾城县。凤凰今湖南凤凰县。二厅。雍正时,改永顺为府。又辟永绥、今湖南永绥县。松桃今贵州松桃县。二厅。其初蛮民畏吏如官,畏官如神。有司因之,恣为侵暴。汉人移居其地者又日多。三四十年间,地几尽为所占。苗民忿怒,倡言逐客民,复故地。遂有乾隆六十年之苗乱。调四川、云南、湖南、广西兵数十万,然后破之。未及大定,而川、楚教匪起。官军北调,苗患益滋。后傅鼐总理边务。乃修碉堡;创屯田;练汉民为兵;购收苗人军器;又设学塾以教之;苗民始戢戢向化焉。

　　贵州一省,地最闭塞。其地自湖南入者,经镇远、平越而至贵阳;自滇、蜀入者,经泸州会于毕节;自广西入者,则经郁江上流,皆蛮族盘据之地。故其开辟为独晚。元时,始于其地设土司。明初,元所属思州来降。分设思州、思南二司。思州,今贵州思县。思南,今贵州思南县。后相仇杀。乃于永乐十一年,分其地为八府、四州,设贵州布政司、都指挥使以治之。贵州始列为内地。贵阳附近诸土司,以安氏、宋氏为最大,安氏居水西,宋氏居水东,分统诸土司。后宋氏衰,安氏独盛。天启时,其酋安位之叔邦彦,结永宁宣抚奢崇明叛。永宁,今贵州关岭县。围贵阳。至崇祯元年,乃平之。贵州东南境,以古州为中心,古州,今贵州榕江县。环寨千三百余,周几三千里,谓之苗疆。清雍正时,鄂尔泰主改流,任张广泗招抚之。后广泗移督湖广。继任者易苗事。十三年,苗叛。讨之无功。高宗立,复任广泗经略,蹙之丹江、丹拱、都匀间之牛皮大箐中,杀戮殆尽。自是贵州之苗,不复为大患矣。

苗族虽为汉人所征服,然今湖南、贵州境,其族犹不少。其派别至繁,彼此不通婚姻,故不能抟结。其于汉人,有深闭固拒,不肯通婚者;亦有慕与汉人结婚者。然汉族多鄙视之,不愿与通婚姻。今贵州男子,有取苗女者,犹多为亲族所歧视;甚至毁其宗祠。至汉女嫁苗男者,则可谓绝无矣。以是故,其种类颇纯,迄今不能尽与汉人同化。然汉族之流徙其间者,究属不少。故混合之事,亦时有之。今之论苗族者,或分为纯苗族,不纯苗族。纯苗族,言语、风俗,皆与汉人绝殊。不纯苗族,则介乎汉与苗之间者也。诸土司多非苗族,大率汉人为大长于蛮夷中,故颂土司之功者,多称其"赶苗脱籍"云。苗人皆知田种。亦或猎牧,不以为正业。平地率为汉人所占。其人多居山地。垦田力作,劳苦倍而收获半。以能勤苦;又不见纷华异物而迁;大抵惟土物爱;一切奢侈诈伪之事,几于绝无,_{如烟赌,苗人即几绝无。}故犹足以自给云。其族古代本与汉族相接近,又其进化较迟,故多存汉族古俗。食必先祭;台拱之苗,以手抟饭而食,穆然见三古之遗风焉。女子衣服多华丽,好采色;或用五色线绣成,此《后书》所谓"衣裳班阑"者邪? 无文字,每聚族致祭,祝词必数先祖之名,能致祝者将老,则择族之强识者传焉。或不及传而死,祭时遂无致祝者,则他族姗笑之。_{案此似亦中国古俗,《周官》所谓瞽蒙诵世系者也。}故视之颇谨。然究不足恃,故其古事传者甚少云。巫鬼之习,自古即然。《淮南子》谓"荆人鬼,越人礻几",荆人盖苗族也。《墨子·非攻》:"昔者三苗大乱,天命殛之。日妖宵出。雨血三朝。龙生于庙。犬哭于市。夏冰。地坼及泉。五谷变化。民乃大震。高阳乃命玄宫。当作高阳乃命禹于玄宫。禹亲把天之瑞令，以征有苗。四电诱祇。
孙氏诒让云：疑雷电悖振之误。有神，人面鸟身，若瑾以待。孙氏云：若瑾
疑奉珪之误。搤矢有苗之祥。孙云：祥疑当作将。苗师大乱。后乃遂
几。"孙云：几，微也。言三苗之后世，遂衰微也。此苗族最古之传说，几充
塞之以妖祥矣。日宵出雨血等，必彼族先有是说，而后吾族从而传之也。今
苗人疾病，犹不知医，壹听于巫。俗谓其人能畜毒虫，造蛊以害人，
则未必有此事。或苗人所用毒药，有为吾国人所不知者，乃故神其
说欤？

又有所谓猺者，蔓衍于湖南之永明、江华、宁远、蓝山、道县、武
冈、城步、郴县；广东之连县、连山、肇庆、罗定、合浦；广西之桂林、庆
远、马平、平乐。居平地者曰平猺，居山地者曰山猺。平猺多化于汉
人。山猺则自率其俗，居于岩洞之间。所谓猺峒也。近亦渐事农
业。旧峒往往为匪徒所据，猺人转为所苦焉。猺亦出于苗。旧说谓
因其不事征徭，故称为猺，说似难信。然其俗亦祀槃瓠，谓其与苗同
祖，当不诬也。

又有所谓畬民者，在浙江福建两省。浙江之旧处州府属最多，
衢、严亦有焉。其俗亦祀槃瓠。祭时为竹箱二：一盛红布囊，刻木
为狗头，朱漆之，饰以金箔，置囊中。福建人称畬民为狗头蛮，盖以
此？一置画象。所画皆其族故事，如槃瓠衔吴将军首，高辛以女妻
槃瓠等。其族传说，谓"其祖初化为狗，后又化为龙"云。予案畬畬
同音，犹荼茶本一字，《史记·儒林传》：董仲舒弟子吕步舒。《集
解》引徐广曰："一作荼，亦音舒。"则舒荼同音。今之畬民，或古之群
舒乎？《春秋大事表》卷五：今江南庐州府舒城县，为古舒城。庐江县东百二
十里，有古龙舒城。舒蓼，舒庸，舒鸠及宗四国，约略在此两域间。

第九章　粤　族

粤者,盖今所谓马来人。此族之始,似居中央亚细亚高原;后乃东南下,散居于亚洲沿海之地;自五岭以南,南至今后印度,北则今江、浙、山东、河北、辽宁,更东则抵朝鲜;其居海中者:则自南洋群岛东北抵日本,益东且抵美洲;而其族仍有留居今川、滇境者;其散布亦可谓广矣。然则何以知此诸地方之民必为同族也?曰:征诸其风俗而知之。此族特异之俗有二:一曰文身,一曰食人。稽诸载籍,前述诸地,此俗皆同,有以知其非偶然也。《小戴记·王制》:"东方曰夷,被发文身。""南方曰蛮,雕题交趾。"正义释雕题,谓"以丹青雕刻其额"。又曰"非惟雕额,亦文身也"。可见古代所谓夷与蛮者,吾国人虽因其所居之方位而异其称,在彼则实为同族。《礼记》于西戎、北狄,同言不粒食,东夷、南蛮,同言不火食,亦足见夷蛮风俗之同。《汉书·地理志》:"今之苍梧、郁林、合浦、交趾、九真、南海、日南,皆粤分也。其君禹后,帝少康之庶子云。封于会稽;文身断发,以避蛟龙之害。"此可证春秋时于越之越,亦即汉时南粤闽粤之粤。《后汉书·哀牢传》:"种人皆刻画其身,象龙文。"《东夷传》:"倭地大较在会稽、东冶之东,与珠崖、儋耳相类,故其法俗多同。"《三国志》:"倭:男子无大小,皆黥面文身。"又云:"夏后少康之子,封于会稽,断发文身,以避蛟龙之害。今倭人好沈没捕鱼蛤,亦文身以厌大鱼水禽;后稍以为饰。诸国文身各异;或左或右,或大或小;尊卑有差;以丹朱涂其身体,如中国用粉也。"《后汉书》马韩:"其南界近倭。亦有文身者。"弁辰:"其国近倭,故颇有文身者。"《北史》流求:"妇人以墨黥手,为虫蛇之文。"《南史》扶南:"俗本裸,文身被发,不制衣裳。"此可见文身之俗,自滇、缅,经闽、粤以至朝鲜、日本皆有之。阎若璩《四书释地三续》:"《留青札记》曰:某幼时及见今会城住房客名孙禄者,父子兄弟,各于两臂背足,刺为花卉、葫芦、鸟兽之形。因国法甚禁,皆在隐处,不令人见。某命解衣,历历按之;亦有五彩填者,分明可玩。及询其故。乃曰:业下海为鲜者,必须黥体,然后能避蛟龙鲸鲵之害。方知剪发文身,古亦自有。《汉书·地理志》,于粤已然。录此者,见今犹信耳。"此又足以证古说之非诬;抑可见此族之有此俗,实由其居沿海使然也。其征一也。《墨子·鲁问》:"楚之南,有啖人之国者;其国之长子生,则解而食之,谓之宜弟,美则以遗其君,君喜则赏其父。"《节葬下》:"越东有赅沐之国,其长子生,则解而食之,谓之宜弟。"《韩非子·二柄》、《难一》皆云:"齐桓公好味,易牙蒸其子首而进之。"其《十过》及《淮南子·主术训》、《精神训》高注,并作首子。《左》僖十九年,宋襄公使邾文公用鄫子于次睢之社,欲以属东夷。杜注谓睢水次有妖神,东夷皆社祠之。《后汉书·郡国志》注引唐蒙《博物记》,谓在临沂县。案汉临沂县故城,在今山东临沂县北。又案《春秋》言"用之"者二:一僖十九年,"邾人执鄫子用之",一昭十一年,"楚师灭蔡,执蔡世子有以归用之"是也。僖十九年《公羊》云:"叩其鼻以血社。"《穀梁》云:"叩其鼻以衈社。"注:"衈者,衅也。取鼻血衈祭社器。"昭十一年《公羊》曰:"恶乎用之,用之防也。其用之防奈何?盖以筑防也。"注:"持其足,以头筑防。"《穀梁》不言用之之法。《左氏》则僖十九年,载司马子鱼之言曰:"古者六畜不相为用,小事不用大牲,而况敢用人乎?"昭十一年载申无宇之言曰:"五牲不相为用,况用诸侯乎?"皆谓以人为牲。昭十年:"平子伐莒,取郠。献俘,始用人于亳社。臧武仲在齐,闻之,曰:周公其不飨鲁祭乎?周公飨义,鲁无义。《诗》曰:德音孔昭,视民不佻。佻之谓甚矣,而壹用之，将谁福哉？"注："壹，同也。同人于畜牲。"《汉书·五行志》："宣公十七年，六月，癸卯，日有食之。刘向以为后郑支解鄋子。"《山海经·东山经》："凡东山经之首，自樕螽之山，以至于竹山，凡十二山，三千六百里。其神皆人身龙首，祠毛用一犬。祈聃用血。"郭注："以血涂祭为聃也。《公羊传》云：盖叩其鼻以聃社。音钓饵之饵。"郝氏懿行曰："《玉篇》云：以牲告神，欲神听之曰聃。说与郭异。据郭注，聃疑当为衈。《玉篇》云：耳血也。《礼记·杂记》：衈皆于屋下。郑注云：衈，谓将刉割牲以衈，先灭耳旁毛荐之。郭引《公羊传》者，僖十九年文。然传云盖叩其鼻以血社，不作衈字。《穀梁传》正作叩其鼻以衈社。范宁注云：衈者，衊也。是郭此注当由误记，故竟以《穀梁》为《公羊》耳。"愚案用人之法盖甚多，支解之以为牲，或以其血涂祭器，或持其足，以头筑防皆是。《公》、《穀》同处甚多，窃疑《公羊》之血社，亦当作衈社。可知食人之俗，古所谓蛮夷者，亦皆有之。《后汉书·南蛮传》，引《墨子》之说，以为当时之乌浒人。注："万震《南州异物志》曰：乌浒，地名。在广州之南，交州之北。恒出道间，伺候行旅，辄出击之。利得人食之，不贪其财货。并以其肉为肴菹；又取其髑髅，破之以饮酒；以人掌趾为珍异，以食老也。"墨子所识，地不得至交、广之间。范书所云，似近牵合，然其俗则固大同。《南史》毗骞："国法刑人，并于王前啖其肉。""国内不受估客，往者亦杀而食之。"《北史》流求："国人好相攻击，收斗死者聚食之。其南境：人有死者，邑里共食之。战斗杀人，便以所杀人祭其神。"《隋书》真腊："城东有神，名婆多利，祭用人肉。其王年别杀人，以夜祀祷。"此可征食人之俗，亦自楚、粤、交、广至南洋群岛皆同。其征二也。又近世人种学家，语言学家，谓藏、缅、暹、越之民，并与马来同种。暹、缅语皆单节，类中国，而颠倒出之。如胜地作地胜，好人作人好之类。惟暹重佛，多杂梵语；越杂华语，音分四声耳。藏、缅及川、滇、青海诸番，语亦单节。四声未备，而略有其端。且不复有所颠倒。此足为沿海之马来人，与中央山地之人同族之证。《后汉书》："珠崖、儋耳二郡，在海洲上。其渠帅贵长耳，皆穿而缒之，垂肩三寸。"《汉书·地理志》:"自日南障塞徐闻、合浦船行,可五月,有都元国。又船行,可四月,有邑卢没国。又船行,可二十余日,有谌离国。步行可十余日,有夫甘都卢国。自夫甘都卢国船行,可二月余,有黄支国。民俗略与珠崖相类。""自黄支船行,可八月,到皮宗。船行可八月,到日南、象林界云。黄支之南,有已程不国,汉之译使,自此还矣。"近人云:"黄支,即《大唐西域记》西印度境之建志补罗(Kanchipura),此外皆难确考。大约在今南洋群岛锡兰及南印度境。"予案此所谓"民俗略与珠崖相类"者,不知其专指黄支国,抑兼指都元以下诸国言之? 然即以为专指黄支,已可见其散布之广。又儋耳之民,《山海经》、《大荒北经》。《淮南子》《地形训》。皆以为在北方。高注谓其"以两手摄耳,居海中"。亦足见其散布之广,又可见其确居沿海之地也。又《通典》:"五岭之南,人杂夷、獠,不知教义,以富为雄。铸铜为大鼓。初成,悬于庭中,置酒以招同类。人多构仇怨,欲相攻击,则鸣此鼓。有鼓者号为都老。"宋周去非《岭外代答》:"广西土中铜鼓,耕者屡上之。其制正圆而平;其面曲;其腰有五蟾分据;蟾皆累蹲,一大一小,相负也。周围款识,其圆文为古钱,其方文如织簟。以其成章,合其众纹,大类细画图陈之形。"近人云:"今西人往往于印度支那及南洋巫来由群岛得铜鼓,模范款识,与吾国所记吻合。日本帝国博物馆,藏有铜鼓三:一在广东所得,一在爪哇所得,一则暹罗王室所赠也。"又《王制》郑注:"交趾,足相乡,浴则同川,卧则僻。"正义:"蛮卧时头在外,足在内而相交,故曰交趾。"《后汉书·南蛮传》:"其俗,男女同川而浴。"《北史》流求:"父子同床而寝。"而男女同浴之风,今日本尚有之,亦皆此诸地方之民,本为同族之证矣。

此族见于古籍者,自淮以北皆称夷,自江以南则曰越。作粤同。夷之见于《禹贡》者,有青州之嵎夷、莱夷,冀州、扬州之鸟夷,徐州之淮夷。嵎夷，当即《尧典》"宅嵎夷曰旸谷"之嵎夷。《今文尚书》及《帝命验》、《考灵曜》，并作嵎铁，谓在辽西。《书》疏及《尧典》释文，《史记·夏本纪》索隐。夷铁音同。《说文》土部："堣夷，在冀州阳谷；立春日，日直之而出。"山部："嵎山，在辽西。一曰嵎铁，嵎谷也。"盖辽西之地，或以为属冀，或以为属青。马融曰："嵎，海嵎也。夷，莱夷也。嵎谷，海嵎夷之地名。"《书》释文。则合嵎夷、莱夷为一。案《史记·封禅书》："秦始皇东游海上，祠齐之八神。其七曰日，主祠成山。成山斗入海。最居齐东北隅，以迎日出云。"韦昭曰："成山，在东莱不夜县，自古相传为日出之地。"似与马说合。汉不夜故城，在今山东文登县东。然《禹贡》下文，别言"莱夷作牧"，则马说似非。要之总在今山东辽宁境也。莱夷，即春秋时之莱，为齐人所灭者。据《汉志》，地当在今山东黄县。扬州、冀州之鸟夷，今《禹贡》皆作岛。然正义谓孔读鸟为岛，则伪孔经文亦作鸟也。郑释冀州之"鸟夷皮服"云："东北之民，搏食鸟兽者。"《书》正义。颜师古释《汉志》之"鸟夷卉服"云："东南之民善捕鸟者。"伪孔读为岛似非，然亦不能确知所在。淮夷，郑注云："淮水之上夷民。"见正义。予案古所谓徐戎，亦称为徐夷者，似与淮夷是一。以其居淮水之上，则曰淮夷；以其州表之，则曰徐戎；犹粤之在扬州分者称扬粤耳。伪孔说即如此。《说文》："邾，邾下邑也。鲁东有徐城。"《史记·鲁世家》："顷公十九年，楚伐我，取徐州。"徐广曰："徐州在鲁东。今薛县，六国时徐州。"案今山东滕县。《汉志》：临淮郡，治徐县，即春秋时徐子之国，则安徽盱眙县。可见徐戎跨地甚广。嵎夷、鸟夷，后世无闻焉。而淮夷、徐戎，则特为强悍。至秦有天下，乃悉散为人户。《后汉书·东夷传》：古有所谓九夷者，即淮夷也。孙诒让云："《尔雅·释地》云：九夷，八狄，七戎，六蛮，谓之四海。《王制》孔疏云：九夷，依东夷传九种：曰畎夷、于夷、方夷、黄夷、白夷、赤夷、玄夷、风夷、阳夷。李巡注《尔雅》云：一曰玄菟，二曰乐浪，三曰高骊，四曰满饰，五曰凫余，六曰索家，七曰东屠，八曰倭人，九曰天鄙。按《王制》疏所云，皆海外远夷之种别。此九夷与吴楚相近，盖即淮夷，非海外东夷也。《书·叙》云：成王伐淮夷，遂践奄。《韩非子·说林》上篇云：周公旦攻九夷而商盖服。商盖即商奄，则九夷亦即淮夷。故《吕氏春秋·古乐篇》云：成王立，殷民反。王命周公践伐之。商人服象，为虐于东夷。周公遂以师逐之，至于江南。又《乐成》篇云：犹尚有管叔蔡叔之事，与东夷八国不听之谋。高注云：东夷八国，附从二叔，不听王命。周公居摄三年伐奄，八国之中最大，著在《尚书》。余七国小，又先服，故不载于经也。案东夷八国，亦即九夷也。春秋以后，盖臣属楚、吴、越三国。战国时，又专属楚。《说苑·君道》篇说：越王句践与吴战，大败之。兼有九夷。《淮南子·齐俗训》云：越王句践霸天下，泗上十二诸侯，皆率九夷以朝。《战国策·秦策》云：楚苞九夷，方千里。《魏策》云：张仪曰：楚破南阳，九夷内沛，许鄢陵死。《文选》：李斯上秦始皇书，说秦伐楚，包九夷，制鄢、郢。李注云：九夷，属楚夷也。若然，九夷实在淮、泗之间，北与齐、鲁接壤。故《论语》：子欲居九夷。参互校核，其疆域固可考矣"案孙说是也。李巡注《尔雅》夷蛮戎狄，多引汉以后四夷之名，其为附会，显然。孙说见《墨子间诂·非攻中》篇。**其称为越者：则《史记·楚世家》**："熊渠伐扬粤，至于鄂，立长子康为句亶王，中子红为鄂王，少子执疵为越章王，皆在江上楚蛮之地。"句亶，《集解》："张莹曰：今江陵也。"《索隐》："系本康作庸，亶作祖。"鄂，《集解》："《九州记》曰：今武昌。"越章，宋翔凤谓即汉丹阳，今当涂县。《过庭录·楚鬻熊居丹阳武王徙郢考》。更证以泰伯、仲雍，文身断发，《史记·吴泰伯世家》。则自江陵以东，迄于吴会，皆为此族居地。更南：则今浙江以南曰于越，瓯江以南曰瓯越，福建地曰闽越，两广、越南地曰南越，秦、汉时皆入中国版图。而凭恃险阻之山越，至于六朝，犹劳讨伐焉。

秦、汉之开南粤，地仅及今越南境。其最南之界，为今广和城，后此自立为林邑者也。林邑之南为扶南，当今澜沧江下流，临暹罗湾，《南史》所谓在"日南之南，海西大湾中，有大江，广十里"者也。

扶南之南,今柬埔寨境,曰真腊。益西,今地那悉林境,曰赤土。与扶南并为后印度半岛大国。《南史》云:"扶南南界三千余里,有顿逊国。在海崎上,地方千里,城去海十里,有五王,并羁属扶南。""顿逊之外,大海洲中,又有毗骞国,去扶南八千里。""又传扶南东界,即大涨海。海中有大洲,洲上有诸薄国。国东有马五洲,复东行涨海千余里,至自然大洲。"顿逊,当在今马来半岛南端。毗骞,似在今苏门答剌境。诸薄国、马五洲,当系今婆罗洲。自然大洲,或今巴布亚欤? 里数系传闻侈大之词,不足为据。凡此诸国,殆皆因扶南而传闻者。史称扶南王范蔓,"尝作大船,穷涨海。开国十余,辟地五六千里",或即其地也。

　　其南朝时来通朝贡者,则有诃罗陁、呵罗单、婆皇、婆达、阇婆达、盘盘、丹丹、干陁利、狼牙修、婆利诸国。呵罗单,都阇婆洲,与阇婆达当即一国。《唐书》:"诃陵,亦曰社婆,曰阇婆。"《地理志》:"海峡之南岸为佛逝国。佛逝国东,水行四五日至诃陵国。"则当在今苏门答剌之东南端。或曰:阇婆即爪哇,音译小异也。盘盘,据《唐书》,在哥罗西北。哥罗在海峡北岸,则盘盘当在马来半岛南境。丹丹,《唐书》云:"在南海,北距环王。限小海,与狼牙修接。"亦当在马来半岛南端。狼牙修国,"在南海中。其界东西三十日行,南北二十日行",证以隋使行程,当即今苏门答剌。婆利国,"在广州东南海中洲上。《北史》:"自交趾浮海,南过赤土丹丹,乃至其国。"《唐书》:"赤土西南入海得婆罗。"当即此也。国界东西五十日行,南北二十日行"。《北史》:"东西四月行,南北四十五日行。"似即今婆罗洲也。

　　其见于《隋书》者:有流求,"当建安郡东,水行五日而至",今台湾也。见于《唐书》者:有甘毕,"在南海上,东距环王"。有哥罗舍分,"在南海南,东距堕和罗"。有修罗分,"在海北,东距真腊"。又有僧高、武令、迦乍、鸠密四国。僧高"在水真腊西北",其余三国,亦当在其附近。与鸠密同入贡者，又有富那。真腊之南有投和，"自广州西南海行，百日乃至"。其西有堕和罗，亦曰独和罗。"南距盘盘，自广州行五月乃至"。有属国二：曰昙陵，"在海洲中"。曰陀洹，一曰耨沱洹，"在环王西南海中。与堕和罗接"。有罗越，"在海峡北岸"。凡此皆在今越南、暹罗及马来隅半岛境。有赡博，或曰赡婆，"北距兢伽河"，则当在今阿萨密附近。其北为东天竺，又东即骠国，今缅甸地。骠国之东，则陆真腊，其西南则堕和罗也。其在海岛上者，有堕婆登，"在环王之南，东拒诃陵"。有室利佛逝，"在海峡之南岸"，皆在今苏门答剌。婆利之东有罗刹，"与婆利同俗"，则当在今婆罗洲。环王之南有殊奈，"泛交趾海三月乃至"。又有甘棠国，"居大海南"。则未能确指为今何岛也。

　　凡此诸国，皆在今南洋群岛中。自此以东北，则接于朝鲜、日本。其分布，盖以今地学家所画亚、澳二洲之界为限。更东北，则至美洲。《南史》云："倭东北七千余里，有文身国。人体有文如兽；额上有三文；文直者贵，文小者贱。""大汉国，在文身国东五千余里，风俗并与文身国同，而言语异。"道里虽不可据，然其地必在今美洲，则无疑矣。

　　诸国种类，可分二派：一为马来西亚人，一则印度西亚人也。《晋书》林邑："人皆裸露徒跣，以黑色为美。"扶南："人皆丑黑拳发，倮身跣行。"《北史》真腊："人形小而色黑，妇人亦有白者。悉拳发垂耳。"《唐书》婆利："俗黑身，朱发而拳，鹰爪兽牙。"此皆马来西亚种也。《隋书》林邑："其人深目高鼻，发拳色黑。"流求："人深目长鼻，有类于胡。"此皆印度西亚种也。流求："歌呼蹋蹄，一人唱，众皆和，音颇哀怨。扶女子上膊，摇手而舞。"此即今西人跳舞之俗也。印度西亚人文明较马来西亚人为高。其来自印度者，尤常为之君长；扶南、婆利之王，为侨陈如氏。真腊之王，为刹帝利氏。赤土之王，为瞿昙氏是也。《隋书》赤土："其俗敬佛，尤重婆罗门。"《南史》林邑："其大姓号婆罗门。"则诸国贵族，亦出印度矣。

诸国之中，受中国之牖启而自立者，当首推林邑。林邑者，汉日南郡象林县，今越南之广和城也。越南之地，自汉平南越后，隶中国，为交趾、九真、日南三郡。交趾，今东京，九真为义安、广平等处，日南则顺化以南之地也。后汉建武时，交趾女子征则、征贰反，马援讨平之。是役也，兵威所至盖甚远。《唐书》："环王，南抵奔陀浪洲。其南大浦，有五铜柱；山形若倚盖，西重岩，东涯海，汉马援所植。"盖薄今西贡境矣。然疆理所及，则以广南为限也。后汉末，县功曹区姓，有子曰连。杀令，自立为王。子孙相承数世。其后王无嗣，外孙《隋书》作甥。范熊代立。熊死，子逸立。晋成帝咸康三年，逸死。有范文者，本日南西卷县夷帅范椎家奴。椎尝使之商贾。往来，见上国制度。至林邑，教逸作宫室、城邑、兵车、器械。逸爱信之，使为将。文乃谮逸诸子，或徙或奔。逸死，文伪于邻国迓王子，置毒杀之。遂胁国人自立。有众四五万人，颇为日南、九真之患。宋时，封林邑王。自此迄南朝，皆通贡。惟宋文帝元嘉时，以其为寇，尝一用兵，入其国。隋文帝仁寿时，又入之。以其地置三郡。而道阻不通。其王褒遗众，别建国邑，遣使谢罪。自此迄唐，朝贡不绝。唐太宗贞观十九年，其王镇龙见弑。范氏绝，镇龙父头黎之姑子诸葛地继之。肃宗至德后，更号环王。宪宗元和初，不朝献，安南都护张丹伐之。其王弃林邑，南徙于占，今平顺城。改号占城。宋时，其国仍在。而史云："有州三十八。无城郭，但有村落百余。每村户三五百至七百。"则南徙后，已非复中国州县之旧矣。宋时，占城尝伐真腊，入其国。宁宗庆元时，真腊大举复仇，俘其王，杀戮殆尽，遂并其地。宋末，复分立。明英宗天顺中，安南黎氏灭占城，以其地为广南、顺化二州。明责其以南边数城，复立占城之后。孝宗弘治中，统绝。明行人屠滽，以兵二千，海舟二十，送其裔古来复国。

安南不敢拒。占城仍保南边数城。至阮氏据广南，乃为所并。

　　林邑而外，后印度半岛之国，当以扶南为最大。赤土其别种，真腊则其后起者也。扶南：本以女人为王，号曰柳叶。其南激国，有事鬼神者，字混填，梦神赐之弓，乘贾人舶入海。晨起，诣庙，于神树下得弓。便依所梦，乘舶入海，至扶南外邑。柳叶人众见舶至，欲劫取之。混填即张弓射其舶。穿度一面，矢及侍者。柳叶惧，举众降。混填妻之，而君其国。混填生子，分王七邑。其后王混盘况，间诸邑，令相疑阻。因举兵攻克之。混填、柳叶，时代不可知，约当中国汉时。其立国，尚在林邑之先也。混盘况年九十余乃死。中子盘盘立，以国事委大将范蔓。盘盘立三年死。国人共举蔓为王。蔓雄健，有权略。以兵威攻伐旁国，咸服属之。自号扶南大王。乃作大船，穷涨海，并国十余，辟地五六千里。涨海，史云扶南东界之海。其所辟者，或今菲律宾群岛与？次当伐金邻国。蔓遇疾，遣太子金生代行。蔓姊子旃，因篡蔓自立。遣人诈金生，杀之。蔓死时，有乳下儿，名长，在民间。年二十，结国中壮士袭杀旃。旃大将范寻，又攻杀长而自立，晋武帝太康中，寻遣使贡献。是为扶南通中国之始。案林邑之王，自区氏后，亦为范氏。林邑中国郡县，范亦中国氏族，熊、文、蔓、寻，殆皆以汉族王异域者欤？范氏诸王之名，皆绝类中国人，其自称扶南大王，于华文义亦可通。扶南王封，始于梁武帝，盖因其自号。

　　范氏之后，扶南国祚，乃入天竺人之手。晋穆帝升平元年，其王竺旃檀，奉表贡驯象。竺旃檀之由来不可知，其名则天竺人也。其后有侨陈如者，本天竺婆罗门也。有神语之曰："应王扶南。"侨陈如悦，南至盘盘。扶南人闻之，举国欣戴，迎而立焉。乃改制度，同天竺法。案《宋书》，婆利国王，姓侨陈如，则侨陈如乃婆罗门氏族，非人名也。其后王持黎陁跋摩，宋文帝元嘉十一、十二、十五年，皆奉表献方物。齐武帝永明中，其王侨陈如阇邪跋摩，亦遣使贡献。梁武帝天监二年,跋摩使送珊瑚佛像,并献方物。诏授南安将军扶南国王。跋摩死,子留陁跋摩,杀其嫡弟自立。其后之事,史不复载。唐初,为真腊所并。自特牧城南徙那弗那城。武德、贞观时,犹再入朝焉。真腊,本扶南属国。《隋书》云:其王姓刹帝利氏;赤土,《隋书》云:其王姓瞿昙氏,亦皆印度氏族也。

安南之地,唐时犹属中国,为都护府。后梁贞明中,土豪曲承美据之,送款于汴。刘隐遣兵伐执之。使杨廷艺领其地。后为其下所杀。牙将吴权自立,称王。未几,大乱。驩州刺史丁部领定之。部领始称帝,国号瞿越。时宋太祖开宝四年也。旋为大将黎桓所篡。宋太宗出兵讨之,弗克。因而封之。真宗时,又为其臣李公蕴所篡,改号大越。理宗时,女主佛金,传位于夫陈煚。自是陈氏代主其国。自李氏以来,世受封于中国。惟神宗以其犯边,尝一讨之而已。元世祖为皇弟时,尝自西藏入云南,留兀良哈台经略其地。兀良哈台既定云南,使招安南,安南不受命。元屡兴兵伐之,皆不利。明建文帝元年,陈氏为外戚黎季犛所篡。季犛复姓胡,改国号曰大虞。成祖使沐晟、张辅,分出广西、云南讨之。时季犛已传位于子汉仓,《明史》名查。并擒之。求陈氏后,不得。乃以其地置交趾布政司。时永乐七年也。交趾与中国分立久,猝不易合。明官又不善抚驭;中官采办其地者,又多贪婪侵扰;遂至叛者四起。至宣宗宣德二年,卒弃其地于黎利。交趾复合于中国,仅十有九年而已。黎利有国,建号大越。世宗嘉靖六年,为其臣莫登庸所篡。明人来讨。登庸入镇南关,囚首徒跣,请举国为内臣,乃削国号,立都统司,以登庸为使。黎氏遗臣阮淦,立其后宁庄宗。于老挝。旋入西京。神宗万历二十年,入东京,灭莫氏。明以其为内臣,来讨。立其后于高平。黎氏亦如莫氏故事,受都统使职,乃已。清人入关,仍封黎氏为安南国王,以莫氏为都统使。三藩兵起,黎氏乃乘机灭莫氏焉。初黎氏庄宗,以其婿郑检为太师，阮淦为将军。郑氏传松、枬、作、根、森，世执政柄。而阮淦子潢，南镇顺化。世宗_{名维禪}。太子，为郑松所废。阮潢起兵讨之，不克。自是阮氏遂自立，惟对黎氏，犹执臣礼而已。阮氏以西贡为重镇，阮潢七世孙福峤，置副王以镇之。福峤杀其长子，而立次子福顺。西山豪族阮文岳、文虑、文惠兄弟起兵，陷顺化。福顺死，文岳自立，为交趾郡王。会郑森亦废嫡子栋，而立庶子幹。森卒，幹袭。栋废而代之。幹乞师于文岳。文岳使文惠入东京。栋自杀。文惠遂篡黎氏。时清高宗乾隆五十年也。清人为之出师，入东京，封黎氏后维祁。已为文惠所袭败，乃因其请降，封之。_{表名阮光平。}旧阮之亡也，福顺子福映_{嘉隆帝}。奔海岛，使法教士阿特兰傅其子，乞援法兰西及暹罗。暹罗助以兵，复下交趾，后法兵亦至，遂灭文惠子弘瑞。_{清仁宗嘉庆七年。}仍受封为越南国王。自黎莫纷争以来，几三百年矣，至此乃复统一，而欧人之祸遽起。初福映之乞援于法也，许事成，割化南岛，且许法人自由通商。及事定，靳化南岛不割。传明命、_{名弘安。}绍治、_{名弘任。}嗣德_{名弘经。}三帝，时与法人龃龉。法人以兵据西贡。清同治元年，越人割边和、嘉定、定祥三州。永隆、安江、河仙三州，由法代治。云南回乱之起，清提督马如龙，使法商人秋辟伊（Dupuis）_{一译久辟酉。}由红河为运军械。法人始知道红河可通云南，谋越之心益亟。同治十二年，法人下令：许中、法两国船，通航红河。已以红河沿岸多乱事，驻兵海防、河内。遂陷东京。越人结黑旗兵复之。时越大臣阮文祥当国，主闭关。再废立。法人来攻，结约二十八条，夷为法之保护国。中国不认，遂致与法开战，而越卒以亡。越南之地，自秦至唐，恒为中国郡县；且为中国与西南洋交通要区。然卒不能自保。至近世，且以是资敌，使用为侵略滇、黔之根据，亦可哀矣。

　　马来人除在今日中国境内者，多与汉人同化，安南曾为中国郡

县外，其受汉族文明之牖启最早者，当推三韩及日本。三韩者：曰
马韩，据今朝鲜忠清道地。曰弁韩，曰辰韩，居今庆尚道地。《后汉
书》、《三国志》，皆以辰韩为秦人避役者。金于霖《韩国小史》，则称
秦人避役者为秦韩。或称之曰辰韩，则称故辰韩为辰韩本种焉。
《三国志》谓辰韩："言语不与马韩同。其名国为邦，弓为弧，贼为寇，
行酒为行觞，案《礼记·投壶》："命酌者曰：请行觞。"相呼皆为徒，有似秦
人，非但燕、齐之名物也。"《南史·百济传》："呼帽曰冠，襦曰复，衫
袴曰裈，其言参诸夏，亦秦韩之遗俗云。"三韩中，马韩最大，弁韩、辰
韩，皆役属之。《韩国小史》云："秦人避役出塞者，辰韩割东界居之。
分为六村：曰杨山，曰高墟，曰大树，曰珍支，曰加利，曰明活，各有
村长。汉宣帝神爵四年，朴赫居世，以六部之推尊，即王位。建国号
曰徐罗伐。筑金城居之。今庆州东四里。后世乃改称新罗。自此辰
韩本种，日就衰颓。后汉桓帝延熹九年，其众分为八国。其臣智长
帅之称。攻带方，弓遵、刘茂讨之。遵战死，而辰韩本种遂亡。又有
驾洛者，亦汉族，而君于弁韩。其先有金天氏裔八人，自中国莒县今
山东莒县。播迁于辰韩之西；人称其地为八莒，今星州。八人之裔，有
分居弁韩者。其后曰首露，时弁韩有九干，各统其众，分居山野，共
尊为君，号曰驾洛。实汉光武建武十八年也。地在今金海郡。案《魏
书》谓新罗附庸于迦罗，即此。首露王最老寿，且有令德，为邻国所归仰。
传八世，至梁武帝中大通四年，乃降于新罗。方首露之开国，其同族
五人，亦各分据一部落，号曰五伽耶：是为阿罗伽耶、今咸安。古宁
伽耶、今咸昌。星山伽耶、今星州。大伽耶、今高灵。小伽耶。今固城。
大伽耶，即后来之任那也。"案朝鲜古史，不甚可信。然三韩开化，由
于汉人，则不诬也。

　　日本民族，据人类学家、史学家、考古学家之说，虾夷居十之二，
汉人、通古斯人各居十之一，马来人居十之六。其与马来人相似之

处有十一：言语或同，一也。文身，二也。马来人好食槟榔子，故齿黑，日人尚涅齿，三也。祖孙父子袭名，四也。马来人有独木舟，日人亦有之，五也。马来人日人皆不袴，六也。马来人食果实，日人好食植物，盖其遗习，七也。果实中多糖分，日人亦喜食糖，八也。马来人架木为居，不用墙壁，与日人所谓"掘立小屋"同，九也。日人度岁，县草縆于门，立松竹于其侧，马来人亦有此俗，十也。日本神话，称其皇族之先曰天照大神，居高天原。命其孙杵杵琼尊，下临穗瑞国。时曰"天孙降临"。瑞穗国，即日本；天孙降临，乃浮海而来之寓言耳。其初至之地，如九州、太和、伊势、纪伊，均在日本南岸。又日人西村真次，以为《古事记》日本最古之书。之"日无坚间小舟"，即今安南之笼舟，编竹为笼，形如鸡卵。涂以椰子油，或牛矢，以浮水。十一也。日人中非无北族，然北族衣必皮毛，食必肉酪，居必温燠，日皆不然，可见北族之微矣。此节据近人所撰《同种同文辨》。原文见《黑潮杂志》第二册。

　　南洋诸国，自东晋至唐，大抵时通朝贡，史官纪录，唐代而外，当以宋元嘉时为最详，梁武帝时次之，前所述者其略也。隋炀帝好勤远略，南方诸国，来者当亦不少，惜纪载无存焉。宋、元、明诸史，纪南洋诸国交涉尚详，而于人种风俗罕及，与民族无关，故不著。宋时与我往还最密者，当推三佛齐。阇婆及渤尼次之。元时，海外诸国，以俱蓝、马八儿为纲维。马八儿，今麻打拉萨属部马拉巴尔。俱蓝为其后障，当在麻打拉萨附近。而元尝一用兵于爪哇。明时遣郑和入海，所招致之国尤多。具见《明史》。郑和之航海，事在成祖永乐三年。后九十四年，而当孝宗弘治十一年，葡人始越喜望角，以抵马拉巴尔。南洋诸国，自此多为欧人所蚕食矣。元明史载诸国国书，多用回回字，可想见欧人东来以前，阿剌伯航业之盛也。

　　粤族之留居川、滇境者：曰哀牢，曰獠。哀牢缘起，《后汉书》述之曰："其先有妇人名沙壹，居于牢山。尝捕鱼水中，触沈木，若有感，因怀孕。十月，产子男十人。后沈木化为龙，出水上。沙壹忽闻龙语曰：若为我生子，今悉何在？九子见龙惊走，独小子不能去，背龙而坐。龙因舐之。其母鸟语，谓背为九，谓坐为隆，因名之曰九隆。及后长大，诸兄以九隆能为父所舐而黠，遂共推以为王。后牢山有一夫一妇，复生十女子，九隆兄弟，皆娶以为妻。后渐相滋长，种人皆刻画其身，象龙文，衣著尾。"又云："哀牢人皆穿鼻儋耳。其渠帅自谓王者，耳皆下肩三寸；庶人则至肩而已。"观其传说及其习俗，而其种族可知矣。

　　哀牢夷之开辟，始于后汉明帝时，以其地为永昌郡，今云南之保山县也。《唐书》称南诏为哀牢夷之后，然南诏系出两爨，自是濮族，见下篇。惟古哀牢夷之族，见于《唐书》者亦不少，今为料拣之：其居古永昌郡者，谓之永昌蛮。永昌蛮之西，有扑子蛮。"趫悍，以青裟罗为通身裤，善用竹弓，入林射飞鼠，无不中者。人多长大，负排持稍而斗"。又有望蛮者，"用木弓短箭，镞傅毒药，中者立死"。茫蛮，亦呼茫诏，在永昌之南。有茫天连、茫吐姆、大睑、茫昌、茫鲊、茫施等，"皆楼居，无城郭。或漆齿，或金齿，象才如牛，养以耕"。有望苴蛮，在澜沧江西，"男女勇捷，不鞍而骑。善用矛剑，短甲蔽胸腹，鞎鍪皆插猫牛尾，驰突若神"。南诏出兵，辄以为前驱焉。又有寻传蛮者，"射豪猪，生食其肉。战以竹笼头如兜鍪。俗无丝纩，跣履荆棘，不苦也"。其西有裸蛮，亦曰野蛮，"漫散山中，无君长。作槛舍以居，男少女多。无田农。以木皮蔽形。妇或十或五，共养一男子"。有黑齿、金齿、银齿三种，"见人以漆及镂金银饰齿，寝食则去之"。又有绣脚种，"刻踝至腓为文"。有绣面种，"生逾月，涅黛于面"。有雕题种，"身面皆涅黛"。有穿鼻种，"以金环径尺贯其鼻，下垂过颐。若长，以丝系环，人牵乃行。其次以二花头金钉贯鼻下出"。又有长鬃种、栋锋种，"皆额前为长鬃，下过脐，行，以物举之。若长，则二女在前，共举其鬃乃行"。又有三濮，"在云南徼外千五百

里。曰文面濮,镂面,以青涅之。曰赤口濮,裸身而折齿,劓其唇使
赤。曰黑僰濮,山居如人,以幅布为裙,贯头而系之。唐高宗龙朔
中,亦通朝贡焉"。凡此诸蛮,观其习俗及其分布之地,皆可知其为
古粤族也。自南诏兴,大抵为所抚用矣。今云南元江、临安、广西、广南
之扑喇蛮,相传为九隆之裔。

　　獠地与氐羌相杂,南接濮;然其文明程度,远视濮与氐羌为低,
可证其别为一族。史称"其人依树积木,以居其上,名曰干阑"。此
与后印度诸国同。又称其人"自卖以供祭","俗畏鬼神。尤尚淫祀。
所杀之人,美鬓髯者,乃剥其面皮,笼之于竹,及燥,号之曰鬼,鼓舞
祀之,以求福利,报怨相攻击,必杀而食之"。可证其亦有杀人以祭
及食人之习。又其人能"卧水底,持刀刺鱼"。此文身之习所由来
也。其妇人横布二幅,穿中贯其首,号曰通裙。亦即古所谓贯头衣。
凡此诸端,皆足证其与粤族同源也。

　　獠族居地,《北史》云:"自汉中达于邛、今四川西昌县。筰,今四川
清谿县。川洞之间,所在多有。"其为患,始于李势时。桓温破蜀,力
不能制。又蜀人东流,山险之地多空。獠遂挟山傍谷。与夏人参居
者,颇输租赋。在深山者,不为编户。梁、益二州,岁岁伐獠,以自裨
润,公私颇借为利。魏立巴州,以统诸獠。又立隆城镇,所绾獠二十
万户。岁输租布,谓之北獠。后梁州为梁所有,又属梁。周人平梁、
益,令所在抚慰。其与华人杂居者,亦颇从赋役。然天性暴乱,旋致
扰动。每岁命随近州镇,出兵讨之。获其生口,以充贱隶,谓之压
獠。商旅往来,亦资为货。公卿民庶之家,有獠口者多矣。唐高祖、
太宗、高宗三朝,獠亦数为剑南州郡之患。后遂无闻焉。其在四川
綦江县境者,谓之南平獠。其王朱氏,唐太宗贞观三年,遣使内款。
以其地隶渝州。宋神宗熙宁中,为患。熊本平其地,为南平军。

　　今云南临安、开化、广南、广西、澂江、昭通诸县,有所谓土獠者。

生子置水中,浮则养之,沉则弃之。其在贵州之镇远、施秉、余庆者曰水犵狫,隆冬能入水捕鱼。在平越、黔西者曰打牙犵狫。女将嫁,折其二门齿。此即《唐书》赤口濮之俗。近人《游记》云:今已无此习矣。在贵定者曰剪发犵狫。畜发寸许,四垂,长则剪之。在平远者曰锅圈犵狫。女服青布,束发如锅圈。曰披袍犵狫。袍前短后长,无袖。此外都匀、镇远、遵义、大定,亦皆有犵狫。又有所谓木狫者,在都匀、清平、贵定。近人《游记》云:"木狫,即仆獠,为山獠所征服。山獠蔓衍黔、粤间,自称主獠。主獠自征服仆獠后,淫酗专横,又为猓猡所征服云。"案犵狫,亦作犵猺,乃獠之重言也。

今之琼州,乃汉珠崖、儋耳二郡。居其地之族曰黎,躯干肤色,皆类马来。其稍与汉人同化者曰熟黎,居深山者曰生黎。生黎妇女,仍有文身之习,自两耳至腮,刺为三文或五文云。除文昌、琼东二县外,所辖皆有黎地。

马来族之起自横断山脉,而不在今中国境内者,时曰暹、缅。后印度半岛、红河流域,地最坦平。湄公、湄南二河次之。伊洛瓦谛江上流,最为崎岖闭塞。故红河流域,开化最早;伊洛瓦谛江上流,开化最晚也。然山地之民,性质实甚强悍。故至近世,而平缅、麓川,大勤中国之兵力焉。

云南之地,自唐时为南诏所据。元始平之。蛮族来降者,皆以为土司。明初仍之。其时疆域,实抵今后印度半岛。然实力所及,西不过永昌,南不越普洱。其外蛮族,仅等羁縻。其后纷纷自立,遂成今日之境界焉。明时,永昌而外蛮族,以平缅、麓川为大。今保山以西之潞江,腾冲以西南之南甸、干崖、盏达、越龙溪、天马诸关,入今缅甸境,伊洛瓦谛江右岸之孟拱、孟养,左岸之八莫、孟密,皆其地也。自此以南,今蛮得勒、阿瓦一带曰缅。其南为洞吾。又其南为古剌。今白古。普洱以南为车里。云南境内,澜沧江右岸。其南为老挝。_{在暹罗西北。}又其南为八百媳妇。_{缅东境，南界安南，东接暹罗。相}_{传其酋长有妻八百，故名。}皆为中国之土司。其疆域，实苞今伊洛瓦谛江流域，及萨尔温、湄公河之上游也。

平缅、麓川，元时本为两宣慰司。明太祖乃命平缅酋思伦发兼统麓川。后伦发为其部长刀干孟所逐。明为之讨禽干孟，乃得还。于是分其地，设孟养、木邦、孟定、潞江、干崖、大候、湾甸诸土司。伦发弟任发，欲复故地。英宗时，叛。王骥讨之。任发走孟养，为缅所执送。子机发，仍据孟养。骥又讨破之。立陇川宣抚司而归。机发据孟养自如。朝命骥三讨之。机发遁去。部人复奉任发少子禄居孟养。骥知终不可平，乃与立约：许居孟养，部勒诸酋。而立石金沙江，曰："石烂江枯，尔乃得渡。"遂班师。后机发亦为缅所得。思氏怨缅。禄子与孟密、木邦攻缅，破之，杀其酋莽纪岁。_{亦作纪瑞。}缅当明初，亦分缅中、缅甸两宣慰司。后缅甸酋为木邦所杀。部众共推莽得剌为主。是为莽氏有国之始。而缅中不复见，盖为缅甸所并也。纪岁既为思氏所杀，子瑞体，走洞吾母家。其酋养为子，遂有其地。时葡萄牙人已通商东洋，瑞体佣为兵，并古剌，降孟密、木邦、潞江。抚州人岳凤，商于陇川。陇川宣抚司多士宁才之，妻以妹，用为记室。凤结瑞体，杀士宁，据其位。遂破干崖，服蛮莫，攻孟养，破之。思氏酋名箇者走死。世宗嘉靖八年，瑞体卒，子应里袭，寇边。刘綎大破之，直抵阿瓦，然亦仅定陇川而归。遂成今日之境界矣。盖伊洛瓦谛江上流，进化至于明代，本应有一大国出。平缅、麓川，地大兵强，统一诸部，其势最顺，而为中国所分裂，构兵累年，中国虽不能定其地，思氏亦卒不能恢复故业，而缅甸遂乘其机而起也。

西力东渐，自莽瑞体佣葡人为兵时，已肇其端。明亡，永历帝奔缅甸。清兵攻之。葡人助缅守御，清不能克。然缅人惧清再至，遂弑王，而执永历帝畀清。缅自此篡乱相继。乾隆时，木梳土司雍籍牙,取而代之。子孟驳,并阿剌干,灭暹罗,遂寇滇边。清发大兵攻之。水土不宜,士卒多病。因其请和,许之而还。缅仍倔强,不朝贡。及暹罗复国,缅人惧清与暹罗夹攻之,事中国始恭顺焉。

暹罗之地,本分暹与罗斛二国。据其人所记述,则罗斛建国,实在唐太宗贞观十四年。暹人今以是年为纪元。是为第一朝。其后史籍残缺,事多不可知。元顺帝至元十二年,罗斛始并暹,定都于犹地亚。明太祖封为暹罗国王。始以暹罗为名。及为莽瑞体所灭,而第一朝亡。神宗万历三十一年,第二朝立。天启中,其王用日人山田长政为相,平六昆之乱,国势颇张。长政政猛,国人叛之。长政败死,王亦见弑,第二朝亡。定乱者自立,为第三朝。四十余年,而为孟驳所灭。郑昭者,中国潮州人也。及是,起兵,以乾隆四十一年复国。是为第四朝。昭者,暹语王之译音也。Chod 盖即南诏之诏。其婿丕耶却克里,Phaya Chakri 今暹王室以此为氏。本昭养子,复国时战功第一。定乱嗣位。其表文称郑华,盖袭前王之姓也。近人《游记》云:“暹罗人民,旧分暹(Sham)与猺(Lao)二种。暹之故国,实在缅甸北部,与云南邻。分南北二区,各有土王。予游仰光,尝至上缅甸,入其王居。猺亦有土王,最尊者在暹北青梅(Chiengma)。”又云:“暹人实来自云南大理一带。旅暹萧君佛成,谓云南土人言数,与暹人同。予听之,惟五读如海,六读如霍,称十二曰十双,余皆与华同。云君竹亭有友,能操暹语,而不能操华语,至广西,遇土人,其语竟相通云。”予案猺即獠,罗斛疑亦獠之异译。所谓罗斛并暹,则暹并于獠也。又近人《随笔》云“上世西蜀,盖皆暹族所聚居。扬雄《蜀王本纪》:言蜀之先称王者曰蚕丛。应劭《风俗通》载巴有賨人,剽勇,汉高祖募賨定三秦,复所发賨人卢、朴、杳、鄂、度、夕、龚七姓,不供租赋。阆中有渝水,賨人左右居。锐气善舞。高祖乐其猛锐,数观其舞。后令乐府习之。賨人即蚕人,古音賨入侵部,与蚕皆闭口音也。今暹，国名曰（Siam），种名曰（Sham）；支派在缅北者，则曰Assam，或作 Assom，正与蚕、赉诸音近。蚕、赉音转则曰蜀，汉人亦呼为叟。三国时屡言叟兵，《刘焉传》：遣叟兵五千助之。刘璋送叟兵三百人于曹公。皆取其剽勇，即汉高时之赉人。《史记集解》引郭璞曰：巴西阆中有渝水，獠人居其上。皆刚勇好舞。汉高募此以平三秦。后使乐府习之。又不谓之赉而谓之獠。考暹族总称本曰氐（Tai），分族则曰暹（Sham），曰獠（Lao）。今暹罗执国柄者，为氐之本种，然国中自有獠人，与氐人同种，而风俗习尚，不无小异。可知郭璞之獠，即应劭之赉，本蜀之土人；古所谓蜀，即以此得名。汉初嘉陵江流域，尚有此种繁殖。其后渐驱而西南，又蔓衍于澜沧江流域"也。予案汉代之巴氐，与南北朝之獠，程度高低迥异。本原虽一，支派自殊。郭璞即以《后书》之板楯蛮为獠，说恐不谛。参看《羌族》篇自明。

　　缅、英构衅，始于道光时。缅人战败，割阿萨密、阿剌干、地那悉林以和。咸丰二年，英取白古。缅人无复南出之海口。伊洛瓦谛江两岸，贸易大减。屡图恢复，皆不克。法、越事起，英人乘中国不暇西顾，灭之。暹罗颇能自强，亦以英、法之相惎，得幸存也。暹罗咸同间入贡，适直中国内乱，道阻不得达，遂绝。

　　粤族有文身食人之俗，已见前。又世界断发之俗，亦当以此族为最早。其事散见古书，不可枚举。今试略征之。《左》哀七年曰："太伯端委，以治周礼。仲雍嗣之，断发文身，赢以为饰。"十一年，齐与吴战，"公孙挥命其徒曰：人寻约，吴发短"。十二年曰："吴夷狄之国也，祝发文身。"可见春秋时之吴，确有此俗。昭三十年，"吴灭徐。徐子章禹，断其发，携其夫人，以逆吴子"。盖从其俗以示服。杜注云"自刑示惧"者，非也。《墨子·公孟》："昔者越王句践，剪发文身，以治其国。"《庄子·逍遥游》："宋人资章甫而适诸越，越人断发文身，无所用之。"《韩非·说林》下："公孙弘断发而为越王骑。"
《淮南子·齐俗训》："三苗髽首，羌人括领，中国冠笄，越人劗鬋，其
于服一也。"《说苑·善说》："越文身鬋发，范蠡、大夫种出焉。"《奉
使》："越使者诸发，谓宋曰：今大国有命，冠则见以礼，不冠则否。
假令大国之使，时过敝邑，敝邑之君，亦有命矣，曰：客必剪发文身，
然后见之。于大国何如？"可见春秋战国时之越人，亦确有此俗。又
《左》昭七年，"楚子享公于新台，使长鬣者相"。注："鬣，须也。"正义
曰："吴楚之人少须，故选长鬣者相礼也。"十七年，吴公子光与楚战，
"使长鬣者三人，潜伏于舟侧"。注亦曰："长鬣，多髭须，与吴人异形
状，诈为楚人。"案吴人无皆少须之理。《说文》髟部："鬣，发鬣鬣
也。"段氏玉裁曰："鬣鬣，动而直上皃。所谓头发上指，发上冲冠也。
辞赋家言旌旗猎猎，是其假借字也。人部曰：儠，长壮儠儠也。字
意略同。今《左氏》长儠作长鬣，杜以多须释之，殊误。须下垂，不称
鬣。凡上指者称鬣。"此说甚精。鬣既不可训须，长亦不可训多。盖
吴发短，使长发者诈为非吴人耳。毛发可以御寒，故北族被发，南人
断发，中原敛发，亦各适其地也。《礼记·王制》："东方曰夷，被发文
身。"《韩非·说林上》："越人被发。"《淮南子·原道训》："九疑之南，
被发文身。"被必断之误。《史记》，《陆贾传》。《说苑》，《奉使》。《论
衡》《率性》、《谴告》。皆谓尉佗椎髻，盖虽不同乎夏，而犹未忍尽即乎
夷，故未肯断其发；非越人有椎髻之俗也。

　　此族裸体之习，亦久而后改。《吕览·贵因》篇："禹之裸国，裸
入衣出。"《淮南子·原道训》："禹之裸国，解衣而入。"《左氏》谓仲雍"赢以
为饰"，则西周以前，吴、越之人，犹有不衣者。春秋以来，盖此俗遂
改。然《韩非·说林》谓："越人跣行。"则犹不履也。《论衡·恢国》
篇："夏禹倮入吴国。太伯采药，断发文身。唐、虞国界，吴为荒服。
越在九夷，劂衣关头。今皆夏服，襃衣履舄。"则秦、汉之世，被服全

与中夏同矣。其远方则犹未变。《南史·扶南传》："俗本裸，文身被发，案此被亦误字。不制衣裳。混填据其国，始教柳叶穿布贯头，形不复露。吴时遣中郎将康泰，宣化从事朱应，使于寻国。范寻。国人犹裸，惟妇人著贯头。泰、应谓曰：国中实佳，但人亵露可怪耳。寻始令国内男子著横幅。横幅，今干漫也。大家截锦为之，贫者乃用布。"范疑中国氏族，已见前。乃范寻王扶南时，其国人犹裸，岂亦如泰伯、仲雍，不欲遽变蛮荒之俗邪？

山居之民，交通不便，则彼此不相往来。热地之民，生事不劳，则一切趋于因任。故粤族政制，率无足观。《三国志》云："马韩有五十四国。《晋书》作五十六国。辰韩始六国，稍分至十二，弁韩亦十二国。大者万余家，小者数千家，总不过十余万户。各有长帅。大者自名为臣智，其次为邑借，散在山海间，无城郭。"盖尚未脱部落之习也。混盘况攻并城邑，令子孙分王，盖亦臣智邑借之类耳。流求："国有四五帅，统诸洞。洞有小王。往往有鸟了帅。并以善战者为之。自相树立，犯罪者皆断于鸟了帅。不服，则上请于王。王令臣下共议之。"亦鲁、卫之政也。

诸国制度，小有可观者，似皆取法于中国。《隋书》云："林邑尊官有二：一曰西那婆帝，二曰萨婆地歌。属官三等：一曰伦多姓，次歌论致帝，次乙地伽兰。外官分二百余部。其长官曰弗罗，次曰可轮，如牧宰之差也。"《唐书》：盘盘，"其臣曰勃郎索滥，曰昆仑帝也，曰昆仑勃和，曰昆仑勃帝索甘，在外曰那延，犹中国刺史也"。投和，"官有朝请、将军、功曹、主簿、赞理、赞府，分理国事，分州、郡、县三等。州有参军，郡有金威将军，县有城，有局。长官得选僚自助"。皆颇有大小内外，相维相系之意。盖林邑本中国地；其余诸国，亦或取法于日南、九真诸郡也。

诸国刑法，亦多野蛮。《南史·林邑传》："国不设刑法。有罪者,使象蹋杀之。"《扶南传》:"国法无牢狱。有讼者,先斋三日。乃烧斧极赤,令讼者捧行七步。又以金环、鸡卵投沸汤中,令探取之。若无实者,手即烂,有理者则否。又于城沟中养鳄鱼,门外圈猛兽,有罪者,辄以餧猛兽及鳄鱼。鱼兽不食为无罪,三日乃放之。"《唐书·诃陵传》:"上元间,国人推女子为王,号悉莫。威令整肃,道不举遗,大食君闻之,赍金一囊,置其郊,行者辄避。如是三年,太子过,以足躏金。悉莫怒,将斩之。群臣固请。悉莫曰:而罪实本于足,可断趾。群臣复为请,乃斩指以徇。大食闻而畏之,不敢加兵。"此等固近东野人之言,然可见诸国刑法之酷。酷刑固惟野蛮之世有之耳。

粤族程度虽浅,然多能事农业,以南方湿热,耕耨不劳,如史所谓"一岁种,三岁获"故也。居沿海者,商业多盛,则地位为之。其交易皆以金银为介,故诸国特重之;冶金之工,亦因之精巧。宋之伐林邑,其王阳迈,愿输金一万斤,银十万斤,铜三十万斤。及克之,销其金人,得黄金数十万斤,亦云多矣。《南史·毗骞传》:"常遗扶南王纯金五十人食器。形如圆槃,又如瓦坯,名为多罗,受五升。又如碗者,受一升。"《晋书·扶南传》:"好雕文刻镂,器多以银为之。"《隋书·赤土传》:"豪富之室,恣意华靡。惟金锁非王赐不得服用。"隋使常骏等往,其人进金锁以缆船。《唐书·投和传》:"贞观中,遣使以黄金函内表,并献方物。"皆足见其金银之饶,冶制之工也。

居处因地而异。《南史·林邑传》:"国俗居处为阁,名曰干阑,门户皆北向。"《毗骞传》:"王常楼居。"《隋书·赤土传》:"王宫诸室,悉是重阁。北户,北面而坐。"惟《唐书·真腊传》云:"户皆东向,坐尚东。"此山居之遗习。干阑,即今所谓碉也。《唐书》:堕和罗,"俗喜楼居,谓为干栏"。《唐书》:盘盘,"其民濒水居,比木为栅"。今暹罗尚有此俗,又有因树为屋者。《唐书》:扶南,"楉叶以覆屋"。诃陵,"虽大屋,亦覆以梣桐"。则以南方植物，多巨大而茂盛也。

诸国文化，多受之于我者。新罗、日本无论矣。《后书·南蛮传》云："凡交趾所统，虽置郡县，而言语各异，重译乃通。人如禽兽，长幼无别，项髻徒跣，以布贯头而著，案此所谓项髻者，指杂居其间之濮族言之。后颇徙中国罪人，使杂居其间，乃稍知言语，渐见礼化。光武中兴，锡光为交趾，任延守九真。于是教其耕稼，制为冠履。初设媒聘，始知姻娶。建立学校，导之礼义。"《循吏传》云："九真俗以射猎为业，不知牛耕。民尝告籴交趾，每致困乏。延乃令铸作田器，教之垦辟田畴。岁岁开广。百姓充给。又骆越之民，无嫁娶礼法。各因淫好，无适对匹。不识父子之性，夫妇之道。延乃移书属县：各使男年二十至五十，女年十五至四十，皆以年齿相配。其贫无礼聘，令长史以下，各省俸禄，以振助之。同时相娶者二千余人。其产子者，始知种姓，咸曰：使我有是子者，任君也。多名子为任。初平帝时，汉中锡光为交趾太守，教导民夷，渐以礼义，化声侔于延。领南华风，始于二守焉。"可见马来之隶我版图者，我族牖启之劳，为不少矣。此外以汉人作蛮夷大长者，盖亦不少，最古之越无余、吴太伯即其例。《唐书·环王传》："又有西屠夷。盖援马援。还，留不去者。才十户。隋末，孳衍至三百。皆姓马。俗以其寓，故号马留人。"历世而不变于夷，则亦必能变夷，惜其迹不可考矣。

诸族中程度最浅者莫如獠，岂以其"散居山谷"故邪？《北史》云："獠无氏族之别。又无名字。所生男女，惟以长幼次第呼之。案商人多以甲乙为名，盖亦此俗。其丈夫称阿暮、阿段，妇人称阿夷、阿等之类，皆其次第称谓也。往往推一长者为王，父死子继，若中国之贵族。亦不能远相统摄。好相杀害。人皆不敢远行。至于忿怒，父子不相避，惟手有兵刃者先杀之。若杀其父，走避于外，求得一狗，以谢其母，不复嫌恨。亡失儿女，一哭便止，亦不复追思。相劫掠卖取如猪狗。往往亲戚比邻，指授相卖。被卖者不服，逃窜避之。乃将买人指捕，逐若亡叛。获便缚之。但被缚，即服为贱隶，不敢称良矣。女多男少。妇人任役。婚法，女先以货求男。_{案此俗与林邑同。}贫者无以嫁，则卖为婢。惟执楯持矛，不执弓矢。"其程度如此。史称其"于诸夷中，最难以道招怀"，诚有由也。近人《游记》述獚猺之俗：谓其"男女皆以束布围要，谓之通裙。屋宇皆去地数尺，架以巨木，上覆以叶，如羊牢，时曰羊楼。其人蓬首垢面，不洁清。予以一饭，可使捐躯"。何此族进化之滞邪？

　　吾族牖启粤族之功，具如前述。惟交通陆难于海；吾国文明，重心亦在北方；闽、粤沿海之区，进化亦晚；而印度航业夙盛，更加以神教之力；此则交趾、日南、九真诸郡而外，大陆沿岸，及南洋群岛之文化，所以多受之于印度也。诸国文化之出于印度，可以其奉佛为征。《隋书》真腊："有陵伽钵婆山，上有神祠，每以兵五千人守卫之。城东有神，名婆多利，祭用人肉。其王年别杀人，以夜祀祷。亦有守卫者千人。"流求："俗事山海之神，祭以肴酒，斗战杀人，便将所杀人祭其神。或依茂树起小屋；或悬髑髅于树上，以箭射之；或累石击幡；以为神主。"此皆马来西亚旧教，祭必用人，所以养成食人之蛮习也。又毗骞："传其王身长丈二，头长三尺；自古不死，莫知其年。王神圣，国中人善恶及将来事，王皆知之；是以无敢欺者。南方号曰长颈王国。王常楼居，不血食，不事鬼神。其子孙生死如常人，惟王不死。"则又以教主而兼君主矣。《南史·扶南》："俗事天神。天神以铜为象，二面者四手，四面者八手；手各有所持，或小儿，或鸟兽，或日月。"则似已传之印度，当时西域祭天，皆有金人也。然汉魏以后，佛教既入，诸国靡然从风。《南史》称"扶南王数使与毗骞王书相报答。其王亦能作天竺书。书可三千言，说其宿命所由，与佛经相似；并论善事"。又林邑之王，舍国而之天竺；赤土之王，释位以传其子；皆其征也。史载诸国政俗事迹者,其举国奉佛无论矣;即仅载一二表文者,其所称道,亦大抵佛经中语也。

其风俗之因奉佛而变,最易考见者,厥惟婚姻丧葬之礼。《晋书》林邑:"贵女贱男。同姓为婚,女先聘婿。"《南史》:"嫁娶必用八月,女先求男,由贱男而贵女。同姓还相婚姻。婆罗门引婿见妇,握手相付,咒曰吉利吉利,为成礼。"《隋书》赤土:"每婚嫁择吉日,女家先期五日,作乐饮酒。父执女手以授婿。七日乃配焉。"此可见其俗婚姻本亦父母主之,后乃改用婆罗门也。《南史》林邑:"死者焚之中野,谓之火葬。"《北史》:"王死,七日而葬;有官者三日;庶人一日。皆以函盛尸,鼓舞道从,舆至水次,积薪焚之。收其余骨;王则内金瓮(罌)中,沉之于海;有官者,以铜罂沉之海口;庶人以瓦送之于江。"《南史》扶南:"死者有四葬:水葬则投之江流,火葬则焚为灰烬,土葬则瘗埋之,鸟葬则弃之中野。"《隋书》赤土:"父母兄弟死,则剔发素服。就水上构竹木为棚,棚内积薪,以尸置上,烧香建幡,吹蠡击鼓以送之。纵火焚薪,遂落于水。贵贱皆同;惟国王烧讫贮以金瓶,藏于庙屋。"真腊:"其丧葬:儿女皆七日不食,剔发而哭。僧、尼、道士、亲故,皆来聚会,音乐送之。以五香木烧尸。收灰,以金银瓶盛,送于大水之内。贫者或用瓦,而以彩色画之。亦有不焚,送尸山中,任野兽食者。"案流求:"其死者气将绝,舁至庭前;亲宾哭泣相吊;浴其尸,以布帛缠之,裹以苇席,亲土而殡,土不起坟。"流球俗最蛮野,犹有瘗埋之制,<small>诸国中惟流求不奉佛教。</small>则弃尸中野,必非诸国旧习可知。故扶南四葬中,犹有所谓土葬者。林邑之王死七日而葬,有官者三日,庶人一日,亦近中国古制,特以日易月耳。然则诸国婚姻丧葬之礼,其必受之印度无疑矣。

诸国文字,亦皆传自印度。《晋书》扶南:"亦有书记,文字有类于胡。"林邑:"范逸使通表入贡,其书皆胡字。"《北史》:"人皆奉佛,文字同于天竺。"《汉书·西域传》颜师古注:"今西方胡国及南方林邑之徒,书皆横行,不直下也。"然则后印度诸国文字,受之中国者,独一安南而已。扶桑为美洲之地,已见第六章。《梁书》谓"其俗旧无佛法。宋大明二年,罽宾国有比丘五人,游行其国。流通佛法经象,教令出家。其俗遂改"。则佛教并曾传至西半球矣。

第十章 濮 族

濮,亦作卜,《周书·王会解》,伊尹四方令。又作僰。《说文》:"僰,犍为蛮夷也。"今称猓猡,《山海经·海外北经》:"有青龙焉,状如虎,名曰罗。"郝疏:"吴氏引《天中记》云:今云南蛮人,呼虎亦为罗罗。"颇疑此族人以虎自号。亦西南一大族也。此族地与苗族相接,而种族判然不同。近人谓"其异,云贵人类能言之。日本鸟居龙藏,探险苗疆,益言其骨骼、习俗、文明,彼此皆有差异。且二族世为仇雠,今犹剧烈焉"。此族所居,为今黔江、金沙江、大度河流域。《汉书》所谓"南夷君长以十数,夜郎最大;夜郎,今贵州铜梓县。其西靡莫之属以十数,滇最大;滇,今云南昆明县。自滇以北,君长以十数,邛都最大"者也。邛都,今四川西昌县。然上溯周秦以前,此族之地,实尚不止此。今录予所撰《微卢彭濮考》一篇于下,以见其概。

《微卢彭濮考》曰:《书·牧誓》:"及庸、蜀、羌、髳、微、卢、彭、濮人。"释地者多不能得其所在。今案庸即春秋时之庸。《左氏》杜注,在上庸县。今湖北竹山县。蜀亦即后世之蜀。羌族蔓延甚广,从武王伐纣者,当在陇蜀之间,别见予所撰《鬼方考》。微、卢、彭、濮,亦皆见于《左氏》。惟髳不能确知所在耳。《左氏》:桓公十二年,"伐绞之役,楚师分涉于彭。罗人欲伐之"。杜注:"彭水,在新城昌魏县。"今湖北之郧阳,即《牧誓》之彭也。明年,"楚屈瑕伐罗。及鄢,乱次以济。及罗,罗与卢戎两军之,大败之"。《释文》云:"庐如字,本或作卢,音同。"则德明所据本,卢戎作庐戎。文公十四年,公子燮、公子仪以楚子出,将如商密,庐戢黎及叔麇诱而杀之。十六年,楚大饥。庸人帅群蛮以叛楚。麇人帅百濮聚于选,将伐楚。自庐以往,振廪同食。使庐戢黎侵庸。杜注:"庐,今襄阳中庐县。戢黎,庐大夫。"此庐盖即卢戎旧地,是时属楚为邑。晋中庐故址,在今湖北南漳县东。鄀水,杜注谓在襄阳宜城县,今湖北之宜城。罗,《释例》谓是时在宜城山中。宜城南漳密迩,宜可合御楚师。《书》:"西旅献獒。"正义曰:"西方之戎,有国名旅者。"其说当有所本。旅卢音同,春秋时之卢戎,盖即从武王伐纣之卢,亦即献獒之旅也。《括地志》:金州,有古卢国,则在今陕西安康县。文十一年,楚子伐麇,熊大心败麇师于防渚。潘崇复伐麇,至于锡穴。此麇当即十六年帅百濮将伐楚之麇。《十三州志》:房陵,即春秋防渚。今湖北房山县。锡穴,《释文》云:"或作锡。"《十道志》:郧乡本汉锡县,古麇国也。《御览·州郡部》引。盖即锡穴,今湖北郧乡县也。《释例》谓麇在当阳,去防渚、锡穴太远。罗泌谓在当阳者为麇,在汉锡县者当作麋,其说盖是。麇麋形近易讹。哀公十四年,"逢泽有介麇焉",《释文》谓麇又作麋,其证。《穀梁》庄公二十八年,"筑微",《左氏》作麋,则麋微音同通用之证也。麇,亦即《牧誓》之微也。然则微、卢、彭三国,皆与庸相近。其地,皆在汉中、襄、郧一带,适当周人自武关东出之路。其能从武王以伐纣,亦固其所。濮为种族之名,散布之地甚广。《释例》谓建宁郡南有濮夷,晋建宁,今云南曲靖县。盖就当时种落言之,而牧野所从,则不在此。《左氏》昭公九年,王使詹桓伯辞于晋曰:"自武王克商以来,巴、濮、楚、邓,吾南土也。"巴即春秋时之巴国,今四川之阆中县。邓,在今河南邓县。楚封丹阳,后人多误谓今秭归。据宋氏翔凤所考,地实在今商县之南,南阳之西,丹、析二水入汉处。《过庭录·楚鬻熊居丹阳武王徙郢考》。濮与此三国并举，其地亦必相近，故《国语》"楚蚡冒始启濮"，韦昭谓为"南阳之国"也。《论语》文王为西伯，"三分天下有其二，以服事殷"。三分有二，郑玄谓指雍、梁、荆、豫、徐、扬言之。而韩婴叙《诗》，谓周南之地，在南阳、南郡之间。则牧野之役，武王实合西南诸族以伐纣也。濮为种族之名，非指一国。故杜注谓庸亦百濮夷。然则微、卢、彭诸国，亦未必非濮矣。楚初封丹阳，熊绎徙荆山，在今南漳县。武王迁郢，其所启，盖皆濮地也。以上为《微卢彭濮考》原文。《山海经·中山经》："荆山，其中多犛牛。"注："旄牛属也。黑色，出西南徼外也。"此亦濮人在今湖北之一证。

《左》昭十九年，楚子为舟师以伐濮。"费无极言于楚子曰：若大城城父，而置太子焉，以通北方，王收南方，是得天下也。"此言在迁郢以后，则此濮必在郢之南。后来所辟黔中郡，疑亦濮族之地。自此以西南，则接于夜郎、滇王矣。然则濮族古地，实跨豫、鄂、湘、川、滇、黔六省也。如卢国在安康，则并跨今陕西省。《左》昭元年，赵孟谓楚曰："吴濮有衅，楚之执事，岂其顾盟？"盖楚东南界吴西南界濮也。《尔雅》：四极，"南至于濮铅"。盖即此一带。《广韵》濮字注，引《山海经》曰："濮铅，南极之夷。尾长数寸，巢居山林。"似据汉以后书伪造。《后汉书》述盘瓠种，哀牢夷，衣皆著尾也。不可以释《尔雅》。今本《山海经》，亦无此文。

濮族古国，实以夜郎及滇为大宗，《后汉书》云："初有女子，浣于遁水，有三节大竹，流入足间。闻其中有号声，剖竹视之，得一男儿，归而养之。及长，有才武，自立为夜郎侯，以竹为姓。"又云："夜郎之降也，天子赐其王印绶，后遂杀之。夷人以竹王非血气所生，甚重之，求为立后。牂柯太守吴霸以闻，乃封其三子为侯。死，配食其父，夜郎谓之竹王三郎神。"今贵州土司，犹有自谓其先出于竹中者，亦可见其传世之远矣。其开辟则始于楚。楚顷襄王时，庄蹻从沅水伐夜郎，西至滇，以兵威定属楚，欲归报。会秦击夺楚巴、黔中郡，道不通,乃以其众王滇。变服,从其俗以长之。秦时,诸此国颇置吏焉。汉兴,皆弃此国,而开蜀故徼。巴蜀民或窃出商贾,取其筰马、僰僮、旄牛。武帝建元六年,番阳令唐蒙使南粤。南粤食蒙蜀枸酱。蒙问所从来。曰:"道西北牂柯江。"江广数里,出番禺城下。蒙归,问蜀贾人,知夜郎临牂柯江。江广百余步,足以行船。蒙因上书,以为制粤一奇。武帝拜蒙中郎将,说谕夜郎,以其地为犍为郡。后以公孙弘言,罢事西南夷。元狩元年,张骞言:"使大夏时,见蜀布、邛竹杖。问所从来。曰:从东南身毒国,可数千里,得蜀贾人市。或闻邛西可二千里有身毒。"骞因盛言:"大夏在汉西南,慕中国。患匈奴隔其道。诚通蜀身毒国道,便近,又无害。"于是通滇。南粤反,发南夷兵。且兰君反。且兰,今贵州平越县。汉兵还诛之。平其地,为牂柯郡。以邛都为越嶲郡。夜郎遂入朝。地为县,属牂柯。因使讽谕滇王。滇王众数万;其旁东北劳深、靡莫之属,皆同姓,相仗;未肯听。元封二年,发巴、蜀兵击,灭劳深、靡莫。滇举国降,以为益州郡。

自汉开此等地方为郡县后,蛮夷大姓,遂多中原之人。《后书》云:公孙述时,牂柯大姓龙、傅、尹、董氏,与郡功曹谢暹保境为汉。乃遣使从番禺江奉贡。光武嘉之,并加褒赏。《唐书》所载,有东谢蛮,在黔州西三百里。其附近有牂柯蛮,东谢之南曰西赵,西曰夷子。东谢及牂柯,酋长皆姓谢氏;牂柯后改以赵氏为酋长。西赵酋长姓赵氏;夷子酋长姓李氏;宋时,有龙、方、张、石、罗五姓,常奉职贡,受爵命;而龙氏最大。神宗元丰七年,有程蕃,乞贡方物,愿依五姓例著籍,许之。哲宗元符二年,有韦蕃者,亦来贡,总称西南七蕃云。

滇中望族,爨为最著。《唐书》云:"西爨,自云本安邑人。七世祖为晋南宁太守。今云南曲靖县。中国乱,遂王蛮中。"而《大爨碑》谓其先出于楚令尹子文;未知孰是;要必中国人王蛮中者也。爨有东西之分。东爨谓之乌蛮，西爨谓之白蛮，即今所谓白猓猡，黑猓猡也。近人或云：“其种族有别。白猓猡，肤色较白，发黄，眼碧，身长，似与白种相混。黑猡猓较短小，肤色亦较黑云。”又曰：“白猓猡皆白帽，黑猓猡皆黑帽。”案《唐书》：初裹五姓皆乌蛮，其妇人衣黑缯；东钦二姓皆白蛮，其妇人衣白缯；则其服饰之别，亦由来旧矣。乌蛮种落，见于《唐书》者：曰阿芋路，曰阿猛，曰夔山，曰暴蛮，曰卢鹿蛮，曰磨弥敛，曰勿邓。阿芋路，居曲州、今四川庆符县。靖州今四川屏山县。故地，勿邓则居汉会无县故地焉。今四川会理县。其北有初裹五姓，居邛部、今四川邛崃县。台登今四川冕宁县。之间。又邛部六姓之中，其五姓为乌蛮。勿邓南七十里，有两林部落。其南，又有丰琶部落。两林部落，则十低三姓、阿屯二(三)姓、亏望三姓隶焉。丰琶部落，则阿诺二姓隶焉。黎、今四川汉源县。嶲、今四川西昌县。戎今四川宜宾县。三州之鄙，又有粟蛮二姓、雷蛮三姓、梦蛮三姓；与两林、丰琶，皆隶勿邓。其在南诏附近者，则有独锦蛮、施蛮、顺蛮，及磨、些蛮。在今丽江、剑川一带。在滇池之西者，有徙莫祇蛮、俭望蛮、今楚雄一带。白水蛮。在姚安大姚境。其西，为大勃弄、小勃弄二川蛮；西接叶榆。又其西，即六诏也。白蛮境域，自弥鹿、升麻二州，今曲靖境。南至步头。今建水县。其种落之见于史者：又有邛部六姓中之一姓；及居北谷之东钦蛮二姓；今四川冕宁县。及始居弄栋，今姚安。后乃散居剑、共诸川丽江剑川境。之弄栋蛮焉。

此外未明著其属于乌蛮抑白蛮者：则嶲州新安城旁，有蒙蛮、夷蛮、讹蛮、狼蛮。戎州管内，有驯、骋、浪三州蛮。驯、骋二州，均在今屏山县境。又有夷望、鼓路、西望、安乐、汤谷、佛蛮、亏野、阿醯、阿鹋、铷蛮、林井、阿异十二鬼主，皆隶嶲州。有奉国、苴伽等十一部落，春秋受赏于嶲州。又戎、嶲二州之北，有浪稽蛮、罗哥谷蛮。其东，有婆秋蛮、乌皮蛮。其南，有离东蛮、锅锉蛮。及其西之磨些蛮。

均与南诏越析相姻娅。黎州南路，有廓清道部落主三人，婆盐鬼主十人。又有阿逼蛮，分十四部落，曰大龙池，曰小龙池，曰控，曰苴质，曰乌披，曰苴赁，曰巂栗(簾)水，曰戎列，曰婆狄，曰石地，曰罗公，曰说，曰离旻，曰里汉。其最远者，则为松外诸蛮。今松潘县西境。凡此，虽未明著其属于白蛮及乌蛮，然就其所居之地及其习俗观之，均可知其与乌白蛮同种，而为古所谓濮族也。

爨氏之盛，盖自晋政不纲以来。其初犹羁縻不绝。梁元帝时，南宁州徐文盛，以召诣荆州。有爨坟(瓚)者，遂据其地。死，子震翫分统其众。隋文帝开皇初，命韦世冲以兵戍之。置恭州、今四川庆符县西。协州、今四川琪县南。昆州。今云南昆明县。未几叛。史万岁击之，至西洱河、滇池而还。震翫惧而入朝。文帝诛之。唐高祖即位，以其子弘达为昆州刺史。奉父丧归。死，以爨归王为南宁州都督。为安宁城名，今云南安宁县。两爨大鬼主崇道所杀。妻阿妩，乌蛮女也，走父部，乞兵相仇。于是其子守隅，为南宁州都督。皮逻阁以女妻之。又以一女妻崇道子辅嗣。崇道、守隅，相攻击不置。阿妩诉皮逻阁。皮逻阁为兴师。崇道走黎州。遂虏其族。杀辅嗣，收其女。崇道俄亦被杀。诸爨稍离弱。阁罗凤立。召守隅并妻归河睐，不通中国。阿妩自主其部落，岁入朝。阁罗凤以兵胁徙西爨户二十万于永昌城。今云南保山县。东爨以言语不通，多散依林谷，得不徙。于是乌蛮种复振，徙西爨故地，与峰州为邻。在今安南境。德宗贞元中，置都督府，领羁縻州十八，世与南诏婚姻云。

宋时，诸蛮通朝贡者其属于黎州者，凡十二种：即山后两林蛮、在州南七日程。邛部州蛮、州东南十二日程。风琶蛮、州西南千一百里。保塞蛮、州西南三百里。三王蛮、州西三百里。西箐蛮、州西三百里。净浪蛮、州南百五十里。白蛮、州东南百里。乌蒙、州东南千里。阿宗蛮、州西南二日程。大云南蛮、小云南蛮即大理。是也。丰琶、两林、邛部最大；其余诸小蛮，皆分隶焉。邛部州蛮，即唐勿邓，号百鬼都鬼主，最狡悍。尝招集蕃汉亡命，侵攘他种，闭其道以取利。其属叙州者，有三路蛮：西北曰董蛮，正西曰石门部，东南曰南广蛮。徽宗大观三年，夷酋罗永顺、杨光荣、李世恭等，各以其地内属。建纯、滋、祥三州，后皆废。属威州者：今四川汶川县。有唐保、霸二州，因称保霸蛮。政和三年，以保州为祺州，今汶川境。霸州为亨州，今汶川西北。后亦废为寨。属茂州者，有盖、涂、静、当、直、时、飞、宕、恭等九州。政和五年，直州内属，以其地置寿宁军、延宁军，未几亦废。其属泸州者，有溪峒州十。仁宗庆历初，乌蛮王子得盖请复建姚州，许之；即以得盖为刺史。得盖死，其子窃号罗施鬼主。死，子仆夜袭其号。浸弱，不能令诸部。乌蛮有二酋：曰晏子，居直长宁，今四川长宁县。宁远今屏山附近。以南。曰斧望箇恕，居近纳溪，今四川纳溪县。浸强大，擅劫晏州山外六姓，晏州，今四川兴文县。及纳溪二十四姓生夷。熙宁六年，熊本经制蛮事。晏子、斧望箇恕及仆夜皆愿入贡，受王命。晏子未及命而死。以箇恕知归来州，仆夜知姚州。箇恕之子乞弟，晏子之子沙取禄路，并为把截将、西南夷部巡检。八年，俞州獠酋阿讹叛，率其党奔箇恕。会箇恕老，以事属乞弟，遂与讹侵诸部。元丰五年，讨破之。以归来州赐罗施鬼主。乞弟失地，穷甚，往来死于诸蛮。自是泸夷震慑，不复为患焉。案宋黎州之三王蛮，系氐羌族。

　　濮族之居黔江及金沙江流域者，久以耕农为业；散为诸小邑聚，无大部落；故不为中国患。其在郁江流域者则不然。唐之西原蛮，宋之广源州蛮是也。西原蛮者，地在广容之南，邕桂之西，西接南诏。今广西扶南县之地。俗椎结左衽。无城郭，依山险。各治生业，急则屯聚。而轻死善战斗。有宁氏者，世相承为豪。黄氏其隶也。唐玄宗天宝初，黄氏强，与韦氏、周氏、侬氏相唇齿，为边患。后韦氏、周氏，亦为黄氏所逐，奔海滨。肃宗至德初，黄氏叛。乾元中，乃讨平之。贞元元和间，复叛。黄氏、侬氏，据州十八，大为邕、容二管之患。文宗太和中，经略使董昌龄使子兰讨破之。诸蛮畏服。十八州岁输贡赋，道路清平。其后侬氏最强，结南诏为助。至宋时，卒有侬智高之患。

广源州，在邕州西南，郁江之原。地峭绝险阻，侬氏世据之。自交趾建国，广源虽号邕管羁縻州，实服役焉。有侬全福者，知傥犹州。今广西新宁县。其弟存禄，知万涯州。今广西崇善县。全福妻弟侬当道，知武勒州。亦在崇善县境。全福杀存禄、当道，并有其地。交趾怒，执之；及其子智聪，以归。全福妻阿侬，嫁商人，生子，名智高。年十三，杀其父。冒侬姓。久之，与其母据傥犹州。建国曰大历。交趾攻拔，执之。使知广源州。内怨交趾，袭据安德州。僭称南天国。请内附，不许。乃招纳亡命，谋入寇。宋仁宗皇祐四年，以兵五千，沿郁江东下，陷邕州，僭号仁惠皇帝。时天下久安，岭南州县无备，故所向皆得志，连陷横、今广西横县。贵、今广西贵县。龚、今广西平南县。浔、今广西桂平县。藤、今广东藤县。梧、今广西苍梧县。封、今广东封川县。康、今广东德庆县。端今广东高要县。九州，进围广州。五十七日，不拔，乃解去。诸将讨之，皆无功。五年，正月，狄青绝昆仑关，在广西南宁县东北昆仑山上。击破之。智高奔大理。初智高杀其父后，其母阿侬，尝嫁特磨道侬夏卿。智高败，往依之。阿侬有计谋，智高攻陷城邑，多用其策。及是收残众，欲再入寇。安抚使余靖，发峒兵掩禽之。智高死于大理。

大理，本南诏也。《唐书》云：乌蛮别种。其先渠帅有六，蛮语谓王曰诏，故号六诏。六诏：曰蒙巂诏。今四川西昌县。曰越析诏。亦曰磨些诏。今云南丽江县。曰浪穹诏。今云南洱源县。曰邆睒诏。今云南邓川县。曰施浪诏。洱源之东。曰蒙舍诏。今云南蒙化县。蒙舍诏居诸部南，故称南诏，其王蒙氏。唐玄宗开元末，有皮逻阁者，始强。

逐河蛮,筑太和城居之。今云南大理县。厚以利啖剑南节度使王昱,求合六诏为一。玄宗许之,册为云南王。而诏特进何履光,以兵定其境。取安宁城盐井,今云南安宁县。复立马援铜柱,乃还。鲜于仲通节度剑南,下急少方略。故事,南诏尝与妻子谒都督。过云南,即姚州。今云南姚安县。太守张虔陀私之。又多所求丐。阁罗凤皮逻阁子。不应。虔陀数诟折之,阴表其罪。由是忿怨,发兵攻杀虔陀,取姚州及小夷州三十二。仲通讨之,大败。时杨国忠当国,调大兵攻之,又败。阁罗凤北臣吐蕃。会安禄山反,阁罗凤遂取嶲州,据清溪关,在今四川汉源县。与吐蕃共为寇盗,为蜀患颇深。阁罗凤卒,孙异牟寻立。西泸令郑回,悖儒也。嶲州之陷,为南诏所得。阁罗凤使教子弟,实傅异牟寻。后以为清平官。南诏之臣吐蕃,吐蕃悉夺其险要,立营候;岁索兵助防;赋敛重数,异牟寻稍苦之。回乃说其归唐。会韦皋节度剑南,亦遣使招之。南诏复来归,与唐合击,败吐蕃兵。时德宗贞元时也。异牟寻卒,子寻阁劝立。卒,子劝龙晟立。其下弑之,而立其弟劝利。劝利卒,子丰祐立。时穆宗长庆三年也。丰祐趫敢,善用其下。西川节度杜元颖,以文儒自高,不治戎事。南诏遂陷邛、戎、嶲,入成都。宣宗时,又陷安南都护府。唐以高骈为都护,复其地。丰祐卒,子坦绰酋龙立。称帝,国号大礼。亦作大理。陷播州。攻邕管。唐徙高骈镇西川,破其兵。南诏乃请和。酋龙年少,嗜杀戮。亲戚异己者皆斩。兵出无宁岁。其寇蜀也,男子十五以下悉发,妇人耕以饷军,稍衰矣。卒,子法立。年亦少。好畋猎,国事决于大臣,益衰。然僖宗时犹一寇西川,陷安南。后中国乱,不复通。

　　蒙氏传国至唐昭宗时,为其臣郑买赐所篡,改号大长和。后唐明宗时,又为其臣赵善政所篡,改号大天兴(兴)。寻又见篡于其臣杨义(幹)贞,改号大义宁。晋高祖时,段思平得之,改号大理国。宋太祖时,王全斌平蜀,欲取之,具图以进。帝以玉斧画大度(渡)河,曰:"此外非吾有也。"由是不通中国。仁宗皇祐中,侬智高走死其国,函首以献,始乃一通焉。神宗熙宁中,其主连义,为其臣杨义所弑。义遂篡位。高昇太起兵讨灭之,立段寿辉。传子正明,避位为僧。国人皆归心高氏,遂奉昇太为王。时哲宗元符二年也。改国号大中。临终,属其子太明曰:"段氏不振,国人推我,不得已从之。今其子已长,可还故物。尔后人勿效尤也。"太明遵遗言,求段氏子正淳立之。于是段氏复兴,号曰后理。高氏世相之,人称为高国王。理宗淳祐十二年,元宪宗二年。元世祖伐之。明年,兵临其国。其王兴智及相高太祥拒战,败绩。太祥被执,不屈死。兴智亦被虏。设大理都元帅府。又以刘时中为宣抚使,与兴智安辑之。中原多故,段氏复据其地,传十一世。明蓝玉、沐英乃灭之,以其地为大理府。

自元以来,云贵之地,日益开辟,诸濮族亦皆列为土司。其最有关系者,在黔则播州,在滇则乌撒、乌蒙、东川、镇雄四土府也。播州,今遵义县地。唐僖宗时,为南诏所陷。太原人杨端,应募复其城。其后遂世有其地。明初,杨氏率先归附,仍以原职授之。其地三面邻蜀,兵尤骁勇。数从征调,尝有功。万历时,宣慰使杨应龙,雄猜阻兵。以犯罪,为疆吏所纠,遂反。官兵讨之,屡衄。天启初,调川、滇、湖南三省兵,乃讨平之。以其地为遵义、平越二府。乌蒙、乌撒、东川、镇雄,皆在云南东北境,东川、镇雄今为县,乌蒙今昭通县。据其地者皆乌蛮裔。宋时,有封乌蛮王者。元置乌蒙、乌撒等处宣慰司。明初,傅友德平其地,分设四土府。其地西连贵阳,与水西安氏辖境相接,实滇、黔间要地。而明以之隶四川,鞭长莫及,制驭无从,遂为腹心之梗。清初,平乌撒,置威宁,而余三府仍隶四川。世宗时,鄂尔泰总督云贵,主改土归流。世宗知其才可任,以三府改隶云南。乃开其地,为东川、昭通二府焉。云南全省,明初虽设郡县,实多用土官。即正印为流官者，亦必以土官佐之。经明清二代，乃逐渐同化，土官亦多改流云。

濮族进于耕农最早。《汉书》述西南夷，自夜郎至邛都，皆椎髻耕田，有邑聚，与其西之巂昆明，编发随畜移徙者迥殊。由此上推之，《左》文十六年，芬贾策百濮，谓将"各走其邑"，知其俗正与《汉书》所述之夜郎等同。谓濮族旧居鄂、豫，弥可信矣。《汉书》云：牂柯地多雨潦，寡畜生，无蚕桑，最贫。句町今云南通海县。有桄榔木，可以为面，百姓资之。邛都俗多游荡，而喜讴歌，略与牂柯相类。益州则河平土敞，多出鹦鹉、孔雀。有盐池田渔之饶，金银畜产之富。民俗豪汰，居官者皆富及累世焉。可以见汉时此诸地方之肥瘠。

汉族良吏，牖启濮族之功亦不小。《后书》云：王莽时，以广汉文齐为太守。造起陂池，开通溉灌，垦田二千余顷。率厉兵马，修障塞，降集群夷，甚得其和。肃宗元和中，蜀郡王进（追）为太守，政化尤异。始兴起学校，渐迁其俗。桓帝时，牂柯郡人尹珍，自以生于荒裔，不知礼义，乃从汝南许慎、应奉受经书、图纬。学成，还乡教授。南域始有学焉。其功绩，殊不在文翁司马相如之下。然《唐书》述诸族之俗，皆以十二月为岁首。父母丧，斩衰布衣，近者四五年，远者五六年。婚姻以牛酒为礼。松外诸蛮，有城郭，知阴阳历数。非尽汉以后所传。盖皆在北方，与汉族杂处所受也。

其俗尚鬼。《汉书》但言好巫鬼禁忌。《唐书》谓其称主祭者为鬼主。每户岁出一牛，或一羊，就其家祭之。大部落有大鬼主。百家则置小鬼主。两林部落虽小，然为诸族所宗，号为都大鬼主云。此亦极似中国支子不祭，祭必于宗子之家之俗。

濮族自古离析为小邑聚，亡大君长，此其文明程度虽高，而不能强盛之原因也。稍能抟结之，具有国家之规模者，当始爨氏，至南诏则益进矣。爨氏制度无可考。南诏制度，见于史籍者颇多。今举其要者。其语：谓王为诏。王母曰信麼，亦曰九麼。妃曰进武。其官：曰坦绰，曰布燮，曰久赞，谓之清平官。所以决国事轻重，犹唐宰相也。曰酋望，曰大军将。大军将十二，与清平官等。列日议事王所。出治军壁，称节度。有内算官，代王裁处。有外算官，记王所处，以付六曹。六曹长有功，补大军将。次补清平官。幕爽主兵，琮爽主户籍，慈爽主礼，罚爽主刑，劝爽主官人，厥爽主工馆，万爽主财用，引爽主客，禾爽主商贾，皆清平官、酋望、大将军兼之。爽，犹言省也。督爽，总三省也。乞托主马，禄托主牛，巨托主仓廪，亦清平官、酋望、大将军兼之。曰爽酋，曰弥勤，曰勤齐，掌赋税。曰兵獶司，掌机密。外有六节度，二都督，十睑。睑，夷语州也。大府，主将曰演习，副曰演览。中府，主将曰缮裔，副曰缮览。下府，主将曰澹酋，副曰澹览。小府，主将曰幕撝，副曰幕览。府有陀酋，若管记。有陀西，若判官。百家有总佐一，千家有治人官一，万家有都督一。壮者皆为战卒，有马为骑军。以邑落远近，分四军。以旗帜别四方面。一将统千人，四军置一将。凡敌入境，以所入面将御之。择乡兵为四军罗苴子。百人，置罗苴子统一人。王亲兵曰朱弩佉苴。佉苴，韦带也。师行，人廪粮斗五升，以二千五百为一营。其法，前伤者养治，后伤者斩。行举国皆兵之制，而又劫之以严法，此其所以能抗衡于两大之间与？

　　民以农耕为业，亦有授田之法。田，五亩曰双，上官授田四十双，上户三十双，以是而差。自曲靖至滇池，人皆水耕，食蚕以柘，能织锦绣。太和、祁鲜山名。以西，人不蚕，剖波罗树实，状如絮，纽缕而幅之。耰田，一牛三夫，前挽，中压，后驱。无贵贱皆耕，不徭役。人岁输米二斗，一艺者给田二收乃税。丰祐之入成都，掠工伎数万。自是工文织，与中国埒焉。市易用帛及贝。贝大若指，以十六枚为一觅。案云南用贝甚久，明时犹然，谓之海肥。盖南诏盛时，疆域颇广，故其所用之币，能推行全境也。

猓猡一族，今仍散布云南全省，四川西昌，贵州威宁、普安一带亦有之。或称白夷，又作摆夷，亦径作爨。人皆盘发顶上，盖犹是椎结之旧。其所居屋皆平顶。自有文字，谓之爨文。亦曰猓猡文。其文化程度颇高。清初，江阴陈鼎祚，就昏龙家，在威宁一带，著《滇黔土司昏礼记》。谓龙为汉上诸姬，本名鸾。为楚所灭，放其族于此，乃去鸟为龙。或谓汉武灭牂柯，徙蜀中大姓龙、董、傅氏于其地。未知孰是。其言语不与苗同，而陈鼎祚之妻，能通爨文，可知其为濮族。贵阳、安顺、都匀、平越之狆家，亦多通爨文之人。狆家，或谓系马殷所率柳州之戍卒。此或间有混合耳，其本种，必濮人，故亦用爨文也。龙家以子月为岁首。平越、黄平之夭苗，大定、威宁、平远、桂阳、清镇、修平、清平之蔡家苗，贵阳、清镇、修文、龙里之宋家苗皆然。夭苗，自谓姬姓，周后。蔡家苗，自谓蔡后；楚放之于此。或谓随庄蹻至此。宋家苗，自谓宋后。为楚所俘，放此。或曰：宋汉时为蜀中大姓，后迁此。此等虽被苗名，实皆濮族。宋家亲丧食蔬水，蔡家三月不食稻肉，皆古礼，盖居中原与汉族密迩时效之，迄今未变也。亦可见濮族古地，实抵今河南、湖北之说，为不诬矣。

第十一章　羌　族

　　羌亦东方大族。其见于古书者,或谓之羌,或谓之氐羌。案《周书·王会解》:"氐羌以鸾鸟。"孔晁注:"氐地羌。羌不同,故谓之氐羌。今谓之氐矣。"则汉时之氐,即古所谓氐羌。盖羌其大名,氐其小别也。《后汉书·羌传》:"武丁征西戎鬼方,三年乃克。故其诗曰:自彼氐羌,莫敢不来王。"此以武丁所伐之鬼方,即为氐羌。宋氏翔凤《过庭录》:谓"纣以九侯为三公"之九侯,即《文王世子》"西方有九国焉"之九国,又即《诗》"我征自西,至于艽野"之艽野,皆与鬼方是一。愚案《左氏》,秦晋迁陆浑之戎于伊川,亦谓之九州之戎,九州之九,盖亦即鬼方之鬼也。陆浑之戎,周人谓在瓜州。杜注谓瓜州在敦煌,失之太远。孔氏以汉时之氐,为古之氐羌,范氏以氐羌即鬼方,则汉时氐地,即古鬼方之国耳。氐地在陇蜀之间,殷周并起关中,见第一章。实其声威所及。故武丁有三年之征,受辛肆夺环之虐,《吕览·过理》:"纣刑鬼侯之女而夺其环。"武王以抚有九国为吉梦之征,而东迁以后,周大夫犹于役其地也。详见予所撰《鬼方考》。

　　古之氐羌,在今陇蜀之间者,至秦汉时,盖皆服属中国,同于编户。其在南者,则同化较迟,则古所谓巴人,汉时所谓巴郡南郡蛮及板楯蛮也。《后汉书》述巴郡南郡蛮缘起曰:"本有五姓:巴氏、樊氏、瞫氏、相氏、郑氏,皆出于武落钟离山。其山有赤黑二穴。巴氏之子,生于赤穴。四姓之子,皆生黑穴。未有君长,俱事鬼神。乃共掷剑于石穴,约能中者,奉以为君。巴氏子务相,乃独中之。众皆叹。又令各乘土船,约能浮者,当以为君。余姓悉沉,唯务相独浮。因共立之。是为廪君。乃乘土船,从夷水至盐阳。盐水有神女,谓廪君曰:此地广大,鱼盐所生,愿留共居。廪君不许。盐君暮辄来取宿,旦即化为虫,与诸虫群飞,掩蔽日光,天地晦冥。积十余日,廪君伺其便,因射杀之。天乃开明。廪君于是君乎夷城,四姓皆臣之。廪君死,魂魄世为白虎。巴人以虎饮人血,遂以人祠焉。"其述板楯蛮云:"秦昭王时,有一白虎,常从群虎,数游秦、汉、巴、蜀之境,伤害千余人。昭王乃重募国中:有能杀虎者,赏邑万家,金百镒。时有巴郡阆中夷人,能作白竹之弩,乃登楼射杀白虎。昭王嘉之;而以其夷人,不欲加封。乃刻石盟要:复夷人顷田不租,十妻不算。伤人者论,杀人者得以倓钱赎死。盟曰:秦犯夷,输黄龙一双;夷犯秦,输清酒一钟。夷人安之。"案《说文》:"巴,蜀桑中虫也。"《魏略》:《三国志》注引。"氐之有王,所从来旧矣:其种非一:或号青氐,或号白氐,或号蚺氐,此盖虫之种类,中国人即其服饰而名之也。"合"廪君死魂魄为白虎",及阆中夷人射杀白虎之言观之,可知此族图腾时代之俗矣。钟离山,在今湖北宜都县。夷水,今清江。

　　巴氏盖氐之大宗,故秦惠王并巴中,仍以为蛮夷君长,世尚秦女。其民:爵比不更。有罪,得以爵除。其君长:岁出赋二千一十六钱;三岁一出义赋千八百钱。其民户出幏布八丈二尺,鸡羽三十镞。汉兴,一依秦时故事。建武二十三年,南郡潕山蛮雷迁等始叛,刘尚讨破之。徙其种人七千余口,置江夏界中。和帝永元十三年,巫蛮许圣等反。明年,讨破之,复悉徙置江夏,是为沔中蛮。与盘瓠种之散处江北者,盖混淆不可辨析矣。据马端临说。汉末张鲁居汉中,以鬼道教百姓。賨人敬信巫觋,多往奉之。值天下大乱,自巴西之宕渠,迁于汉中杨车坂。抄掠行旅,百姓患之,号曰杨车巴。魏武帝克汉中,迁其众于略阳北土。复号之为巴氏。晋元康中,氐齐万年反,关西扰乱;频岁大饥,百姓流移就谷,相与入汉川者数万家。李特等将之入蜀,是为成汉;其留略阳者,苻氏为前秦,吕氏为前凉,并为十六国之一。板楯蛮,世居渝水左右。汉高祖发其众,还定三秦。遣还巴中。复其渠帅罗、朴、督、鄂、度、夕、龚七姓,不输租赋。余户乃岁入賨钱四十。世号为板楯蛮夷。遂世世服从,至于中兴,郡守常率以征伐。其人天性劲勇,初为汉前锋,数陷陈。永初中,羌入汉中。板楯蛮救之,羌死败殆尽,号为神兵。传语种辈,勿复南行焉。

巴郡南郡蛮及板楯蛮,皆在今嘉陵江流域,古所谓渝水也。其居渝水以外者,部落分布尤广。《汉书》撮叙之曰:"自寯以东北,君长以十数,徙、莋都最大;自莋以东北,君长以十数,冉駹最大;自駹以东北,君长以十数,白马最大;皆氐类也。"武帝开西南夷,始以莋都为沈黎郡,徙为县,属蜀。天汉四年,并蜀为西部,置两都尉:一居旄牛,主徼外夷。一居青牛,主汉人。冉駹为汶山郡,宣帝地节三年,并蜀为北部都尉,灵帝时复置郡。白马为武都郡。分广汉西部合之。而武都夷为患最深。地有仇池,方百顷。四面斗绝。夷人依以为险。数为边寇。郡县讨之,则依固自守。元封三年,遣兵破之。分徙其众于酒泉郡。建安中,兴国氐王阿贵,百顷氐王千万,姓杨氏,各有部落万余。十六年,从马超为乱,超破后,夏侯渊攻灭之。余众或入蜀。其不能去者,分徙扶风、美阳、天水、南安界中。虽都统于郡国,亦自有王侯,在其墟落间。晋时,千万之后,卒复据仇池,传国至南北朝焉。《南史》之武兴国。唐时,黎邛二县之东,有凌蛮,其西有三王蛮,为莋都夷、白马氏之遗种。三王者,杨、郝、刘三姓,世为酋长,袭封王,故以名焉。岁廪节度府帛三千匹,以诇南诏。南诏亦密赂之,使觇成都虚实。戎州又有姐羌,为古白马氏之遗,而居东钦磨些附近者,又有铄羌及弥羌焉。此皆在今四川境者也。其在今云南境者,则与濮族错处。《汉书》所谓"西自桐师以东北至叶榆,名为巂昆明。编发,随畜移徙;亡常处,亡君长;地方可数千里"者也。此族与濮族,显著之别有二:濮族椎结,而此族编发,一;濮族耕田有邑聚,而此族随畜移徙,二也。自汉至唐尚然。唐时仍谓之昆明蛮,在爨蛮以西,以西洱河为境。高宗龙朔三年,有七千户内附。总章三年,以其地置禄州、汤望州。咸亨三年,昆明十四姓率户二万内附,析其地为殷州、总州、敦州。殷州居戎州西北,总州居戎州西南,敦州在戎州之南,远不过五百余里,近者三百里。其后又置盘麻等四十一州,皆以首领为刺史。

陇蜀及滇,皆山岭崎岖,不能合大众。故羌居其间,曾不能为大患。如武兴之历久负固,既为罕遘矣。而河湟西海之间,则地较平夷,便于猎牧。居民气性,稍类北狄;故其为中国患较甚。《后汉书·羌传》所述是也。《后汉书》云:"羌无弋爰剑者:秦厉公时,为秦所拘执,以为奴隶。后得亡归,而秦人追之急,藏于岩穴中,得免。羌人云:爰剑初藏穴中,秦人焚之,有景,象如虎,为其蔽火,得以不死。既出,又与劓女遇于野,遂成夫妇。女耻其状,被发覆面;羌人因以为俗。遂俱亡入三河间。《续汉书》作河湟间。注:"黄河,湟水,赐支河也。"案赐支即黄河九曲地,当以《续汉书》为是。诸羌见爰剑被焚不死,怪其神,共畏事之;推以为豪。河湟间少五谷,多禽兽,以射猎为事。爰剑教之田畜,遂见尊信。庐落种人依之者日益众。羌人谓奴为无弋,以爰剑尝为奴隶,故因名之。其后世世为豪。至爰剑曾孙忍时,秦献公初立,欲复穆公之威,兵临渭首,灭狄獂戎。忍季父卬(印),畏秦之威,将其种人附落而南,出赐支河曲数千里;与众羌绝远,不复交通。其后子孙分别,各自为种,任随所之。或为牦牛种,越巂羌是也。或为白马种，广汉羌是也。或为参狼种，武都羌是也。忍及弟舞，独留湟中。并多娶妻妇。忍生九子，为九种。舞生十七子，为十七种，羌之兴盛，从此始矣。"又云："爰剑子孙支分，凡百五十种。其九种在赐支河首以西及蜀汉徼北。其五十二种，衰少不能自立，分散为附落。或灭绝无后，或引而远去。其八十九种，惟钟最强，胜兵十余万。其余大者万余人，小者数千人。更相钞盗，盛衰无常。"案此说以诸羌支分，悉出爰剑，未必可信。然爰剑之后，派别极繁，则自为实录。盖羌族先进，实在陇蜀之间。河湟上腴，东周之世，犹为草昧。爰剑久居塞内，渐被华风，豢扰畜畜，实以一身而兼羲农之教。本支百世，长为殊俗所尊亲，固其宜矣！

　　羌人之为汉患者，不在塞外而在塞内。以同化之效，非旦夕可期，而汉人又颇陵侮之故也。建武九年，司徒掾班彪上言："今凉州部皆有降羌。降羌被发左衽，而又与汉人杂处。习俗既异，言语不通。数为小吏黠人，所见侵夺。穷恚无聊，故致反叛。"景帝时，研种留何，研，忍子。率种人求守陇西塞。徙之狄道，今甘肃狄道县。安故、在狄道南。临洮氐道，今甘肃清水县。羌道，今甘肃武都县。是为羌人附塞之始。时匈奴冒顿，臣服诸羌。武帝乃度河湟，筑令居。今甘肃庄浪县。开河西四郡，酒泉、武威、张掖、敦煌。以隔绝羌、胡。先零种为寇，汉兵击破之。置护羌校尉统领焉。于是羌去湟中，依西海今青海。盐池。今青海之盐池。宣帝时，复度湟水，犯塞。赵充国屯田以待其敝。卒破之。置金城属国，以处降羌。王莽辅政，讽羌献西海地，以为郡。筑五县边海，亭燧相望焉。莽败，诸羌据西海为寇。隗嚣不能讨，因加慰纳。发其众以距汉。嚣亡，仍为边患。后乃归服。徙置天水、陇西、扶风三郡。于是先零之患平，而烧当种起。

　　烧当者，研十三世孙。自烧当至滇良，世居河北大允谷。种小人贫。而先零、卑湳，并皆强富，数侵犯之。滇良与子滇吾、滇岸，积见陵易，愤怨。而素有恩信于种中，乃会附落及诸杂种，掩击先零、卑湳，大破之。夺居其地大榆中。《水经注》："河水自河曲，又东，径西海郡南。又东，径允川，而历大榆谷小榆谷北。"地肥美，阻河为固。又有西海鱼盐之利。缘山滨水，以广田畜。南得钟、存，以益其众。遂致强大。附落转盛。滇吾子曰东吾，曰迷吾，曰号吾。东吾子曰东号。东号子曰麻奴。迷吾子曰迷唐。自光武末至和帝时，数为边寇。后乃败走赐支、河曲。又为汉兵所破。逾河首，依发羌。于是西海、榆中，无复羌寇。隃麋相曹凤，请复西海郡县。规固二榆，广设屯田。汉从其谋。夹河列屯，凡三十四部。功垂就，而永初羌乱作，遂废。

安帝永初元年，发金城、陇西、汉阳羌数百千骑征西域。群羌惧远屯不返，行到酒泉，多有散叛。诸郡各发兵徼遮，或覆其庐落。羌遂同时奔溃。时羌归附久，无复器甲。或持竹竿木枝，以代戈矛。或执铜镜以象兵，或负案以为楯。而郡县懦不能制，争图上徙。诸将则断盗牢廪，私自润入。以珍宝赂左右。上下放纵，不恤军事。士不得其死者，白骨相望于野。于是先零别种滇零，自称天子于北地。东犯赵、魏，南入益州。寇钞三辅，掠断陇道。军旅转输之费，至二百四十余亿。乃平之。时顺帝永建三年，羌乱历二十载矣。越十年，当永和元年，复叛。至冲帝永嘉元年，乃平。凡八年，军费八十余亿。又十四年，当桓帝延熹二年，诸种复有叛者。段颎讨破之。颎坐事征，代以胡闳。闳无威略，羌遂陆梁。六年，复代以颎。颎以尽杀为主。出兵剿击。至灵帝建宁二年，乃平。是役凡历十一年。据《后汉书·羌传》，谓西羌降者万余落，获生口数万；东羌降者不过四千人；降羌在安定、北地、上郡者为东羌。在陇西、汉阳、金城者为西羌。杀戮不可谓不甚。然至中平元年，北地降羌与汉中羌义从胡北宫伯玉、李文侯等反。伯玉劫致金城人边章、韩遂，使任军事。后遂杀章及伯玉、文侯，拥兵攻陇西。太守李相如与连和，共杀凉州刺史耿鄜。鄜司马扶风马腾亦反,为凉州患者三十年。中平元年,上距建宁二年,亦不过十五年也。后汉时之降羌,本不足为大患。所以至于如此者,实朝政不肃,将帅贪懦,有以致之。与清川楚教匪之乱最相似。

滇吾为烧当嫡裔,故羌人甚重之。滇吾九世孙迁那,率种人内附。汉处之南安之赤亭。在今甘肃天水县境。那玄孙柯回,为魏镇西将军,绥戎校尉,西羌都督。回子即姚弋仲也。

羌之又一派,为西域中之氐羌行国。《汉书》云:"蒲犁与依耐、无雷,皆西夜类也。西夜与胡异,其种类氐羌。行国,随畜,逐水草。"又婼羌、鄯善,亦为行国。温宿则"土地物类所有,与鄯善诸国同"。《后汉书》西夜、子合各自有王。又有德若,俗与子合同。又载车师、蒲类、移支、且弥,亦均行国。移支"俗勇敢善战,以寇抄为事,皆被发",尤酷与羌类。此一派,盖与居祁连、敦煌间之大月氏相近。而月氏汉初为匈奴所破,西走,逐塞种,居其地。乌孙又乞师于匈奴,击破之。乃南走,臣大夏,居妫水滨。妫水,今阿母河。大夏者,西史之巴克特利亚。月氏袭其遗风,遂焕然为葱岭以西文明之国。其羸弱不能去者,保南山,号小月氏。与诸羌共婚姻,亦称湟中月氏胡。在张掖者,号义从胡。史载其风俗皆与羌无异。三国以后,遂不复见。盖氐羌故同族,遂泯焉无别也。

大月氏至宋齐之间,乃为哌哒所破。中国史不载,西史亦不记其详。然其遗迹有可考见者,《北史》:"康国者,康居之后也。迁徙无常,不恒故地。然自汉以来,相承不绝。其王本姓温,月氏人也。旧居祁连山北昭武城,因被匈奴所破,西逾葱岭,遂有其国。枝庶各分王。故康国左右诸国,并以昭武为姓,示不忘本也。"《唐书》:"康国,君姓温,本月氏人,始居祁连北昭武城,为突厥所破,稍南依葱岭,即有其地。支庶分王:曰安,曰曹,曰石,曰米,曰何,曰火寻,曰戊地，曰史，世谓九姓。并姓昭武。"案康居未尝居祁连北；月氏西徙，亦远在突厥兴起以前；《北史》谓康国为康居之后，明系误谬；《唐书》"为突厥所破"云云，突厥亦明系匈奴之误。然月氏为匈奴所破，西徙而臣大夏，只分其国为五部翖侯；厥后贵霜翖侯，且并四部而一之；则支庶分王，明是为哌哒所破以后之事也。康：亦称萨末鞬，又曰飒秣建。元魏称悉万斤。即今撒马耳干。安：亦曰布豁，曰捕喝，即今布哈尔。东安：亦曰小安，曰喝汗。在安东北四百里。当在今锡马达亚境。东曹：亦称率都沙那，又作苏对沙那，苏都识匿，<small>此三名皆一音之异译，《唐书》并列劫布咀那，云"凡四名"，则误矣。</small>北至石，西至康皆四百里。当在今敖罕境。西曹：本称曹国；盖东曹，中曹，皆自此而分也。亦称劫布咀那。在米国之北，西三百余里而至何国。据《西域记》。则当在塞拉佛山境。又有中曹，居康之北，西曹之东焉。石：或曰柘支，曰柘折，曰赭时，今塔什干。米：或曰弥末，曰弭末贺。北百里距康，今基大普也。何：亦曰屈霜你迦，曰贵霜匿，在劫布咀那西三百余里。《西域记》。火寻：或曰货利习弥，曰过利，《元史》之花剌子模。今基华境也。戊地：《西域记》作伐地，云在布喝之西四百余里，地当今谋夫。史：亦曰佉沙，曰羯霜那。南有铁门山。即《明史》所谓渴石，今加尔支也。此外见于《北史》者，又有乌那遏，都乌浒水西。东北去安四百里，西北去穆二百里。似亦在今谋夫附近。又有铍汗国。《唐书》作宁远。都葱岭之西五百余里。东距疏勒千里，西去苏对沙那，西北去石国，各五百里。其王亦均氏昭武。《北史》又云："大月氏国，都剩蓝（监）氏城。在弗敌沙西，去代一万四千五百里。北与蠕蠕接。数为所侵，遂西徙，都薄罗城，去弗敌沙二千一百里。其王寄多罗勇武，遂兴师，越大山，南侵北天竺。自乾陁罗以北五国，尽役属之。""小月氏国，都富楼沙城。其王本大月氏王寄多罗子也。寄多罗为匈奴所逐西徙后，令其子守此城,因号小月氏焉。在波路西南,去代一万六千六百里。"案柔然兵力,未及葱岭以西。所云数为所侵,似即汉初见逼于匈奴之事。然剩蓝氏城,即《汉书》之监氏城,乃月氏西徙后奠都之所,无由见逼于匈奴,则亦必月氏见破于哒之事矣。以《北史》所载诸国道里向方考之,薄罗城,似系今阿富汗北境之波尔克,富楼沙则其东境之白沙威尔。然则月氏虽分崩,枝庶分王,犹遍今俄领中央亚细亚及阿富汗之境;特始役属于哒,继役属于突厥而已。至唐时,昭武九姓诸国,犹遍受封爵,以其地置都督府州;其禋祀固未尝斩也。其亡,当在大食并西域后,其事实不可考。此节释地,略据丁氏谦《大唐西域记考证》。

　　以上所述诸派,皆在今甘、新、陇、蜀之间。其居今川边、海、藏境者,则梗塞不通,獉狉弥甚,今综晋唐南北朝诸史述之。其最近中国者为宕昌。地在吐谷浑之东,益州之西北。东接中华,西近西域。此语颇误。其南为邓至。地在平武以西,汶岭以北。邓至之西有赫羊国。又有东亭卫、大赤水、寒宕、石河、薄陵、下习、小仓骧、覃水诸部落。今四川茂县以北,北抵甘肃、青海河洮之间,皆其地也。自此以西北,则为党项。党项之地,东接临洮西平,西拒叶护。指西突厥言。实今黄河上源之地。《唐书》又有黑党项,居赤水西。赤水亦名赤亭水,在今甘肃陇西县之西。又其西为白兰。《北史》云:"自白兰山西北,即为可兰。"白兰山,似今巴颜哈喇之脉。《唐书》又有多弥,滨犁牛河。犁牛河,即今江源木鲁乌苏。多弥西为苏毗,则在今海、藏间矣。《北史》又云:"吐谷浑有乙弗敌国。国有屈海,周围千余里。"核其地望,似指今柴达木河下游之达布逊淖尔也。此皆在今青海境者也。其在今西康境者:则成都西北二千余里,有嘉良夷。嘉良夷之西有附国。"嘉良有水,阔六七十丈;附国有水,阔百余丈;并南流,用皮为舟而济。"似即今雅龙江及金沙江。附国西有薄缘夷。其西为女国。女国东北,连山绵亘数千里,接于党项,往往有羌。有大小左

封、昔卫、葛延、白狗、向人、望族、林台、春桑、利豆、迷桑、婢药、大
碛、白兰、北利、模徒、那鄂、当迷、渠步、桑梧、千碉等,并在深山穷
谷。案女国在今后藏,见下篇。女国东北之山,当即今长江、怒江上
源间之山。又《唐书》所载:"雅州西三百余里之外,有百坡、当品、严
城、中川、钳矣、昌区、《地理志》作磊。钳井七部落;四百余里之外,有
罗岩、当马、三井、束绛、名耶、《地理志》作配。钳恭、画重、罗林、笼羊、
林波、林烧、龙逢、索古、敢川、惊川、榻眉、不烛,十七部落;六百余里
之外,有椎梅、作重、榻林、金林、逻蓬五部落;皆置羁縻州。"逻蓬,《地
理志》不载。柏坡、索古属黎州,余均属雅州都督府。此皆在今西康境者
也。宕昌、邓至距中国最近。《北史》云:"宕昌之众,本姓别自为部
落。酋帅各有地分,不相统摄。有梁勤者,世为酋长,得羌豪心,乃
自称王。"案《南史》,武兴国大姓,有苻氏、姜氏、梁氏。武兴故中国
郡县,姜、梁皆汉姓,得毋勤亦汉人欤? 宕昌尝受南北朝封爵。邓至
亦通贡南朝。其余诸国,南北朝、隋、唐时,亦多来朝贡。以党项为
最强大。党项,魏周时颇寇边。唐攻吐谷浑,其酋拓跋赤辞助之抗
王师。唐击破之。乃内属。置羁縻州三十二,以松州为都督府。今
四川松潘县。后吐蕃强,拓跋氏畏逼,请内徙。徙庆州,今甘肃庆阳县。
置靖边等州以处之。西夏其后也。其故地入吐蕃。处者皆臣属之,
更号为弭药。

　　海、藏、西康,山岭崎岖,土地瘠薄;既不能合大群;又不能发生
文明;并不能传受他国之文明;故其民自古默默无闻。青海诸部落,
吐谷浑入则臣之;吐蕃入又臣之;吐蕃衰,蒙古又据其地。在西康境
者,吐蕃强,亦悉为之属。然其部落自在。今日青海非蒙古诸土司,
皆其地之土著。西藏之地,分康、卫、藏三区,康亦羌之转音也。参看
《藏族篇》。近人《玉树土司调查记》谓:"清初蒙古强而诸土司弱,清
人务抑蒙以扶诸土司,今则适与相反。实由一地有一地之气候、情

况,土著者必与之相宜,外来者则不能如是。故一时虽强盛,能压伏土著。久之,即强弱易位云。"自清末至今,西藏时有叛变,皆所谓康之地为之。自内地入藏,由西宁经青海以至拉萨,本较直捷,而清驻藏大臣必出打箭炉者,所以镇慑康地,使道不梗塞也。然则羌族虽处崎岖瘠薄之地,所以抚绥之者,固不容缓矣。川边海藏外,川省西北及云南维西、中甸一带,亦有羌族。

羌族散布甚广,而其地之交通,率皆不便。故其风气各有不同。最进步者为氐。氐族被发左衽,言语好譬类。盖由称名不具。不与中国同,而与羌杂胡同。其嫁娶,亦有似于羌。此为其与羌同族之确证。然后汉三国时,与华人错居者,已多知中国语。惟还其种落,则仍用氐语耳。贵妇人,党母族,盖去女系时代未久也。能织布,善田种。冉駹土地刚卤,不生谷粟,亦以麦为资。其地土气多寒,盛夏冰犹不释。冬则避寒入蜀为佣,夏则违暑反其邑。其畜有猪牛马驴骡。冉駹有旄牛,肉重千斤,毛可为毦。其人能作旄毡、班罽、青顿、毞毲、羊羖(羧)之属。以上据《后汉书》、《三国志》及《三国志》注引《魏略》。《后汉书》云:"氐人依山居止,累石为室,高者至十余丈,谓之邛笼。"注云:"彼土夷人呼为雕。"即今所谓碉也。《南史·武兴国传》云:"言语与中国同。地植九谷,婚姻备六礼。知书疏,种桑麻,出绌绢布等。"则全与中国同化矣。

其居河湟者,则极为犷悍。史称其兵"长在山谷,短于平地。不能持久,而果于冲突。以战死为吉利,病终为不祥。堪耐寒苦,同之禽兽。虽妇人产子,亦不避风雪"。此其所以世为中国之患也。其俗氏族无常,或以父名母姓为种号。十二世后,相为婚姻。父死则妻后母,兄亡则纳嫠嫂。故国无鳏寡,种类繁炽。然不立君臣,无相长一。强则分种为酋豪,弱则为人附落。更相钞暴,以力为雄。杀人偿货,无他禁令。故其虽众而不一。赵充国云:"羌人所以易制者,以其种自有豪,数相攻击,势不壹也。"^{本传}。此其所以终为汉弱欤?

其余诸羌族,程度高低不一。宕昌及党项,皆既无法令,又无徭赋。惟战时乃相屯聚,否则各事生业,不相往来。附国之法,重者死,轻者罚牛。人皆轻捷,便于击剑。漆皮为甲。弓长六尺,以竹为箭。白兰、党项,亦能作兵。然好盗,更相剽夺。尤重复仇。未得所欲者,蓬首垢面,跣足草食。后乃已。私斗既烈,自无由合大群。党项在诸羌中为最大,亦不过大部五千骑,小部千余耳。此其所以不足畏邪?其婚姻:宕昌父及伯叔兄弟死,即以继母、世叔母及嫂、弟妇为妻。附国则父亦妻其子妇。惟党项不娶同姓。大抵以畜牧为生。《北史·宕昌传》"牧养犛牛、牛、豕,以供其食";《唐书·党项传》"养犛牛、马、驴以供食,取麦他国以酿酒"是也。然如附国,《北史》云"其土高,气候凉,多风少雨,宜小麦青稞",则亦略知种植矣。男女皆衣裘褐,被毡。以皮为帽,形圆如钵。或带羃篱。全剥牛脚皮为靴。项系铁锁,手贯铁钏。王与酋帅,金为首饰,胸前悬一金花,径三寸。后来吐谷浑之服饰,亦颇与此相类。盖徙居羌地,化于羌也。其居处有二:一织犛牛尾及羊毛覆屋,岁一易。《北史·宕昌》、《唐书·党项传》。又其一为碉。高者十余丈,下者五六丈。每级以木隔之。基方四步,上方二三步。状似浮图。下级开小门,从内上通。下必关闭,以防贼盗。《北史·附国传》。盖因所居之地而异也。

羌族程度,有极低者。《北史》云:可兰,"目不识五色,耳不闻五声。顽弱不知战斗。忽见异人,举国便走。性如野兽,体轻工走,逐不可得"。几距原人不远矣。

其所信教,亦间有可考者。宕昌、党项,皆三年一相聚,杀牛羊以祭天。党项之俗:人年八十以上死者,以为令终,亲戚不哭。少死者即云夭枉,乃悲。附国:有死者,置尸高床上。沐浴衣服。被以甲,覆以兽皮。子孙不哭,带甲舞剑而呼云:我父为鬼所杀,我欲杀鬼报冤。其余亲戚,哭三声而止。死家杀牛,亲族以猪酒相遗,共饮啖而瘗之。死后十年,方始大葬。必集亲属,杀马动至数十匹。立木为祖父神而事之。

大月氏之居东方,亦当与羌同俗。西徙以后,则渐同化于白人。故《汉书·大夏传》谓其"土地,风气,物类所有,民俗,钱货,与安息同"。《大宛列传正义》引万震《南州志》,谓其"城郭、宫室,与大秦同"。《唐书》谓其"习旁行书,则其文字亦受之西域。然东方旧俗,仍有存者"。《北史·康国传》谓其"婚姻丧制,与突厥同"是也。据《北史》及《唐书》,昭武诸国,实以康为大宗。《北史》云:"其国立祖庙,以六月祭之。诸国皆来助祭。"《大唐西域记》曰:"凡诸胡国,此为其中。进退威仪,远近取则。兵马强盛,战无前敌。"俨然为礼乐征伐所自出焉。其神教,则兼奉佛教及火教。《唐书》谓"尚浮屠法,祠祆神"是也。《隋书·康国传》:"有《胡律》,置于祆祠。将决罚则取而断之。"《石国传》:"城东南立屋,置座于中。正月六日,七月十五日,以王父母烧余之骨,金瓮盛之,置于床上。巡绕而行。散以香花杂果。王率臣下致祭焉。"火葬盖佛教之法,法律置于祆祠,则其严祀之不待言矣。又《隋书·曹国传》:"国中有得悉神。自西海以东诸国,并敬事之。其神有金人焉。金破罗阔丈有五尺,高下相称。每日以驼五头,马十匹,羊一百口祭之。常有千人,食之不尽。"《漕国传》:"其俗重淫祠。葱岭山有顺天神者,仪制极华。金银镂为屋。以银为地。祠者日有千余人。祠前有一鱼脊骨,其孔中通,马骑出入。"《唐书·东曹传》:"有野叉城。城有巨窟,严以关钥。岁再祭。人向窟中立,即烟出,先触者死。"《史国传》:"城有神祠。每祭必千羊。用兵类先祷乃行。"此则各地方固有之神教也。

附录一　鬼方考

　　《左氏》：僖公二十二年，"秦晋迁陆浑之戎于伊川"。三十三年，"遂兴姜戎，败秦师于殽"。襄公十四年，"将执戎子驹支。范宣子亲数诸朝，曰：来，姜戎氏。昔秦人迫逐乃祖吾离于瓜州。乃祖吾离，被苫盖，蒙荆棘，以来归我先君。我先君惠公，有不腆之田，与女剖分而食之。对曰：昔秦人负恃其众，贪于土地，逐我诸戎。惠公蠲其大德，谓我诸戎，是四岳之胄裔也，毋是翦弃。赐我南鄙之田，狐狸所居，豺狼所嗥。我诸戎剪其荆棘，驱其狐狸豺狼，以为先君不侵不叛之臣，至于今不贰。昔文公与秦伐郑，秦人窃与郑盟，而舍戍焉，于是乎有殽之师。晋御其上，戎亢其下。秦师不复，我诸戎实然"。昭公九年，"周甘人与晋阎嘉争阎田。晋梁丙、张趯帅阴戎伐颖。王使詹桓伯辞于晋曰：先王居梼杌于四裔，以御螭魅。故允姓之奸，居于瓜州。伯父惠公归自秦，而诱以来。使偪我诸姬，入我郊甸，则戎焉取之。戎有中国，谁之咎也"？观此诸文，陆浑之戎、姜戎、阴戎，异名同实，事至明白。驹支自称四岳之胄，而周人称为允姓之奸，则其人实有二姓。杜注谓四岳之后皆姓姜，又别为允姓者，说自不误。惟谓瓜州即敦煌，襄十四、昭九年注两言之。说出杜林，《汉书·地理志》：敦煌，"杜林以为古瓜州，地生美瓜"。则不无可疑耳。

　　河西四郡，乃汉武所开。春秋时，秦国疆域，盖西不逾河，安得远迹至敦煌哉？宋于庭谓《诗》"我征自（徂）西，至于芜野"之芜野，即"覃及鬼方"及《易》"高宗伐鬼方"之鬼方，又即《礼记·文王世子》"西方有九国焉"之九国。《史记·殷本纪》：以西伯昌、九侯、鄂侯为三公。《礼记·明堂位》："脯鬼侯以享鄂侯。"《正义》曰："鬼侯，《周本纪》作九侯。"盖西方九国之诸侯，入为殷之三公。《列子》称相马者九方皋，九方当即鬼方，以国为氏。愚案《左氏》昭公二十二年，晋籍谈、荀跞帅九州之戎，以纳王于王城。下言王城人败陆浑于社。则杜注谓九州戎即陆浑戎者不误。九州即九国，亦即芜野、鬼方。盖陆浑戎之故国？所谓瓜州，疑亦其地也。

《汉书·贾捐之传》："武丁、成王，殷周之大仁也。然其地东不过江黄，西不过氐羌。"此以氐羌即武丁所伐之鬼方也。《文选·赵充国颂》李注引《世本注》："鬼方，于汉则先零戎也。"《潜夫论·边议篇》论羌乱曰："破灭三辅，覃及鬼方。"并以汉时之羌当古之鬼方。干宝《易》注，谓在北方，《周易集解》。盖误。

氐羌者，《周书·王会解》："氐羌以鸾鸟。"孔注："氐地羌。羌不同，故谓之氐羌。今谓之氐矣。"盖羌之一种也。《吕览·义赏篇》高注，谓"氐与羌二种夷民"，盖误。案经典有但言羌者，《书·牧誓》"及庸、蜀、羌、髳、微、泸、彭、濮人"是也。有兼言氐羌者：《诗·商颂》："昔有成汤，自彼氐羌，莫敢不来享，莫敢不来王。"《大戴记·五帝德》述舜所抚者，析支、渠蒐氐羌是也。羌为大名，氐为种别。但言羌者，辞略也，盖亦指氐羌矣。

《大戴记·帝系》："陆终氏娶于鬼方氏。鬼方氏之妹，谓之女隤氏。"陆终为颛顼之后，则鬼方在古代，实与中国相婚姻。故武丁伐之，至于劳师三年；其后又入为纣之三公也。宜武王以抚有之为梦祥矣。《诗》："文王曰咨，咨女殷商。如蜩如螗，如沸如羹。小大既（近）丧，人尚乎由行。内奰于中国，覃及鬼方。"《毛传》仅训鬼方为远方，未能实指其事。今知鬼方即鬼侯，则知"覃及鬼方"，正指脯鬼侯事也。女隤，《世本》及《风俗通》皆作媿，《汉书·古今人表》作溃。鬼贵同音，故馈字亦通作馈。则隤字疑即隗字。春秋狄人为隗姓，戎狄固以方位言，非以种族言。迁古公于岐者，《书》、《传》皆称狄，其地固在秦陇间也。汉隗嚣，天水成纪人。魏隗禧，京兆人。秦始皇时有丞相隗状，当亦秦人也。隗禧，见《三国·魏志·王肃传》。《国语·郑语》：史伯谓郑桓公曰："当成周者，西有虞、虢、晋、隗、霍、杨、魏、芮。"则东迁后犹资其翊卫，周大夫之行役尤野，固无足怪矣。《左传》二十二年杜注，但云"允姓之戎居陆浑，在秦晋西北。"

《左》昭九年，杜注："允姓，阴戎之祖，与三苗俱放三危者。"盖因阴戎、三苗皆姜姓云然。《禹贡》疏："郑玄引《地记书》曰：三危之山，在鸟鼠之西，南当岷山。"《水经注》卷四十引《山海经》亦云："在鸟鼠山西。"又云："江水东过江阳县，雒水从三危道广魏雒县南，东南注之。"雒县，今广汉也。然则三危之脉，实在陇蜀之间。《续书·郡国志》谓首阳有三危，三苗所处。虽不中，当不远矣。孔晁谓"氐地羌谓之氐羌，今谓之氐"，则汉时所谓氐者，即古所谓氐羌。《汉书·西南夷传》曰："自筰以东北，君长以十数，冉駹最大。自駹以东北，君长以十数，白马最大。皆氐类也。"《地理志》陇西有氐道，广汉有甸氐道、刚氐道。蜀郡有湔（湔）氐道。古所谓鬼方者，必去此不远矣。

陆浑之戎，杜注谓在当时之陆浑县。僖二十二年。又有伊洛之戎。注谓"杂戎，居伊水、洛水之间者"。僖十一年。疏引《释例》："河南雒阳县西南有戎城。"又有蛮氏。注云："戎别种也。河南新城东南有蛮氏城。"成公六年。案成公六年侵宋之役，《左氏》以伊洛之戎、陆浑、蛮氏并举，则自系三族，然秦晋迁陆浑之戎于伊川，则实与伊洛之戎杂处。《左氏》之伊洛之戎，《春秋》但作雒戎，得毋雒戎在雒，陆浑之戎在伊川，云伊洛之戎者，实两种既混合后之总称与？哀公四年，

"蛮子赤奔晋阴地。阴地之命大夫士蔑,致九州之戎,将裂田以与蛮子而城之;且将为之卜。蛮子听卜,遂执之,与其五大夫,以畀楚师于三户",则蛮子所奔者,实陆浑之戎,陆浑以昭十七年为晋所灭,然其部落自在,故二十二年,籍谈、荀跞仍帅其众以纳王也。二者之关系亦极密。庄公二十八年,"晋侯娶二女于戎,大戎狐姬生重耳,小戎子生夷吾"。杜注谓"小戎,允姓之戎",其言当有所据。献公是时,未必越秦而远婚于西垂。又僖二十二年疏云:"十一年传称伊洛之戎,同伐京师,则伊洛先有戎矣。"疑允姓之戎,本有在伊洛之间者,惠公之处离吾,特使之从其类也。然则蛮氏之戎,或亦氐羌之族矣。此皆鬼方之类,播迁而入中国者邪?

　　氐羌之俗,有与中国类者。《左》庄二十一年,"王以后之鞶鉴与之"。杜注云:"鞶带而以镜为饰。今西方羌胡犹然,古之遗服。"定六年"定之鞶鉴"注同。《诗》:"在其板屋,乱我心曲。"《毛传》曰:"西戎板屋。"正义:"《地理志》曰:天水、陇西,山多林木,民以板为屋。故《秦诗》云:在其板屋。然则秦之西垂,民亦板屋。"则衣服居处,西戎与中国极相类矣。此皆其久相往来之征,宜高宗之勤兵力于此也。《后汉书》谓巴"俗喜歌舞。高祖观之,曰:此武王伐纣之歌也。乃令乐人习之,所谓巴渝舞也"。《尚书大传》,称武王伐纣之师,前歌后舞,所用者盖即巴人,巴亦氐类也。殆果"终抚九国"欤?驹支谓"我诸戎饮食衣服,不与华同;贽币不通,言语不达"。达亦通也,谓无使命往来。非谓其人不知华语也。不然,安能赋《青蝇》之诗邪?

　　《三国志》注引《魏略》:"氐语不与中国同,及羌杂胡同。"胡者,匈奴,氐与习,故亦通其语。羌则其本语也。《荀子大略》曰:"氐羌之虏也,不忧其系垒也,而忧其不焚也。"注:"氐羌之俗,死则焚其尸。"《吕览·义赏》:"氐羌之民,其虏也,不忧其系累,而忧其死不焚也。"《后汉书》谓羌人死则烧其尸。皆氐羌同族之证。

《山海经·海内经》:"伯夷父生西岳。西岳生先龙。先龙,是始生氐羌,氐羌乞姓。"西岳疑四岳之误。乞姓疑亦允姓之讹。又《海内南经》:"氐人国,在建木西。其为人,人面而鱼身,无足。"《大荒西经》:"有互人之国。炎帝之孙,名曰灵恝。灵恝生互人,是能上下于天。有鱼偏枯,名曰鱼妇。颛顼死即复苏。风道北来,天乃大水泉,蛇乃化为鱼,是为鱼妇。颛顼死即复苏。"《图赞》:"炎帝之苗,实生氐人。死则复苏,厥身为鳞。云南疑当作雨。是托,浮游天津。"灵恝,注云:"音如券契之契。"与乞姓之乞,音同字异。《山海经》固不足信,亦氐羌姜姓之一佐证。颇疑姜、羌实一字也。

鬼方所在,古人虽不审谛,率皆以为在西。自《诗序》以《殷武》之诗为祀高宗,《毛传》以"挞彼殷武,奋伐荆楚"为指武丁,乃有以鬼方为在楚者。今本《竹书纪年》,"武丁三十有二祀,伐鬼方,次于荆",即据此等说伪造。下又云:"三十有四祀,王师克鬼方,氐羌来宾。"遂忘其自相矛盾也。近世邹叔绩,推波助澜,又据红岩摩崖石刻,谓鬼方在贵州,则去之愈远矣。《红崖碑》者,在"贵州永宁东六十里红岩后山诸葛营旁。字大者周尺三四尺,小者尺余。深五六寸许。共二十五字。土人以其在诸葛营旁,称为《诸葛碑》。又《传》云:不知刻自何年。诸葛征南,营其下,读而拜焉,使蛮人护之,故谓之《诸葛碑》。蛮人因岁祀之,以占牂雨瘴疫。其碑在岩上最高处,非縆木叠架,不能上拓"。以上据邹氏《红崖碑释文》。其文诡异而初不古,不知何世好事者所为。邹氏一一钩摹而强释之,附会为高宗征鬼方所刻,亦可谓好奇之过矣。邹氏之说曰:"汉之先零羌,即今青海。汉代之羌,有今藏地喀木。故《前汉书·地理志》云:桓水南行羌中,入南海。桓水,即今澜沧江也。案此说亦误。羌之种落,又延蔓于武都、越巂,所谓参狼、白马、旄牛诸羌是也。以《竹书》、《世本》、《后汉书》证之，鬼方即羌明甚。是则今青海、藏地喀木，及滇蜀之西徼，皆商代鬼方。故虞仲翔谓坤为鬼方。坤西南，且好寇窃，亦同羌俗也。案虞注"襦有衣袽终日戒"云："伐鬼方三年乃克，旅人怨劳。衣服皆败。鬼方之民，犹或寇窃，故终日戒也。"今云贵罗罗种，自谓其先出于旄牛，殆亦羌种？其俗有鬼主，见《唐书》、《宋史·南蛮传》。愈以知羌即鬼方也。案罗罗乃古之濮人，予别有考。羌以父名母姓为种号，所谓旄牛，或人名，如蒙古始祖孛儿帖赤那，译言苍狼之例，非必谓其先为旄牛所生也。《三国志》注引《魏略》，谓"氐种非一，或号青氏，或号白氏，或号蚺氏，此盖虫之类，中国即其服色而名之"。盖氐羌有图腾之俗。又部落各别其衣色。青氏、白氏之称，由衣色而生；旄牛、白马、蚺氏之名，皆以图腾而立。图腾之制，部各不同，断不能谓汉代之西羌，同于今日之罗罗也。至以鬼主附会鬼方，则尤为曲说矣。高宗之伐鬼方也，自荆楚深入，始入其地。历今黔滇审矣。三年克之而还，盖仍从故道，会诸侯于南岳也。此则其东还过西方而刻石纪功之作。"案邹氏以羌为鬼方，是也，乃举后世羌人所居之地，悉指为殷时之鬼方，则近于儿戏矣。古者师行日三十里，六军一万五千人，如何历湘、鄂、滇、黔以入海、藏邪？

第十二章　藏　族

　　今地理学家所谓西藏高原者，就地势别之，可分四区：南山之南，冈底斯山之北，诸大川上源之西，地势高而且平，水皆潴为湖泊，一也。雅鲁藏布江之东，巴颜哈喇山之南，大度河之西，伊洛瓦谛江、怒江、澜沧江、金沙江、雅龙江之所贯流，二也。巴颜哈喇之北，南山之南，黄河上游及青海所潴，三也。喜马拉耶之北，冈底斯之南，雅鲁藏布江之域，四也。第四区为印度阿利安人分支吐蕃兴起之地，第二第三两区皆羌地，第一区，则今所称为藏人者之故居也。

　　今之所谓藏人者，有一特异之习，曰多夫。往史所载四裔诸国，有此习者，始于哒哒；则哒哒实此族之首见于史者也。《北史》云："大月氏之种类，亦曰高车别种。"《南史》则称为滑国，曰："车师之别种。"三说皆误。大月氏西徙后，史述其俗，多同大夏，姑勿论。其留居南山者，号小月氏，俗皆与羌同。羌俗多娶妻妇，适与哒哒一妇数夫反。高车、车师，亦不闻有一妇数夫之俗。一妇数夫，此特异之俗，果其有之，诸史不容不载也。《北史》云："其原起自塞北，自金山而南。"金山本铁勒所处，故有高车别种之讹。车师北近金山，此族盖又尝居车师故地，故有车师别种之说。目为大月氏之种类，亦以其后得大月氏之地云然。皆指其所居之地以定其种族，而不知其人之初不居是也。《北史》又谓"其语与蠕蠕、高车及诸胡不同"。可见"大月氏之种类”及“高车别种”之说之不确。

　　然则哌哒之故国，果安在欤？案《唐书》："大夏，即吐火罗也。哌哒，王姓也。后裔以姓为国，讹为悒怛，亦曰挹阗。"此说颇误。吐火罗者，大夏之旧都，即《大唐西域记》所谓缚喝者也。今阿富汗之波尔克城。《北史》别有吐火罗国，云："与哌哒杂居。"又云："其王都拔底延城，盖王舍城也。"尤非。《西域记》："缚喝，都城，周二十余里，人称小王舍城。"《隋书》谓其都城多寺塔，皆饰以金；盖亦佛法兴盛之地；故有此称。若王舍城则自在印度也。乃城名。哌哒都大夏旧都，故人犹以大夏旧都之名称之。非彼初亦以吐火罗为国号，后乃改用王姓也。此说出近人丁氏谦，案大夏二字，似亦吐火罗转音，乃译音，非有义也。於邑双声。于於同字。然则哌哒、悒怛、挹阗，仍系于阗音转。此族盖自后藏越南山而北，首据于阗，人因以于阗称之。其后拓土日广，徙居大夏故都，人不复考其得氏之由，乃复别译以哌哒、悒怛、挹阗等字。实则与以大夏旧都名之为吐火罗，正后先同揆耳。自于阗入后藏，本为往来孔道。此族之故居后藏，可无疑矣。

　　哌哒之盛，始于南北朝之初。其衰，亦略当南北朝之末。西史谓自五世纪中叶以降百余年，为哌哒极盛之世，其年代亦略相当也。当夫月氏既衰，突厥未起，哌哒实为跨有葱岭东西之大国。惜其事迹，东西史氏，均不能道其详。今约略考之。《南史》云："后稍强大，征其旁国波斯、槃槃、罽宾、焉耆、龟兹、疏勒、姑墨、于阗、句般等国，开地千余里。"《北史》则云："其人凶悍，能斗战。西域康居、于阗、沙勒、即疏勒。安息，及诸小国三十许，皆役属之，号为大国。"又载朱居国、渴槃陀国、钵和国、赊弥国，皆役属哌哒。朱居国，在于阗西。其人山居，语与于阗相类。渴槃陀国，在葱岭东，朱驹波西。河经其国东北流，今于阗河。风俗与于阗相类。钵和国，在渴槃陀西。唐时曰护密，或曰达摩悉铁帝，曰护侃，王居寒迦审城，北临乌浒河。今阿母河,源出葱岭,曰鄂克疏河,又曰瓦汗河,亦曰乌汗河。《唐书》乌浒,当是乌汗转音。玄奘《西域记》作缚刍河,则鄂克疏转音也。**波知国**,在钵和西南,有三池。传云大池有龙王,次有龙妇,小者有龙子。行人经之,设祭乃得过。不祭,多遇风雪之困。疑今帕米尔高原。**赊弥国**,在波知南。山居,皆葱岭东西之地。观其所力征经营,而其始起之地可知矣。

　　以上诸国,多不近车师,去金山尤远。且葱岭以东,自魏晋迄南北朝,虽曰时绝时通,而大事仍皆见于中国史籍。果使嚈哒力征,起自金山,远逾葱岭,焉耆、龟兹诸国,实乃首当其冲;于阗、疏勒之伦,乃后继承其敝。纵无叩关乞援之使,亦有近塞传述之辞。记载阙焉,宁不解人难索?然则原出塞北,寄居后部,非他族之事,而史误系之嚈哒,即强大之后,声威乃暨于此,决非其初兴时事矣。《南史》云,"汉永建元年,八滑从班勇击北虏有功,勇上为后部亲汉侯。自魏晋以来,不通中国。魏之居代都,滑犹为小国,属蠕蠕"云云。案两《汉书》载西域风俗皆详,车师与汉尤密。果有一妇数夫之族,附后部以居,安得一语不及?后魏孝文帝太和中,高车副伏罗部叛柔然。其酋阿伏至罗与穷奇,走前部西北自立。后穷奇为嚈哒所杀,虏其子弥俄突。阿伏至罗亦以残为其下所杀,立其宗人跋利延。嚈哒纳弥俄突。国人杀跋利延迎之。明帝正光中,柔然内乱,婆罗门自立。嚈哒听弥俄突之弟还国。击婆罗门,破之。婆罗门奔魏。魏置之敦煌。嚈哒主三妻,皆婆罗门妹也。婆罗门叛投嚈哒,为魏所讨禽。此皆嚈哒势力,及于金山、车师之事,然不能谓其初起于此也。

　　嚈哒之破月氏,西史亦不能道其详。但云:嚈哒自此尽据两河间地。又南下,降西北两印度。西伐波斯。波斯纳岁币以和。嗣后嚈哒屡干预其君主之废立,波斯几夷为藩属。梁武帝普通元年后,北印度乌苌国兴。《西域记》之乌伏那。攘嚈哒于境外。未几,突厥复盛,与波斯东西夹攻。嚈哒遂分崩。其地多入突厥。《西域记》云:"出铁门,至睹货逻国。自数百年,王族绝嗣,酋豪力竞。依山据谷,分为二十七国。

皆役属突厥。"此哦哒败亡后之情形也。

今通称此族为藏，又称西康之地为康。康也，藏也，实仍羌字转音，因音变而字异耳。而此族之自称，则曰土伯特。土伯即吐蕃异译。蕃读如播。特者，统类之词。见《元史译文证补》卷一。《蒙古源流考》称尼雅特赞博汗胜四方部落，为八十八万土伯特国王。尼雅特赞博，即《唐书》之弃宗弄赞，乃印度阿利安人之首王西藏者。见下章。其时已称土伯特，则土伯固藏人种族之本号也。今通称察木多以东为康，前藏为藏，后藏为卫。据西藏僧人所自述，则藏与康实以丹达山为界，而卫在喜马拉雅山以南，乃吐蕃盛时之疆域也。此说出《西康建省记》，考之于史，良是。丹达山以东，诚皆羌地；吐蕃盛时，喜马拉雅山南之国，固有为之臣者，泥婆罗即其一也。

藏族之北出者为哦哒，其留居后藏者，则南北朝时所谓女国，唐时所谓东女也。此国本名苏伐剌拏瞿咀罗。《唐书》、《西域记》皆同。曰女国，曰东女，盖皆中国称之。据玄奘《西域记》：其地在大雪山中。北距于阗，东接吐蕃，正今后藏之地也。《唐书》云："王居康延川，岩险四缭。有弱水南流，缝革为船。"似即今怒江。又云："东与吐蕃、党项、茂州接，东南属雅州罗女蛮，白狼夷。"则似兼有今前藏地矣。此国世以女为王，号曰宾就。女王之夫曰金聚，不知国政。王居九层之楼，侍女数百人。五日一听朝政。后有小女王，共知国事。女王死，国人以金钱数万纳王族中，求贤女二人立之。其一为小王。王死，因以为嗣。或姑死妇继。无篡夺。隋文帝开皇六年，始遣使朝贡。后绝。唐高祖武德中，其王汤滂氏，遣使入贡。高祖厚赐之。为突厥所掠，不得通。贞观中，使复至。太宗玺制抚慰。显庆初，使高霸黎文与王子三卢来朝。授右监门中郎将。其王敛臂，使大臣来请官号。武后册拜右玉铃卫员外将军。天授开元间，王及子再来朝。诏与宰相宴曲江，封王曳夫为归昌王、左金吾卫大将军。后乃以男子为王。开元以后，史不复见。后南诏与韦皋书，言吐蕃之暴横，有云："西山女王，见夺其位。"其殆为吐蕃所灭欤？女王之位，不传之女而传之妇；后又以男子为王，则似此国王位，亦男系相承，立女特偶然之事。然南诏称为西山女王，则似其后仍立女，而以男子为王，特偶然之事者。史籍无征，末由亿断其政体矣。东女者，对西女言之也。西女者，西北距拂菻，西南际海岛。皆女子。多珍货。附拂菻。拂菻君长，岁选男子配焉。俗生男不举。亦见《唐书》。

又《唐书·南蛮传》："名蔑，其人短小。兄弟共取一妻。妇总发为角，以辨夫之多少。"俗与哒同，亦必同族也。

俗谓高原少女多男；下隰之地，少男多女，故西藏有一妇数夫之习。此亦臆测之辞，男女妃合之制，因时因地而殊；一妇数夫之习，他族邃古之世，亦不必无之，惟藏族则久而未变耳。哒之俗，"兄弟共取一妻，迭寝焉。一人入房，户外挂其衣以为志。生子属其长兄。夫无兄弟者，妻戴一角帽。若有兄弟者，依其多少之数为角"焉。故其世系不甚分明。"王位不必传于（子），子弟堪者死便受之。"《西域记》谓其亡，由"王族绝嗣，酋豪力竞"，殆亦继嗣之法不定，有以致之欤？其王坐金床，随太岁转；与妻并坐接客；而无职官。则政权必出于一之义，尚未分明；行政者又无其人；可见其政治演进之浅。刑法峻急。偷盗者，无多少，皆要斩。盗一责十。弥足见其野蛮耳。

《南史》谓哒事天神、即祆神，亦即所谓胡天也。火神。《北史·吐火罗传》，则谓其俗奉佛。盖诸教并行，不衷于一。其葬，以木为椁。富者累石为藏，贫者掘地而埋。随身诸物，皆置冢内。父母死，子截一耳。葬讫即去。则似犹守旧俗也。

哒以游牧为业。多驼马。无城邑，依随水草。以毡为屋，东向开户。夏迁凉土，冬逐暖处。《唐书》云："其国土著。"盖指吐火罗一地言之。头皆剪发，衣服类加以璎珞。其语与柔然、高车及诸胡不同，待河南人_{吐谷浑}。重译，然后通焉。吐谷浑与羌杂居，所谓河南人，盖羌人也。此哦哒本在后藏，地与羌接之明证。"无文字，以木为契。与旁国通，则使旁国胡为胡书，以羊皮为纸"。盖其文化皆受之西域，居后藏时无有也。

女国，"子从母姓。妇人轻丈夫，而性不妒忌。女贵者咸有侍男"。盖亦行一妇数夫之制。丈夫惟务战与耕而已。此女王所由立欤？然"官在外者，咸男子为之。凡号令，女官自内传，男官受而行之"。盖女系时代，曾以女为族长，其后化家为国，而此制未变，故犹立女王；然执事究以男子为优，故外官又皆用男子也。

其所居皆重屋，王九层，国人六层，盖如羌族之居碉也。气候多寒，以射猎为业。然多产盐，亦能将向天竺兴贩，其利数倍。男女皆以彩色涂面，一日中或数改变。人皆被发，以皮为鞋。案寒地之人多被发，见《粤族》篇。则被发者藏族之故俗。哦哒之剪发，盖据西域后，化于西胡也。事阿修罗神，又有树神。岁初以人祭，或用猕猴。此殆知用人之残忍，而以是为代。可悟进化以渐之理。祭毕，入山祝之。有一鸟，如雌雉，来集掌上。破其腹视之。有众粟，则年丰，沙石则有灾。谓之鸟卜。其贵人死，剥藏其皮，内骨瓮中，糅金屑瘗之。经一年，又以其皮肉，铁器埋之。日人某《西藏游记》，谓"藏人所信神鬼甚多。传自中国之佛教，不能大行；而自印度入之喇嘛教，矜炫奇迹者，则风靡全藏，职是之故"。惜乎藏族旧教，我国史籍，可征者甚鲜也。

此稿成后，披阅王静庵《观堂集林》。其《西胡考》云："《大唐西域记》十二云：于阗国尼壤城，四百余里至睹货逻故国。国久空旷，城皆荒芜。案于阗国姓，实为尉迟。而画家之尉迟乙僧，张彦《历代名画记》云：于阗人。朱景元《唐朝名画录》云：吐火罗人。是于阗与吐火罗同族，亦吐火罗曾居于阗之证。又今和阗以东大沙碛，《唐书》谓之图伦碛，原注："《唐书·西域吐谷浑传》：李靖等军且末之西。伏允走图伦碛，将托于阗。是图伦碛在且末于阗间。"今谓之塔哈马干碛，皆睹货逻碛之讹变。是睹货逻故国，在且末于阗间。"案谓吐火罗曾居于阗，又谓其故国在且末、于阗间，迹近凿孔，不如予说之信而有征矣。然一尉迟乙僧，或谓于阗人，或谓吐火罗人，则足为嚈哒吐火罗是一，及嚈哒为于阗异译之证。盖张彦云于阗人，犹云嚈哒人耳。当时虽误译于阗为嚈哒，乙僧则自知其故国中国旧译为于阗，不随时俗之讹而从其朔也。

第十三章　白　种

　　自汉至藏,为族十一,皆黄种也。世界人种,究起源于何地不可知。就有史以来言之,则亚洲中央高原,似系各种人最初居地。汉族究自西来与否,今日尚难质言。至于欧洲种人,自亚洲中央高原西徙,则似无疑义。今日欧亚二洲之界,为乌拉山,为乌拉河,为里海,为高加索山,为黑海。水本不足为交通之障;乌拉山脉,虽长而低;高加索山,虽峻而短;亦不足以阻碍往来;故分史事为东西洋二部,则其界线,非今日欧亚二洲之界,而亚洲中央之高原也。今自波谜罗高原,东连青海、西藏、川边,实为世界最高、最崎岖之处。其北,则自新疆、蒙古,连于两海之间,为一大沙漠。南固山岭重叠,北亦举目荒凉。欧亚二洲之来往,除蛮族侵略外,殆无有焉。非谓竟无,谓其事不关重要耳。自亚入欧,陆道有三:一出西伯利,为北道。一逾葱岭,为中道。一自前后印度沿海行,为南道。北道荒寒,中道险阻,南道则苏彝士地峡为之阻。故中国与大秦之交通,卒始于海也。以兵事言:中国兵力,及于葱岭以外者甚少。元人虽尽臣西亚,兼据欧洲,实仍蛮族侵略性质耳。大食之强,卒不能侵寇中国。西辽既建国,命将伐金。师行万里,无所得。大石曰:"皇天弗顺,命也。"帖木儿之强,元亡于东方,遗民多归之。帖木儿欲大举伐明,中途而卒。即帖木儿不死,亦不易越沙漠而扰北边也。此皆葱岭为东西限界之证。其南海道交通,却较陆地为便。然苏彝士运河未开;加之昔时航海之术,不如今日之精,往来究属不便。故冒险航行者,不过商贾之流。国家使节,必旷世而后一通,而兵事更无论矣。此东西洋之史事,所由以有关系为变,无关系为常邪?史事如此,而人种之分布随之。葱岭以东,以黄人为主。葱岭以西,以白人为主。其东非无白人,其西非无黄人,然较微矣。然关系虽浅,究非绝无。我国盛时,疆理所至,盖亦跨葱岭东西;声威所届尤远。葱岭以东之白人,固多同化于我者;其西之白人,来者亦不少;此史有明文者也。今皆泯然无迹矣。故论我国民之血统,与白人混合者,实亦不少也。

见于中国史之白人,当分数派论之:一为汉时西域诸国。西域诸国,种族有三:(一)塞种,(二)氐羌,(三)汉族也。知西域有汉族者,《汉书·西域传》曰:"自且末以往,皆种五谷。土地,草木,畜产,作兵,略与汉同。有异乃记。"然记其异者少,不记者多,则同于汉者甚多。此必非偶然也。塞种,似即 Semites,近人译为塞米的,或译为山米。故居伊犁河流域。又有乌孙者,颜师古谓其"青眼赤须,状类猕猴"。洪文卿尝询之俄人,俄人谓此类今德意志人。见《元史译文证补》卷二十七上。此亦未必然。然乌孙之为白种,则无疑矣。乌孙与月氏,俱居敦煌。其昆莫难兜靡,为月氏所杀。子猎骄靡,新生。傅父抱之,亡归匈奴。匈奴单于爱养之。冒顿及老上,再击破月氏。月氏击逐塞王,居其地。塞王南君罽宾。克什米尔。猎骄靡长,请于匈奴,再攻月氏,月氏败,西走,臣大夏。大夏者,西史之巴克特利亚(Bactlia)也。乌孙自是居伊犁河域。张骞谓"乌孙居敦煌时故小国",而《汉书》载其户口胜兵之数,为西域最,盖不去之塞种、月氏,皆为所抚用矣。浑邪王之降,河西地空。张骞欲厚赐乌孙,使还居故地。许妻以公主,为昆弟。时昆莫年老,国分于仲子大禄,嫡孙岑陬,不能专制;又远汉,未知其大小;而臣匈奴久;其大臣又皆不欲,故谢使者。而匈奴闻乌孙通汉,怒,欲击之。乌孙恐,乃使朝,愿得尚主。汉以江都王建女细君妻之。昆莫自以年老,欲使岑陬尚主。主不可，以闻。诏从其俗。主死，复以楚王戊孙解忧妻之。岑陬卒，大禄子翁归靡立。翁归靡卒，岑陬子泥靡立。皆尚楚主。翁归靡时，匈奴欲侵陵乌孙。昆莫及主，俱以为言。宣帝为发五将军击匈奴。校尉常惠，护乌孙兵，自西方入。获畜产甚众。匈奴由此衰耗。泥靡号狂王，与主不相得。公主与汉使谋诛之。不克。其子发兵围公主及汉使。都护救之，乃解。翁归靡胡妇子乌就靡，袭杀狂王，自立。元贵靡者，翁归靡尚楚主时所生子也。汉立元贵靡为大昆弥，乌就靡为小昆弥。时出兵安定其国。元始以后，事迹乃不可知焉。《汉书》谓自"乌孙分立两昆弥后，汉用忧劳无宁岁"。盖乌孙大国，汉欲借其力以制匈奴，不图转屈中国之力以事之也。

乌孙而外，大宛亦为大国。近人云："古时希腊之民，移殖里海之北者，彼国称为耶而宛，Ionian，即 Yavanas 之转音。即中国所谓大宛。葡萄、苜蓿，亦希腊语之译音云。"Botrus Medike。张骞之使月氏，为匈奴所得。后亡走大宛。大宛为发译传道，抵康居。康居传致大月氏。时大月氏得沃土，志安乐，无报胡心。而骞在大夏时，见邛竹杖、蜀布，问："安得此？"大夏国人曰："吾贾人往市之身毒。"骞以为"大夏去汉万二千里，居西南。今身毒居大夏东南数千里，有蜀物，其去蜀不远矣"。欲由蜀通大夏，不达，而汉由此开西南夷。参看《濮族》篇。是时由川滇通藏印之道，未必遂开。邛竹杖、蜀布，疑仍由粤浮海道至印度也。其后汉求天马于大宛，不得。使李广利征之，不利。汉再发大兵征之，卒破其国。此役汉所失极多，然西域诸国，自此震惧，多遣使贡献，使子弟入侍焉。

塞王之为月氏所破也，《汉书》曰："塞种分散，往往为数国。疏勒以西，休循、捐毒之属，皆故塞种也。"又乌弋山离，"其草木、畜产、五谷、果菜、食饮、宫室、市列、钱货、兵器、金珠之属，皆与罽宾同"。

难兜，"亦种五谷，葡萄，诸果，与诸国同属罽宾"。盖亦皆塞种矣。西域之绝也，莎车王贤，称霸诸国。妫塞王杀贤使者，贤击灭之，而立其臣。妫塞王，盖塞种之王妫水者也。《穆天子传》，于一切器物，必著之曰："西膜之所谓某某。"西膜，盖山米异译也。《穆天子传》，盖西域既通之伪书？以考周时事，殊不足用。然实可考汉时事。《传》述西膜之盛如此，正可见汉时塞种之盛也。疏勒，今新疆疏勒县。捐毒，在疏勒之西。南与葱岭属。西上葱岭，则休循也。乌弋山离，在今阿富汗境。难兜，在今巴达克山西境。

　　诸国中月氏本东方民族。然西徙后，其民实多大夏之遗。故《汉书》谓其"土地、风气、物类所有，与安息同"。《北史·康国传》："人皆深目高鼻，多须髯。"安息者，西史之泊提亚（Partnia）也。《汉书》谓其"土地、风气、物类所有、民俗，与乌弋、罽宾同"。于大宛，则云"与大月氏、安息同"。于康居，则云"与大月氏同俗"。参互观之，而诸国之为白种，可无疑矣。乌孙状貌，确为白种，而《汉书》谓其"与匈奴同俗"者，以白种诸国，均事农商，乌孙独事游牧，故云。非谓其与匈奴同种也。《汉书》又总序之云："自宛以西，至安息，虽颇异言，然大同，自相晓知也。其人皆深目高鼻，多须髯。善市贾，争分铢之利。贵女子，女子所言，丈夫乃决正。"可以知其种族矣。

　　汉通西域，始武帝时，至王莽而绝。后汉时，班超定之。超还，任尚代为都护，以峻急，失诸胡心，西域复叛。永建中，超子勇复平之。然乌孙及葱岭以西遂绝。故其兴亡多不可考。大宛，《魏书》称为者舌，特以地望言之，其种族犹是与否，不可知也。乌孙：魏时犹通使。《魏书》云："其国数为蠕蠕所侵，南徙葱岭山中。"自隋以后，遂无闻焉。元时有钦察者，亦曰乞卜察兀。地在乌拉岭西，里海、黑海以北。俄书称其地曰波罗物次，称其种人曰波罗物齐。他国皆称之曰奇卜察克。拉施特，阿卜而戛锡云：突厥族派凡五，一为奇卜察克;与蒙古同属乌克斯汗之后。乌克斯汗与亦脱巴阿部战败,退至两河间。_{未言何河。}有陈亡将弁妇,怀孕临蓐;军中仓卒无产所,就空树中生子。乌古斯汗收育之,名以奇卜察克,义谓空树。越十七年,乌古斯战胜亦脱巴阿人,遂降其部。未几复叛,乃令奇卜察克往牙爱克河_{今乌拉河。}镇抚之。因以名部。西人涉猎中国史者,谓乌孙西徙葱岭后,杳不知其所之。唐初突厥所属之可萨部,即在奇卜察克之地。西书称曰哈萨儿。唐中叶后,又有他部,自东而西。哈萨儿部,被逼西徙。旧时牧地,悉属别姓。此部族即是乌孙。俄人称波罗佛次,佛次当即乌斯转音。今俄南境帖尼驳河,古名乌苏河;其入海之地,名乌速立姆那;_{犹言乌孙海湾。}当由乌孙居此,故有此称也。然所谓乌古斯汗者,中西古籍,咸无可征。故近世西人,多解为荒野平地之民;谓语出波斯,俄之波罗物次亦同解云。_{以上据《元史译文证补》。}予案蒙古为鞑靼、沙陀之混种,沙陀为西突厥别部,俱已见前。哲别、速不台之西征,其诱钦察,实有“我等同类”之说,又《元史·土土哈传》谓:“其先本武平北折连川按答罕山部族。自曲出徙居西北玉里伯里山,因以为氏。号其国曰钦察。曲出生唆末纳,唆末纳生亦纳思,世为钦察国主。”则钦察与蒙古,同出突厥,说非无因。岂乌孙为柔然所逼,后又隶属突厥欤?

哲族之又一支为坚昆。唐时称黠戛斯;或曰居勿,曰结骨,曰纥骨,曰纥扢斯;皆一音之异译也。《汉书·匈奴传》,称其“东去单于庭七千里,南去车师五千里”,盖在今唐努乌梁海境。_{略当车师正北。}《唐书》云:“地当伊吾之西,焉耆西北,白山之旁。”又云:“直回纥西北三千里,南依贪漫山。”又云:“阿热驻牙青山。青山之东,有水曰剑河。偶艇以度。水悉东北流,经其国,合而北,入于海。”又曰:“徙牙牢山之南,牢山,亦曰睹满;距回鹘旧牙,度马行十五日。”案贪漫、赌满,同音异译,皆即今之唐努山。剑河,即《元史》之谦河,今叶尼

塞上源之华克穆河也。详见《元史译文证补》卷二十六。黠戛斯人种甚
杂。《唐书》称"其人皆长大，赤发，晳面，绿瞳"；此本为白种之征。
又云："其种杂丁令，其文字语言，与回鹘同。"又列结骨为铁勒十五
部之一；则与丁令相杂矣。丁令久属匈奴；匈奴封李陵为右贤王，盖
即王其部落。故其人至唐时，尚自以为陵后。《唐书》称其"以黑发
为不祥。黑瞳者，必曰陵苗裔也"。"景龙中，献方物。中宗引使者
劳之曰：而国与我同宗，非它藩比。既破回鹘，得太和公主，自以李
陵后，与唐同宗，遣使者达干，奉主来归。会昌中，诏阿热著宗正属
籍"。其果为陵后与否不可知，而其人自谓陵后，则不虚矣。今俄人
称哈萨克曰乞儿吉思，谓语出回纥；乞儿义为四十，吉思义为女；古
时匈奴以汉地四十女嫁夫居此，故蒙是称。亦其与汉族相杂之一旁
征也。

坚昆自汉至隋，无所表见。唐时，为突厥所羁制。突厥以女妻
其酋豪。后又隶薛延陀。以颉利发一人监焉。贞观时，其酋长三
人：曰讫悉辈，曰居沙波，曰阿米辈，共治其国。二十一年，闻铁勒
入臣，即遣使献方物。其酋俟利发失钵屈阿栈，身入朝。《唐书》云：
"其君名阿热，遂姓阿热氏。"阿栈，似即阿热异译。以其地为坚昆
府，隶燕然都护。乾元中，为回纥所破。自是不能通中国。回纥授其阿热官
毗伽顿颉斤。回纥稍衰，阿热即自称可汗。回纥遣宰相伐之，不胜。
挐斗二十年不解。而其将句录莫贺作难，导阿热，阿热遂得破杀回
纥可汗。然未尝徙居其地，故其后事迹不可知。元时谓之吉利吉
思，亦作乞儿吉速。地在也儿的石河，今额尔齐斯河也。又有乃蛮
者，亦作乃满，又作乃马。其部长曰亦难赤可汗。生二子：长曰太
赤不哈，是为塔阳可汗。次曰古出古敦，是为不亦鲁黑汗。兄弟交
恶，分国而治。塔阳居金山之阳，忽里牙速兀、札八儿二水间，南近
沙漠。不亦鲁黑居兀鲁黑塔黑之地，北近金山。忽里牙速兀，即今

乌里雅苏台河；札八儿，今匝盆河也。兀鲁黑塔黑未详。然云北近
金山，则亦当在今科布多，乌梁海境。《元史·地理志》谓：乃蛮本
居吉利吉思之地；而当时漠北诸族，惟乃蛮奉也里可温教，最为洁
清；可知其为黠戛斯之后矣。清世亦称哈萨克。分三部：左曰鄂尔
图玉斯，行国。中曰齐齐玉斯，西曰乌拉玉斯，皆居国。地界乌梁
海、塔城、伊犁之间。西人仍称之为吉利吉思。左部曰大吉利吉思，中
部曰中吉利吉思，西部曰小吉利吉思。乾隆时尝内附，授所部以王公台吉
等爵；定三年一贡，岁一互市于乌鲁木齐。道光时，乃折而入于俄罗
斯焉。

　　印度种族，尽人知之，无待赘述。然吐蕃王室，系出印度，则知
者较寡矣。《唐书》云："吐蕃，本西羌属，居析支水西。祖曰鹘提勃
悉野，健武多智，稍并诸羌，据其地。蕃发声近，故其子孙曰吐蕃，而
姓勃窣野氏。或曰：南凉秃发利鹿孤之后，二子：曰樊尼，曰傉檀。
傉檀嗣，为乞伏炽磐所灭。樊尼挈残部臣沮渠蒙逊，以为临松太守。
蒙逊灭，樊尼率兵西济河，逾积石，遂抚有群羌云。"此二说求之藏人
所自述，羌无左证。且其地仅在河源积石一带，距吐蕃赞普所居之
逻婆川，今拉萨。尚千里也。盖中国前此，兵威所加，使译所及，传闻
所得，极于河源内外。自此以往，实非所知。鹘提勃悉野及秃发樊
尼，固实有其人；其兼并群羌，亦必实有其事。然与吐蕃实风马牛不
相及。特当时所知羌中故实，以此为最远，故遂从而附会之耳。

　　考西藏人之史，自当以藏人所自述者为据。惜藏人史籍，译成
华文者，仅《蒙古源流考》之前半耳。今姑据以为证。《源流考》云：
"巴特沙拉国乌迪雅纳汗生一子，善占之必喇满占之，曰：此子克
父，必杀之。而锋刃利器，皆不能伤。乃贮以铜匣，弃之恒河中。外
沙里城附近种地老人收养之。长，告以前事。此子遂向东边雪山而
去。至雅尔隆赞唐所有之四户塔前，众共尊为汗。时岁次戊申，戊

子后千八百二十一年也。是为尼雅特赞博汗。胜四方部落,为八十八万土伯特国王。尼雅特赞博汗生穆特赞博汗,穆特赞博汗生定持赞博汗,定持赞博汗生索特赞博汗,索特赞博汗生墨尔特赞博汗,墨尔特赞博汗生达克特赞博汗,达克特赞博汗生色哩特赞博汗,色哩特赞博汗生智固木赞博汗,为奸臣隆纳木所杀。后文又云:"尼雅特赞博汗之七世孙色尔特赞博汗,为其臣隆纳木所杀。"其长子置特,逃往宁博地方。次子博啰咱,逃往包地方。三子布尔特齐诺,逃往恭布地方。隆纳木据汗位一载,旧日数大臣诛之,迎立博啰咱。是为布迪恭嘉勒汗。布迪恭嘉勒汗生噜勒噶凌,噜勒噶凌生库噜木凌,库噜木凌生实勒玛凌,是称六贤汗。似夺二汗之名。实勒玛凌生德噜开木松,德噜开木松生迪斯巴勒,迪斯巴勒生迪米雅,迪米雅生萨喇特纳穆,萨喇特纳穆生苏斡,苏斡生萨琳嘉勒灿,萨琳嘉勒灿生洞哩洞剪,此为衍庆七汗。洞哩洞剪生都克迪都克灿,都克迪都克灿生持托克哲赞,持托克哲赞生拉托哩年赞,拉托哩年赞生持年松赞,持年松赞生达克哩年资克,达克哩年资克生纳木哩苏隆赞,是为妙音七汗。亦仅六汗。纳木哩苏隆赞生名哩勒丹苏隆赞,名哩勒丹苏隆赞,以丁丑年生,实戊子后二千七百五十年。年十三岁,己丑,即汗位。"案名哩勒丹苏隆赞,即《唐书》之弃宗弄赞。其即位之年己丑,为唐太宗贞观三年。其生年丁丑,为隋炀帝大业十三年。是岁为戊子后二千七百五十年,则上溯尼雅特赞博汗始王土伯特之戊申,为戊子后千八百二十一年者,实为周赧王二年矣。《源流考》之年代,固全不足据;然其事实,则考之他书,多有证验,固不能尽指为虚诬也。布尔特齐诺,即《元秘史》之孛儿帖赤那,乃蒙古奇渥温氏之祖。此人之年代,似不能在弃宗弄赞以前,此亦《源流考》年代不足据之一证也。

《唐书》述弃宗弄赞世系云:"其后有君长曰瘕悉董摩。董摩生陀土度,陀土生揭利瑟若,揭利生勃弄若,勃弄生讵素若,讵素生论赞素,论赞生弃宗弄赞。亦名弃苏农,亦号弗夜氏。"此说与前两说绝不相蒙,可见前两说之无据矣。此所述,盖真吐蕃赞普世系。德宗时,赞普乞力赞,姓户卢提氏,亦不姓勃窣野氏也。弃宗弄赞,以贞观八年遣使来朝。求婚,不许。使者归,妄谓吐谷浑间之。弃宗弄赞怒,发兵攻吐谷浑。吐谷浑不能抗,走青海之阴。遂破党项、白兰勒兵二十万,入寇松州。今四川松潘县。侯君集击破之,乃去。旋使来谢罪,固请婚。以宗女文成公主妻之。自此事中国甚谨。永徽初,卒。无子,立其孙。《源流考》曰:"赞普年八十二卒。长子莽苏陇前卒。次子恭苏陇立,年十四。"幼不事政。宰相禄东赞专其国。禄东赞卒,子钦陵,居中用事;赞婆、悉多干、勃论,皆专方面兵。而赞婆专东境几三十年,大为边患。仪凤四年,赞普死,子器弩悉弄立。《源流考》:"恭苏陇卒,遗腹子对苏陇生,即嗣位。"观《唐书》长欲得国之言,可知其即位时年尚幼。既长,欲自得国,杀钦陵。南方属帐多叛。赞普自讨,卒于军。子弃隶缩赞立,始七岁。《源流考》:对苏陇之后,为哩勒丹租克丹汗。即位时二岁。吐蕃当高宗时,尽破诸羌,又取四镇。龟兹、于阗、疏勒、碎叶。玄宗时,西突厥十姓可汗请居碎叶,乃以焉耆备四镇。碎叶川,今吹河也。破茂州西之安戎城,疆域抵西洱河。武后时,王孝杰复四镇。钦陵寇临洮,又不胜。钦陵死,乃请和。中宗以雍王守礼女金城公主妻弃隶缩赞。吐蕃请河西九曲地,为公主汤沐邑。许之。且许筑桥河上,以通往来。由是河、洮之间,被寇无宁岁。玄宗立,乃复之。安禄山反,河西、陇右,尽为吐蕃所陷。代宗时,至入长安,立广武王承宏为帝焉。时则畿辅岁见侵掠。德宗立,乃请和。已而请助讨朱泚。约事平,畀以泾、灵等四州。吐蕃兵疫作,辄引去。其后顾求地,德宗赐以帛万匹。吐蕃怒,遂为寇。久之,其赞普达磨,《源流考》之达尔玛。嗜酒,好猎,喜内,凶愎少恩,稍衰。武宗会昌二年,卒。无子,以妃㶚氏兄子嗣。方三岁。别将尚恐热杀宰相,自为之。以兵攻鄯州节度使尚婢婢。鄯州，今甘肃西宁县。尚婢婢来降。唐乘之，复河湟。时宣宗世也。自是之后，吐蕃衰，其事多不可见。

吐蕃盛时，疆域殊广。西藏僧人谓卫地在喜马拉雅山之南，已见前篇。今案吐蕃赞普治逻娑川，即今拉萨，其地已在西藏南境。而《唐书》谓器弩悉弄以讨南方之叛卒于军，其所谓南方，必在印度无疑矣。高宗时，吐蕃既破吐谷浑、党项、白兰，又取安戎城，破诸羌羁縻州十有八；其疆域抵西洱河，实苞今西康及云南、四川之鄙。王孝杰复四镇，玄宗时，吐蕃欲假道勃律以取之。勃律者，《魏书》之波路，《西域记》作钵露罗，在迦湿弥罗之北，迦湿弥罗，今克什米尔。今印度之本治城也。武后时，吐蕃求与中国分十姓可汗地。西突厥地。参看第四章。《唐书·大食传》谓："贞元中与吐蕃相攻。吐蕃岁西师，故鲜盗边。"可见其在西域之威棱矣。然达磨以后，一蹶不振，何哉？阿利安人之入西藏，本以文明人入野蛮人之地。以开明之长，御朴鲁悍强之众，故其兴也勃焉。然政府之措施，虽云如意，社会之程度，未必遂高，故贤君良相不作，遂泯焉无闻也。

西藏今日，最高之权，操于达赖、班禅之手。然其事不自今始。元时宣政院，固已僧俗并用矣。吐蕃赞普之统绪，绝于何时，殊不可考。以予度之：吐蕃王室，本以客族，驾居诸部落之上；固有诸部落，未必遂亡；一旦王室解纽，则仍各自独立矣。此等部落，或则酋长佞佛，以君主变为教主。或且舍位出家，及身纵仍绾政权，而黄教教律，不许取妻，其位遂不得不传诸徒众。又或僧人为众推戴，司其治理。如是，则达赖、班禅，以教中之首长，起而统驭之，甚易矣。此西藏政权之所由递嬗软？

又今之俄罗斯，其名早见《唐书》，此事措意者亦寡。案俄罗斯，《元史》作阿罗思，亦作斡罗思；《秘史》作斡鲁速。据西史所载，此种人当唐季，居今彼得格勒之南，莫斯科之北；北邻瑞典、那威。国人有柳利哥者，兄弟三人，夙号雄武；侵陵他族，收抚种人，立为部落。柳利哥故居地，有遏而罗斯之名，遂以名部。西人云，遏而罗斯为橹声。古时瑞、那国人，专事钞掠，驾舟四出。柳利哥亦盗魁，故其居地有是称。其说牵强附会已极。案《唐书》："驳马，或曰弊刺（刺），曰遏罗支。直突厥之北，距京师一万四千里。马色皆驳，因以名国云。北极于海。虽畜马而不乘，资湩以食。好与结骨战。人貌多似结骨，而语不相通。"驳马，盖他部落称之；遏罗支则其人自号。《唐书》所载，正西史所谓柳利哥故居之地也。

　　以上所述白种，虽与中国关系较疏，然其与中国人相混合者，实亦不少。冉闵之诛胡羯也，史称"高鼻多须，或致滥死"。夏氏曾佑因疑匈奴之形状，为高鼻多须。非也。匈奴自是黄人。所谓高鼻多须，乃西域之白种人，随匈奴入中国者耳。《北史·粟特传》："其国商人，先多诣凉土贩货。魏克姑臧，悉见虏。"此其商人之混杂中国人中者也。此外佛教、火教等，传教之徒，遂留中国者，当亦不少。

　　此诸白种，风俗亦各不同。然大率承袭欧洲之文明。亦颇能传之中国。以生业言：则汉时西域，氐羌为行国，而塞种为居国。《汉书》述罽宾等之俗，谓其"能艺五谷，葡萄，诸果，粪治园田。雕文刻镂。织罽，刺文绣。治宫室。有市列，以金银为钱"。据近今治植物学者言，则中国植物，传自西域者实不少云。汉武帝征和中，桑弘羊与丞相御史奏言："屯田轮台以东，其旁国少锥刀，贵黄金采缯，可以易谷食。"成帝时，康居遣子侍汉贡献。都护郭舜钦上言："康居骄黠，讫不肯拜使者。都护吏至其国，坐之乌孙诸使下。王及贵人先饮食已，乃饮啖都护吏。故为无所省，以夸旁国。以此度之，何故遣子入侍？其欲贾市，为好辞之诈也。"罽宾杀汉使，遣使谢罪。杜钦谓"无亲属贵人贡献，皆行贾贱人，欲通货市买，以献为名"。又述道路之险，谓"历大头痛小头痛之山，赤土身热之阪，令人身热无色，头痛呕吐,驴畜尽然。又有三池盘石。阪道狭者,尺六七寸;长者径三十里。临峥嵘不测之深。行者骑步相持,绳索相引,二千余里,乃到县度。畜队未半坑谷,尽麛碎。人堕,势不得相收视。险阻危害,不可胜言"。而贾市之徒,能数岁而一至,亦可谓难矣。此等固皆为利,然文明之传播,实利赖之。《北史·大月氏传》:"太武时,其国人商贩京师,自云能铸石为五色琉璃。于是采矿山,于京师铸之。既成,光泽乃美于西方来者。乃诏为行殿,容百余人。光色映彻。观者见之,莫不惊骇。自此国中琉璃遂贱,人不复珍之。"此等事当尚不少,此特其一端也。

中国文化,亦当有传播西域者。惜乎不可尽考。《汉书》云:"自宛以西,不知铸铁器。及汉使,亡卒降,乃教铸作它兵器。"即此一端,其关系可谓绝大。桑弘羊谓轮台以东,椎刀可易谷食,则重铁器者,正不独自宛以西。然此非必不知铸作,但苦无铁,或铸作不便耳。然其与汉,初不甚亲。《汉书》云"自乌孙以西,至安息,近匈奴。匈奴尝困月氏,故匈奴使持单于一信到国,国传食,不敢留苦。及至汉使,非出币物不得食,不市畜不得骑。所以然者,以远汉;而汉多财物,故必市,乃得所欲"云。

汉时西域白人,盖皆希腊殖民之裔,故其俗颇文明。至其近于游牧者则不然。《唐书·黠戛斯传》:"昏嫁纳羊马以聘,富者或百千计。法最严,临陈桡,奉使不称,妄议国,若盗者,皆断首。子为盗,以首著父颈,非死不脱。"皆北狄野蛮之俗也。又曰:"丧不剺面,三环尸哭,乃火之,收其骨,岁然后墓。"此盖出于教律,非其故俗也。

吐蕃虽来自印度,亦杂羌俗为多。其刑:虽小罪,必抉目,或刖劓。以皮为鞭抶之,从喜怒,无常算。其狱,窟地深数丈,内囚于中,二三岁乃出。《源流考》谓名哩勒丹苏隆赞始定刑法,盖多仍羌俗。贵壮贱弱。母拜子,子倨父。出入,前少而后老。重兵死,以累世战没为甲门。败懦者,垂狐尾于首,示辱,不得列于人。其居父母丧,断发,黛面,黑衣,既葬而去。其葬,为冢,曁涂之。其君臣,自为友,五六人曰共命。君死,皆自杀以殉。所服玩乘马皆瘗。起大屋冢颠,树众木,为祠所。钦陵之自杀,左右死者百余。祠颏羝为大神。赞普与其臣岁一小盟,用羊犬猴为牲。三岁一大盟,夜肴诸坛,用人马牛驴为牲。凡牲,必折足裂肠,陈于前。使巫告神曰:"渝盟者,有如牲。"盖多羌俗,而用人及猴为牲,则似又藏族之俗也。其生业:能植小麦,青稞麦,荞麦,豐豆。然究以游牧为主。逐水草,无常所衣率毡韦,赞普联毳帐以居,号大拂庐,容数百人。部人处小拂庐云。

吐蕃兵力之强,盖由所用之众故勇悍,而又以严法驭之也。《唐书》称其"兵法严而师无馈粮,以卤获为资。每战,前队尽死,后队乃继。其举兵,以七寸金箭为契。百里一驿。有急,驿人臆前加银鹘。甚急,鹘益多。告寇举烽。其传骑曰飞鸟使"。可见其戒备之夙,节制之严矣。其铠胄,"衣之周身,窍两目,劲弓利刃,不能甚伤"。其胜兵数十万。尤能收用客族。沙陀、南诏之服,皆以其人为前锋。初盗塞,畏春夏疾疫,尝以盛秋。德宗时,得唐俘,厚给资产,而质其孥,虽盛夏,亦入边矣。

西藏今日之文明,可谓为佛教之文明。首以佛教入西藏者,则文成公主也。《唐书》云:弃宗弄赞既尚主,为主筑一城,以夸后世。遂立宫室以居。国俗赭面,公主恶之。赞普为下令国中禁之。自襹毡罽,被纨绮,为华风。其慕效中国盖甚切。然吐蕃去印度近,其人又本自印度来,故其文化,究以传诸印度者为多。唐时吐蕃常遣人入国学习诗书,又请儒者典章疏;弃隶缩赞使来请《五经》,皆见于《唐书》。然其文字卒仿效印度;其所信佛教,亦以来自印度者为盛,即所谓喇嘛教也。

中国民族演进史

序

　　此书之作，本所以供中等学生的阅读，理论原无取高深。惟过于浮浅，读之亦使人一无所得；而且不易获得所要研究的问题的真际。我以为理论的高深与浅近，也很难有明确的界限的。自然，有一部分理论，确系高深的；亦有一部分理论，确系浅近的；但有许多，往往不易判定。此等理论，其难解与易解，往往不在理论的本身，而由于其说得明白不明白。我写此书，自信话还说得明白的；也不至于十分肤浅。程度低一点的人，不至于看不懂；高一点的人，浏览一过，也还不至于十分乏味。

　　我所抱歉的，却在叙事方面。中国民族的演进，如要说个详尽，非数十万言不办。然此书系丛书之一，分量略有一定。至于专揭举大纲，用谨严简洁之笔，自然数万言的篇幅，也可做得来的。但因所悬拟的阅读者，又不容如此。此项困难，我事前尚不深知，至动笔之后，才深深的感觉到，然亦无法补救。我现在所抱歉的，在未能详尽一点。有许多话，似乎太概括了些。我希望中等程度以下的人，读此而可得一大概的观念。为这一界读者计，分量多了，也觉麻烦，此书大体，似乎还可适用。惟程度高一点的人读之，或者觉其略而无所据。如有此一类人赐读，我希望他以本书当做一种引线，依此篇所依据，自行翻阅原书。就这一点上立论，这书似乎也还有一点用处。

民族是民族,国族是国族,这两者是不容混淆的。一国家中,包含数民族的很多。既然同隶一国,自然该特别亲近些;自然当力谋团结——其实只要没有阻碍他的事情,他也自会亲近,自会团结的——然不能因此而抹杀其实为两民族的真相。中国现在,就是包含着好几个民族的。诸少数民族,对于主要的汉族,已往的关系是如何? 现在的关系是如何? 这些,谈民族问题的人,都应该忠实叙述。为要求各族亲近、团结起见,将已往的冲突,和现在未能一致之处,隐讳而不能尽言,未免是无谓的自欺。本书不取这种态度。

此书悬拟的读者,是中等学生,我的意思,务求为之多输入常识,多指示读书的方法。所以此书的注语,特别详尽。譬如引及纬书,便略说明纬书的性质,这一类的注语,似乎以前的书籍,是很少的。此法究竟好不好? 还是有详明和连带得到别种知识之益? 还是嫌麻烦? 我亦未敢自信。敬求读者赐以批评。如其认为适用,我还希望以后著供学生阅读的书的人,多多采用此法。

著者自记。民国廿三,十二,二〇

第一章　什么叫做民族

什么叫做民族？这个，在西洋民族主义久经发达的国家，尚觉一时难于确答，在中国更不必说了。

但是民族观念的晶莹与否，与实际上民族的存在与否，毫无关系。在中国，民族观念，虽未见晶莹，然中国民族，则久经存在；而且从其演进之迹说起来，中国民族，真可称为民族之模范。

然则到底什么是民族呢？请就我浅陋的见解，先下一个定义，然后再加以申说。

民族，是具有客观条件，因而发生共同（对外即可称为特异）的文化；因此发生民族意识，由此意识而相团结的集团。

客观条件，自然是先要明白的。但是这条件的有无，和其重要性，在各时代、各地方，并不一致。这是因为：条件只是构成民族意识之具；而民族意识，当由何种条件构成，及其各种条件的重要性，在各时代、各地方，本不能一致之故。但是条件虽有出入，而无条件则民族意识无由构成，这是理论上当然的结果。我现在且举出民族的重要条件如下：

（一）种族　种族在普通见解中，最容易受重视。尤其是像我国这种种族素不错杂的国家。中国种族，亦非不错杂。但因其同化力之强，错杂的种族，在时间上，不久即被同化而泯然无迹。从空间上说，则未被同化的种族,为数较少;且皆住在不甚重要的地方,所以不觉得种族的错杂。所谓种族的纯一,其意义,就不过如此。至于真正的纯一,怕是从来没有过的事。惟其如此,所以在中国,民族和种族、国民,都很容易相混。在寻常人,很容易以为:同国的人,必是同种,即是同民族;异国的人,必是异种,即是异民族。然而其实不是如此的。**但是种族的当受重视,实不如普通人所想像之甚。种族是以体质为标准的。**据人种学家言,最难改变的,为头颅的形状;而为寻常人最易辨别的,则为皮肤的颜色。在普通人的见解上,总疑心貌异则心亦随之而不同。其实为人类相亲爱、相了解的障碍的,是心理而不是体质。所以画人类的鸿沟的,是文化而不是种族。现今世界上,实无一单纯的种族;更无一单纯的种族所构成的民族。这不但现在如此,在历史上亦然。用不着什么专门的考据,就通常事实,略加考核便知。而一种族分为数民族,如芬兰人。一民族包含数种族,如瑞士。及数种族渐化为一民族的,如墨西哥、巴西。却不乏其例。所以种族的当受重视,实不如民族之甚。然种族纯一,虽非构成民族必要或重要的条件,究不能说没有相当的价值。因为体格的差异,由于婚姻的不通;而婚姻的不通,则由于文化的隔阂。所以种族的差异,虽不就是文化的差异,而此两现象,却往往互相平行。貌异则心不同,虽可说是人类的误解。然既有此误解,即足以为团结的障碍。所以民族的团结,虽不要求种族的绝对的纯一,然能有相当的纯一,亦是有助于民族的团结的。所谓相当的纯一:(1)谓其上溯至相当的年代,不能感觉其种族上之差异。(2)则此等纯一的种族,占民族中的大多数。种族的区别,古来本不甚重视。据社会学家言:古代人民,合异种以攻同种者甚多。

(二)语言 语言为民族构成的要素,其重要,却远在种族之上。虽亦有少数例外,如犹太民族,并无统一的语言;瑞士人有三种不同的语言,而仍不失为一民族;又如爱尔兰,虽使用英语,而与英人不能称为同一民族。然通常，大都以一个民族，有一种语言——此语言即为此民族所独有为原则。语言是表现思想、情感最重要的工具。语言统一，彼此的思想、情感，才得统一，而心理的团结的基础以立。虽然同种，苟语言不一，即其感情不亲，如印第安人是其例。民族的团结，其源泉，是要追溯到既往的。惟有本族的语言，最适宜于表示既往；惟有本族的语言，最能使人了解既往。所以闻其言语，即能知其特征。所以语言的合一，就是民族的同化；语言的废弃，往往即是民族的灭亡。欧洲新兴的民族，有竭力保持其言语的，亦有努力于恢复已丧失的言语的。前者如波兰，后者如捷克，是其适例。美国究竟能否自别于英，而成为一民族，至今还是疑问。其无独立的言语，亦为其一因。种族纯一与否，不易追溯。然少数种族，通常不能改变多数种族的语言。风俗亦然。所以一种语言、风俗，历久未曾改变，即可为其种族纯一之证明。世界上各事都可采用他人，独不见采用异民族的语言为本族的语言的。语言的扩大，则为文字。民族的员数多了，所占的地域大了，语言或不能不因方土而殊异，文字的统一，往往足以弥其缺憾。不但言语不通之时，借文字以达意，并能统一一部分相异的语言，及维持本同的语言，使之不至变异。我国语言的分歧，所以只在语音方面；名词大致统一，语法则绝无问题，文字的统一，亦有一部分力量。我国就是最好的一个例子。

（三）风俗　风俗是思想和行动的一种习惯，大多数人守之已久，不期然而然，受其陶冶的。这可说是最广义的教育。人，本来是由教育造成的。一个问题当前，为什么如此？想一件事情当前，为什么如此做？这几于无所谓天性，并非说没有天性，但谓天性不能不在此一定的型范中出现，不可误会。都是由习惯造成——所谓习惯为第二之天性。所以民族性可说是风俗铸成的。亦可说民族性的特征，即为风俗。惟风俗统一，然后民族统一——思想融洽，步调整齐。风俗固亦有其成因，然既成之后，则不易骤变。这又是一个民族，所以不易为他民族同化的原因。

（四）宗教　宗教是规定道德、伦理的趋向，及其轨范的。其作用，似乎和风俗相类。然宗教能深入人心的深处，而鼓舞其精神，则其力量，非普通的社会规范所及。同是社会规范，苟为宗教所承认，而成为宗教上的信条，就神化了、美化了，其意义更高尚，而更能使人死守不渝。惟宗教能发生信仰。古代社会的宗教，大抵是发生于本社会之中的，所以都和其习俗相合。但是到后来，习俗因生活方式的改变而改变了，而宗教的教义如故，甚至仪式也如故，则宗教和生活之间，就发生冲突。至于由别一社会中传入的宗教，其不能与本社会的生活吻合，更无待于言了。而初期的教会，有一种组织公众的力量，如合公众举行一种祭典即是。及其在学术智识上所占位置的重要，到后来也逐渐改变。所以浅演的民族，宗教为使其团结极重要的条件；到后来，就渐渐的不同了。在今日，信仰既以自由为原则；而在事实上，一民族奉数种宗教的也很多。但是宗教，在民族团结上，究仍有相当的力量，如犹太、印度、荷兰、比利时等，都是其适例。犹太是因同宗教而维持其为同民族的。印度是因宗教复杂，而妨碍其民族之成立的。荷兰、比利时，则因宗教不同而分化的。

（五）文学　文学是感情的产物，而亦即是所以陶冶、鼓舞人的感情的。凡事，知其当如此，不如愿意如此；愿意如此，又不如不能不如此。到不能不如此，就生死以之了。此非诉诸感情方面不为功。而文学，就是陶冶、鼓舞感情唯一的工具。所以文学是民族的灵魂。即以理智方面论，文学亦能将公众的理想，具体化了——赋无形者以形，而使人易于了解。若论实际，则历史上伟大的人物，创痛和光荣的事业；地理上美丽的河山，以及足以使人系恋的一事一物，亦都因文学的歌咏、描写，而其意义更深。所以文学是民族的灵魂。文学以语言为形质；惟有自己的语言，最适宜于表示自己的感情和理想；这也是语言所以成为重要条件的一因。

（六）国土　一群人民，必须有一片土地，为其栖息之所。地理上各处的情形，是不同的，其及于人的影响，也自然不同。所以一群人民，住居在一片土地上，持续到相当的时间，自能发生一种特殊的文化。而在地理上，性质相同，可以算做一个单位的一片地方，其住民，也自会联结而成为一个民族。地理及于人的影响，是很微妙的。无论怎样荒凉瘠薄，在异域的人，视为不堪居住的地方，住惯了的人，对于他，仍会发生爱慕系恋之情。爱乡爱国之情，此实为其根源。所以一民族习惯住居之地，即此民族住居最适宜之地——惟此地方，能产生此特殊的文化；亦惟此特殊的文化所陶冶而成的人民，最适宜于此地方——民族的品性，实为地理所养成。然既养成之后，即与其地分离，品性亦不改变。而此地方，即成为其爱慕系恋的对象。犹太人的怀念郁山，即其适例。所以民族或者有无国土的，决没有无故国的。卢梭说："无国之人，至少也有故国。"（Qui n'a pas pays a du moins une patrie）此故国为其所爱慕系恋，与国土无异。但使爱慕系恋的情不衰，即为此民族光复国土的基本。构成民族各种不同的因素，将来都可消灭；到这时候，民族即可随之而消灭。但地理的特征，能否全然泯除，则是一个疑问。

（七）历史　现在是不能解释现在的；现在的所以成为现在，其原因全在过去；所以无过去即无现在。知此，则知历史所以重要的理由了。不论什么事，总是时间造成的。惟时间，能使事物成为如此性质；惟时间，能使具有一定性质之物，达于一定的分量。时间就是构成事物最重要的因素。所以人和过去，关系极深。所以人对于过去，自能发生感谢爱护之情。惟爱护过去，才想保持现在；才想扩大将来。惟流浪之子，不知其祖先的光荣；而忘其祖先之人，亦最易成为流浪之子。这是我们所常见的事。无民族性之人，在世界社会中，其品性之不足取,恰和在一个社会中,流浪子之不足取一样。因为品性必有一种较高深的文化养成;而惟本民族的文化,为其民族员所最易接受。所以无历史的人民,很难说会成为一个民族。一个民族而自弃其历史,也可以说是等于自杀。

以上七种,都是构成民族客观上最重要的条件。此等条件备具——即或缺其若干,或有若干种不甚充足——共同的文化,自会发生。其人民,自然会发生同类的感觉;觉得彼此相互之间,较诸和他人相互之间,更为亲密,就会发生一种相亲爱、相扶持的情绪。至此,则民族意识,可云业已完具。但还有逼迫之,而使之入于觉醒的状态的,是为外力。

(八)外力 我,自然是继续存在的。但非与人相对之时,我之观念,亦朦胧而不清晰。民族,国家,也是如此。使一民族自觉其为一民族的,是异民族相当的压力。使一国家自觉其为一国家的,是异国家相当的压力。压力愈重,其觉醒之程度愈高;其团结的力量亦愈厚。所以说:"殷忧可以启圣,多难可以兴邦。"世界各民族:自身的条件,业已备具;民族的组织,可谓完成;而其自觉的意识,总在若明若昧之间;及至近世,乃一齐觉醒;民族主义,随而伸张;民族事业,因之完成;近世史中,其例不胜枚举。我国到现在,才盛言民族主义,亦是其一例。民族的团结,固因外力而促成;即团结既成之后,亦因外力的压迫,而更形坚固。有外争时,即内争因之消灭;经一次失败,即愈兴奋其恢复的精神;都是彰明较著的事实。所以外力虽为外的条件,而实是民族构成重要的条件。

但外的条件,对于民族的构成,虽具有一种促进之力,能使之急速完成;而其成就的大小,与其坚固不坚固,则仍视其内的条件,是否充实而定,此又不可不知。如此,则像我国这种演进极深的民族,自然足以自豪了。

　　怎样说民族的成就有大小,而其既成就之后,其性质还有坚固不坚固之别呢? 须知民族的本身,并非不变的。天下本无不变的事物,民族亦何独不然。民族是怎样变化的呢? 民族的成因,总说起来,可以说是原于文化。一民族,就是代表一种文化的。文化的差异不消灭,民族的差异,也终不能消灭。而文化之为物,并不是不变的。文化,只是一种生活的方式。生活的方式变,即文化变;而人所遭遇的环境变,即其生活方式,不得不因之而变。环境是无时无小变的,所以人类社会,也不绝的在渐变。到环境生大变化时,人类要求适应他,乃罄其潜力(即平时储蓄之力以应之),就发生所谓突变了。凡事穷则变,变则通,通则久,所以民族本来是要求其能变的。惟能变才有生机。惟一种文化,发达到一定的程度,就要发生均衡的现象。此时非加之以外力,则不能大变。但微细的渐变,仍是有的。因和异民族交通,而效法其所为,这亦可以说是一种环境的改变。民族之互相冲突亦然。所以异民族之相接触,于民族亦是有利的。因为这亦是一种文化的刺激。此等变化,劣者必改而从优,乃是自然而然,不可避免的公例。所以两个以上的民族相遇,其文化必有变动。变动的结果,劣者的文化,全无可取,悉数改而从优。此项文化,即随之而消灭;而其民族亦即随之而消灭。劣等民族的消灭,即是优等民族的扩大——我们中国民族,依据优胜劣败的原则,也不知其扩大过若干次了。这是讲《中国民族演进史》时重要的观念——若其两个民族,文化互有短长,彼此互有弃取,则或者互相融合,而新民族产生;或虽有所取于人,而其固有的特性,仍不消失,则为旧民族之革新;亦即一种变化。

　　我们知道,世界上的各种文化,总是要互相调和融洽,而终归于统一的;"不知来,视诸往"。历史上此等事实,已不少了。我们并不像偏狭主义者流固执——或者故意说自己的文化,就是世界上最优的文化;因而更进一步,说自己的民族,就是世界上最优的民族;再进一步,就要说自己民族,负有宣传文化的使命;什么事强人从我——甚至以武力强迫,都是合理的;这样就要成为侵略的借口了。然则我们的民族,实在是世界上优等(即不说是最优)的民族;我们的文化,确是世界上伟大的文化;这是有真实的历史做证据的。我们并不要压迫消灭人家的文化;我们却有把我们的文化,发扬而光大之,以供世界各民族采取,而增进其幸福,亦即增进全人类幸福的义务。既如此,我们本民族,就不能不自保其生存。希腊哲学家说:"人们是为吃饭而生存的,我是为生存而吃饭。"我民族不可不有此抱负;而我民族,亦确有怀此抱负的资格。怎见得呢?请看《中国民族演进史》。

第二章　中国民族的起源怎样

　　现今世界上,决没有真正单纯的民族国家。这就是说:没有以一民族而组织一国家的;一国家中,总包含好几个民族。中国自然也是如此。

　　这不但现在如此,追溯到历史上,也久已如此了。但是一个国家,虽不止一个民族,而其中,总有一个主要的民族,为文化的重心的。通常所谓某国民族,就是指此而言。此项主要民族,在中国,无疑地是汉族了。

　　汉族的名称,是后起的。这是汉有天下之后(公元前二○二年),外人以吾国王朝的名字,做吾国民族的名字。前乎此,则有称中国人为秦人的;后乎此,又有称中国人为唐人的;其理由也相同。《汉书·匈奴传》:"卫律为单于谋,穿井、筑城、治楼以藏谷,与秦人守之。"《西域传》载汉武帝诏,说:"匈奴缚马前后足置城下,驰言秦人,我匄若马。"此皆在秦亡之后,仍称中国人为秦。《皇宋类苑》卷七十七引《倦游录》:"至今广州胡人,呼中国为唐家,华言为唐言。"《倦游录》为张师正所撰,在宋神宗元丰初年,距唐亡,也已一百七十年了。外人又习称吾国人为支那。这个名称的由来,在现在,还是一个考据问题。可参看向达《中外交通小史》第一章(商务印书馆本)。夏曾佑《中国古代史》,引《左氏》戎子驹支对晋人说:"我诸戎饮食衣服,不与华同。"《春秋左氏传》襄公十四年。说华字该是我民族的本名。但是华和夏是双声字,难保本是一语。华夏两字连用,则是所谓"复语"。古人言语,自有此例。详见拙撰《字例略说》第十章(商务印书馆本)。又关于此问题,可参看拙撰《中国民族史》第二章(世界书局本)。夏为禹有天下的朝号,其性质,亦和秦、汉等字相同。以华字为中国民族之名,本无不可。但是中华现在是中国的国名。在历史上,外人固习称中国人为华,也未尝不称中国为华。中国民族的复杂,由来已久。华族两字,难免有包括中国国内一切民族的疑义,又有些嫌与贵族相混,不如仍用汉族两字,表示中国的一种主要民族,意义较为确定。唐时有"汉蕃"之称,清时有"满汉"之语,汉字成为民族之名,非复一王朝的意义,也由来已久了。

要讲一个民族的演进,必须追溯到最古的时代;就发生历史上"民族起源"问题。民族起源,和人种起源不同。人种起源,是考据体质特异的人民,发生于地球上的某处地方的。民族起源,则只是考据一个民族,以何年代,住居于其国土(或故国)之上,而发生其民族特殊的文化。

但是民族起源,也是一个很辽远的问题。世界上一个大民族,其文化的起源,往往是很早的。即其形成民族——至少构成民族的条件备具——是很早的。而人类的有史,大抵不过五千年。尚且多半支离,杂以神话。开化较晚的民族,或可借助于开化较早的民族的历史,以说明其起源。如研究朝鲜、安南的古史,取材于中国,是其适例。在中国这种开化较早之国,又是无望的。考古学,从地下掘出许多东西(无论其为人造的,非人造的),借这许多东西,以补文字记载的不足,也将人类的历史,加长了几千年,甚者至万年以上。然而还嫌不够充分说明民族的起源。况且中国的考古学,方始萌芽;所以证据还很少,几乎不能根据着他,得到什么结论。所以中国民族的起源,现在还在茫昧之域。我现在,也只能将现在所知道的情形,说一个大概。

在闭关之世,中国人是即以其国为天下的,这也不独中国如此,从前的西洋人,实在亦系如此。试看他们所谓世界史,实在就是西洋史,便是一个证据。这是世界未曾大通以前,事势使然的。自然不发生民族起源问题。世界大通之后,就不然了。在欧洲,民族起源的成为问题,较中国为早。所以最初研究中国民族起源问题的,反不是中国人而是西洋人。但是这一个问题,现在本来尚在茫昧之域;而西洋人研究这问题,又不免受些种族偏见的影响;所以其说不甚可据。这话是怎样说呢?

原来研究民族文化的,其所立之说,本有两派:一为演进派。以为人类的心理,根本相同。而在浅演之世,环境对于人类的影响,也大致相同。以根本相同的心理,处于大致相同的环境之下,自然会发生相类的反应。所以世界上各民族,虽然各各孤立于不相闻问之境,而其演进的程序,却大致相同。所以世界上各种不同的文化,是可以各各孤立,各自发生的。一为传播派。此派以为人类的创造力,极不足道;以异民族而有同一的发明,尤为绝无仅有之事。所以现在世界上各种文化,其相异,只是后来之事;其初,却是同出一源的。固然,愈到古代,人类的交通愈少,愈处于孤立的状态。然而因其时间的悠久,其事情即随而繁复;一种文化的辗转传播,事实即非不可能。所以现在各种文化,其初只有一个根源。传播派论文化的根源,只注重于其性质的相类;地理上距离的远近,他们以为无甚关系。此两派议论,固然不易判决其是非。然而既同称人类,心理上根本的一致,似终难否认。环境性质之相类,也是无疑的。以相类的人,处于相类的环境之下,可以发生相类的对付方法,似乎也是理论上当然的结果。传播论者的议论,似乎太轻视了人类的创造力罢? 不幸,近代的西洋人,无形中都受了此等偏见的影响(虽然他们不都是传播论派的民族学家），总以为白种人，是世界上最优秀的民族。如此，自然容易想像到：世界上最初的文化，只有在白种人中会发生。如此，研究中国民族起源问题，也很容易疑心到中国民族，本自西方迁来了。

西人研究中国民族起源，有的说来自埃及，有的说来自巴比仑。其证据中较能言之成理的，还是中国文字，和埃及同属象形，巴比仑的楔形文字，有些和中国八卦相像之说。然而最初的文字，总是象形的；在未曾专用言语表示意象以前，人类表示意象的方法（如拟势等），大致相同。初有文字的时候，并非专用来表示语言。此时文字与语言，同为代表意象之具。人类既可各自独立发生语言，自然可各自独立发生文字。所以埃及和中国造字的方法相同，只是心理一致说 Theory of psychic unity. 当然的结果。至于中国的八卦，究竟是否文字，在考据上，还是一个问题，把来和巴比仑的楔形文字相附会，那更不成理由了。此外还有主张中国民族，来自马来半岛的。则似乎无形之中，受了人种起源说的影响。因为最适宜于算做人类的祖先的直立猿人，其遗骨是在爪哇发见的。所以南洋一带，很容易被拟为人种起源之地。震惊于中国文化悠久的人，自然容易把中国民族的起源，推想到很悠远的时代，就很容易附会到南洋一带去了。然而中国古代文化的重心，为什么不在南方而在北方呢？又有说来自印度的。则因盘古的神话，和印度的神话，很为相像。然而这相像的神话，怕不是我国所固有，而是印度神话输入后，我国人用为根据而伪造的。《五运历年记》说："首生盘古，垂死化身。气成风云，声为雷霆，左眼为日，右眼为月，四支、五体为四极、五岳，血液为江河，筋脉为地理，肌肉为田土，发髭为星辰，皮毛为草木，齿骨为金石，精髓为珠玉，汗流为雨泽，身之诸虫，因风所感，化为黎甿。"和《摩登伽经》所说："自在以头为天，足为地，目为日月，腹为虚空，发为草木，流泪为河，众骨为山，大小便利为海。"相似。又《三五历记》说："天地混沌如鸡子，盘古生其中。万八千岁，天地开辟。阳清为天，阴浊为地。盘古在其中，一日九变。神于天，圣于地。天日高一丈，地日厚一丈，盘古日长一丈。如此万八千岁，天数极高，地数极深，盘古极长。"亦和《外道小乘涅槃论》所说："本无日、月、星辰，虚空及地，惟有大水。时大安荼生，形如鸡子，周匝金色。时熟，破为二段：一段在上作天，一段在下作地。"相似。吾国古帝，多在北方，独盘古则墓在南海，祠在桂林；而今广西岩洞中，亦尚有崇水壮丽的盘古庙。六月二日，相传为盘古生日，远近聚集，致祭极虔。所以夏曾佑《中国古代史》，疑心盘古是苗族古帝，吾族误引其神话为己有。其说极有道理。关于此问题，可参看拙撰《中国民族史》第八章。又有说中国、印度、巴比仑的文化，同是太古时代一种较高文化的残余的。这也是深中于传播论的心理，因此三国之文化，颇有相类之点，遂臆度而创此说。我们既承认相类的文化，可以各自独立发生，正不必取此等毫无证据之说。又有说中国民族，来自于阗附近的。则又受了白种人历史上民族起源论的影响。因为现在的欧洲人，溯其原始，可以说是起于中央亚细亚之地的；据此推度，中国民族，自然也可说是从这一带东迁的了。

最初引起中国人研究中国民族起源的兴趣的，是法国人拉克伯里所著的《支那太古文明西元论》。拉克伯里原名 Terrien de Lacouperie。其书以一八九四年在伦敦出版，名 Western Origin of the Early Chinese Civilization from 2300 B.C. to 200 A.D.。日本白河次郎、国府种德，取其说以著书，名《支那文明史》。中国东新译社，将其译成华文，改名《中国文明发达史》。此事已在三十年前。书中把中国一切事物，和巴比仑相比附，已极牵强。其尤可笑的，则说中国古代的某君主，就是巴比仑的某君主；古代的某名人，就是巴比仑的某名人。简直说中国的古代史就是巴比仑的古代史，真是一场笑话。如此穿凿附会，自然没有人相信他。虽亦有少数好奇的人，以为谈资，然亦不过以为谈资而已，真相信的，可说没有。可是郢书燕说，鲁酒薄而邯郸围，一件事物，所引起的作用，往往不是正面的。从此以后，中国人研究这问题的兴趣，却渐渐的浓厚了。继此书而发布的，要推蒋观云的《中国人种考》。此文本刊于《新民丛报》中。后来上海坊间，亦有翻刻为单行本的。搜辑东西学者之说颇博，自己却并无一定的主张。其中国人自己发表意见的，如丁益甫、章太炎等，亦大抵倾向于西来说。丁氏之说，见其所著《穆天子传地理考证》，在《浙江图书馆丛书》二集中。章氏之说，见《太炎文录・原种姓》篇。西来说我从前亦主张过的，但是现在意见改变了。中国人为什么会倾向于西来说呢？因为有两部古书：其一名《山海经》，其一名《穆天子传》。前者记载某山某水，有一部分，似乎涉及亚洲的中部和西部。后者是述公元前十世纪，周朝的穆王游行的事迹的。其行程，亦可解释为自甘肃、青海、新疆，经俄领中央亚细亚，以达小亚细亚半岛。此种解释，而且是颇为确实的，并非穿凿附会。地理不是能向壁虚造的。即有妄人，向壁虚造，必不能和实际相合。中国古代的地志，而记载及于亚洲的西部；中国周朝的帝王，而游行及于亚洲的西部；可见汉族古代，至少要起源于亚洲的中部，而和西方有密切的关系了。这是中国人所以主张西来说的原因。但是据现在看来：《山海经》虽有一部分是古书，其又一部分，则是汉通西域之后，把新得的地理知识，附加进去的。现在的《山海经》，其一部分，我疑心是汉代方士，记载其所祀山川之神的。其又一部分，则后人把他当作地理书，将所得地理知识附入。此书实非《汉书・艺文志》数术略形法家所著录的《山海经》。详见拙撰《先秦学术概论》下编第九章（世界书局本）。《穆天子传》，更是南北朝时才出现的书；此书本名《周王游行》，见《周书・束晳传》。其为伪造，更不待论了。此外还有可附会为中国民族起源于西方的证据，一加考核，大抵都属此类。譬如《周官》大宗伯："以黄琮礼地。"郑注说："此礼地以夏至，谓神在昆仑者也。"典瑞："两圭有邸，以祀地，旅四望。"郑注说："这个是神州之神。"《史记・孟子荀卿列传》载邹衍之说："中国名曰赤县、神州。"则神州是中国人现居之地。住在神州，而仍祭昆仑之神，可见得昆仑是中国人的故乡了。昆仑在哪里呢？《史记・大宛列传》说："汉使穷河源，河源出于阗。"又说："天子案古图书，名河所出由曰昆仑云。"汉武帝去古未远，所案图书，必非无据，则今于阗河上源之山，必即古代所谓昆仑。

如此,岂不证实了中国人旧居在于阗附近么？然而汉使以于阗河上源为河源,本系妄说；汉武帝信其妄说,而指古代的昆仑山,谓在于阗河上源,也是谬误的。古代所谓昆仑,实在就是今黄河上源之山。详见拙撰《昆仑考》,附录在《中国民族史》第二章里。至于夏至祭地,所祭系昆仑之神,其说亦未必可信。所以我们虽能证古之昆仑即今黄河上源之山,仍不能说汉族本居黄河上源的。这一说,根据《周官》郑注和《史记》,总算颇可信据之书,然而其说之不足信仍如此,所以汉族西来之说,根据是很薄弱的。**所以中国民族西来之说,绝不足信。至于从南方马来、印度等处迁来之说,则更无证据。在可靠的古书上看,则只见古代的帝王,其事迹,多在中国本部而已。**

　　据书籍看如此。若论地下所得,中国现在发掘的事业,固然方在萌芽,然而就其所得,也颇有足以证明中国民族,居于中国土地之上,为时已极悠久的。当民国十年,河南渑池县仰韶村古代遗物发见之后,因其中的采色陶器,和安诺、苏萨两地方所得,颇为相像。安诺 Anan,苏萨 Susa。十二、十三两年,在甘肃导河、宁定、镇番及青海沿岸所得,则相像更甚。因而颇有主张中国文化,传自西方的。然而安诺、苏萨,系在铜器始期；而仰韶村所得,则并无铜器。文化传播,必经相当的年代。岂有安诺、苏萨铜器时代的文明,业为我国石器时代的仰韶村所承袭,而安诺、苏萨的制品,本身仍无进步,还和仰韶村的制品相似之理？况且河南所得的采陶,较诸甘肃所得,质地、制法、图案、设色,均形进步；则只能解释为河南的文化,自东而西；断不能解释为安诺、苏萨的文化,自西而东,经甘肃以达河南。又况河南和甘肃,都曾得有古代遗骸。与民国十年,辽宁锦西县沙锅屯所得,经协和医院步赖克教授 Dr. Davison Black. 的研究,都认为与现代华北的居民,体格一致。这可见中国民族,住居于中国地方,为时已久。若再上溯,则民国十年,奥人师丹斯基,O. Zdansky. 曾在河北房山县的周口店,采得化石甚多。十五年,于其中发见两个人齿,定名为中国猿人。十六年以后,北平地质调查所,因在其地继续发掘,所得遗骸及遗物颇多,现在已有拼成的一具颅骨。据专家的研究:周口店的遗迹,当属于始石器时代,距今约二三十万年;而此人类遗骸之古,亦超出爪哇的直立猿人以上。这更可见得中国有发生最古文化的可能。虽然不一定就是现在中国文化的前身,然而说中国本土,不能或未曾发生文化,而必有待于外来的传播,则总是不确的了。此节所说,可参看卫聚贤《中国考古小史》(商务印书馆本),郑寿麟《中西文化之关系》第四章(中华书局本),何炳松《中华民族起源新神话》(《东方杂志》第二十六卷第二期),金兆梓《中国人种及文化之由来》(同上,第二十四期)。

　　然则从古史上,和考古所得的结果上研究,中国民族的起源,虽然还不能得到十分满足的答复;而中国民族,居于中国土地之上已久,其文化亦为时已久,则似乎可以假定的。

第三章　中国民族是怎样形成的

　　中国民族的文化,大约就是在中国本地发生;而中国民族,亦很早就住居在中国土地之上;这个,在第二章中,已经说过了。然则中国民族,到底是怎样形成的呢?

　　人类的团结,其最初,必然根据于血统,这是无疑义的。然而人类亲亲之情,其实不以血统相同为限。所以古代所谓民族,Clan.实兼包一部分血统不同之人在内。其真有血统关系的,则称为家族。Family.家族有广狭二义:广义的家族,包涵一切亲属。狭义的家族,则但指夫妇、亲子而言。家族和民族,都可以说是血统上的联结。人类的联结,还有根据于地理的。因所住地方的接近,彼此渐渐能互相了解,互相亲爱(如其婚姻互通,则亦发生亲属关系),终至团结为一;这就是所谓部落。Tribe.更因交通的便利,贸易的增多,人口增加,各部落的居地,逐渐扩大而互相接近;终至各部落之间,亦渐能互相亲爱,互相了解,而至于团结为一,这就是所谓民族了。

　　以上是社会学家研究人群组织的成说。人类的演进,各地方虽有小异,而大致都是相同。这大约是心理一致,见第二章注。而环境的影响,亦大致相同之故;并非穿凿附会。所以我国古代社会演进的状况,也可借资于社会学家的成说来说明他的。我国古代的所谓姓,大约和现今社会学家所谓氏族相当。一个姓,便占有一块土地,而自成其为一个团结。氏族有行外婚制，亦有行内婚制的。Endogamy，内婚制。Exogamy，外婚制。我国古代的氏族，大约系行外婚制，即所谓同姓不婚。间有行内婚制的，如《公羊》所说的"楚王妻妹"（桓公二年），然很少，后来也改变了。这也是促进各部落联合的一个原因。古代所谓九族，包含：（一）五服以内的父系亲属，（二）姑母和他的子女，（三）姊妹和他的子女，（四）自己的女儿和他的子女，（五）外家，（六）外祖母家，（七）姨母和他的子女，（八）妻家，（九）妻的母亲的家，见《诗经·王风·葛藟》疏引《五经异义》。这相当于广义的家族。至于《孟子》上所说五口、八口之家，包含一夫及其父母、妻子，则是所谓狭义的家族了。

社会的演进，可以从多方面观察，而用种种标准，以分别其演进的等级。但是人类最急切的问题是求食；而其所以能高出于其他动物，则因其能使用器械。所以用人类取得食物的方法，和其所使用的器械的不同，来分别他演进的等级，是最切要的。用取得食物的方法来分别，可以分为：（一）搜采，（二）渔猎，（三）农业、牧畜时代。以其所使用的器械为标准，则可分为：（一）石器，（二）铜器，（三）铁器时代。大约渔猎时代，还只能使用石器；到农牧时代，渐能使用铜器和铁器了。

我国古史之所记载，即有史时代，究竟起于何时呢？这句话，是很难回答的。古书所载，有说得极辽远的，如《春秋纬》谓自开辟至获麟，获麟是孔子作《春秋》绝笔的一年（孔子作《春秋》，止于此年），是公元前四八一，民国纪元前二三九二年。纬书是西汉末年出现的书。和谶夹杂，所以又称谶纬。相信纬书的说：孔子作六经，是可以公布的。另有触犯忌讳，不便公布的，则阴书于策，以授弟子，是之为纬。其实孔子所传的书谓之经；孔子的口说，弟子笔录下来的，则谓之传；并无所谓纬。纬，显然是假造的。所以要造纬，则因想把谶夹杂进去，使人易于相信之故。谶是从前的所谓"豫言"。大抵以隐语暗示将来的事情。如秦时有谶说:"亡秦者胡。"这四个字,便是表明秦朝到二世皇帝胡亥手里,便要灭亡的意思。实在是妖妄不经的东西。隋时,已经把他禁绝销毁了。所残余的,只是散见在别种书里头的。但是谶虽妖妄不经,而纬则多存经说,并且谶纬多有援引古史的地方。此等经说及古史,有我们在别处看不见,而惟见于残余的谶纬中的。所以仍有人搜辑研究他。凡三百二十七万六千年,分为十纪等是。注《史记》的司马贞,《补三皇本纪》所引。《尚书序》疏引《广雅》,则作二百七十六万岁。这自然不足为据。较可信的,是据历法推算之一法。即据古书中零碎的月日的记载,以及天象的变动(如日蚀等),利用后人历法上的知识,推算其当在何时。史家确实的纪年,起于共和元年,即公元前八四一年,在民国纪元前二七五二年。自此以前,只有后人推算的年代。推算所得,是不能没有出入的。但相去还不甚远。普通用的,亦可以说是用此法推算,现存而最早的,是《汉书·律历志》所载。据其所推算:则共和以前,周朝还有一九二年。自此以上,殷六二九年,夏四三二年,虞五〇年,唐七〇年。则唐尧元年,在公元前二二一四年,即民国纪元前四一二五年。再加上无从推算的年代,中国古史所纪载,亦总在距今五千年之谱了。

　　古代的传说,总把社会自然的事情,归功于一两个人,尤其是酋长身上。但是古代的君主,都以德为号。这是服虔之说。所以所谓某某氏,某某氏,亦可说是并无其人(至少虽有其人,而不关重要),而其名称,只是代表进化中的一个阶段。神话姑不必论。古代传说的君主,较有事迹可征的,是巢、燧、羲、农。巢是有巢氏,教民构木为巢的。燧是燧人氏,教民钻木取火的。羲是伏羲氏。伏羲,亦作庖牺。从前的人,多释为"驯伏牺牲","取牺牲以充庖厨",说他是畜牧时代的酋长。但这种解释,实在是望文生义。伏羲的正当解释,见于《尚书大传》中,《尚书大传》,是西汉初年伏生所撰。伏生名胜(汉人言生,如今人言先生),还是秦朝的博士。是汉朝传《尚书》的第一个经师。所以其说较古而可信。是"下伏而化之"之义。至其事业,则《易经·系辞传》,说他"作结绳而为网罟,以佃以渔"。其仍在渔猎时代可想。至于神农二字,则古人本多当农业或农学的意义用。如《礼记·月令篇》说:"毋作大事,以妨神农之事。""水潦盛昌,神农将持功。"是农业的意思。又如《孟子·滕文公》上篇说:"有为神农之言者许行。"就是说"有治神农之学者许行"。神农氏为农业时代的君主,那就不言可知了。

从前有些人,误谓从渔猎到农耕,畜牧是其中必经的阶段。照现在的研究,则殊不尽然。渔猎的或进为畜牧,或进为农耕,是视乎其地的。大抵草原之地,多进为畜牧;山泽之地,则进入农耕。我国古代,似乎巢、燧、羲、农等,是根据河南,从渔猎进入农耕的。黄帝一族,则居于河北,而以畜牧为业。怎见得呢?案《遁甲开山记》说:石楼山,在琅邪。汉琅邪郡,治东武,今山东诸城县。有巢氏治此山南。《命历序》说:人皇氏出旸谷,分九河。旸谷,见《书经·尧典》,是尧命羲仲居此,以推步天象的地方。尧命羲仲、羲叔、和仲、和叔,分居东、南、西、北四方,以推步天象。羲仲是居东方的。其地,即是嵎夷。嵎夷,据《经典释文》引马融说,以为就是春秋时的莱夷,即后世登、莱一带。郑康成注《通卦验》说:人皇就是燧人氏。《左氏》说:陈为太昊之墟。《春秋左氏传》昭公十七年。皇甫谧《帝王世纪》说:神农都陈,而迁于曲阜。见《史记·五帝本纪》正义。地都在今河南、山东两省。至于黄帝,则《史记·五帝本纪》说他"邑于涿鹿之阿",是现今河北的涿县。这是服虔之说。又皇甫谧及张晏,则以为在上谷,那就是现在察哈尔的涿鹿县了。说得太远,恐不如服说之可信。又说他"迁徙往来无常处,以师兵为营卫",可见其为河北游牧之族了。

据社会学家的研究:搜采及渔猎时代,人民恒苦于饥饿。畜牧时代,亦仍所不免。而且渔猎时代的人,最好杀伐。人类一切战斗的技术,都是从渔猎时代遗留下来的。兵器其初是因猎取禽兽而发明的。包围、埋伏、火攻等法,亦皆猎时所用。在三代时,尚以田猎讲武。畜牧时

代,虽生活已变,此等杀伐之性质和战斗的技能,仍未忘掉。且因其
经济较为宽裕,所团结的人数较多,所以其战斗之力更强,往往成为
好侵掠的民族。惟农耕之民则不然。他们生计饶足,无求于外。天
时若有丰歉,自能用"耕九余三"等方法扯平,《礼记·王制》:"三年耕,
必有一年之食。九年耕,必有三年之食。以三十年之通,虽有凶旱水溢,民无菜
色。"不必掠夺他人。至于社会的内部,则私产制度,尚未兴起。"只
有协力以对物,更无因物以相争"。因此就组织一种对外平和,而内
部的关系亦极良好的社会。孔子所追想的大同世界,大约即在此
时。《礼记·礼运篇》说:

> 大道之行也,天下为公。选贤与能,讲信修睦。故人不独
> 亲其亲,不独子其子。使老有所终,壮有所用,幼有所长;鳏寡
> 孤独废疾者,皆有所养。男有分,女有归。货恶其弃于地也,不
> 必藏于己;力恶其不出于身也,不必为己。是故谋闭而不兴;盗
> 窃乱贼而不作;故外户而不闭。是谓大同。

孔子说:"大道之行也,与三代之英,丘未之逮也,而有志焉。"志字,
郑康成把识字去解释他,这是不错的。古识字,就是现在之志字,亦
即是记字。古人称史籍为史记,亦有时单称记。古人用史记二字,和现
在人用历史二字相同。现在的《史记》,本名《太史公书》。因其系最早的历史,
所以后人径以这一类的书名称其书。"未之逮也,而有志焉",这是说我
虽未及其时,然而有历史可据。下文所谓禹、汤、文、武、成王、周公,
便是三代之英。三代之英,是实有其人的,大道之行,就断不会是空
想。这所谓大道之行,究竟要什么时代,才足以当之呢? 用社会学
的眼光看来,当然是所谓农业共产之世了。农业共产,是古代各种
社会里,最优良的组织。此种组织,固然别国的社会,亦曾经历
过(并且还有一小部分,遗留到现在的)。然而此种社会的文化,别

一国,都未能把他发扬光大。只有我国,社会的组织,后来虽然改变
了,而此种文化的精髓,还保存得若干。我国的文化,实以此为基
本。所以其文化的性质,极和平而优美。我国民族,所以能保世滋
大;而其对待异民族,融化异民族的经过,尤足以称为全世界民族的
模范;其根源即在于此。读到下文自见。

狂风怒潮,起于河北。羲、农一族,优美和平的社会,似乎要暂
为黄帝之族所蹂躏。这就是历史上所谓阪泉、涿鹿之战。据《史
记·五帝本纪》说:黄帝是先与炎帝(神农)战于阪泉,又与蚩尤战
于涿鹿的。然而既说"神农氏世衰,诸侯相侵伐,暴虐百姓,而神农
氏弗能征",又说"炎帝欲侵陵诸侯,诸侯咸归轩辕",未免自相矛盾。
我们知道:蚩尤,炎帝,同是姓姜;蚩尤为三苗之祖。三苗为姜姓之国,见
下。又知道涿鹿、阪泉,实系一地;《史记·五帝本纪》集解引皇甫谧说:
"阪泉,在上谷。"又引张晏说:"涿鹿,在上谷。"在上谷之说不足信,然二者之为
一地则隐然可见。则此两役或竟是一役,二人或同是一人。即不然,
蚩尤,炎帝,亦必是同族。这两次战役,总是姬姓之国,对姜姓之国
的战争了。游牧之族,性质慓悍,往往非爱好和平的农耕民族所能
敌。姜姓之族,给姬姓之族打败,是理所可有的。假使当时,黄帝战
胜之后,率意横行,把河南农耕民族优良的社会组织任意破坏,古代
优良的文化,或不免于中绝。天幸!当时黄帝之族,未曾如此。而
且不久即同化于羲、农之族的文化。这何以见得呢?案据《史记·
五帝本纪》和《大戴礼记》的《帝系姓》,则自黄帝以后,至于周,居天
子之位的,都是黄帝的子孙。其系图如下:

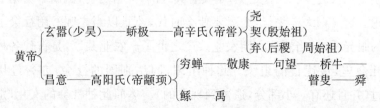

此中世次，固然不尽可信。如尧、舜、禹相承，而尧与禹同为黄帝玄孙，舜为黄帝九世孙之类。然而世次纵有脱落，本源则必不诬。须知古代贵族的谱牒，乃史官所记，亦史籍之一种。据《周官》，为小史之职。所记天子的世系，名帝系。诸侯、大夫的世系，名世本。秦人烧书，"诸侯史记尤甚"。《史记·六国表》。经此一炬之后，大部分灭亡，小部分最著名的天子、诸侯、卿大夫之家，世系仍有存留，而亦不免于凌乱，正是极合乎情理之事。近人并此而疑之，就未免过当了。知尧、舜、三代，都是黄帝之后，而其政治，则是孔子所谓小康，不言尧、舜，因《尚书》"虞、夏同科"；而虞、舜的事，即在《尧典》之中。现在《书经》有《尧典》、《舜典》两篇，这是东晋时出现的伪古文本。其《舜典》篇首二十八字系伪造，余则割裂《尧典》的下半篇为之。真本两篇合一，总称《尧典》，舜的事亦都在其中。大约古史唐、虞、夏三朝，系合为一部的；所以说禹就可以概括尧、舜。有人说小康时代起于禹，尧、舜是大同时代，恐未必然。则黄帝之族，同化于河南的农耕民族，而全盘接受其文化，就不难明白了。尧、舜、三代之治，古人所称颂的，或亦未免言过其实。然而以大体论，则古书所传，此时代之政治和社会，衡以现代的社会学理，也都是可有的。所以知其不是捏造骗人的话。大抵此时的社会：平地（田），是用平均的方法，分配给农夫耕种的。租税之率是什一。田以外的土地，总称为"山泽"，是公有的。遵照一定的规则，大家可以使用。工业，在共产社会里，难造的器具，是有专司制造的人。这是为众人服务，并非私人借以牟利。此时仍沿袭其规模，是即所谓工官。商业，其初仅行于部落与部落之间；本部落之中，无所谓交易。后来虽然不是如此了，然而古代的政治，所以监督商人者甚严；此时的经济，大体还是自给自足者多，商人也无从牟大利。如此，只多了一个贵族阶级（天子、诸侯、大夫）安坐而食，要人民养活他。然而贵族的奢侈，尚不甚利害；其暴虐，亦不甚利害。列国相互之间，战争亦未甚剧烈。如此，则对外平和,内部关系亦良好的社会组织,还未甚破坏。在长时期间,我族社会的文化,仍得逐步进展;并得领导开发诸演进较浅的民族。我国民族伟大的组织,深厚的根基,实在确立于此时。

有文事是不可无武备的。世界上许多民族,其文化未必不优良,然因武力不足之故,为野蛮民族所蹂躏,其文化,亦即随之而夭折了。天幸!我国的炎、黄二族,能融合为一。黄族接受炎族的文明,炎族也渐次振起其武力。炎、黄二族,融合而成所谓华夏之族,渐次扩张其政治势力和社会文化于各方。封建之制,在后世,业已统一之世,是足以自召分裂的。至于在古代,部落林立之世,则正好借此以扩张政治势力。社会的演进,大抵是由母系制转入父系制的。我国自有史以后,这种转变,也渐渐的形成了。到周代,则父系家族的组织,更为完备,而有所谓"宗法"。继承的条件,首重嫡,次重长。嫡长子继承其父的地位的,为大宗宗子。自次子以下,均为小宗,小宗宗子,各自管理其家内之人,而仍统属于大宗宗子。天子、诸侯和大夫之间,其关系亦都如此。譬如武王是文王的大宗宗子。周公在鲁为大宗,归周则为小宗。鲁桓公的嫡系子孙,承袭鲁君之位的,算是大宗,则出于桓公的孟孙、叔孙、季孙三家,对他永远是小宗。小宗有时而绝,大宗是无论如何,不能听其绝的。而但有一大宗,则同出一始祖的人,生者都归其抚养,死者都归其祭祀。所以但得其大宗,则同出一祖的人,均能团结而不散。此其组织之所以坚强而悠久。而天子和诸侯,诸侯和大夫,亦仍保存此等关系,则国际间之团结,也因之而加厚了。此外虽非同族,而或者是亲戚,或者是功臣,或者是故旧,分封出去之后,和其本国,总还保存很亲密的关系。后来列国之间,虽有争斗,然对于当时所谓蛮夷,大概是一致攘斥的;蛮夷侵陵中国,列国之间,亦大概能互相救援。参看下章。如此,所谓华夏之族,其势力,自然能拓展于四方,而文化也随之而广布了。

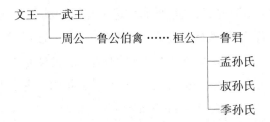

　　只要略一研究古代的历史地理,便可见得我国民族拓殖的情形。巢、燧、羲、农,都是在今河南、山东的。黄帝邑于涿鹿之阿,在今日的河北。卫为颛顼之虚,见《春秋左氏传》昭公十七年。尧、舜、禹三代,皆都晋阳,晋阳是现在山西省的阳曲县。尧都晋阳,见《汉书·地理志》。《左氏》定公四年说唐叔(晋国的始祖)封于夏虚,则禹亦都晋阳。尧与禹中间的舜,自然不会迁徙到别处去了。尧都平阳,今山西临汾县;舜都蒲阪,今山西永济县;禹都安邑,今山西夏县;说出《尚书·伪孔安国传》及皇甫谧《帝王世纪》,不足信。《伪孔安国传》,是与《伪古文尚书》同时并出之物。皇甫谧的学术,是和这一派伪说一致的。则自今河南的北部,进入山西。夏朝的后代,迁都阳城,说出《世本》,见《汉书·地理志》注引臣瓒说。阳城,今河南登封县。则又回到河南。商朝的始祖封于商,周朝的始祖封于邰,都在今陕西省里。商,今陕西商县。邰,今陕西武功县。商朝的得天下,是从陕西打到河南。后来放桀于南巢,地在今安徽省巢县。周朝亦然。武王胜纣于牧野,营建洛邑。牧野,今河南淇县。洛邑,今河南洛阳县。武王死后,纣的儿子武庚,和武王派他监武庚的三个兄弟造反。三监,谓管叔、蔡叔、霍叔。武王克殷,仍以其地封纣子武庚;而三分其畿内之地,使三叔监之。大约当时武王虽胜纣,对于东方的权力,还不甚完全;而殷朝的势力,也未尽消灭之故。周公去征伐他,兵锋直打到奄。奄,《说文》作郹,云“在鲁”。案鲁是今山东曲阜县。又使其儿子伯禽,打平淮夷、徐戎;则殷、周之时,兵力已从黄河流域,进展到淮水流域了。淮水流域,本和黄河下流相连接,为中国东部的一个大平原,所以其拓殖较易。而长江流域,文明的种子,亦久已散布。这个好像下棋的人,在辽远的地方,先布置着几子,然后慢慢连结起来似的。江域最早的文明之国,要推三苗。三苗亦姜姓之国。韦昭《国语》注,说他是炎帝之后。大约是神农、蚩尤之族,和黄帝战败,而退居于此的。古书上多说禹征三苗之事;禹征三苗,古书中说及其事的很多。王鸣盛《尚书后案》,搜辑得最为完备。现在的《书经》里,也有"分北三苗"之文;见《舜典》。实系真本的《尧典》,已见上注。则当虞、夏之间,炎、黄两族的争斗,还未全泯。但是后来,就渐渐的成为过去了。三苗之国,左洞庭,右彭蠡,见《韩诗外传》、《战国策·魏策》、《史记·吴起列传》。在今江西、湖南之间,三苗的立国于江域,和南方文化的演进,大约是很有关系的。所以后来,长江的中游,和北方接近最早。《尚书大传》说:汉南诸侯,归汤者四十国;而周初周、召二公,分陕而治。所谓周南者,据《韩诗外传》说:地在南郡、南阳之间。今河南陕县境有陕原,古人说是周、召二公分界处,此近乎穿凿。其实陕字在古代,就是狭字。分陕,就是以潼关以东的隘道,为东西两区域之界。汉南郡,今湖北江陵县。南阳,今河南南阳县。则当商、周之世,湖北的西部,已逐渐开化了。周时,开拓长江中流的为楚;而长江下流,则周朝的泰伯之后在吴,夏少康之庶子无余之后在越,到春秋的末期,亦渐渐强盛起来。长江上流,《史记·五帝本纪》说:黄帝之子昌意之后,降居若水。这若水,据说就是现今的鸦龙江。这话不知确否?但到春秋时,现在四川地方,也渐渐进步了。在今四川省里,较大的国,东为巴,西为蜀。巴国,今四川巴县。蜀国,今四川成都县。巴是当春秋时代,就和楚国有交涉的。蜀则至战国时,乃为秦所并。自西周以前,政治史上,不甚涉及长江流域。至春秋时,则长江中游的楚,始终和北方的齐、晋争衡;而其末年,吴、越亦大露头角。吴人与晋争霸,又开辟了现在的淮南运河(邗沟),北伐齐、鲁。越人灭吴之后,亦会齐、晋于徐州,此徐州在今山东滕县,见《史记·鲁世家》集解引徐广说。称为霸王。此等国,其内部必有很大的进步,才能和中原文明之国相敌,是无待于言的。巴、蜀虽较偏僻,在中原逐鹿的斗争上,似乎无大关系。然而《战国策》说:秦人灭蜀之后,"益富厚,轻诸侯",则当时四川的经济,必已很为发达。总而言之,从炎、黄之际,至于周末,为时约在二千年左右,汉族从农牧社会的初期,经过封建时代,而至于统一,其声名文物,都已大有可观;而民族的组织,至此亦已很形完密;其文化的根柢,也培植得极其深厚了。

别的都不说,我们只拣中国的文化和中国民族的形成最有关系的说几句。关于这一点,我以为《中庸》里头"今天下,车同轨,书同文,行同伦"这十二个字,是最表现得出我们民族形成的情形的;而亦即是我们民族所以能形成的原因。"车同轨"是表示政治的统一的。因为交通也是一种政治。尤其在古代,对于道路的修治等,政治上特别注意。交通之政而能统一,其余政治的能统一,自可以此类推了。关于此,我们只要看古书上所述各国的政治制度、政治理想等,无甚根本上的差殊,便可明白。《左传》闵公元年,载齐国使臣称赞鲁国的话,说他"犹秉周礼"。古代所谓礼,不是现今所谓礼节、礼貌的礼,是把法律和一切政治上、社会上的习惯,都包括在里头的。说治国的人犹秉周礼,就是说他在政治上还能谨守成规。这成规,不是各国随意制定的,而是从历史上相沿下来的。所以在鲁国的和在周朝的一样。当时犹秉周礼的,决不止鲁国一国;其余声名文物之国,大概都是如此的——自然,总有随时而变,因地而殊的;然而其所根据的理想和制度,既然相同,则虽有改革,亦不至大相悬殊了。政治是文化的产物,而又能影响于文化。当时各地方的国,能用同一的政治,可见其于旧日的文化,都能注意保存;而既能施行这种政治,于保存及促进文化的统一,亦有相当的力量。这是我国所以易于统一的一因。因为各国的政治,本来无大不同,所以吞并之后，易于施行和本国一样的治法。春秋、战国时代，列国的互相吞并，大约就是如此的。到秦灭六国时，亦还是如此。当时除罢侯置守外，并没听见政治上有别种纷更。"书同文"是表示语言的统一的。现在有许多人，都说中国语言不统一，比不上外国，是非常荒谬的。说这话的人，忘掉中国有多大。中国本部之大，略＝欧洲－俄罗斯。他们的语言，共有几种？中国则只是一种，不过因地方广大，发音不甚一致而已。这实在算不得什么歧异。见第一章注。此种情形，亦并非今日才如此，实在自古就是如此的。古书上说音读和言语的不同，都说是楚、夏之别。自南北朝以前皆如此。楚当然是代表南方的，夏当然是代表北方的。然则楚、夏究有多大的异同呢？《说文》牛部：牸，黄牛虎文，读若涂。王篠友《说文句读》说：楚人谓虎为於菟，实在和牸字同音。又口部咷字下：楚谓儿泣不止曰噭咷。噭咷二字，亦和《易经》"先号咷而后笑"的号咷同。又《穀梁》："吴谓善伊，谓稻缓。"吴是现在的苏州。《说文》："沛国谓稻曰稬。"沛是现今徐州一带。这就是现在之糯字；北音读如儒，南音仍读如稬；根本上还是一句话。所以《左氏》载吴国人把卫君捉去，"卫侯归，效夷言"。《春秋左氏传》哀公十二年。这个夷言，就是吴语。一定和卫语大同小异，所以一学就会。然则古代言语，楚、夏之异，亦正如今日南北方言的不同；不过语音小有差池，并无甚难于了解之处。所以当时列国之间，使命往来，从不曾要用翻译。然则当时中国之地，是否有不同的语言存在呢？那自然是有的。《礼记·王制》说："五方之民，言语不通，嗜欲不同。达其志，通其欲，东方曰寄，南方曰象，西方曰狄鞮，北方曰译。"可见古代夷、蛮、戎、狄，语言都和中国不同。然而汉族散处四方，绝未为其所同化，而仍保守自己固有的语言，这就可见得我民族团结力之强了。至于文字，那更不成问题。看遍了古书和古器，几曾发见古代有两种不同的文字呢？"行同伦"是代表风俗和信仰的统一的。信仰：从思想方面说，是行为的哲学的根据。从感情方面说，则是其灵感的源泉。而风俗则是大家同具此思想，同有此情感，而表现于外，成为一致行为的。大抵偏激之行，只适宜于一时一地。环境一变换，就非徒无益，而又有害。然而积重难返，要想改革，却是极难。所以一个民族，信仰、风俗，都不宜走于一极端。中国古代的哲学，有一个优点，便是其最高的思想为"易"。看得天地万物，无不是刻刻在变动的，无一息之停。天地万物，既然都是变动的，人居其间，如何能独不变？所以一切都主张与时俱变。"穷则变，变则通，通则久"。《易·系辞传》之文。便是《易经》的大义，贯通于一切人伦日用之间。所以中国人最不固执。到什么地位，总能审察环境，而酌度其应付之宜，以定自处之方。此种自处之方，是审察环境，随时决定的。决定之后，即宜遵照他做。这该遵照的道理，不论何时何地，都只有一点；稍过一些，不及一些都不是；这就是所谓中庸。中庸虽不论何时何地只有一点；然亦随时随地总有这一点，可以遵照的。只要你能发见他，能遵照他就是了。中国人行为的标准，既是随时随地审察出来的，则总是较合理的，使你虽欲不遵循而不得；而大家同应于事实上的需要，自然也容易一致。这是中国从古以来，没有注重仪式，夸张装点，崇拜对象的宗教；而国民的信仰、风俗，却能极其一致的原因。

　　即此三点，用以说明中国民族形成的原因，大概也就够了罢！惟自己能统一，才能够同化他人，请看下章。

第四章　中国民族怎样统一中国本部

中国现在，人口号称四万万，其本部的面积，即大于欧洲之半；如此庞大的民族，自非一蹴所能组成。稍读历史的人，谁不知在古代，神州大陆之上，和汉族杂居的异族之多呢？这许多异族，而今都往哪里去了呢？这并非灭亡；亦非被迫逐而迁徙；其大多数，实在都和我们同化了。这就是中国民族扩大的第一次。所以，要研究中国民族的演进，第一步，便须考究中国本部地方的民族，如何与汉族相同化。

《礼记·王制》上说：

> 东方曰夷，被发文身，有不火食者矣。南方曰蛮，雕题交趾，有不火食者矣。西方曰戎，被发衣皮，有不粒食者矣。北方曰狄，衣羽毛穴居，有不粒食者矣。

他又说："中国，夷、蛮、戎、狄，皆有安居、和味、宜服、利用、备器。"再下文，便是前章征引过的"五方之民，言语不通，嗜欲不同。达其志，通其欲，东方曰寄，南方曰象，西方曰狄鞮，北方曰译"。可见四面，都有和我们语言、风俗不同的人民了。夷、蛮、戎、狄，是就其所居的方位而言，并不能表示他们的民族。我们现在，若要知道中国在古代，曾经同化过多少异族，则先须知道中国境内不同的民族共有几族。现在且就鄙见，列举如下：

（一）匈奴　此族在古代，是与汉族杂居黄河流域的。其名称，或作猃狁，或作獯鬻，都是一音的异译。又称昆夷、串夷、畎夷，疑即胡字的转音。《史记·五帝本纪》说："黄帝北逐獯鬻。"这獯鬻，该在今河北境内。尧建都晋阳，而《墨子》称其"北教八狄"，则今山西境内，自古亦有此族杂居。而其在今陕西境内的，尤为跋扈。周朝的始祖后稷，受封于邰。数传之后，其子孙有唤做不窋的，即"失官而窜于戎狄之间"，大约就是为此族所逼。又传若干代，到公刘才复兴，定居于豳。然三传到大王，又被逼而迁徙到岐山下去了。邠是现在陕西的邠县。岐是现在陕西的岐山县。周朝王季、文王两代，费了很大的气力，和此族奋斗。到武王，才把他放逐到泾、洛之北。泾是现在的泾水。洛是现在的北洛水，或称西洛水。古此水称洛，现在的洛水则作雒。然而到幽王手里，西周毕竟亡于犬戎。平王东迁洛邑，而西畿之地，遂沦于戎狄。春秋之世，秦国又费很大的气力，才把他收回。春秋之世，这一族在陕西、甘肃境内的，或称戎，或称狄，大约都为秦国所克服。秦文公时，才尽收岐以西之地，岐以东献诸周，但周朝实际不能有，其后仍入于秦。到穆公时，就东境至河了。其在今山西、河北境内的，则初称狄；后来又有赤白狄之分。除鲜虞到战国时灭于赵外，鲜虞至战国时称中山。其余都灭于晋。其在河南的扬拒、泉皋、伊洛之戎等，扬拒在今河南偃师县附近。泉皋，在今河南洛阳县附近。伊洛之戎，是在此二水流域的。则都并于周。战国之世，列国开拓益远。《史记·匈奴列传》说：魏有河西、上郡，赵有云中、雁门、代郡，秦有陇西、北地，以与戎界边。河西，今陕西大荔县一带。上郡，今陕西绥德县一带。云中，今山西大同县一带。代郡，今山西代县一带。陇西，今甘肃狄道县一带。北地，今甘肃宁县一带。自此以内，都成为中国的领土；其人民，亦即都和汉族同化了。

$$\text{赤狄}\begin{cases}\text{东山皋落氏(今山西昔阳县)}\\\text{廧咎如(今山西乐平县)}\\\text{潞氏(今山西潞城县)}\\\text{甲氏(今河北鸡泽县)}\\\text{留吁(今山西屯留县)}\\\text{铎辰(今山西长治县)}\end{cases}$$

$$\text{白狄}\begin{cases}\text{鲜虞(今河北定县)}\\\text{肥(今河北藁城县)}\\\text{鼓(今河北晋县)}\end{cases}$$

（二）东胡　东胡是后来乌丸、鲜卑的祖宗。有人说："春秋时的山戎，就是战国时的东胡。"未知确否？战国时，燕将秦开，为质于胡。归而袭破东胡。东胡却千余里。燕国就开辟了上谷、渔阳、右北平、辽西、辽东五郡。上谷，治今河北怀来县。渔阳，治今河北密云县。右北平，治今河北卢龙县。辽西，治今河北抚宁县。辽东，治今辽宁辽阳县。这五郡，就是现在热河、辽宁两省地方。东胡虽然退却，总有一部分，留在故土的；秦汉时，此五郡中，绝不见有异族杂居的形迹，想都和我们同化了。如此广大的土地，异民族何以能同化得如此之快呢？大约燕开五郡，不过是政治上的设施。在实际，中国民族，移殖于东北一带，已经很久了。汉朝末年，有一部书唤做《方言》，说是扬雄做的，这话或不尽诬。《方言》这部书，记载各地方方言的不同（语言中所用词的不同）。自北燕至于朝鲜，其语言略相一致。可见燕开五郡以前，中国的疆域，虽还限于山海关内，其人民，则久已移殖关外。又据现在考古学上的研究，自旅顺北至辽阳，一切遗迹，有许多可认为山东之民，从半岛浮海北上，移殖于辽东半岛，渐入内地的。详见日本鸟居龙藏《满蒙古迹考》（商务印书馆译本）。然则海道的交通，在古代久已发达；而民族海路的拓殖，也久经开始了。这个亦可见得我民族能力的伟大。燕开五郡一事，还不止和东胡有关系，和后来高丽、满洲人的祖宗，也都有关系的。

（三）貉族　朝鲜半岛最古之国为朝鲜，这是谁都知道的。朝鲜的始祖，是纣的叔父箕子，也是谁都知道的。但是据现在史家的考究，则朝鲜之国，其初，实不在今朝鲜半岛之地。当周初，中国对辽东西地方，还未有政治势力，无论是箕子出走，或者武王封他，都没有能达到朝鲜半岛之理。古代的朝鲜，至多在今辽西地方；日本林泰辅《朝鲜通史》（商务印书馆译本）之说如此。说不定，其受封之时，还在关内。但是中国民族，拓殖之力真大。到战国时，所谓朝鲜，已确实达到现在的朝鲜半岛了。此时的朝鲜，与中国以浿水为界，便是现在的大同江。这可以说是顺着我民族的拓殖，和燕人政治势力的展拓，自然达到这境界的。朝鲜的东迁，给东北民族以很大的感化。但是所谓东北民族，其初怕还不是住居于东北，而是从中国内地渐次迁徙出去的。东北民族，古称为貉，亦称涉貉，又单称涉。汉时，立国于今吉林的长春地方，谓之夫余。其文明程度很高。朝鲜半岛的高句丽和百济，其王室的先世，都是出于夫余的；而汉朝设置在朝鲜半岛的郡县，有许多都以涉为民；以上均见《后汉书·东夷传》。可见这一族，在东北散布之广。然古书上所谓貉，则还不在此。《诗经·韩奕篇》说："王锡韩侯，其追其貉。"这韩国，在今陕西韩城县一带。郑笺说：追、貉是王畿北面之国，则在今陕西北部。和《管子·小匡篇》说貉在西河相合。《史记·燕世家》说："燕北迫蛮貉。"《货殖列传》又说："燕东绾秽貉、朝鲜、真番之利。"真番是汉武帝灭朝鲜所开四郡之一，地跨今鸭绿江两岸。则在河北热河、辽宁、朝鲜之间了。这一族，大约居于汉族之北，逐渐东北徙的。《水经注》："清漳逾章武故城西，故涉邑也。枝渎出焉，谓之涉水。"章武，是现在河北大城县和沧县之地。这是貉族在中国内地的一个遗迹，这许多貉族，自然也都和汉族同化了。

（四）肃慎　肃慎是金朝和清朝人的祖宗，这是无疑的。因为自汉以后,他们住居在现在吉林省内松花江流域,其历史便连接不断,都有可考了。而这肃慎,古代曾住居中国境内,也是无疑的。为什么呢? 因为《左氏》昭公七年,载有这样的一句话:

> 自武王克商以来……肃慎、燕、亳,吾北土也。

这燕是南燕,在今河南的封丘县。亳是商朝的都城。古人城邑,虽屡经迁徙,往往仍用旧名,商朝又是屡次迁都的,所以很难指定其在何处。但亦始终不越黄河两岸。所以这时候的肃慎,极远只能在河北省内,而且还在河北省的南部。《史记·孔子世家》说:"有隼集于陈廷而死。楛矢贯之,石砮,矢长尺有咫。陈湣公使使问仲尼。仲尼曰:隼来远矣! 此肃慎之矢也。昔武王克商,通道九夷、八蛮;使各以其方贿来贡。……于是肃慎贡楛矢石砮,长尺有咫。先王欲昭其令德,以肃慎矢分大姬,配虞胡公,而封诸陈。大姬是武王的长女。虞胡公即陈国始封之君陈胡公。以其为虞舜之后,故又称虞。试求之故府,果得之。"这话,可以做《左氏》武王克商以来,肃慎、燕、亳为周之北土之证。而满洲和金朝人的祖宗,自住居吉林省以来,仍屡以楛矢石砮来贡;自晋至唐皆然;历史上屡有记载,确凿不诬;又可证《史记·孔子世家》之言之确。假使孔子之时,肃慎已居于今吉林地方,岂有一只鸟,中了箭,能飞至陈国之理? 陈国,是现在河南的淮宁县。而这种肃慎氏之矢,古人视为珍贵之物,武王特意分给他的女儿、女婿的,岂有寻常人能得之以射鸟之理? 假使寻常人得之,又岂肯以之射鸟? 而且兵器,各人有各人使用惯的;弓箭不是难得之物,别一族也未必使用肃慎的楛矢。而在历史上,自周以后,还用石镞的,除肃慎以外,也未见第二种民族。所以《史记》这一段文字,又是春秋时代,中国还有肃慎人的暗示。肃慎是怎样逐步迁徙到东北,今不可考。而其达到今吉林松花江流域,则必和燕开五郡,大有关系。此族沐浴中国的文化,可说最浅。所以自唐以前,迄在石器时代。然既本居内地,则其和中国人的关系,亦必不少。而金朝和清朝,竟两次猾夏。直到现在,还借着异国人的势力,窃据东北。在东方民族中,这一族,要算最落伍的了。

(五)黎族 一二十年以前,读史的人,有一个误解:说古代的三苗,就是现在的苗族。这是大错了的。三苗明明是个国名;而现在苗族的苗字,则是蛮字的转音;这是确凿无疑的事实。自宋以前,无所谓苗,元以后才渐有称苗的,然核其地,都是从前的所谓蛮。现在的苗族,其民族之名,当称俚,古作黎。《后汉书·南蛮传》:"建武十二年,九真徼外蛮里张游,率其种人,慕化内属,封为阳(归)汉里君。"注:"里,蛮之别号,今呼为俚人。"三苗之国的君主,是姜姓,是汉族;其人民则多黎人。所以郑康成注《书经》说:"苗民是九黎之君。"见《礼记·缁衣》疏引。郑注《尚书》已亡,故只能据他书所征引者转引。这民字是三苗国君的贬称,非谓人民。黎族的根据地,是洞庭流系。所以古人说三苗之国,"左洞庭,右彭蠡"。自楚国强盛以来,这一带地方,多为所据。吴起为楚悼王相,"南并蛮越,遂有洞庭、苍梧。秦昭王使白起伐楚,略取蛮夷,置黔中郡"。此苍梧是否汉朝的苍梧郡,难以断言,然总在洞庭以南。秦黔中郡,治今湖南沅陵县。此数语据《后汉书·南蛮传》。是三代以前,中国人同化此族的史实。

(六)粤族 粤亦作越。此族和苗族不同,分布于沿海之地。此族特异的风俗,为断发文身。古书说泰伯居吴,夏少康的庶子无余封于越,都断发文身,以从其俗。《史记·吴越世家》。而据《汉书·地理志》,则当时苍梧、郁林、合浦、交趾、九真、南海、日南,亦都有此习,汉苍梧郡,治今广西苍梧县。郁林郡,治今广西贵县。合浦郡,治今广东海康县。南海郡,治今广东南海县。交趾、九真、日南,皆在今越南。交趾即今东京,惟无明河、黑河流域,及红河上流。九真在越南北部,从清华到安南关。日南包括越南中部及南部，从安南关到伐勒拉角。据冯承钧译鄂卢梭《秦代初平南越考》，一〇八页（商务印书馆本）。可见今之江苏、浙江、福建、两广、安南，都是此族分布之地。又此族有食人之俗。《墨子·鲁问篇》说："楚之南有啖人之国。"《节葬下篇》又说："越东有辄沐之国，其长子生，则解而食之。"而《韩非子·二柄》、《难一》两篇，都说"易牙蒸其子首，以进齐桓公"。《十过篇》及《淮南子·主术训》、《精神训》的高诱注，则都作"首子"。又《左氏》僖公十九年，说"宋襄公使邾文公用鄫子于次睢之社，欲以属东夷"。次睢之社，《续汉书·郡国志》注引唐蒙《博物记》，说在临沂县。就是现在山东的临沂县。然则山东境内，也有此族居住了。我们因此，知古代的东夷、南蛮，实是一族；雕题交趾，就是文身。文身和食人之俗，广布于亚洲沿海及南洋群岛。此处不能备引，欲知其详，可参看拙撰《中国民族史》第九章。然则古代沿海的莱夷、淮夷等，悉系此族。莱夷灭于齐。淮夷风气，最为强悍。历代和中国争衡。至秦有天下，才悉散为民户。《后汉书·东夷传》。其在长江以南的，则自吴、越盛强之后，浙西地方，逐渐开化。战国时，越为楚所灭。《史记·越世家》说：其"诸族子，或为王，或为君，滨于江南海上，服朝于楚"。汉朝的东越、闽君皆其后。而《汉书·地理志》说："苍梧、郁林、合浦、交趾、九真、南海、日南皆粤分；其君禹后，帝少康之庶子云。"这话固不见精密，臣瓒已驳之，见《汉书》注引。然而此诸郡有越国之后，为之君长，则是不诬的。然则春秋战国时，汉族的开拓，已经渐及于闽、广了。

（七）濮族　此族即今之猓猡，其汉以后分布之地，大略在今云、贵两省。在古代则不止此。《书经·牧誓》（武王与纣战于牧野时誓师之辞）有庸、蜀、羌、髳、微、卢、彭、濮人，则濮人实从武王以伐纣。《国语》："楚蚡冒始启濮。"韦昭注说是南阳之国。《左氏》文公十六年，楚大饥，麇人帅百濮聚于选，将伐楚。昭公十九年，又说：

"楚子为舟师以伐濮。"楚初封丹阳,昔人误以为今湖北秭归县。据
宋于庭先生所考,地实在今商县之南,南阳之西,丹、浙二水入汉处。
见《过庭录·楚鬻熊居丹阳武王徙郢考》。楚是后来向南开拓,逐渐达到
现在湖北的江陵县的。楚都城郢,即今江陵县。其从南阳到江陵,似乎
所开辟的,多是濮地。濮族在西南诸族中,程度最高,自有文字,可
见其受汉族薰陶之久了。

(八)氐羌 氐羌是一个大族。从秦、陇、蜀三省之交,曼衍于
青海、西康两省,都是羌地。现在所谓康,疑即羌字的旧读。这一族,因
其所居之地的闭塞,迄今未能完全开化。然其在古代,却有早和汉
族往来的。《诗经·商颂》说:"昔有成汤,自彼氐羌,莫敢不来享,莫
敢不来王,曰商是常。"则此族在商初,已和中国有交涉了。氐羌,似
乎是羌中最进化的一支,《周书·王会解》:"氐羌以鸾鸟。"孔晁注:"氐地
羌,羌不同,故谓之氐羌,今谓之氐矣。"即汉时所谓巴氐,《后汉书》谓之巴
郡蛮。其在汉时南郡境的,则称南郡蛮。巴在春秋时,早和楚国有
交涉。至战国时,为秦所征服。《后汉书》说:"秦惠王并巴中,以巴
氐为蛮夷君长,世尚秦女;其民爵比不更;秦人谓徭役为更。爵到不更,
就可以不服徭役。这也是待新附人民的宽典。有罪得以爵除。其君长岁
出赋二千一十六钱;三岁一出义赋,千八百钱。其民,户出幏布八丈
二尺,鸡羽三十镞。"又有一种板楯蛮,居于渝水左右。渝水,今嘉陵
江。其人天性劲勇,而喜歌舞。《尚书大传》说:武王伐纣的兵,"前
歌后舞",据说就是这一种人。见《晋书·乐志》。秦时,"复其顷田不
租,十妻不算。算赋为秦汉时所收人头税,亦谓之口钱。每人出钱百二十。
秦汉时钱价贵,所以此税之负担亦颇重。伤人者论,杀人者得以倓钱赎
死"。所以"夷人安之"。可见我国古代,抚柔异族的一斑了。

汉族以外,古代中国的异族,荦荦大者,略具于此。此诸族,因
其地理性质的不同,又可分为两派:匈奴、貉、东胡、肃慎为北派,

黎、粤、濮、氐羌为南派。北派之民，因其所居的地方，气候比较寒冷，土地比较瘠薄，生活艰难，因而养成强悍的性质。除貉族进化程度较优外，匈奴、东胡、肃慎，遁居于中国之北的，到后世，都成为侵略者，中国颇受其害。南派之民，因其所居的地方，气候比较温暖，物产比较丰饶，生活较易，因而侵略的性质较少。但是其所居的地方，大都山岭崎岖，交通不便；因此，汉族的开发不易，而他们自己的进化也迟；迄今，还未能全和汉族同化。这都是我民族未能解决终了的问题。但是追溯既往，我民族的成绩，已经不易了。即以三代以前论：黄河、长江两流域，业已全然开发，成为汉族的土地；其人民，大部分同化于汉族。南岭以南之地，虽未能收入版图；但是在拓殖上，也早已立下根基。秦汉时代，起而竟其全功，遂如发蒙振落。见下章。缅想古代：南派民族，包围东及东南、西南三面；北派民族，则包围北及东北、西北三面。以民族竞存的形势论，真如四面楚歌。而我汉族，居于中央，能发生高度的文化，把他辐射到四方；使这四方的民族，都逐渐同化于我；为东亚开辟一新天地；这中派民族——汉族——的功绩，确是不可磨灭的。我们鉴于已往的光荣，自不能不思感奋了。然则古代中国民族，所以能奏此伟绩，究悻何术呢？

第一是内部的团结。我们知道：古代的希腊，虽然列国分立，时有兵争，然而他们对于外族，则极有团结一致的观念。他们总自己觉得是一个文明的民族，和野蛮民族不同。中国古代，亦是如此。"内其国而外诸夏，内诸夏而外夷狄"，本国和诸夏，固然是一个界限；诸夏和夷狄，同样是一个界限。而且后者比前者，还要重要。所以有霸者起，必以尊王攘夷为大功。攘夷是目的，尊王只是一种联结的手段。王而不足尊，就把他推翻，也无害于义的。所以孟子对于梁惠王、齐宣王，都劝他行仁政，王天下。至于攘夷，则孔子称赞管仲，说"微管仲，吾其被发左衽矣"，可见其视之之重。霸者如此，王者更不必说了。同族之间，团结坚固，自然力量雄厚。这是中国民族，所以确立于不败之地的原因。

第二对于异族的宽大。文化是各适其环境的。所以少数民族，实有在其区域之内，保持其文化的权利。这并不是说文化不要改变。劣等的文化，自然要改而从优。但是文化的性质，宜于牖启，而不宜于强迫。甲民族的文化，优于乙民族，不必强迫，乙民族也会自己明白的。到乙民族明白的时候，就是甲民族文化，适宜于乙民族的时候。如由甲民族强迫推行，则反成为无益有损之举了。因为特殊文化的价值，是有其时间性和空间性的，不是普遍一律的。中国民族，最知此义。《礼记·曲礼》说：

> 君子行礼，不求变俗。祭祀之礼，居丧之服，哭泣之位，皆如其国之故，谨修其法而审行之。

这所谓礼，把一切政治、宗教等等，都包括于其中。我们知道，强迫的性质，是只能引起反抗的。有些杂居俄、奥的民族，被迫改操外国语言，不惜出死力抵抗；及至移殖美洲，所操语言，无人干涉，反都弃本族语言而不用了。刘君木译伯尔拿约瑟《民族论》第一七七页（民智书局本）。这就是力服、心服的问题。我民族不讲究以力服人，而专推崇以德服人；所以不必强人从我，甚且舍己从人，而久之，人家仍自然同化于我。泰伯的断发文身，是其一例。而且我民族，在物质上，对待异族，更其宽大。不但不榨取异族以自肥，往往异族所邀的宽典，反在本国人民之上。如秦人的对待巴郡、南郡蛮，是其一例。种瓜得瓜，种豆得豆，异族的同化于我，自然更无问题了。

以文化的势力为前驱，以政治的势力为后盾。政治顺着文化的方向进行，是自然的，不是勉强的；是感化的，不是压迫的。压迫的只会引起反抗,感化的却能得到服从。勉强的必不会持久,自然的却不会变坏。以文化的势力,陶冶、团结民族;而以政治的势力,组织国家,以为之藩卫。我伟大的民族国家,于是乎造成。

第五章　中国民族第一次向外开拓怎样

中国内地的问题,既已解决,进一步,我们便要研究中国民族的对外开拓了。中国民族对外的开拓,大略是与其内部的统一同时开始的。所以我们于此,先得略叙一叙,和中国有关系的各民族的情形。当时和中国有关系的各族是:

(一)匈奴　初时根据河套,后来移到阴山。他的势力,一时发展颇盛。曾东破东胡,西走月氏;又向北征服诸小国,尽并今蒙古地方。并曾西服西域,臣属今新疆省之地。详见下文。

(二)东胡　他的根据地,在今满、蒙之间。大约在蒙古东部内兴安岭一带。其西为匈奴,其东为夫余。

(三)氐羌　羌人所分布的区域,是很广的,说已见前。在秦汉时代,和中国有关系的各族,仍在陇、蜀之境。而其关系尤大的,则为今青海境内河、湟流域的一支。

(四)西域　中国历史上所用西域二字,有广狭二义:狭义的西域,即今天山南路。《汉书·西域传》说:"南北有大山(今天山及祁连山延长的南山);中央有河(塔里木);东则接汉,阸以玉门、阳关(在今甘肃敦煌县西);西则限以葱岭。"汉时分为三十六国。其种有塞,有氐羌。塞,似乎就是白种的塞米的族。Semites. 氐羌大约是沿祁连山脉,西向分布的。自狭义的西域以西,交通所及,亦总称为西域;连现在的欧洲,都包括在内。但关系较密切的,还是狭义的西域。

(五)貉族　建国于今吉林长春地方的,谓之夫余。而朝鲜半岛,此族散布,亦已很广。

以上都是在中国本部以外的。其闽、广、云、贵各省,虽然战国以前,略经开辟,然亦到秦汉时代,方竟其全功。

叙述当时各民族的大势既竟,请进而述汉族开拓的大略。

秦汉时,中国最强的敌人为匈奴。匈奴本居河南,即今河套,秦始皇使蒙恬把他斥逐。因战国时秦、赵、燕三国北边的长城,再加修缮开拓。西起今甘肃境内,东经黄河及阴山之北,再东,经热、辽两省之北,直抵今朝鲜境内。秦朝的长城,全不是现在的长城。其西段,当在黄河及阴山之北;东段当在今热、辽两省之北——即包燕所开上谷、渔阳、右北平、辽西、辽东五郡在内。现在的长城,差不多全是明朝筑的。读《明史·兵志》自见。秦末戍边的人,都离去了,匈奴乘此,复据河南。此时匈奴出了一个伟人,唤做冒顿单于。东破东胡,西击走祁连山北的月氏。又北服诸小国。其疆域,直抵今西伯利亚的贝加尔湖(当时谓之北海)。冒顿的儿子老上单于,又征伏西域诸国。漠南北的游牧种族,与中国对立,实以此为第一次。从公元前二〇七年,秦朝灭亡,到前一二七年,汉武帝出兵击匈奴以前,可以算做匈奴的全盛时代。前一二七年,汉武帝出兵收复河南。后来又降匈奴的浑邪王,开河西四郡,酒泉,今甘肃高台县。武威、张掖、敦煌,今县均同名。通西域。匈奴自此遁居漠北,汉武帝又屡次出兵打他,然匈奴总还不服。直到前四九年,匈奴内乱,其呼韩邪单于,才入朝于汉。郅支单于,逃到西域,卒为汉人所杀。匈奴至此,才算给汉人征服。然前后汉之间,中国大乱,匈奴又强。到公元四八年,匈奴内部乖离,分为南北。南单于降汉,北单于给中国打败,辗转西走,其后遂入于欧洲,和中国无关了。而南单于入居中国内地,为晋时五胡之一。

　　东胡为匈奴所破后，其余众分保乌丸、鲜卑二山，遂改称乌丸、鲜卑。这两山，大约都在今蒙古东部内兴安岭之内。汉武帝时，招致乌丸，居上谷、渔阳、右北平、辽西、辽东五郡塞外，助汉侦察匈奴。而鲜卑则居其北。所以乌丸与中国，较鲜卑切近些。后汉时，北匈奴亡，鲜卑徙居其地。北匈奴有未能迁去的，亦都改称鲜卑。于是鲜卑骤盛。汉末，其大人檀石槐，尽服漠南北之地；其声势，几与匈奴盛时相等。檀石槐死后，阙乏共主，其势复衰。然其种落，自辽东以至现在甘肃塞外，处处有之。遂成一环伺中国北方，待机侵入之势。乌丸当汉末，部落亦颇有强盛的。袁绍据冀州，今河北省。颇笼络他。曹操灭袁氏，袭破之于柳城。汉县，今热河凌源县。迁徙其一部分入中国，用为骑兵。其留居塞外的，后来都并入鲜卑。如后魏初起时，其部众实多乌丸，读《魏书·序纪》自见。所以历史上，不再有独立的乌丸部落了。

　　氐人居嘉陵江流域。汉高祖定关中时，曾发其人为兵。后来又采用他的乐舞，作成"巴渝舞"。氐人是最勇敢，而且很服从中国的。两汉之世，中国屡用其人为兵。后汉末，魏武帝把他迁徙到略阳。今甘肃秦安县。其后渐渐遍布于关中。是为晋时五胡中之氐。羌在陇、蜀之境的，汉时谓之西南夷。其大为中国之患的，则为河、湟流域的一支。这一支，因其所居的地方，颇为肥沃，兼宜射猎、畜牧，所以最为进步。且其所处之地，较之其余诸羌，最为平坦，易于集合，所以颇带游牧种人侵掠的性质。后汉初年，大为边患。中国发兵把他打破，都徙之于内地。同化之功，既不能收之旦夕；而抚绥、治理，又不明其法；遂酿成后汉中叶的羌乱。凉州地方，受害最烈。今甘肃省。末年出了一个段颎，专仗兵力，把羌人大加诛夷。然其余众分布关、陇的，仍成为晋时五胡之一。

　　西域是汉武帝时才开通的。后来中国设置都护，保护南北两道，即现在的天山南北两路。汉朝管理西域，是注重在维持这两条通路的。管理葱岭以东诸国。西域的开通，最可注意的，是黄、白人种的接触。当时葱岭以东，本有所谓塞种。葱岭以西，如大宛、安息等，则都是阿利安族所建的国。安息即西史帕提亚 Parthia 的亚萨基王朝 Arsakidal。大宛为希腊人所分布，西域人称为 Ionian，即 Yavanas 的转音。《汉书·西域传》说："自宛以西，至安息，虽颇异言，然大同，自相晓知也。其人皆深目高鼻，多须髯。善市贾，争分铢之利。"这几句话，几于活画出一个现在通商口岸的西洋人了。白色人种，文明程度颇高。当时西域的氐羌，还是行国，他们则都是居国。居谓定住，行谓不定住。会种苜蓿，酿葡萄酒。在商业上尤为活动。西域开通后，其人来中国的颇多。

朝鲜半岛，到后来貊族得势，遂成为貊族人的世界。但当秦汉之世，还不曾呢。此时半岛的北部，主要的民族是涉貊；南部则为三韩。马韩、弁韩、辰韩。三韩大约是马来人，所以亦有文身之俗。这两民族的开化，都大有赖于中国人。其在北部，则箕子之后朝鲜侯，久已立国于大同江外。汉初，燕人卫满，又亡命出塞，后来把箕氏打败，夺据其国，是为卫氏朝鲜。箕氏乃逃奔三韩中的马韩，而为之主。其灭亡的年代不可考。然到后汉时，马韩中仍有祭祀他的。而辰韩中亦有汉族杂居。据他们自己说：是秦人避苦役，逃出去的。《三国志》《后汉书》的《四裔传》上，都证明他们还会说中国话；而且他们的话，"有似秦人，非但燕、齐之名物"。然则当时和辰韩杂居的秦人，简直是从现在陕西地方迁徙出去的。其移殖之力，也不可谓之不伟了。到汉武帝灭朝鲜，开其地为四郡，乐浪郡，今黄海、平安西道。临屯郡，今汉江以北之地。玄菟郡，今咸镜南道。真番郡，地跨鸭绿江。而汉族的政治势力，确立于朝鲜半岛。

还有南方的开辟，也很可注意的。现在的闽、广，当战国时，越国的子孙，就有为之君长的，这话，前一章中已说过了。到秦并天下之后，又将今福建地方，开辟为闽中郡；两广和越南地方，开辟为桂林、南海、象三郡。此三郡，大略桂林为今广西省之地，而兼有广东的西南一部分；此外广东省之地为南海郡；其象郡则在越南。秦末，南海尉赵佗，据三郡之地自立，是为南越。而闽中郡和现在浙江永嘉县一带，汉初也以之封越国的苗裔，是为闽越及东瓯。汉武帝时，这三国又为中国所并。于是中国对闽、广的政治统一完成。其在云、贵和四川的西部、北部，则当时总称为西南夷。《史》、《汉》叙述他的形势是：从夜郎经滇至邛都为一族。夜郎，今贵州桐梓县。滇，今云南昆明县。邛都，今四川西昌县。椎结，耕田，有邑聚。这是濮族。从同师到叶榆为一族。叶榆，泽名，即今洱海。编发，即辫发。古书又作被发，义亦同。随畜移徙。这是羌人。此外徙、筰都、冉駹、白马，徙，今四川天全县。筰都，今四川汉源县。冉駹，今四川茂县。白马，今甘肃成县。介居陇、蜀之间，《史记》说："皆氐类也。"汉武帝时，亦都开辟为郡县。后汉明帝时，今保山一带的哀牢夷，又来归化。以其地为永昌郡。中国的境界，就和现在的缅甸相接了。

南方的开拓，亦是和中、欧交通，很有关系的。《史记·货殖列传》说："番禺为珠玑、玳瑁、果、布之凑。"这珠玑、玳瑁、果、布，都是后来南洋和中国通商的进口货；中国古无棉布，棉布皆自海外输入，这布当即棉布。番禺便是现在的广东省城；可见当太史公时，广东已是海路通商的重要口岸了。而半岛之地，突出海中，在航海术未甚进步之时，尤易为海船到着之点。所以日南、交趾之地，贸易尤为兴盛，竟成为东西洋贸易的中枢。中国想和罗马交通，而为安息所阻隔，后汉时，到底是从日南徼外，把这条路打通的。见《后汉书·西域传》。自日南徼外通中国的大秦王安敦，即 Marcus Auielius。当时中国的航线，所至亦已颇远。《汉书·地理志》说："自日南障塞、徐闻、合浦船行。

可五月,有都元国。又船行。可四月,有邑卢没国。又船行。可二十余日,有谌离国。步行。可十余日,有夫甘都卢国。自夫甘都卢国船行。可二月余,有黄支国。自武帝以来,皆献见。有译长,属黄门。与应募者俱入海,市明珠、璧流离、此物即现在的玻璃。《说文》玉部作璧琊。后世或作流离,或作颇黎;都是译音。在当时为天产品,后来才会制造,见颜师古注。奇石异物。黄支之南,有已程不国。汉之译使,自此还矣。"徐闻、合浦,都是现在广东的县。其余国名,虽难确考;而黄支国,据近人考证,说就是印度的建志补罗。Kanchipura.然则当时,中国的航路,业已达到印度了。

　　难道当时海道交通的发达,专在南方一带么? 不,北方也同样的发达。不过其事迹不甚可考罢了。然而据近来的研究,也有大可见得当时北人航海成绩的伟大的。《山海经》一书,其中有一部分,是秦汉后人,把当时所得的域外地理智识羼入,第二章中,已经说过了。据近来的研究,此事也是方士所为。因为方士多喜入海求神仙,所以于海路的情形,甚为熟悉。说虽近乎怪异,只是传闻失实,并非子虚乌有之谈。后来的《博物志》等,亦都系如此。其可考的:如古代的扶桑,便是现在的库页岛。三神山指日本。君子国指朝鲜。白民系朝鲜境内的虾夷。黑齿则黑龙江南的鱼皮鞑子。又有背明国,则在今堪察加半岛至白令海峡之间。其详,见于近人所译《中国史乘中未详诸国考证》中,冯承钧译,商务印书馆本。殊有趣味。读者诸君,大可取来一阅。

　　如此,自公元前两世纪至后两世纪,四百年之间,中国民族,在政治方面和社会方面,都向外为猛烈的开拓。(一)中国本部之外,东三省、蒙古、新疆、青海,都隶属于中国。惟西藏至唐时才有关系,见下章。(二)朝鲜和安南,虽然未能保守,在文化上,亦成为我的嫡系。(三)南洋群岛,则实际上成为我国民族移殖之所。其根基都确立于此时。规模太大的事，自非一时所能竟其全功。其结果，就不得不经过三世纪末至六世纪末，约三百年间，五胡之乱。这是我民族向外开拓所付的代价。

　　所谓五胡，是（一）匈奴，（二）羯，（三）鲜卑，（四）氐，（五）羌。匈奴、鲜卑、氐、羌，前文都已说过了。羯则是匈奴别种，居于上党、武乡、羯室，而得此名的。以居上党、武乡、羯室得名，其地为今山西辽县。所以胡、羯很为相近，往往连称。从后汉中叶起，到晋初，这许多异族，逐渐移住中国塞内。遂成为：（一）今山西境内，是胡、羯的根据地。（二）陕、甘则是氐、羌。（三）自辽、热、察、绥，以至宁夏和甘、青之间，处处分布着鲜卑部落。这个形势既成，而晋初又有八王之乱，授之以隙。于是所谓五胡者，纷纷而起。五胡之乱，历史教科书中，就有叙述。我们现在不必细讲。只提挈其大势如下：

　　一、乘中原扰攘，首先起而倡乱的是前赵（匈奴）、后赵（羯）。

　　二、胡、羯既亡，自辽东西侵入的为前燕（鲜卑）。起于关中的为前秦（氐）。各据北方之半。后来统一于前秦。前秦解纽后，鲜卑复起，是为后燕。而羌亦起于关中，是为后秦。回复到前燕、前秦对立的样子。这是据中原之地，关系较大的。其偏隅之地，关系较小的，则（一）匈奴族有（1）夏，及（2）北凉。（二）鲜卑族有（1）南燕，（2）西秦，（3）南凉。（三）氐族有（1）成，及（2）后凉。总而言之，十六国中，有十四国是五胡。而最后北方为鲜卑、拓跋魏所据，遂成为北方沦陷，而汉族据着长江流域，和异族相抗之局。

　　所以致此，是有政治上的弱点，也有社会上的弱点的。政治上的弱点，第一是分裂。柳子厚做《封建论》说："秦、汉以后，有叛国而无叛郡。"这句话，是最透澈不过的。大抵地方区域，像后世的府一般大，是不能据之以对抗中央政府的。这便是秦、汉时郡的区域。到据有几郡大的地方，就靠不住了。这就是秦、汉时的所谓国。秦、汉时的制度：一切政治，本都属于郡守。郡守就和中央政府直接的。郡以上还有一个区域，唤做州。每州设一个刺史。却只是监察的官，并非行政的官。所以行政区域，最大的就是郡。后汉末年，把州刺史改为州牧，成为行政的长官。其区域，比现在的省要略大，而都兼握军权，遂成为割据之局。草寇是没有根基，易于勘定的，割据的州郡或藩镇却难了。藩镇，谓唐时的节度使。这是后汉所以卒成为三国，分裂几近百年的原因。既然分裂，同族相争，就不免假借异族以为用。譬如氐人，在其老家里，本是不能为患的。而魏武帝把他迁到略阳，就成为后来氐人遍布关中的张本。其所以然，便是怕他为敌人所用。又如匈奴，从南单于降汉之后，入居中国塞内，后来愈迁徙，愈深入内地了，人口也愈滋生愈繁盛了，本已成为不可制之势。然而其有力的酋长，从魏到晋，是始终借侍子的名义，以入侍天子为名，实即质子。把他软禁在京城里的。八王之乱起初，他们多方运动，中国总还是不肯放。却到后来，乱得厉害了，终于听了他"合五部之众此时因匈奴之众太盛，分之为五部。其中左部最强，刘渊即左部帅的儿子。来赴国难"之说，把他放了回去。这一放，就如虎兕出柙，不可收拾了。再则丧乱之世，握大权的，往往是军人。而军人大都是骄纵的，奢侈的，不懂得政治的。所以其措施，大抵是无远虑的；甚而至于无所谓措施。譬如晋初，郭钦、江统，都倡徙戎之论。要把杂居内地的异族，迁徙还他们的老家里去。这件事，趁初定天下之时，兵力尚盛，是可以办到的。把他们迁回老家，固然不是个根本之计，根本之计，自然总在同化他们。然而同化也要相当的时间；这时间之内，总要能使他们不生叛乱。迁回本土，固然未必不能叛乱。然而他们的本土，是比较上为汉人杂居很少的区域；而且在其边界上，中国还有相当的防御；所谓塞也。此迁诸塞外，与听其居于塞内之别。即使叛乱，亦不能为大患。如此，汉族同化他们，就可在和平中顺利进行了。这在当时，实在是最重要、最急切的问题，而晋武帝竟置若罔闻，以致酿成大祸。为什么置若罔闻呢？别无理由，不过本系军人，并无政治知识；而且当时军人和依附军人的人，大都习于奢侈；平吴之后，格外志得意满，沉溺不能自振而已。晋武帝虽疏于防外患，而内乱的原因，由于州郡握兵，是知道的（其实这在当时，也几于成为一致的舆论，同现在要裁兵一般）。所以平吴之后，即下诏罢州郡的兵，令刺史专于监察，回复到汉朝的老样子。然而五胡之乱旋起，中央政府，既已覆亡，只得靠州郡之力来抵御；于是州郡之兵，仍不能去。元帝立国江东，自始就不能命令荆州，到后来的情形，也还是如此。从晋室东渡以后，北方有好几次可乘的机会，都以荆、扬二州，荆州，今湖北。扬州今江苏，当时中央政府所在。互相猜疑而不能乘。直至宋、齐、梁、陈四朝，也还是如此。因为篇幅所限，此地不能细讲。读者诸君，只要将这一朝的史事，留心细看，就知道了。所以分裂是最大的罪恶。然而政治上的罪恶，还不止此。吏治的腐败，也是一个大原因。晋时五胡之乱的先声，实在是后汉时的羌乱。羌乱的原因，据班彪说：是"数为黠吏小人，所见侵夺，穷恚无聊"，以致于此。见《后汉书·羌传》。而既叛之后，郡县之吏，都无心于守土。强迫人民，迁徙至内地。以致死亡流离，不可胜计。朝廷命将征讨，也拥兵自守，全不以寇贼为意。中央政府的大臣，又像清平世界，没有乱事一般。以致当时有个有志之士，唤做王符的，恨极了，在他所著的《潜夫论》中说：应该叫这班大臣子弟去当兵，免得他们看着百姓的流离死亡，不以为意。这部书现存，读者诸君，只要取来一读，就可知道当时政治界的情形了。然而小吏黠人，侵夺降羌，政治家固然有不加管束之罪，社会上为什么会有这种人？又为什么要听其横行呢？这个，社会与政治，也应分负其责的。譬如石勒，是个羯酋。在其未起事之前，曾被晋朝的并州刺史掠卖到山东，做人家的奴隶。

当时的掠卖，并非偶然的事情，是大规模的，是有意的。掠了许多人，两个人合戴一面枷。见《魏书·石勒传》。这还成什么话？然而官掠人卖，也要有人买。我们再看《南史》、《北史》，知道当时四川地方，有一种人唤做僚。僚人程度甚低，往往自卖或相卖。于是梁、益二州，梁州今汉中，益州今成都。就岁岁伐僚以自利。把他卖给人家做奴婢。于是"公卿氓庶之家，多有僚口"。就知道当时贪利之徒，待异族的酷虐了。种瓜得瓜，种豆得豆，果然全社会人，个个都不造业，哪得会有恶报呢？所以我说：五胡之乱，政治和社会，是要分负责任的。

虽然如此，毕竟靠我们的社会，文化优，根器厚，经过三百年的磨难，到底把这些异族，完全同化了。当其未能同化时，中国民族，在异族政府下，所受的磨难，可谓不小。譬如《晋书》石虎的《载记》说：

> 季龙即石虎。唐朝讳虎字，《晋书》唐人所修，故称其字。性既好猎。其后体重，不能跨鞍。乃造猎车千乘。辕长三丈，高一丈八尺。置高一丈七尺，格兽车四十乘。立三级行楼二层于其上。克期将校猎。自灵昌津南至荥阳，东极阳都灵昌津，在河南延津县北。荥阳，今河南荥泽县。阳都，陂名，在今河南鹿邑县。使御史监察其中禽兽。有犯者罪至大辟。御史因之，擅作威福。百姓有美女、好牛马者，求之不得，便诬以犯兽，论死者百余家。……又发诸州二十六万人，修洛阳宫。发百姓牛二万余头，配朔州牧官。此朔州后赵所置，治今察哈尔蔚县。增置女官二十四等。东宫十有二等。诸公侯七十余国，皆为置女官九等。先是大发百姓女，二十已下，十三已上，三万余人。为三等之第，以分配之。郡县要媚其旨，务于美淑。夺人妇者，九千余人；百姓妻有美色，豪势因而胁之；率多自杀。石宣石虎的儿子。及诸公及（又）私令采发者，亦

垂一万。总会邺宫。汉县,石虎所都,故城在今河南临漳县。……自初
发生(至)邺,诸杀其夫及夺而遣之,缢死者三千余人。

这只是举其一例而已。当时的士大夫,则北齐颜之推著《颜氏家
训》说:

> 齐朝一士夫,尝谓吾曰:我有一儿,年已十七,颇晓书疏。
> 教其鲜卑语及弹琵琶,稍欲通解。以此伏事公卿,无不宠爱。

其降志辱身如此。然而一有不幸,逢彼之怒,还是生命不保的。譬
如北凉沮渠蒙逊,闻宋武帝灭后秦,大怒。有一个校书郎去白事。
他说:"汝闻刘裕入关,敢硏硏然也。"遂杀之。见《晋书·载记》,亦见
《魏书·蒙逊传》。又如崔浩,事后魏太武帝,可谓曲尽小心。崔浩是
善于写字的。常有人请他写《急就篇》。古人编成韵语的识字之书,亦即
请会写字的人写了,以为习字的范本。《急就篇》中,有"冯汉强"一句,他
怕触犯拓跋氏的忌讳,一定改做冯代强。魏初封于代。他是魏太武的
谋臣,替他画了许多计策。拓跋魏可说深有赖于他。然而后来因修
拓跋氏的历史,不曾替他讳饰得尽,仍遭杀身之祸。不但自己,连姻
亲都联带灭族。而且当拘执他时,"置之槛内,使卫士数十人溲其
上";见《魏书》本传。真可谓戮辱无所不至了。

最可痛心的,便是当时的武力,几乎全在异族手里。除掉石虎
伐燕,苻坚寇晋等,要用几十万大兵,异族不够用外,是不甚用汉人
为兵的。北齐神武帝尝对鲜卑说:"汉民是汝奴;夫为汝耕,妇为汝
织;输汝粟帛,令汝温饱,汝何为陵之?"对汉人则又说:"鲜卑是汝作
客;得汝一斛粟,一匹绢,为汝击贼,令汝安宁,汝何为疾之?"看这几
句话,当时专用异族当兵的情形,便宛然在目了。"秀才遇着兵,有
理讲不成",何况小百姓!当时社会上,异族横暴,汉人受欺的情形,
一定是很普遍的,不过史不尽传罢了。神武帝起兵时,即与拥戴他

的人约："不得欺汉儿。"这一句话，不是表示神武帝能爱护汉人，正表示当时的异族把汉人欺陵惯了。

民族苟非同化，其界限是终不能泯除的呀！不但异族对待汉人，即异族与异族之间，亦系如此。魏太武帝攻盱眙时，写信给守将臧质说："吾今所遣斗兵，尽非我国人。城东北是丁零与胡，南是三秦、氐、羌。设使丁零死者，正可减常山、赵郡贼；胡死，正减并州贼；氐、羌死，正减关中贼。卿若杀之，无不利。"见《宋书·质传》。这真是全把异族作牺牲了。其狡猾一点的像苻坚：则表面上开诚布公，把自己的本族，分布在四方；而把异族留在辇毂之下。外博宽大的美名，而实行其驻防和监视的政策。然而淝水战后，到底以羌和鲜卑，并起攻之而败。民族苟非同化，其界限真是不能泯灭的呀！

当时的龙争虎斗如此，后来却如何终于同化了呢？这个可说：全是由于民族文化的优劣。文化便是生活，生活劣者总不得不改而从优，前文已经说过了。我们试看《晋书·北狄传》说：当时的匈奴部落，"随所居郡县，使宰牧之，与编户大同，而不输贡赋"。则可知其时匈奴的生活，实已很接近于汉人。所以《王恂传》说：太原诸郡，以匈奴、胡人为田客的，动有百数。又如《后汉书·冉駹夷传》说：他们"冬则避寒入蜀为佣，夏则避暑反其邑"。可知当时汉族和异族，人民之间，关系亦已极其密切。设非有五胡之乱，政治上的逆转，同化得总还要快些。这是说普通人民。若说五胡中的贵人，和中国的文化，亦已很为接近。如刘渊，《晋书·载记》上说他文武兼资。尝耻"随、陆无文，绛、灌无武"。这些话，或者不免增饰。然而总不全是子虚的。《晋书·艺术传》里，就有一个匈奴人，卜珝。可以为证。此外五胡中的酋长，除极无道的外，亦没有不读中国书的。齐文襄执政，延师以课诸弟，即其一例。《北齐书·孝昭纪》。文化之为物，是最能使人爱慕，而忘掉人我的界限的。两种文化相形之下，亦是最易使文化劣等的民族，自惭形秽，而愿意舍己从人的。如此，积之久，自然有像北魏孝文帝这种人，自愿革除胡化，同于华夏了。我们只要看：胡、羯的运命短，鲜卑的运命长；尔朱氏终败，而高欢卒成；愈到后来，愈是接近于汉族的得胜，便见得汉族同化的力量，在无形中逐渐进行。

只有后赵灭亡时，冉闵（汉人，为石虎养子）既诛石氏，下令大开城门，听凭去留，于是"赵人百里内悉入城，胡、羯去者填门"。闵知胡、羯之不为己用，乃"躬率赵人，诛诸胡、羯，死者二十余万。屯据四方者，所在承闵书诛之"。只有这一次，汉人露出很鲜明的民族色彩。其余则大概都是忍辱负重，在平和中，靠着文化的优越，潜移默化地，慢慢地把胡人同化于我的。冉闵这个人，虽是汉人，然而他的性质，早已胡化了——他以种族论，是汉人，以民族论，却是胡人——他的大杀胡、羯，只算得胡、羯的自相残杀。在汉民族，是始终保持着平和、忍辱的态度的。基督说："哀恸者福矣；饥渴而慕义者福矣；矜恤者福矣；施和平者福矣；为义而遭迫害者福矣。"汉民族真足当之而无愧了。然而为人当刚柔得中，民族亦然。一味柔和，虽胜于强暴之徒，亦不是民族的全德。这个留待下章再讲。

异民族的文化，为我族所采取的，亦不是没有。譬如衣服，我国古代，是上衣下裳；把衣裳缝在一块，便谓之深衣，是古代最普通的衣服。这种衣服，不便于骑射。所以战国时，赵武灵王要灭中山，因其在山地，不得不用骑射，就不得不改胡服。自此以后，我国人平居的衣服，亦因衣裳或深衣的不便，而渐渐的改着袍衫。南北朝以后，则袴褶渐渐通行，成为戒严时的公服。褶是较袍衫为短的外衣，袴褶，便是既不着裳，又不必着袍衫，渐近于今日的操衣或洋装了。这虽不一定是学胡人，可是和胡人的杂居，多少有些影响。靴是我国所没有的，后来也渐渐通行，尤其明证。欲知古今衣服的变迁，可看任大椿《深衣释例》。此书凡三卷,于古今衣服变迁的大概略具。

但是中国人采取异族的,只是这等无关紧要之处,其关系重大,而足以表显民族精神的,则他们都不得不改而从我,这是势处于不得不然的。譬如言语,在北魏时,很有许多献媚于异族,而操鲜卑语的人。如前文所引《颜氏家训》所述之事,即其一例。现在《隋书·经籍志》里,还保存着许多鲜卑语的书籍的名目。然而这只好在无关紧要的地方使用,真要求生活满足,不必说高等文化,就是日常生活,他们的话,也是不够用的。从兼通而至于改操汉族的语言,实处于不得不然之势。所以当时的鲜卑人,实在没有一个不会说中国话的。试看:《北齐书·高昂传》说:齐神武在军中,发号施令,总是用鲜卑话。到昂在时,就改用中国话了。假使鲜卑人都不懂得中国话,怎能由你改用呢?我们不论在物质方面、精神方面,都远较他们为优,他们自不得不改而从我。而我们的文化,尤妙在有一种博爱宽大的精神。《春秋》之法:“用夷礼则夷之,进于中国则中国之。”只要你能自进于文明,我们决不排斥你,歧视你。至于我们呢?则向以平天下为目的,治国只是其中的一个阶段。圣人固然要以“中国为一人”,也要以“天下为一家”。《礼记·礼运》。我们所谓圣人,不是压迫,残杀异族的野蛮英雄,而是“声名洋溢乎中国,施及蛮、貊;舟车所至,人力所通,天之所覆,地之所载,日月所照,霜露所坠,凡有血气者,莫不尊亲”的仁人。《中庸》。惟不立界限的人,人亦无从和他立界限;异族的同化于我,自然毫无阻力了。佛教的输入,在这一期中,于我民族的精神上,亦生很大的影响。论理,佛教是发生于印度的,和我民族多少总有些扞格。然而佛教既抱有世界的精神;而又偏于出世。扞格是在实际生活上的,哲学上、信仰上没有多大关系。所以佛教输入,与旧有的教义,可说并无冲突,反给我们的精神上以一些新鲜的养料。这也是我民族宽大为怀的好处。不但本族受其益，于同化异族，亦有相当的助力的。

虽然靠着民族文化的优强，社会根柢的深厚，把杂多的异族，在大约三百年间，都同化了。然而经这长期的扰乱，政治的力量松弛了，终竟要受些损失的。朝鲜在两汉时本中国郡县，经过五胡之乱，就成为独立国了，就是其中最大的一事。

第六章　五胡乱后的中华民族是怎样的

　　有文事者必有武备，这是国家所以自立之道，亦即民族所以自卫之方。中国文教的发达，在东方，可称独一无二。若论武备，则自统一以后，不免逐渐衰退。这是晋代以后，中国所以受侮于异族的一大原因。虽然靠着文化高，屈于武力的，仍得最后的胜利；然而武力不足自卫于当时，必须靠别种力量，从事后来图补救，究非十全之道。

　　中国民族武力的衰退，是从什么时候起的呢？这话说来很长。当战国以前，中国也是个列国并立之局。竞争很为剧烈；人民的风气，也很为强悍。梁任公先生辑有《中国之武力道》一书，可以见其大概。尚武风气的衰落，起于秦汉以后，既已统一，无须竞争。虽有对外竞争，只须由一部分去应付就够了，不必劳动全国。而专制政体，又不利于民气之强，民力之厚，不但不从事奖厉，或且不免于摧折。如此，本身和外缘，都不适宜于武德的发达，尚武的风气，就渐渐的消磨了。在制度上，关系最大的，则为民兵的废坏。在战国时，本是举国皆兵的。西汉的制度，还是如此。人民年二十三岁，则服兵役；五十六岁乃免。郡有都尉，帮助太守，管讲肄、课试之事。见《汉书·高帝纪》注引《汉仪注》，《后汉书·光武纪》注引《汉官仪》。汉初用兵，都是从郡国调来的。这都是普通的人民。武帝以后，因用兵的事多了，普通人民，不胜征役之苦，乃都改而用谪发。此制本起于秦汉，自武帝中叶后沿用之。其初意，是叫有罪的人，去充征戍之役。然到后来，所发的人，并不一定是有罪的。譬如《汉书·武帝纪》注引张晏说：所谓七科谪者：系（一）吏有罪，（二）亡命，（三）赘婿，（四）贾人，（五）故有市籍，（六）父母有市籍，（七）大父母有市籍。从第三种以下，都不能算得有罪；不过是免得扰累农民罢了。在当时，未尝非恤民之道。然久而久之，人民服兵役的机会更少了，就不免于老死不见兵革。尚武的风气，自然渐渐的衰退了。到后汉光武定天下，只图休养生息，大裁其官，把郡国都尉也废掉；讲肄、课试之法，亦随之而废。民兵之制，遂并其名而无存了。各地方的风气，本来不是一律的。在汉初，大约是东北西北两边最强；南方长江流域，却也有剽悍之气；读《汉书·地理志》论各地方风俗的话便见。只有腹里之地弱些。三国时代，还是如此。所以孙吴能以江东之地，和中国抗衡。晋朝东渡以后，因其时的士大夫，都沉溺于清谈；慷慨激发，磨砺其民，以与异族竞争者甚少。于是南方的文明程度渐高，而尚武的风气，也日渐衰退，逐渐成为北强南弱之局。至宋文帝和魏太武帝构兵时，而其情势毕露。从东晋至陈，所以始终不能恢复北方，原因固然很多，而民气之北强南弱，至少也是一个原因（怕还是其中重要的原因）。我们试看《北齐书·高昂传》说：

> ……随高祖讨尔朱兆于韩陵。昂自领乡人部曲……三千人。高祖曰：高都督纯将汉儿，恐不济事。今当割鲜卑兵千余人，共相参杂，于意如何？昂对曰：敖曹所将部曲，练习已久；前后战斗，不减鲜卑。……愿自领汉军，不烦更配。……及战，高祖不利。军小却。兆等方乘之。高岳、韩匈奴等以五百骑冲其前，斛律敦收散卒蹑其后，昂与蔡儁以千骑……横击兆军。兆众由是大败。是日微昂等，高祖几殆。

高昂这一军,固然替汉人争光吐气;然而在普通情形之下,汉人的战斗力,不如鲜卑,已成定论,读这一段文字,也是可以见得的。然则当五胡占据北方时,所以不用汉人为兵,固然出于异族猜忌之心,而汉人战斗力的不如异族,亦不能不说是原因之一了——或亦是重要的原因。

　　提起中国国威之盛,人无不并称汉、唐。其实汉朝和唐朝,不是一样的。汉朝的打败匈奴,可说是纯靠自力。唐朝的征讨,则大多杂用蕃兵。而且唐朝还多用蕃将。譬如著名的李光弼,其父亲,便是契丹的降将。有些较弱之国,我们利用较强的部落的兵,去征服他,自然不成问题,至于较强之国,则往往是乘其内乱,把他摧破。当他强盛的时候,唐朝就无如之何。读者诸君,试取《唐书》,或者《通鉴》,看高宗中年以后,直至玄宗初年,此时的吐蕃、突厥、契丹如何,便可见得。五胡乱华的时代,在北方,本不甚用汉人为兵的。但是及其末期,五胡死亡的死亡了,同化的同化了;这一种胡,有时未能甘心给那一种胡用;如南北朝时代,北方的匈奴、氐、羌等,都不服拓跋魏,屡有反叛。于是胡人能充兵的,其数渐少;而此时东西魏(后来周、齐)间的斗争,其规模却颇大;乃不得不杂用汉兵。而又财政困难,不能养强大的常备兵,乃不得不令其耕以自养。这是有名的府兵制度所由成。府兵之制,隋唐都相沿不废,这可说是国民自己的武力。然而唐朝,距开国稍久,府兵即有名无实。战斗力且不必论,便人也调不出来。不必说出征、遣戍,调几个皇帝的卫兵,也不能足额。这是开元时边兵不得不重的原因。这些边兵中,实在都杂有蕃兵的,尤其东北安禄山的兵。天下之势,不可以"偏重"。怎样叫偏重呢?就是这一部分太强了,而那一部分太弱。强的部分,就要恃势横行;而弱的部分,痛愤而无如之何;大乱便由此而起了。合全世界而观之,这一国强,那一国弱,也不过是一个偏重。一国之内,尤其不可如此。唐朝的安史之乱，便是起于偏重的。这时候，内地无兵，只沿边有兵；而沿边的兵，莫强于东北。东北一动，是无人能够抵挡的。如此，居于东北者，安得不骄横？积重者难反，其势是终不免于破裂的，即非玄宗的怠荒，安史之祸，亦未必能免。安禄山、史思明，都是异族。其手下的兵，异族亦不少。所以安史之乱，也要算是汉族同异族的一次斗争。虽因安、史之无大略，徒有强兵，终归失败；然而从此以后，藩镇就遍于内地。藩镇是骄横的军人。军人倒成为尾大之势，其利害，总是与"国"及"民"相反的。于是养兵愈多，而外族之祸反日烈。结果，遂酿成沙陀的扰乱中原，契丹的崛起东北。推原其朔，实在和民族的武德，大有关系的。假使汉族人民，而个个尚武，或者大多数尚武，全体的情势，略相平均，偏重之局，就无由而成。即使沿边之地，要驻一部分强兵，亦不必要杂用蕃兵，武力就不得到异族手里。所以唐中叶后的扰攘，其原因，可说是早伏于开元以前，而开元以前之所以要杂用蕃兵，又可以说是秦汉以来，民族的风气，久已转变，造成弱点，至此乃收其果。论起历史上的事情来，原因结果的关系，真是极其深远复杂的。读者诸君，喜欢读诗么？请把《杜工部集》中《前后出塞》，翻出来一看。《前出塞》活画出当时国民厌恶当兵的心理来（虽然当时的政府，使之也不以其道）。《后出塞》便是描写当时东北军队骄横的情形的。

　　现在要讲隋唐时代，中国民族和异民族接触的情形，先得略述当时各种民族的形势。

　　历代为中国患的，莫甚于北狄；而所谓北狄，尤以起于蒙古地方的，最为切近。隋唐时代，在这方面的，为突厥、回纥。突厥、回纥，实在是同族而异部。在东洋方面，最后称强的为回纥，所以中国人习称此族为回族。在西洋方面，则始终只和突厥有交涉，所以都称为突厥；就是现在所谓土耳其。详见《元史译文证补》突厥回纥条。其实

二者都不是它的本名。它的本名，当称为丁令。在汉代，即分布于
匈奴和西域诸国的北边。自贝加尔湖畔，西抵两海（咸海、里海）之
北，成一直线。后汉时，北匈奴亡，鲜卑侵入其地。魏晋以后，鲜卑
又逐渐南迁了。丁令乃踵其后，而入今蒙古地方。自漠北蔓衍于漠
南。此时译文改作敕勒，亦作铁勒。中国人则称为高车（因其车轮
高大，辐数至多）。拓跋魏和始终同魏对抗的柔然，所用的，实在都
有一部分是高车之众。至南北朝末年，此族在金山（今阿尔泰山）的
突厥强盛，柔然遂为所灭。自此突厥与中国，成对抗之势。当隋时，
曾乘突厥内部的分离，运用外交手腕，一度使之臣伏。然及隋末，突
厥之势又强。当时起于北方的群雄，都称臣于他；即唐高祖亦所不
免。此事唐时的史官，已隐讳掉。所以在历史上，没有正式的记载。只在《突
厥传》里，太宗既灭突厥之后，口里露出一句，说：从前太上皇为生灵之故，所以
"奉突厥，跪而臣之"。不过此时高祖并非中国的共主，不能代表中国国
家，算不得中国的耻辱罢了。突厥初虽和唐朝讲和，后来就变了脸。
北边深受其害。到太宗即位后，乘突厥颉利可汗衰乱，把他征服（公
元六三〇年）。然而突厥种类甚多，散处北边，不易管理。后来屡次
反叛。初时都给中国镇定。其后骨咄禄可汗又反，中国就无如之
何。骨咄禄死，弟默啜可汗立，更为强盛。武后时，曾攻陷河北州县
数十。中国发三十万大兵，而不能迎敌，只是尾随着送他出塞。直
至玄宗时，突厥又衰，才乘机再把他灭掉。此时已是公元七四五年
了。自此突厥不能复振，而回纥代居其地。当安、史乱时，正是回纥
强盛的时候。他曾发兵助中国平乱（其实中间有一次，也几乎听了
史朝义的话，要发兵攻唐。因唐朝又派人去迎接他，乃又反过来，助
唐朝攻史思明）。乱定之后，就骄横不堪。其人民住居中国的，尤其
蛮强得无理可喻。中国一切隐忍着他。至公元九世纪中叶，而回纥
为黠戛斯所破。黠戛斯便是汉朝的坚昆，元时的吉利吉思。现在中国人称为

哈萨克。地在乌梁海、塔城、伊犁之间。清乾隆时，亦曾内附。道光以后，乃折而入于俄罗斯。其余众多走向西域。天山南北路，本来无甚强国的，渐渐的都给他征服。遂成为今日回族占据天山南路的张本。回族在漠南北时，本是信奉摩尼教的。此时伊斯兰教，Islam.业已盛行于葱岭以西。回族在葱岭以西的，都信仰他。其后遂渐行于葱岭以东。于是天山南路，也成为伊斯兰教的区域了。中国所见，信仰伊斯兰教的，多数系回纥人，遂称伊斯兰教为回教。在葱岭以西的回族，并非都是回纥人。前文已说过：这一族，中国人统称为回，西人则统称为突厥。突厥当强盛时，葱岭以西的地方，大部分为所征服。其疆域，直抵亚洲的西境，和罗马接壤。当隋时，突厥分为东西，各有可汗。唐高宗时（公元七世纪中叶），曾征服西突厥。自波斯以东，都置羁縻都督府州。这是唐朝所以处置异族归附的酋长的。大的称都督府，小的称州。表面上和中国的都督府州一样，但实际上，其酋长仍是世袭，一切自主。然其时，大食的势力，方在伸张。中国在实际上，不甚能统驭其地。到八世纪中叶，而安史乱起，边兵都撤防向内，中国对西域，就全不能过问了。其地遂尽入于大食。然在政治上、宗教上，虽为大食所征服；而以民族论，则回族实为葱岭以西一大民族。一再传以后，政治之权，亦入于其手。谓后来大食国东部据土自擅的大酋。其实一切自主，仅承认回教教主宗教上的威权而已。迄今日犹然。所以现在，"从中国的天山南路，越过葱岭，直抵土耳其，回族横亘其间，成为一个很大的民族；具有一种很大的势力"，其局面，实在是南北朝末至唐末叶（公元六世纪中叶至九世纪中叶）造成的。

　　当这时代，其关系的重要，次于回族的为藏族。藏族是栖息于西藏高原的。自晋以前，和外界无甚交涉。至南北朝的初年而哒哒兴。哒哒两字，实在就是于阗的转音。此族大约是从后藏通新疆的路所出的。此问题的详细，可参看拙撰《中国民族史》第十二章。一时曾极

强盛。葱岭以西的大月氏，为其所灭。并曾臣服波斯。至突厥兴而
嚈哒乃为所破。其在今西藏境的，又有女国，隋唐时也曾通贡受封。
但是嚈哒的势力，只是昙花一现；女国则始终无甚作为；直到吐蕃兴
起，而藏族的势力乃一振。吐蕃的英主弃宗弄赞，据《蒙古源流考》
说，是来自印度的。这部书是蒙古人撒囊撒辰所作。其人是个喇嘛教徒，硬
说元朝帝室，是吐蕃赞普之后。书名《蒙古源流》，其实三分之二，倒是吐蕃和喇
嘛教的历史。以体例论，可谓极其荒谬。惟吐蕃人自己所作的历史，中国现在
还没有译本，这部书倒可见其大略。这话大约不错的。因为西藏地势闭
塞，所以自己不能发生文明，而不得不有待于外来的传播。弃宗弄
赞首和中国交通，唐太宗妻以宗女文成公主。公主是信仰佛教的。
下嫁时，遂将佛教输入吐蕃。这是今日西藏人信仰佛教之始。但是
文成公主输入的，是大乘教。程度太高，和西藏人的机缘，不甚相
凑。所以到后来（约在公元八世纪之初），佛教中的密宗（就是现在
的喇嘛教），由印度输入，渐次盛行。但是显密虽有不同，其为佛教
则一。现在佛教，在各地方都衰落了；印度本土，尤其几于绝迹；西
藏转成为世界上惟一的佛教国了。弃宗弄赞从尚主以后，对中国是
很恭顺的。死后，嗣主幼弱，大臣专权，对中国就开了兵衅。从唐高
宗到宣宗时（公元七世纪中叶到九世纪中叶），中国对吐蕃，争斗不
绝。此时吐蕃很为强盛。现在的西康、青海都曾为其所征服。此等
地方的民族（羌族），其信仰佛教，实起于此时。到唐宣宗以后，吐蕃
势衰，对于这许多地方的政治势力，遂不能维持，然其宗教势力
仍在。

　　吐蕃和中国之间，山岭重叠，交通太觉困难了。所以战斗虽烈，
始终未能占据中国的土地。东北各族，就不然了。东北民族，最大
的是貉族；次之便是肃慎（即现在的满族）。满族的兴起，亦在唐朝
中叶。其开化，是和貉族很有关系的。所以要说满族的兴起，又得

追溯到貊族所建的高句丽等国。近人著《东北史纲》，此书共有五卷，尚只出第一卷。系傅斯年所撰。委托北平国立中央研究院历史语言研究所发行。说夫余的灭亡，是历史上一件很大的事实。这话诚然不错。因为夫余是一个文明程度较高而爱好和平的民族。倘使夫余在吉林，而能平和发达，则吉林东部松花江上流的满洲人，和黑龙江省里嫩江、黑龙江流域的室韦人（蒙古为其一部），都可逐渐被其感化；现在的吉、黑两省，或者在相当时期，可以造成朝鲜半岛的情形（以现在的朝鲜民族，去开化满、蒙民族）。金、元、清三代猾夏之祸，可以不作了。不幸，当公元三世纪之末，至四世纪中叶，夫余迭为据有辽东西的鲜卑慕容氏所破，自此不能复振；而貊族的发达，遂限于朝鲜半岛。当慕容氏强盛时，半岛北部的高句丽，亦很受其压迫。公元五世纪中，自慕容氏蝉蜕而出的北燕亦亡。自此辽东遂为高句丽所据。其兵锋有时并及于辽西及热河边境。此时高句丽对中国，亦颇为桀骜。所以隋、唐两代，屡动大兵伐他。至公元六六〇、六六七年，和高句丽同出夫余的百济及高句丽，先后为唐所灭。中国的政治势力，一时复达于半岛的北部。然亦不能持久。而松花江上流的满族，和高句丽等接触得久了。其文明程度，渐次增高。遂乘唐朝政治势力的衰颓，在东北自立一国。满族古称肃慎。两汉时号为挹娄。因为夫余所隔绝，和中国无甚关系。夫余亡后，此族始与中国交通。称为勿吉，亦作靺鞨。其分部甚多，而最有关系的有三部：一为黑水，就是后来的金朝；一为白山，则为后来的清朝；此时都还未开化。只有粟末部和高句丽最为接近。古代的黑水，是以现今的松花江为上源的。在与嫩江会合以前，称粟末水（亦作速末、涑末），会嫩江后，乃称黑水。所谓粟末靺鞨、黑水靺鞨，就是在同名之水流域的。白山，即长白山。其酋长大氏，又早经归化中国，住在今热河地方。所以文明程度最高，当唐时，已有建国的资格。唐时，现在的热河省境，为奚、契丹的居地。公元七世纪末，契丹造反，靺鞨不得安其居，因此走出塞外，自立一国。此时突厥强盛，奚、契丹为所慑服，中国征讨之路不通，也就未曾过问。此时粟末靺鞨大氏所立之国，名为渤海。兼有今吉、黑两省及前清咸丰年间割给俄国的地方；并包有朝鲜的咸镜、平安两道。其国有五京，十五府，六十二州。渤海五京，据近世史家所考，大约：上京在今敦化县附近，中京在今吉林西南，西京在今辑安县境，东京在今海参崴，南京在今朝鲜咸兴。其都曰忽汗城，临忽汗海，即今宁安南的镜泊。一切制度，无不模范中华。至公元九二七年，乃为契丹所灭。满族的独立，虽然复陷于悲运，然其民族之开化，则自此而始了。

从来野蛮民族的勃兴，和文明民族文化的传播，实在极有关系。在东西历史上，文明民族，都受野蛮民族的蹂躏。如中国之于辽、金、元、清，希腊之于马其顿，罗马之于日耳曼。说者多以为野蛮民族性质强悍，勇于战斗之故。其实不然，单靠勇于战斗，是不能征服人家的。文明国民，虽然全体的风气，比较野蛮民族怯弱些，岂无一部分勇于战斗之士？以中国国土之大，人民之众，要抵御辽、金、元、清等族的侵略，本只要一部分人民就够了，原不消劳动全体。而这一部分人民，在中国亦并非没有。试看外族侵入之际，我国虽然受其蹂躏，也总有若干次的剧战；就这若干次战役论，中国军队的战斗力，实在并不弱于蛮人，有时还要优强些。因为在训练、组织及器械方面，我们都较优胜之故。所以说文明人之不敌野蛮人，在于民族的气质（尚武好斗的性质），全是隔壁的话。然则其原因在哪里呢？我说这在社会组织上。因为我们的社会，是在病态中进化的。一方面，文明程度，固然逐渐加高；一方面，组织病态，亦在逐渐加深。所以以文明程度论，固然文明人优于野蛮人；以社会组织论，实在野蛮人胜于文明人。我们说具体一些的话：在政治上，我们有阳奉阴违之弊；又有法出而奸生，令下而诈起的弊。假使在两军相当之际，我们的将帅，就可以找一句推托的话，逗挠不前；我们的军需官，甚而可以借图私利。这许多事情，在野蛮社会里，大抵是很少有的。关于这一点，古来的人，也早就见到。譬如在《史记·秦本纪》里所载由余对秦穆公的话，《匈奴列传》里所载中行说（当时的一个汉奸）诘难汉使的话，都是这一个道理。这还在公元以前。直到公元第十七世纪中，顾亭林先生著《日知录》，他痛心于堂堂的中国，竟为满族所征服；研究文明民族所以为野蛮民族所征服的原因；回答出来的，还不过这个道理（见第二十九卷《外国风俗》一条）。这个道理，是颠扑不破的。不过前人的眼光，偏重于政治方面；尚未能普遍的就社会的种种方面，加以观察罢了。如其普遍观察，这种深刻的病理现象，也是随处可见的。为什么历代文明民族，和野蛮民族相争之时，文明民族里所谓内奸，总是很多；甚至有倒戈以攻其祖国的；而野蛮民族中，此等现象，却极少。就可见得文明社会病状的深刻。因为病状深刻，所以其社会中的分子，利害和社会全体相反的多了。这不是中国一国的问题，乃是全世界上，号称文明民族的一个公共的问题。所以现在世界上的人，如不回头猛省，改弦易辙，而只是走现在所走的路（靠着兵力财力……压迫的路），将来所谓文明人，必有大祸在其后。这祸在什么时候呢？在野蛮人的文明程度，达到足以和文明人竞争的时候。只消达到这一点便够了，并不是和文明人并驾齐驱。野蛮人的社会组织，固然优良；因之植基于社会风俗的政治，亦较清明；然而文明程度太差了，亦是不能和文明人竞争的。所以野蛮人而要和文明人竞争，必得（一）其用于竞争的组织（政治的，军事的），（二）用于竞争的物质（军械等），都达到足以和文明人竞争这一点。野蛮人的程度而达于这一点，文明人的灾难就到了。试举两个实例：（一）春秋时的吴国，其初是绝无能为的。到巫臣奔吴，教之射御、战陈，《春秋左氏传》成公七年。吴人由是骤强，居然打破楚国的都城；侵齐，伐鲁，与晋争长。（二）鲜卑在汉代，其初亦绝无能为。却是到后汉的末年，骤然强盛了。汉朝有一次，出大兵三路打他，兵力颇厚；带兵的，也都算当时的战将；竟杀得大败亏输。这是什么理由呢？蔡邕说：是由"于关塞不严，禁网多漏，精金良铁，皆为贼有；汉人逋逃，为之谋主"；所以素无能为的鲜卑，居然"兵马利疾，过于匈奴"。以上均见《后汉书》本传。此等例，真是举不胜举。现在再举两个例：如《魏书·蠕蠕传》：魏太祖说："蠕蠕之人，昔……来钞掠，驾特牛奔遁，驱犍牛随之。特牛伏不能前。异部人有教其以犍牛易之者。蠕蠕曰：其母尚不能行，而况其子？终于不易。遂为敌所虏。今社仑（蠕蠕的酋长）学中国，立法，置战陈，卒成边害。"这就是取法于中国，以改进其组织的例。又如《金史·世纪》说"生女直旧无铁，邻国有以甲胄来鬻者"，景祖"倾赀厚价，以与贸易；亦令昆弟族人皆售之。得铁既多，因之以修弓矢，备器械；兵势稍振，前后愿附者众"。这便是野蛮民族，物质上仰给于文明民族的例。所以文明民族的文明，向野蛮民族传播，达到一定的程度，文明民族自身，会有危险的。这个并非文明之罪；文明民族将文明向野蛮民族传播，原是应有的责任；而且文明的自身，也是没有法子阻止他不传播的。然则还是社会组织不正常的罪罢了。

在唐时，便要达于这个时代了。此时塞外的民族，如契丹，如女真，如蒙古，因为中国的文化，直接或间接的传播，都已达到，或将要达到足以与文明民族竞争的时候，正在塞外等待着机会。而中国民族，当安史乱后，政治上现出畸形的状态。藩镇纷纷割据，离心力太大了，一时收束不来。就要迫于暂受异族侵陵的悲运。虽然如此，通前后而观之，却也是又给中国民族以一个扩大的机会。

第七章　中国民族在近代所受的创痛是怎样

栽培民族精神的养料是什么？是历史。是历史上何等事件呢？是光荣？还是苦痛？光荣是人所乐道的，苦痛未免不愿回忆。然而苦痛之为养料，与光荣正同；或者力量还要厚些。天下事哪有循直线进行的？中途总不免有些曲折顿挫。一个民族而曾受些挫折，原是不足为奇之事；正惟磨难来得多，挫折受得大，才能够成为伟器。所以一个民族而曾经受过挫折，大可不必自讳；况且讳疾忌医，是最坏的事，原也不该自讳的。

满洲、蒙古，在现在，都是我们同国的民族。衡以严格的民族条件，固然与汉民族还未能合一。然而"兄弟阋于墙，外御其侮"，际此世界大通，而大同之治还未能实现之日，其相互之间，自然比异国的民族，总要亲近些。况且合许多民族而共建一国家，在现今世界上，原是数见不鲜之事。而且严格的说，不论在历史上，在现世界上，怕本没有真单纯的民族国家，这话第一章中早就说过了。我们今日，对于满、蒙等族，难道还有什么歧视之意？但是现在无甚隔碍是一事，从前曾经冲突，又是一事。现在固然不必追想什么历史上的仇恨，从前的事情，又岂能一笔抹杀？而近一二十年来，却有一种风气：凡中国现在国内的民族，从前争斗的事迹，叙述起来，总不敢十分把真相说出，像煞怕挑起民族恶感似的。其实历史上的事情，已成陈迹了。今日而真能联合，谁还追念已往的事情？若其不能，就把从前的历史，全数毁灭，亦有何益？从公元第十世纪到第二十世纪之初，这一千年之间，以民族主义论，可说是汉民族受一个很大的创痛的时代。在这一千年之间，我们的国土，迭为异族所占据；甚至整个国家，被人征服。然而我们的文化，未曾动摇；我们的民族性，依然存在；且因此而更见晶莹。到现在，征服者或几于全部，或仍在继续和我们同化，而我们巍然如故，这自然也显得我们文化的伟大深厚。过去的磨难，正是一种玉汝于成，磨炼我们民族的好境遇。这一千年中的事实，是怎样呢？

公元十世纪之初，契丹渐强。至九三六年，晋割燕云十六州，幽州，今河北北平县。蓟州，今河北蓟县。瀛州，今河北河间县。莫州，今河北肃宁县。涿州，今河北涿县。檀州，今河北密云县。顺州，今河北顺义县。新州，今察哈尔涿鹿县。妫州，今察哈尔怀来县。儒州，今察哈尔延庆县。武州，今察哈尔宣化县。云州，今山西大同县。应州，今山西应县。寰州，今山西马邑县。朔州，今山西朔县。蔚州，今察哈尔蔚县。我国国土，丧失其一部分。

一一二六年，金人陷汴京，至一一四一年而和议成，中国国土，丧失其半。

一二七九年，元灭宋。中国全被蒙古人征服。

一三六八年，明军恢复北平，元顺帝北去。此后三百年间，汉族算自有其独立的国家。然至一六六二年，明永历帝被弑，而中国民族，在大陆上的国土全失；至一六八三年，台湾郑氏灭，而中国民族，在海外的根据地亦亡；又整个为满族所征服。直至中华民国元年，清主溥仪逊位才光复。然而其余孽至今未尽。试看民国以来，对于清废帝，始终未能有断然适当的处置。以至现在，野心国利用他做傀儡，占据我们的东北。这固然是野心国的利用，然而为什么会有这一物被他利用？总还是我们的一个遗憾。

这一期辽、金、元、清的侵入，和前此五胡之乱，性质不同。五胡的大部分，是久居塞内，半已同化于我的。他们的崛起，固然带有民族争斗的性质，一半也可以说是政治上的内乱。辽、金、元、清的侵入，却不同了，他们是以国家的资格侵入的。当五胡乱华时，他们无不自附于汉民族，如前赵的改姓刘，拓跋氏之自托于黄帝，宇文氏的自托于炎帝都是。见《晋书》载纪，《魏书》序纪，《周书》本纪。自辽以后，就没有这种举动了。这就见得他们民族意识的明显。

偌大的中国，如何会给辽、金、元、清这种小民族征服呢？其病根，还是和前此一样的。即（一）由民族武德的衰颓，（二）由国家政治的败坏。当公元八世纪中叶，安史之乱虽然平定了，然而唐朝中央政府的威权，自此不能复振。藩镇遍布，形同割据。九世纪后半，黄巢乱起。各藩镇都坐视不肯力战，让他由北而南，再由南而北；终于京城失陷。诸镇或坐视不出兵；应调前来的兵，亦不肯作战；环绕着长安两年，竟尔无如一黄巢何。到底不得不把前此作乱而被中国撵走的沙陀突厥召回来，才算把长安收复。自此沙陀在中国，就成为最强的军队，雄据河东。五代中的唐、晋、汉三代，中原之地，都被他占据。而唐、晋两朝争夺之际，又把燕云十六州割给契丹。这十六州之在北方，处居高临下之势。山西方面，云州割后，虽还有雁门内险可守，其势已成"拊其背"；河北方面，则更无险阻，惟借塘泺以限制契丹的马队；契丹兵一南下，即直抵大名，渡过黄河，便是宋朝的都城；其势直是"扼其吭"了。北宋一代，对契丹，形势上始终处于不利的地位，实由于此。中国之于外夷，是利其分不利其合的。假使国威遒畅，在边界以外，或者边界上，设有驾驭外夷的机关，则可以随时操纵，使野蛮民族，不能合成大群，危险就无从而起了。而唐代到末年，塞外之事，几于无从过问。于是东至渤海，西至新疆，北抵胪朐河，今克鲁伦河。塞外的许多民族，悉为契丹所征服。他们也

有将他编制成自己的国民的,是为部族,其仍听其自主的,则为属
国。部族之民,是全体皆兵。因其都是游牧民族,战马极多,行动非
常敏捷。即属国,有事时亦得量借兵粮。所以契丹的军队,精而且
多。这也是宋朝对他不敢开衅的一个原因。然而此等国家,声势虽
盛,结合是不稳固的。契丹的为国,本是合三种人民而成:(一)部
族,这是北方民族已可称为契丹的国民的,最为契丹立国的根
本。(二)属国,是北方民族服属于契丹的。(三)州县,这是中国地
方,割给契丹,其人民因而隶属于契丹的。(二)(三)的结合,自然不
固;即(一),在建国上的能力,也究竟有限;所以契丹容易灭亡。满
族所建立的渤海国,当契丹盛时,虽为所征服,其民族意识,却始终
未曾消亡。渤海的遗民,是始终不服契丹的,不过力不能与之抗。
当这时候,而有较文明的旧高丽国里的人民(函普),跑到生女真的
部落里(完颜部),而为之酋长;渐次将诸女真并合为一,其势力遂不
可侮。至一一二五年,而契丹竟为所灭。契丹灭后,其三种人民:
州县之民,还是依然如故。其部族,则一部分服从于金,是为金人之
所谓乣军。其战斗力亦很强大。金朝到末年,还恃以御元,到乣军
叛后,而金朝的大局始大坏。详见日本箭内亘《辽金乣军及金代兵制
考》(陈捷、陈清泉译,商务印书馆本)。其一部分不服金的,在北边亦时有
叛乱,但势无能为。金朝起于现在的吉林,和蒙古地方本来相隔较
远,到迁都北平而后,又尽力于镇压所得的中国地方;所以金人对于
北方的权力,始终不甚完全。契丹部族的一部分,和其属国的大部
分,到蒙古兴起后都为其所收用。金人的镇压中国,是这样的。他
在本土时,凡部落之长,都称为孛堇。至战时,则这些部长各率兵而
来。仍以部长为统帅,视其兵的多少,分别与以猛安(千夫长)、谋
克(百夫长)的称号。女真是兵民不分的,无所谓文官,亦无所谓武
官,只有酋长,就是统帅罢了。金世宗时,因北方人民,群起反抗,将

这种女真人，搬进中原来镇压。其迁移的时候，是照军队的编制，迁移进来。人民即属于其统帅（亦即部长），所以即称为"猛安谋克户"。此等人民，入中原后，即把固有的官田、荒田，再加以临时名为互换，而实多强夺的民田，整理成整块的，给他耕种。面积甚大，而收税很轻。而且其田，都是整齐的。（一）者取其于耕种上有利。（二）者使女真人得以聚族而居，用屯垦的形式自卫，并可以压制汉人。这一种移民，既入中原之后，旧风俗迅速的改变了，迅速的同化于汉人。但不能如汉人的勤事生产。这因为他们是特权阶级之故。在金世宗，是很觉得旧风俗要保存的。我们只要看《金史・本纪》上载，他重游上京时，如何恋恋不舍；再三称美旧风俗；谆谆诰诫他本族人，不可同化于汉人；便可知道他民族意识的强烈。然而环境改变了，人的意识，如何能以空言维持？劣等的文化，要进而自同于优等的文化，这是自然而然，无可避免的。到金朝末年，女真人迁入中原的，强悍善战的性质，已全失掉了。元兵一至，遂如鼓洪炉以燎毛发。猛安谋克户的形势，像山一般的崩颓下来。此时的女真人，在实质上，本已同汉族无甚异同了，实在业已同化于汉族了，只因其为特权阶级之故，界限一时不得泯灭。到金朝灭亡后，从前特别的地位，再也不能维持，就全然并入汉人之中。看蒙古灭金之后，所得人民，通称为汉人，更无所谓女真人可知。

　　蒙古是室韦的别部，其部名见于《新唐书》作蒙兀，《旧唐书》作蒙瓦。本是黑龙江畔的一个小部落。从契丹灭亡到蒙古兴起，其间约经过六十年。这六十年之中，正是塞北民族，互相吞噬，逐渐进步，可以发生一个强大的民族的时代。而成吉思汗，适于此时起而收其果。蒙古的武功，在历史上，可以称为空前；即至今日，世界上各民族的武功，亦还未有能和蒙古相比的。这也有个理由：（一）此时东方的宋和金，都在衰颓不振的时代。（二）此时西方的大食，亦已衰颓，其武力，反是靠的突厥人；而突厥人并不能联合一致，以抵抗蒙古人，反有一部分为蒙人之助。蒙古西征之前，今新疆境内之畏吾儿部，即已降顺。西征时最大之敌，为花剌子模，即《元史》所谓西域国。其国有兵四十万，皆突厥族康里人，骄恣不听命令，故其王不能抵御，一败涂地。（三）自此向西北，都是许多小民族。在欧洲，首当其冲的为俄人。而俄人此时，亦分为许多小国，力弱而分，断不足以抵抗累战皆捷、气雄力厚的蒙古。总而言之，蒙古民族的势力，固然值得称许，然而其成功之所以超越古今，则亦是时代为之。

　　当辽、金、元三代迭起称雄之时，中国正陷于衰颓不振的状况。这是为什么？其远因，仍由于分裂所召之祸。因为晚唐、五代的藩镇割据，所以宋兴之后，不得不厚集兵力于中央。于是有地方的兵（厢兵），只可给役，而征戍全靠中央军队（禁兵）之事。于是中央的养兵，不得不多。而兵之为物，养而不用，是要腐败的。乃有至宋英宗时，养兵百余万而不能一战之事。而且因养兵之故，财政上所费较巨，所以取于民之数，较前代为多。当北宋中叶，就有人说："现在太平无事，而取于人民之数，业已不可复加；到缓急之时，更何恃以应变？"社会上，从唐中叶以后，经过五代长期的战乱、剥削，因之兼并肆行，高利贷活跃，小民困苦颠连，自更说不上根本的救济了。因此之故，乃有王安石的变法。想要整理财政；行青苗等法，以救济农民；裁汰募兵，渐次代以民兵。又因变法之故，而新旧交争，政策亦举棋不定。新党得势，则变旧法；旧党握权，即废新政。其结果：财政依旧紊乱；社会经济，还是困穷；兵则募兵已裁，而民兵仍未能练，到北宋末年，几于无兵可用。

　　南宋初年，群盗如毛，靠韩、岳、张、刘等大将戡定。而此诸将，遂即恃权骄横。"金帛充盈，锦衣肉食；舆台厮养，皆以功赏补官。"

"所至驱虏,甚于夷狄。""煮海榷酤之入,遇军之所至,则奄而有之。阛阓什一之利,半为军人所取。""至于衣粮,则日仰于大农;器械则必取之武库,赏设则尽出于县官。"听其自然,则"非特北方不可取,而南方亦未易定",所以秦桧不得不隐忍屈辱,和金人讲和。以上所引,为宋时汪藻、胡寅、叶适之言,见《文献通考·兵考》。拙撰《白话本国史》第三编第一章第二节,第五章第三节,亦可备参考(商务印书馆本)。从讲和以后,则所谓四大屯兵者,韩世忠、岳飞、张俊、刘光世四人兵最多,号称南渡四大将。刘光世死后,郦琼以其兵叛降伪齐。韩、岳、张为三宣抚司。秦桧杀岳飞,韩世忠、张俊亦解兵柄,其兵改称为御前军,分驻诸州。四川的兵,后来都并于吴玠。玠死,归其弟璘统率。合称四大屯兵。更其腐败不可用。中原遂终不能恢复,而坐待蒙古的并吞。所以有宋一代,中国之始终不能振作,实仍受唐代分裂之害。至于民族的武德,则我们只要看下列两段话,就知道当时优胜劣败的情形。

《金史·郦琼传》:语同列曰:琼尝从大军南伐,每见元帅国王,指宗弼(即兀朮)言。亲临阵督战;矢石交集,而王免胄,指挥三军,意气自若。……亲冒锋镝,进不避难,将士观之,孰敢爱死?……江南诸将,材能不及中人。每当出兵,必身在数百里外,谓之持重。或习召军旅,易置将校,仅以一介之士,持虚文谕之,谓之调发。制敌决胜,委之偏裨。是以智者解体,愚者丧师。幸一小捷,则露布飞驰,增加俘级,以为己功,敛怨将帅。纵或亲临,亦必先遁。

《宋史·吴玠传》:玠死,胡世将问玠所以制胜于璘。璘曰:璘从先兄,有事西夏,每战,不过一进却顷,胜负辄分。至金人,则更进迭退,忍耐坚久;令酷而下必死;每战,非累日不决。胜不遽追,败不至乱。自昔用兵,所未尝见也。久与角逐,乃得其情:盖金人弓矢,不若中国之劲利;中国士卒,不若金人之坚耐。吾常以长技,洞重甲于数百步外,则其冲突固不能相及。于是选据形便,出锐卒更迭挠之,与之为无穷,使不得休暇,以阻其坚忍之势。

前一则是中国的将和女真的将的比较,后一则是中国的兵和女真的兵的比较,可见得胜负不是偶然的。限于篇幅,举此为例,余可类推。所以我说,这一千年中,中国民族的所以迭遭悲运,民族武德的衰颓,国家政治的败坏,实在是其两大原因。

契丹是鲜卑最后同化于中国的。他在热河境内,住的久了,和汉人接触较多,所以民族意识,不如女真、蒙古的强烈。终契丹之世,设官分南北面。北面之官,以治宫帐部族;部谓部落,族谓民族。属于契丹的游牧人,都有指定居住畜牧之地,自成部落。其部落,有为同族的,亦有不然的,总称为部族。每一君主,都有所谓"宫",有直属于宫的兵民,死后亦不解散。帐则为其君主(历代君主所共)及前代王室等直属的人民。南面以治汉人州县,颇有各适其俗之意。其兵,以部族为主;汉人充兵的,谓之乡丁,只令守卫本地方,并不用做正式的军队;其用意亦不过如此。到女真、蒙古,便不然了。我们试看下列一段文字,便知女真人待中国的酷烈。

《容斋三笔》:靖康之后,陷于金虏者,帝王子孙,宦门士族,尽没为奴婢,使供作务。每人一月支稗子五斗,令自舂为米,得一斗八升,用为糇粮。岁支麻五把,令绩为衣。此外更无一钱一帛之入。男子不能绩者,则终岁裸体。虏或哀之,则使执爨。虽时负火得暖热,然才出外取柴归,再坐火边,皮肉脱落,不日辄死。惟喜有手艺,如医人、绣工之类。寻常只围坐地上,以败席或芦借之。遇客至开筵,引能乐者使奏技;酒阑客散,各复其初;依旧环坐刺绣,任其生死,视如草芥。

民族斗争失败的下场如此，读之，真令我们瞿然而惊，潜焉出涕了。至于蒙古，则他所征服的地方更多。其视中国为其征服地，与女真人同；而其视中国之地，为其国家重要的一部分，则又与女真异。太宗时，近臣别迭至于说："汉人无益于国，可悉空其人，以为牧地。"因耶律楚材力争乃止。见《元史·耶律楚材传》。元初诸将，掠汉人为奴婢，动至千万户；虽儒士亦不免。详见《廿二史札记·元初诸将多掠人为私户》条。汉人至此，真可谓欲哭无泪了。然而汉人的民族主义，则亦因此而得光晶。

汉人的待异族，是最宽大的。从来鄙视夷、蛮、戎、狄，不过因其文化的落后。他们苟能进而自同于我，我即无甚歧视之心。五胡之能占据中原，原因固然很多，而汉人民族主义的暗昧，未始非其中一重要的原因。却是自宋以后，中国受异族的压迫渐深，而其民族主义，亦渐见明显。宋儒讲《春秋》，所以特别注重于"尊王、攘夷"，可以说就是受的藩镇专横，沙陀扰乱中原，契丹割据北方的影响。到南宋时，二帝蒙尘；中原之民，陷为俘虏；代表中国国家的皇帝，且称臣奉贡于异族；自然要使中国人民，起悲愤之心。所以就有主张极端的恢复论的。论义理不论事势，论是非不论成败；虽然格于时势，不能实行，然以民族主义论，却可谓光焰万丈。《宋史》中如胡铨等的章疏，大可检出一读。见《宋史》本传。到元代，整个的神州，陷于异族铁蹄践踏之下，自然人民心上，更觉得悲愤。当此时期，最足代表汉人民族主义的心理的，便是郑所南的《心史》。所南名思肖，福建连江人，客居吴中。明代《姑苏志》有其传，说他"宋亡，……改今名。思肖即思赵。……遇岁时伏腊，辄野哭，南向拜。……闻北语，必掩耳亟走。……坐卧不北向。扁其室曰本穴世界，以本字之十置下，则大宋也。精墨兰。自更祚后，为兰不画土，根无所凭借。或问其故。则云：'地为番人夺去，汝不知耶？'"其所著《心史》，以铁函藏于承天寺中，明崇祯十一年，因大旱浚井发见。时为公元一六三八年,距其埋藏时一二八三年,已经三百五十六年了。此书清徐乾学疑为海盐姚士粦所伪撰(见《资治通鉴后编祥兴二年考异》),但羌无证据,似乎避触清人之忌而为此言。如其所言而真,则姚士粦又是一个清代的有心人了。**我来念他四句诗给诸位听:**

> 举世无人识,终年独自行。海中擎日出,天外唤风生。

这真是亡国遗民,被压迫的民族,所当枕戈待旦,铭心刻骨的训条了。

虽然如此,汉民族还是保守其沉着镇静、见侮不斗的旧态度,专靠文化的优胜,来同化他人。金、元两代,初起时虽犷悍,而金自熙宗,元自世祖以后,其治法,差不多都已采取汉制。所未能泯除的界限,只是金朝初兴时,契丹、汉人,亦得为猛安谋克,后来渐次罢其承袭,以兵柄专归本族。见《金史·兵志》。元朝则中原之地,专用蒙古军和"探马赤"军镇守。边徼之地,又皆封建亲王。其兵借,汉人不得窥见。所以有国百年,竟不能知其兵数。见《元史·兵志》。探马赤,为蒙古以外他部族的军队。又诸官署皆以蒙古人为长官,中国人只能为其副贰;以及学校、选举方面,中国人与蒙古人,权利亦都不平等而已。如科举,蒙古、色目,只试两场,而其出身,反较汉人、南人试三场的为高。此外亦大都采取中国的成法。这亦是势所不得不然的。至于其人民,则同化于中国尤速。辽、金人的同化,已见前。元代分人为蒙古、色目、汉人、南人四种。蒙古是其本族。汉人为灭金所得。南人为灭宋所得。色目之意,犹现在言诸色人等,包括汉人及蒙古人以外的各种人。元朝的用人,是不问国、族,有长即录的。所以色目之名,载于陶宗仪《辍耕录》的,至有七十二种。其结果,不但蒙古人尽为中国所同化,即色目人亦然。我们看《元史》本纪:世祖至元二十三年,"以从官南方者,多不归,遣使尽徙北还";成宗大德七年,

"以行省官久住，多与所部人联姻，诏迁其久任者"；便可见蒙古人同化于汉人之速。近人陈垣撰有《元西域人华化考》，尤可见当时色目人同化于汉人的情形。见北京大学《国学季刊》。

如此，同化的作用，迅速进行：至元末，顺帝失政，明太祖遂起而恢复河山。太祖的民族意识，也颇为鲜明。他北伐的檄文，有"天道好还，中国有必伸之理；人心效顺，匹夫无不报之仇"之语。到北京既下之后，《太祖实录》上，又有如下的记载：据日本稻叶君山《清朝全史》转引（但焘译，中华书局本）。

> 诏复衣冠如唐制。初，元世祖自朔漠起，尽以胡俗，变易中国之制。士庶咸辫发、椎髻、深襜、胡帽，无复中国衣冠之旧。甚至易其姓名为胡名，习胡语，恬不知怪。……至是，悉令复旧。衣冠一如唐制。士民皆以发束顶。其辫发、椎髻、胡服、胡言、胡姓，一切禁止，于是百有余年之胡俗，尽复中国之旧。

如其中国的社会，真已同化于胡，移风易俗，岂旦夕所能收效？一朝而尽复中国之旧，正可见中国民族，保守之力甚强，旧风习实未尝失。胡服、胡言、胡姓，只是一小部分献媚于异族之人所为罢了。

明初的边防，规模亦颇远。对于北方，则以开平为外卫，而宣、大且为内险。开平，今多伦县。宣、大为宣化、大同的简称。对于东北方，则将女真之地，分设海西、野人、建州三卫。海西在今吉林的西部，辽宁的西北部。野人，在吉、黑两省的极东。建州，初设于朝鲜会宁府河谷，后移于佟佳江流域。现在黑龙江下流特林地方，尚存有明代敕建和重建永宁寺的碑文，都载有征服奴儿干及海中苦夷之事。见曹廷杰《西伯利亚东偏纪要》。奴儿干，地在黑龙江下流，明代曾设有都司；苦夷即库页异译；可见明初对东北声威之远。但是此等局面，后来都不能维持。其在北方，则蒙古衰后，瓦剌强盛；瓦剌既衰，蒙古的达延汗，又继之而起。中国对北方，始终立于防御的地位。所维持的，不过是现在长城的一线。其在东北方，则接近朝鲜的建州女真，渐次兴盛。海西、野人，都为所征服。而明朝政治腐败，流寇、内讧，不可收拾，终于又成满洲人入据中原之局。

满洲人自称建号为清以前，满洲为其部名，亦即为其国名。其实据近来所考究，绝无其事。满洲二字，明人书作满住，乃系大酋之称。其部落，实为明代的建州女真。始祖猛哥帖木儿，曾入侍朝鲜李朝，受其官职。后来乃受职于明，为建州卫的指挥使。清初史料，中国无存，朝鲜、日本，所存转较多。近年来考究此问题的，有孟森的《心史史料》(时事新报馆本)。后又撰《清史前纪》(商务印书馆本)。章炳麟亦有《清建国别纪》(自刻本)。若为简便计，拙撰《中国民族史》第七章，亦可供参考。所以清朝的先世，亦和渤海、金朝一样的，系受朝鲜的启发。而清朝人在民族精神上，亦颇以金朝人的继承者自居。建号曰清以前，实曾定国号为金。后来因怕挑起汉人的恶感情，所以自行隐讳掉。

他的文化，又较金人为高。所以其猾夏，亦更甚。当其未入关时，即能译读汉文。太宗崇德元年，曾集诸王、贝勒、大臣，命弘文院官清初三院之一，掌译汉书。读《金史·世宗本纪》，谕以勿忘旧俗。入关以后，康、雍、乾诸朝，还很兢兢于此。其尤甚的，则强迫汉人，悉数剃发易服。这是辽、金、元等历代异族，所不敢行的。因此引起江南民兵的反抗，死者无算。他当入关以后，即圈占汉人的田地，以给旗人。又令八旗军兵，驻防各省；这也和金、元两朝所为无异。其深谋远虑，为前此异族所想不到的：则为(一)大兴文字之狱，焚毁书籍，以消灭汉人的民族思想。(二)封锁满、蒙，不但关东三省，不许汉人移殖，即蒙古亦在禁止之列；而自己则和蒙古王公，结为婚姻；且阳为崇信喇嘛教，以结其欢心。如此，一方可防其本族人同化于汉人；一方可保守其故土；并可联合蒙古，以制汉人。这种深谋远虑,真是前此的异族,所梦想不到的。

然而藏舟于山,夜半,有力者负之而走。劣等民族的同化于优等,到底非政治之力所能防止。清人当入关以前,其凌厉无前之气,可谓不可一世。然而入关以后,即迅速变迁。到吴三桂等举兵时,旗兵即已毫无用处,而转靠绿营的为虎作伥。嘉庆时川、楚教民之乱,咸、同时的太平天国和捻乱,其非满洲人自力所能戡定,更不必说了。至其人民,则其既不能勤事生产,又失其强悍善战之风,亦与金人同。而且实际亦已同化于汉族。不过在清代,他们是个特权阶级,靠领饷为活的,所以特别养成懒惰的性质。又清代驻防的旗兵,是自成一个区域,不与汉人杂居的。所以其服装、语言(并非满语,只是中国的方言,如住居在南方的,仍说中国的北方话)、生活习惯等,在满清逊位以前,始终与汉人小有异点。然而这实在算不得什么异同。所以到满清一灭亡,此等人特权一消失,一经散开居住以后,即和汉人更无区别。在内地的如此,在关东三省的,亦因汉人移殖力之伟大,清朝的封锁,逐渐为所突破;循优胜劣败的公例,逐渐同化于汉人。在今日,吉、黑两省中,未同化于汉人的民族,也只是极少数了。

汉人的民族主义,因明、清之间,经过一次的磨砺,而愈觉其光晶。其尤可注意的:则(一)顾亭林先生说:"有亡国,有亡天下。""保国者,其君其臣,肉食者谋之;保天下者,匹夫之贱,与有责焉。"亭林先生这句话,在其《日知录》第十三卷《正始》一条中。正始是曹魏的年号,晋人清谈之风气,起于此时,其后遂继以五胡之乱。五胡之乱的原因,固未必就是清谈,而亭林先生之意,则实指其所谓"易姓改号"者为亡国,而以晋代怀、愍二帝被虏于异族等事为亡天下;不过当时在文网之下,不能明言而已。其所谓国,就是现在所谓王朝;而其所谓天下,即是现在所谓国。以中国的情形言之,亦可谓即中国人所建立的民族国家。其民族意识，可谓很明显的了。（二）则中国此时，受异族的压迫，已经好几次。物穷则变，于是怀疑到我们的文化，必有欠缺的地方。在从前，寻根究底，自然归结到政治上，于是有黄梨洲先生的《原君》（在其所著《明夷待访录》中），攻击到君主专制政体。这是因民族的不竞，筹画补救的办法，为最近的国体变革，立下一个很深远的根原。以上是从思想一方面说。若论实际行动，则明清之间，消极的抗志殉节，积极的起兵反抗者甚多。即至事无可为，而仍相率为秘密团结，留下民族主义的根苗，以为他日光复的预备。现代的革命，还得其力不少。邹鲁《中国国民党史稿》（民智书局本）第一篇第一章："美洲各地华侨，多立有洪门会馆。洪门者，当清康熙时，明朝三五遗老，见大势已去，无可挽回，乃欲以民族主义的根苗，流传后代；以反清复明的宗旨，结为团体，以待后有起者，可借为资助也。"案孙中山从事革命，最初赞助的，实为会党。学生、新军等的赞成，都是较后的事。清代二百二十八年中（从一六八三台湾郑氏灭亡的翌年起，至一九一一年清室灭亡止），看似汉人戢戢于异族羁勒之下，其实反抗运动，是无时而绝的。有名的曾静之事败后，清世宗曾因此降旨，说：

> 从前康熙年间，各处奸徒窃发，动辄以朱三太子为名。……近日尚有山东人张玉，假称朱姓，托于明之后裔。……从来异姓先后继统，前朝之宗姓，臣伏于后代者甚多；否则隐匿姓名，伏处草野；从未有如本朝奸民，假称朱姓，摇惑人心，若此之众者。

平心论之，朱明一朝，君主之昏愚，宦官之专横，勾兵、开矿、侦缉等骚扰，可谓历代所无。简而言之，明代的政治，是紊乱的、暴虐的，有何足以追念之处？然而嘉庆初年的川、楚教民，其首领王发生仍自托于明裔，可见民族主义的气势，十分蓬勃。君主为国家的代表，而中国为民族国家，在当时，忠于本族的君主，即是忠于国家，忠于民族。不过有许多给清朝人讳饰掉，我们今日无从知之罢了。然而到底有讳饰不尽的。至于彰明较著，无从讳饰的，像太平天国等，那就更不必说了。"自由如树也，溉之以革命之血而后生长焉。"清末革命党人答复张之洞劝告的信里的话。我亦说："民族主义如树也，溉之以民族革命之血，而后生长焉。"我们固然没有复仇之念，然而错误是要矫正的。以少数文化低的满洲人，统治多数文化高的汉人，不能不说是一种急待矫正的错误。所以至满洲末年，民族革命主义，复风发泉流，与政治革命，携手同行，以完成今日国为民有之局。

　　构成民族几个重要的条件：历史：凡侵入中国的民族，大概都是很短的。地理：他们既然侵入中国之后，对于其本土的关系，自然也就薄了。风俗：在浅演的民族，确有很醇厚质朴的。惟意识不能不受生活的决定，他们侵入中国后，既不能不改从中国人的生活，自然旧风俗也渐渐的消灭了。宗教：契丹的住地，和中国很接近；事实上，他和中国接触亦较久；所信仰的，就是中国所盛行的佛教，自然不生问题。金、元、清所信仰的，是亚洲北部的一种巫术，即所谓萨满教。此种程度较低的宗教，和世界上的大宗教相遇，自然不能度长絜大的。所以金、元、清入中国后，其固有的信仰，即不见有何势力。惟蒙古人信仰喇嘛教甚笃，替现代的蒙、藏关系，立下一个很密切的根基。语言：如元代帝王，大都不通中国文，实在是个例外。此外，凡异民族既入中国，大抵不久即能操汉语；稍久，就并其本族的语言而忘掉了。其高等人受教育的，则大都能通汉文；学问家及文学家亦不少。这亦是日常生活和高等的文化，迫之使不得不然的。辽、金、元、清四朝，都自有文字。金人曾特立女真学。其科目，亦有所谓女真进士，都是要读女真文的书籍（翻译的中国书），做女真文的策论的。元朝亦是如此。元朝当未有文字时，曾借用过回纥文。所以后来，除蒙古国子学外，又有所谓回回国子学。终元之世,回文亦未能废。然此等文字,实际无甚用处,不过迫于功令,有时不得不用而已。如颁行各地方的文告,必须以蒙古字为主,而以其本国的字为副。见《元史·百官志·蒙古翰林院下》。至政治势力一旦失去,其文字自然亦即随之而废弃。种族:则满、蒙亦同是黄种,形体上的差异,本来不甚显著。所隔阂的,反是在文化上(民族的而非种族的)。民族既能同化,种族上自然不生问题了。在元代,中国和西域交通,特别繁盛。欧洲人东来的,自然较前代为多。然置诸中国社会中,则亦太仓之一粟而已。此少数的异方人,到中国来,一切文化,自然不得不接受中国的。所最难同化的,当在宗教。然中国人于宗教,向主宽大。只要不妨害公共秩序,善良风俗,一切都听其自由。天下惟不压迫人的,人家亦不固执其所固有。所以宗教一端,在民族同化上,亦不发生问题。

如此,在近世一千年中,中国民族在武力斗争上,虽然迭遭失败,而在文化斗争上,仍占优胜,依然为一庞大优秀的民族,立于亚东。

第八章　中国民族的现状怎样

谁都知道：自西力东侵以来，中国遇着一旷古未有的变局。前此所遇的异族，至多武力为我所不逮；到现代，便文化的优劣，也发生问题了。民族既以文化为特征，与优等的异民族相遇，自然我们的民族，也感受着重大的威胁。

文化进展到一定的程度，便要发生平衡的现象。这话，在前文业经说过了。所谓平衡，便是乐于保守，惮于改革；非加之以外力，则不能大变。中国文化，在东亚的一个区域中，其发展，可说是已达于高度。向来同我们接触的民族，其文化程度，都较我们为低。其文化的趋向，与我相异，而足给我们以一种刺戟的，只有印度。但是印度的佛教，自汉代输入中国以来，经过魏晋、南北朝、隋唐时代的摄取，再加以宋、明时代（理学时代）的改造，业已与我国的文化融合为一；又成平衡的现象了。当此情势之下，非环境大变，我们的文化是不会有急剧的改进的。所以近世世界大通，和欧洲趋向相异的文化接触，实给我们民族以甚大的进展的机会。

一个民族的文化，当其发生剧变之时，总不免相当的牺牲和苦痛。当这时代，对于新文化，深闭固拒愈甚，则其所受的牺牲和苦痛愈深。中国民族，是以"易"为其哲学思想，以"中庸"为其践履的标准的。见第四章。所以对于新文化，最能欢迎和吸收。"前此于科学,虽有所欠缺,然亦从无仇视科学的事物。所以科学知识的发展,绝无阻力。和欧洲中世纪,时时见阻于教会的,大不相同。"罗素之说,见其所著《中国问题》。欧洲的文化,其异于我而足以补我所不足的,厥惟科学。论理:中国人对于科学,应该极其欢迎,而且科学,除其本身价值之外,本尚有其应用的一方面。在应用的一方面,其利益尤显而易见。生产、运输等技术,及其所使用的器具,单在物质方面,不与旧社会的组织,发生冲突的,本具传播的性质,而易为人所欢迎;即较顽固的民族,亦系如此,何况中国呢?然则欧洲文明的东来,似应一帆风顺,毫无阻力。从十六世纪到现在,为时已历四百年,中国早该能接受西洋的文化,吸收、消化;自己的文化,早就焕然改观了。却到现在,还在改革的途中,而民族且正临着重大的危机,这又是什么理由呢?

精神文明的转变,本需要相当的时间。以中国之大,向来文化根柢的深厚,本非短时间内所能改变。况且精神文明,是要以物质文明为其基础的。固然,现代的生产方法,改变了现代的社会经济;然亦要社会的经济组织达到相当的程度,才能利用现代的生产运输……器具。譬如在工价低廉之处,使用机器,未必较使用人工,成本会低廉,机器就不易被采用。又如偏僻的地方,货物的交换(无论输出与输入),都只限于相近之处,新式的交通器具,就不甚感觉其必要。如此,物质文明的输入,自然要相当的时间。精神文明,是以物质文明为基础。物质文明未兴,"自然的"和"社会的"环境,都没有改变。人类的精神,自然不会绝迹飞行,凭空突变。如此,以中国之地大人众;腹里的区域,和现代文明接触的艰难;从西力东侵到现在,而有现在的状况,实在并不算迟。

还有一件,略为西洋文化输入的障碍的,便是中国民族,在近代以来,叠受压迫的事实。中国民族,是最为宽容的,最不固执的。对于异民族的文化，固然最能欢迎；即其对于异族，亦毫无歧异嫉视之念；看前面几章所述，已经略可明了。然而我们以和平待人，人家未必都以和平待我。从第十世纪以来，辽、金、元、清，迭次侵入，我民族所受的创痛，不可谓不深；因此而略有偏狭、疑忌之见，也是理所当然的。还有一端：中国人向来最怕的是海寇（因其根据地不易找到；即找到，亦不易剿灭之故）。而自元末至明中叶，又大遭倭寇之患。格外养成畏恶海寇的心理。而欧人的初至，却自海道而来；其船坚炮利，又非前此海寇之比；自然要引起中国人的疑忌。天下惟不知其真相的东西，最为可怕。自西力东侵以前，中国人对于世界地理，是全不清楚的。西洋各国，究在何处？是何情形？其国究有多大？国数究有若干？这许多，全不清楚。正和我们一个人，对于所与交涉的人，全不知其根柢一样。如此，安得不疑惧？再者，文化的传播，是物质的、技术的较易，而在精神一方面较难；尤其是涉及伦理、宗教等等，和社会的传统思想有关的。而西人初来，通商之外，便是传教。通商既因海寇的嫌疑而被畏恶；传教则基督教惟拜一神，禁止拜祖宗，拜孔子，尤与我们的习惯相反，而为我们所不能了解。而西教士的博学多能，坚苦卓绝，更易疑其传教系"有所为而为之"。疑心既生，真相就易隐蔽，视基督教为邪教之流的谣言，虽有知识的人也不免相信了。这是西洋文化到中国来，所以未能一帆风顺，畅行无阻，而要略遇顿挫的原因。虽然如此，我们欢迎西洋的科学，实在不可谓不速。试看明末利玛窦、汤若望等初来，中国像徐光启、李之藻一班人，对其科学，即备极欢迎，尽力介绍，并引进其人于朝，改正历法，制造枪炮等事，无不令其参与可知。罗素谓"科学知识，在中国的发展，毫无阻力"，固不得不承认其说之确了。

　　但是以中国之大，向来文化根柢之深，要一旦翻然大变，至于能与现世界相适应，而毫无扞格，这自然是不可能之事。即使能之，亦非中国之福，并非世界之福。因为变得太快，就是舍己从人；并非融合人我，以发生一种新文化。如此，以中国民族言之，固然等于灭亡；就全世界论，亦是很大的损失。因为我们的文化，自有其优点，为世界所不可少；而为其他民族，所应当采取，以补益、修正其文化的。然而中国民族，在暂时就不能不受着压迫，而遭遇着危机了。

中国民族，在现代被压迫的情形及其经过，是大家都知道的。因为学校中历史一课，对于近代，讲述总要详细些；而且这类的读物也较多；在报章杂志中，亦时常提及；所以我现在只提挈其大要如下。

中国民族，在近代的受压迫，可以分为几个时期：

其（一）：自西人东来，至五口通商，可称为强迫交通时期。试看年代较早的书籍，说到交涉，总系以通商、传教并提。可知西人之初来，和中国有关涉的，就是这两件事。其初，中国人因前面所述的关系，对于此二者，虽不绝对拒绝，也不十分欢迎；而西人却不肯放手。隔阂之余，终至以兵力强迫。至此役，而西人的目的达到。

其（二）：进一步，便在我国攫夺许多权利，且侵削我的边境和藩属。前者如领事裁判、关税协定、内河航行等条约。至中日战后的《马关条约》许外人在我们通商口岸设厂制造而极。后者如俄之于黑龙江及新疆，英之于哲孟雄及缅甸，法之于安南，日之于琉球。亦至中日之战，朝鲜脱离，台湾割让而极。

其（三）：藩属既尽，本土的权利丧失又多，于是有瓜分之论。画定中国的某地方，为某国的势力范围。要求我国订约承认，或声明不得割让他国。彼即视为禁脔，于其中攫夺种种的权利。既已损害主人，又要排斥他国。因此，又有"门户开放，领土保全"之说。想以前者缓和列国间的竞争，维持其在中国工商业均等的地位；后者维持其在条约上所已得的权利（因为领土如有变更，条约即随之废弃)。这就是所谓均势。自清末至现在,中国外交上的形势,即飘摇于此二者之间,均势而能维持,也是靠人家的力量,来维持自己,很可耻,很可怜的,尚且求之而不得,时时为野心之国所破坏。至暴日占据东北,而中国的危机,达于极点了。

以上是就政治言。至于就经济上说:则我国现在,所谓以旧式的生产而行新式的消费。民族的工业,被压迫至不得振兴。商业几于都是贩卖外货,而从中沾取若干利益。实在等于做外商的代理人(所谓买办阶级)。甚至几千年来,恃以立国的农业,亦因帝国主义的剥削,而陷于衰颓的状况。以文化论:则旧者既已动摇,新者又未确立,全国人民遂都陷入旁皇无主之境。当这情势之下,中国民族的情形,究竟如何呢? 我请略说其大概。

近代的日本,有所谓南进论和北进论。南进论是向南洋群岛开拓,北进论则向亚洲大陆进攻,都带有侵略的性质。中国虽向不以侵略为务,然事实上,民族拓殖的形势,亦系如此的。以地理论,北方陆地相接,移殖自然较易。但因天时地利,都不甚适宜。兼之国家的兵力,不能抵御蛮族的侵略。汉人开拓未几,即遭游牧民族的蹂躏。所以终未能在本部之北,造成一片极繁荣的地方,而将游牧民族悉数同化。如现在的热、察、绥,在秦汉之世,即已开建郡县,然至近世,仍是蒙族游牧的地方,现方从事于开垦,即其一例。南方天时地利,自然都较北方为优。然而究竟远隔着重洋。后印度半岛虽然陆地相接,然往来亦以海路为便,所以向来所谓南洋,连后印度半岛亦包括在内。人民从事商贩则易,经营农矿等定住之业较难。所以移殖之众,亦必有待于近世。近三百年来,就移殖上论,确乎和前此迥然不同。其(一):因吉、黑地方,渐次开化,汉人移殖较易;而辽东西一带,亦极安静。其(二):则向为中国大敌的漠南北地方,居其间的蒙古人,因信仰喇嘛教故,而渐即于平和。三百年以来,北方殆无边患。其(三)：只有一个崛强的卫拉特，却给清朝人打掉了。对于西北边的权力，亦较历代为伸张。其(四)：西藏因喇嘛教的盛行，和蒙古、青海都发生密切的关系。其和中国政府的关系，也自然更为密切。所以以形势论，汉、满、蒙、回、藏五族，各自发展，至于近代，确有渐趋同化之势（关系的密切，便是同化的先声）。事实上业经做到怎样了呢？则以满族的同化，成绩为最优。关东三省居民，十五分之十四，均为汉人。见东北事变后，国际联盟所派调查团的《报告书》。这是因其地利，最适宜于汉人移殖之故。至于蒙古，则其地较诸关东，较宜于牧而不宜于农；西北和西南两面，交通都较困难；又距中国人口密度最大的地方较远；所以移殖的成绩较差。但是热、察、绥、宁夏、青海等省，在前代，本亦曾开建郡县。当时开拓的成绩，亦并不算坏。不过民族间相互的关系，未能如近代的密切；薄有成功，旋被破坏。近代民族间的关系，既非昔比，此等成功，就可望其不再退转了。

　　南方诸民族，因其所居的险阻，历代对汉族，没有大规模的斗争；然亦因此，而汉族拓殖同化的进行，不能甚速。以大概论：湖南的开拓，是经隋唐两代的努力，至宋熙宁之世而大定；又经过清朝乾隆末年的苗乱，而后竟其全功的。云南当唐、宋之世，还独立为南诏（大理国）。至元代，而其合于中国始定。贵州至明代，才列为布政司。广东的西部和广西，虽久列为郡县，然实际上蛮族亦甚多。都经过元、明、清三代，对于土司的管束渐严；改土归流之事亦渐多；人民的移殖，和国家政治之力，相携并进；然后达到今日，十分之八九，都已开辟的地步。中国西南方的疆域，在前代，本较现在为广。安南在唐以前，固是中国的郡县，明代还曾暂列于郡县。即缅甸，在元、明两代，亦还是中国的土司。因民族同化之力，有所不及，到底分裂为独立国。这许多地方，读史的人，大抵不免痛惜。然而其实不必的。为什么呢？因为民族的力量是真的；国家的政治，实在只是表面上的力量。民族而既已同一，政权即使暂时丧失，将来总是会恢复的。民族未能醇化，而硬建设一个政权于其上，不唯终不稳固；即能勉强维持，实亦甚属无谓。况且勉强维持的强力，亦终是不能维持的。中国历代的开拓，和现在帝国主义者的侵略不同，是靠民族的力量，渐次进行的；不是靠政治之力，一时强占；所以其成功虽缓，而其收效则真。西南一带的开辟，看似颇迟，然而今日，可称开辟的地方，却可保其更无问题的了。因为国家的境界线，就是民族的境界线。安南、缅甸等，未能全然同化的地方，暂时政权的放弃，实在不算什么失败。因为天下事是要取其实的，不必徒骛虚名。然则中国对西南诸族的同化，何以如此其缓慢呢？这是民族同化的本质如此。因为同化是以德服人的事，非以力服人的事。提携诱掖到人家下层的基础，和我们一样，而其上层建筑，自然随之而吻合，是非经相当时间不可的；是不能以人力强迫的。如其强迫，只有引起反抗，并无实益。中国向来同化异族，其进行，是顺着自然的趋势的。既要自然，就不得不缓慢；惟其缓慢，所以成功确实；缓慢并不足为病。

对于海外的拓殖，近代也有很大的进展。中国民族的海上交通，由来甚早，已见第五章。南北朝以前，移住的情形，不甚可考。至唐时，则移住者渐多。大抵以苏门答腊为荟萃之地。元时，又移殖于爪哇。当时的人，称爪哇为新村，苏门答腊为旧港，可见此两处为华侨最多之地。至明初，则因郑和的航行，国威大张于海外。华民移殖的亦更多。马来、菲律宾、婆罗洲、摩鹿加各岛，均有华人的踪迹，且多握有大权。此节根据刘继宣、束世澂《中华民族拓殖南洋史》（商务印书馆本）。就造成华人在南洋深根固柢的势力。自西力东侵以后，虽然南洋群岛，为其瓜分殆尽；后印度半岛，除暹罗外，亦皆为其所并吞；政治上的权力，都落入异族手中，我们到处受其迫害；然而中国民族，在南洋的，仍属不少。合计其数，仍在四百万以外。_{南洋}华侨之数，据张其昀《中国民族志》（商务印书馆本）：安南四十万，暹罗一百八十万，英属马来等地一百二十万，荷属各地七十万，菲利宾群岛四十万。

中国民族进步到这个样子，就和现在所谓帝国主义者相遇了。政治上领土和藩属的侵削，经济上农工商各方面的压迫，已述于前。他们再用一种手段，引诱我国内的少数民族，想使之与汉族分离。如近几十年来，外蒙古的独立，西藏的纠纷，新疆的叛变，都有一个或数个帝国主义者，指挥或唆使于其后。到东北的事变，就更其明目张胆，公然劫夺了。我民族向外的自然发展，则到处遇着侵害。如往美华工的被禁；华工之被禁止，始于一八八一，即前清光绪七年美国的排斥华工。在南洋的华侨，叠遭苛待是。而尤为可怕的，则为文化上的压迫。最近江亢虎先生，在日报上发表了如下一段的文字。见民国二十三年十一月十八日上海《申报》。

　　"昔日戏言身后事，今朝都到眼前来！"我国人倘欲豫知亡国以后，固有文化，成何景象者，请北游大连，南游港、澳……更游……安南……台湾。安南……割让于法人……被帝国主义根本统制。……遍设法文传习所；创造罗马拼音字；禁止公私机关使用汉文。……今……除最少数官吏、文人外……不但不能读汉文书；乃至本人姓名，原系汉字者，亦已不能识、不能写……只能以罗马字拼出。……历史遗迹，散在民间者，尽数蒐罗，入政府所办远东博物馆。馆中附设一远东学院，聚法国考古家及南安老学究数十人，研究保存，作为特殊阶级的专门学科，而其影响之及于社会与人生者，则扫地以尽矣。……台湾……割让，留者一律登记，为日本籍民。……强制以日本语为国语。公用场所，禁用本地语，即厦门语。……公学教科书，由总督府特别编制。所有汉字,均依假名读和音。今三十岁以下之人,除特别例外,如专研究文学者、曾受家教者、留学中国者,无能作汉文,亦无能以中国音读汉文者。除官立学校……外,不准有……学习或研究汉文之机关。因此规定,华侨学校不准成立;侨民子女亦不准学习本国文字、语言。此真五洲万国,亘古未有之奇闻也。……中华会馆……驻台总领事,虽要向日本当局请愿、交涉……但曰:"此帝国治台方针,决不变更,亦不通融;并不解释,惟有服从。"一面用极严厉手段,禁止一切类似学校之文化事业,拘捕其发起人、赞成人,没收其产业。于是中国文化,非经过日本文化之同化者,在台湾即不能存在。……

天下最可怕的,是文化的侵略。别种侵略,无论如何利害,你自己总还记得是自己;一旦事势转移,就可以回复过来了。独有文化的侵略,则使你自己忘掉自己。自己忘掉自己,这不就是灭亡么? 民族是以文化为特征的。文化的侵略,岂不就是民族的危机么?

中国民族的出路,在哪里呢?

第九章　怎样复兴中国民族

　　古语说：殷忧所以启圣，多难所以兴邦。国家如此，民族亦然。我们有很大的国土，很多的人口，使用人数很多的语言，历时极久、性质极优美、极伟大的文化。历史上的事实，证明我们着着成功。短时间的挫折怕什么？我们便该鼓起民族复兴的勇气。

　　但是复兴民族，不是虚怵之气所能济事的。我们既要复兴民族，就得深切认识：现在民族的病根在哪里？是怎样的病情？病状既明，然后从根本上施以救治。

　　民族的特征，既是文化；我们的民族，既然处于被压迫的地位；那我们的文化，自然总有缺点的。我们不该自讳。同理：我们是世界上最大最古的民族，那我们的文化，自然也是有优点的，我们也不该妄自菲薄。然则中国文化的优点和劣点，到底在哪里呢？

　　这个问题，若要举具体的事实作答，真是更仆难穷；而且零碎的事实，也未必能表示整个文化的性质；我们必须要一句较为概括的话。罗素说得好："西方文化的优点，是科学方法。中国文化的优点，是合理的生活观念。"见所著《中国问题》。这句话，可谓一语破的；真能道出东西方文化异同优劣之点。中国人是注重于人与人的关系的。所以自古以来，所苦心研究的，是修身、齐家、治国、平天下之道。其于实际的应付，则注重于治人。西洋人所注重的，是人与物的关系。苦心研究,专想阐明事物的真相,求得其不变的法则。因此上发明了科学,及其实际的应付,则注重于治法。人是较为活动的,物是较为呆板的。中国人以为呆板之物,生不出什么问题来,不肯用心去研究,所以不会发明科学。西方人则习惯于研究"物"。其治社会科学,分明所研究的对象是人;是人所做出来的事情;然而亦想以研究"物"的方法行之,于纷纭蕃变的人事中,求得其不易的定则。二者可谓各有所偏。物,诚然是呆板的,不会有意与人为难。然而对于物的性质不明白,因而驾驭物的方法不尽善,则这呆板之物,已尽足做人类发展的障碍了。在中国人的意思,或者以为人和人的关系,弄明白了,对于物的措置,自然不成问题。而不知受了物质方面的牵制,人与人的关系,也是不能尽善的。譬如老话说:"仓廪实而知礼节,衣食足而知荣辱。"然生产之法不精,防患之法不周,不能战胜天然的灾害,何法使之仓廪实、衣食足呢? 社会现象,虽非绝无定则可求,然而究竟只是一个大概。人,到底是有选择的自由的。虽然选择的自由,仍受一定的制限;然在一定的制限以内,究有选择的自由。绝非像无生命之物,或低级的生物一般,加以一定的刺激,可得一定的结果。所以人要极端的控制人,是很难的。譬如现在,帝国主义者压迫异民族,他们豫算定,用了某种方法,一定可得某种结果的;在实际,或者适得其反。举个实例:法国、日本,在安南、台湾,禁用汉文,他们以为如此,可以使当地人民,忘掉中国,和他们亲近。然而这种举动,或者就是汉文在安南、台湾复兴,及安南、台湾人排法、排日的原因。现在禁之数十年而不能绝,将来或者有一两个人提倡,在短时间内就会风行全境的。所以论人对人的关系,还是照中国的老法子,宽大一些的好。

如此,中国民族和西洋各民族的异同优劣,就可以了然;而中国民族复兴所应取的途径,也就可以不烦言而解了。中国所最缺乏的是科学。惟其有科学，对付起"物"来，事前才算得定；而办理的手续，也可以一无错误；工力才可简省；而任何浩大的工程，亦都可以举办。人类制伏自然，利用自然之力才强。制伏自然、利用自然之力强了，供给人类发展的物质基础，才无所欠缺。所以中国今日，对于西洋人的科学方法，是应该无条件接受，迎头赶上去的。至于人对人的关系，则仍宜保存中国之旧。民族的性质，是定于人与人相关之间的，人与物的关系，倒在其次。譬如日本，一切器械、技术等，在从前，可说无不取法于我，然而彼仍自有其民族性，所以中国，尽管无条件接受西洋人的科学，民族性决无消失之虞，只有发扬光大。次于科学的，则民族自卫的武力，亦宜为相当的提倡。这并非像西洋人一般，专讲发展自己，视他人如"物"，到他认为于己有妨碍时，便拿来作牺牲品。实在人在世界上，要求生存的权利是有的。到他人要妨害我的生存时，我们自然也不能不迫而自卫。中国民族，近一千年来的创痛，都失败在武力不足上，已如第五、六、七三章所述。于此点，我民族中任何一员，都不可不猛省的。

自五口通商以来，可以说是我民族受外力压迫的时代。自戊戌变法以至于今，可以说是我民族受外力压迫而起反应的时代。前此固非全不认识西洋人的长处。买枪炮、买兵轮，进而至于自己立船厂，设制造局……也算觉得西洋人的长处了。然而总以为西洋人的长处，不过如此。此等一枝一节之事，民族间互相仿效，是常有的事，中国最切于生活之物，如木棉的栽种、纺织，来自南洋；蔗糖的煎熬，出自摩揭陀国。见《唐书》本传。算不得文化的大变动；所以也算不得我们民族的有觉悟。到中日之战以后，就不然了。我们知道他们之所以强，并不在于这些械器之末，而另有其根本的。于是始而想变法维新，仿效其政治。继而拟议及于政体。再后来，就知不仅是政治，军事……一部分的关系，实在整个社会，都是有关系的。于是所拟议的,遂及于社会组织,学术思想……根本的问题。到这时代,我们可谓承认我们的文化,有改造的必要了。我们也可以说:业经走上改造的路了。我们的觉悟,并不算迟;我们所走的路线,也并没有错;至于一时未能见效,则事情的体段大了,原非旦夕所能奏功,这并不算无成效。我们不必因此灰心,反当益励其勇气。

试看我们国内:反对改革的人,可说是没有了。改革的事,也在逐渐进行。然而我国民族性的坚强,依然如故。除极少数有特别原因,或性质偏激者外,对于本国的文化,依然珍视,绝无鄙夷不屑之意。在国外的,爱国、爱民族之心,尤其深切。华侨对于革命的功绩,是众所共知的。外蒙古、西藏等,虽然受着帝国主义者的诱惑或迫胁,一时似有离心的倾向。然而这不过是少数人的所为,多数民族,心理未必如此。这少数人,虽然一时被诱惑、迫胁,然而帝国主义者的对待异民族,是以优者胺削劣者,甚而至于屠灭劣者的,和我国以优者提携劣者,启发劣者的,大不相同;积习难移。现在被诱惑的少数人,终有回面内向之一日。而且此事并不在远,只要我国政象一清明,国事一安定,立时可以实现的。而政象的不清明,只是表面上的翳障;大风一起,即阴霾皆散,四野清明。到这时候,我民族现在暗中所做的工作,就一一显出效力来了。光明已在前途了!只在不远的前途!请努力以赴之!

芮恩施公使说得好:“从各方面情形看起来,中国已是一个完全发展的民族了。……蒙古、西藏,虽因宗教关系,有种种特殊的社会制度和习惯,然而主要部分的语言、风俗和种族系统,已足使中国国家根基稳固。”Rheinsh(芮恩施),前美国驻华公使。此处所引之说,见其所著《平民政治基本原理》(罗志希译,商务印书馆本)。何况以前事观之,现在未同化部分的同化,也总是可以实现的呢?我请再将欧洲的罗马和我们自己,作一比较,以壮读者之气。

在世界史上，可以和我们比较的国，只有一个罗马。然而罗马早就灭亡了。这是为什么？因其只造成国家，而未造成民族。罗马的兵力，何尝不强？其疆域，何尝不广？其治法，何尝不完备？其宫室，道路……物质文明，何尝不堂皇富丽？然而一解纽，就风流云散，不可收拾了。欧洲再没有一个大帝国出现了。各民族各自发展，分歧的益复分歧，而且日趋固定，遂成为欧洲今日的局面。为什么罗马不会造成民族呢？即由于罗马人的政策，近于朘削四方，以庄严罗马；这就是朘削异民族以自肥。所以"爱人者人恒爱之，敬人者人恒敬之"；惟不歧视他人者，人亦不能与之立异；在民族与民族，个人与个人之间，并无二致。这就是我国民族，可以为世界民族模范之处；亦即从前的所以成功。从前业已成功了，今后还宜照此进行。

虽然如此，民族主义也是不可以忘掉的。我们非不赞成大同，在距今二千五百年前，我们的大圣人孔子，就早将大同的理想，昭示我们了，难道我们不赞成？但是我们作事，眼光要看得极远，脚步要走得极稳；要以最高远处为目标，而从最切近处做起。大同的理想，未尝不高，然在今日，实苦无从着手。现在能自觉其为一国民、一民族员的人甚多，能自觉其为全世界人民中的一员的人很少。欲有所借手，以自效于本国家、本民族之途很多，而欲有所借手，以自效于全世界之途甚少。这并非我们偏狭，现在实际的情势，实在如此。我们也并非就把大同主义抛弃，却必须有一着手之途。于此，当知致力于部分的，与致力于全体无异。现虽致力于部分，至其结合成一体时，其功效仍在，并不亡失。而且现在对部分的致力，亦正所以促进其结合的过程。若竟要致力于全体，其如各部分尚未结合，全体并无其物何？现在世界上各种特殊的文化，都是将来大同时代文化的源泉。我们要尽力于大同，要尽力于全世界，对于本族的文化，就不可不善自保守，发扬光大。国籍可以在短期间内取得，民族员的资格，是不能的，可见其非短时间所能造成。凡非短时间所能造成之物，亦必非短时间所能毁弃，因为其确有客观上的需要。所以民族主义，在今日是值得提倡的，而且是必须提倡的。只不要过分陷于偏狭就是了。

第十章　中国民族演进的总观察怎样

中国民族的演进,在以前九章中,业已粗枝大叶,说得一个概略了。我们现在,请再用综括之法,观察一个演进的总趋势。

民族是以文化为特征的。文化的差异不消灭,民族的差异,也永不消灭。但所谓文化,并不是永远分立着的。文化的本身,是在或急或缓,一息不停地变化着的。而且其变化,总是日趋于共同。世界上各种文化,果能彼此混合,而发生一种"世界的文化",原是极好的事。但其事非一蹴可几;而各种文化各别的发达,正是世界文化的预备。因为现在的人类,既处在各种不同的环境中,自有各种不同的需要;而满足各种不同需要的方法,亦自宜在各种不同的环境中造成。所以世界上各个民族,对于世界全体,可以说是都有贡献的。(一) 自己发达其文化,(二) 亦不阻碍他人文化的发达,实为各民族对于世界所应负的责任。

造成文化的分立,地理可以说是一个最大的原因。地表的形势,和自然地理上其他的条件,把人类所住居的地方,分成许多区域。各个区域之中,人类的自然环境,既不相同;而彼此往来,又受限制;自然造成各种不同的文化。文化是有传播的性质的。一种特殊的文化,往往向其四围而显出辐射的作用。如此,两种不同的文化相遇,劣者便被优者所消灭,这就是文化的所以日趋于共同。在现代,世界大通,全世界上各种文化,都已互相接触了。以前虽不能如此,但在一个较小的区域中,其文化亦时时互相接触。这所谓区域的大小,是并无一定的。大概时期愈早则愈小,随着交通及社会的进步而扩张。在现代世界大通以前,葱岭以东,喜马拉耶山系以北,阿尔泰山系以南,略与今日中国的国界相等,可以说自成为一个文化区域。在此区域以内,彼此的文化,关系较深;对于这一个区域以外则较浅。在此区域之内,中国是文化的中心。其文化,不断向四围辐射。过去数千年的民族,被同化于中国的,已不知凡几;而此项作用,现在还在进行;将来很有把这一区域内的民族,陶铸为一的希望——虽然现在还没有完全成功。

我们若校勘其已往的成绩,大概的情形是如此:

(一)就中国本部而论,则黄河流域,开化最早;长江流域次之;珠江流域又次之。这是民族的开化,要在寒暖适中的地方,太寒太暖,都不相宜之故。就此点论,黄河流域,在东亚,可谓最为适宜,遂成为本区域中文化最先进之地。

(二)以地味论,本部以外,关东三省,可称最为优良的地方。但以其气候较寒,距文化中心地较远,所以其开发较迟。直至公元七八世纪间,渤海建国,而其土著的民族,才有显著的进步。但是其开发虽迟,而进展则速,在近二百年中,十之八九,都已和汉族同化了。

(三)新疆、蒙古,地势上合为一高原,是一个干涸掉的内海。蒙古全体成为一大草原,最适宜于畜牧。以前的生产方法,不能变更这地理上自然的条件。所以自古以来,蒙古地方总是游牧民族所居住。而游牧民族性好侵掠,遂成为中国民族的一大威胁。直至最近三百年内,佛教输入其地,而其性质始行变更。天山南路,可居的多是沙漠中的岛屿(泉地)。此外则天山之麓。地势不利于统一,所以自古无强大之国。却是其地早有定住之国；其剧烈变动，远较蒙古地方为少；又去西南亚均近，所以自古就能吸收西方和印度的文化；而至现在，遂成中国境内回教的大本营。中国如能骛心域外，这一条路，实在是和回教民族互相提携的好媒介。

（四）青海、康藏高原，地势较闭塞，地味亦较瘠薄，所以接受中国的文化较难。此区域中，地势较平坦，地味较肥沃的，自然要推雅鲁藏布江流域；其和文化早开的印度，亦最接近，所以西藏最初的开发，实受印度的影响；后来的文化，亦以承受印度的为较多。西藏的文化，虽非纯受诸汉族，然而汉族和印度的文化，关系也是很密切的，所以两者之间，并无扞格。而自喇嘛教盛行以来，能够潜消蒙古人犷悍之气；并能以此改变羌族的风俗，而使之日趋于统一，使汉族的同化，更易为之。所以喇嘛教的传播，于中国民族，影响亦是很大的。

（五）至于本部的西南各省，山岭崎岖之地，虽有苗、粤、濮三族杂居，然以地形论，不能自成一区。所以这诸族，在很早的时期，就成为中国国内的杂居——非国外的对立的民族。其同化，总是迟早问题。

新世界的文明，未能发扬光大。旧世界的文化，则因其环境的各异，而各有其特征。其最有特色，各为一个特定区域的中心的，共有三种：即（一）中国文化，（二）印度文化，（三）西洋文化。此三种文化，可谓各有其特色。而中国文化，最注重于人生的实际问题，即人与人相处的问题，所以于同化他民族，为力最伟。为什么呢？中国文化的特色，在于宽容、伟大。自己的文化，极其伟大，而对他人的文化，则极其宽容。几千年来，住在我国内的弱小民族，保守其固有的语文、信仰、风俗……我们都听其自然，不加干涉。照近来学者的意见：一个民族，对待别一个民族的文化，应该同其对待宗教一样，即听其自由。欧洲人固执太甚，前此因为争教，想消灭他人的宗教，推行自己的宗教，不知道引起多少纠纷。到近来才觉悟了。然其对民族的文化，还不觉悟。总想用强力消灭他人的文化，使之同化于我。而不知其适足以引起纠纷。所以主张民族主义的人说："欧洲的纠纷，并非民族主义之过，乃是阻遏民族主义之过。"这句话，真可谓一语破的了。关于此，只有中国人的见解，最为聪明。所以绝不用强迫手段，而其所成就，反较欧洲人为优。复次，则中国人的理想，以"易"与"中庸"为其根本。因主张"易"，则看得一切事，都不是不变的，而且都是应该变的，所以易于吸收他族的文化。因主张中庸，故其所以自处，都是合理的。人谁不要合理呢？要合理，就不得不同化于我。现在未能合理的人，辗转迁流，又谁能不终归于合理呢？到归于合理，就同化于我了。这就是中国文化所以伟大之处。但是一种文化，总不能无阙失的；而一件事情的长短，亦往往互相依倚。中国文化的短处，即在其过注重于人与人的关系，而对于自然，太被忽视，以致自然科学，不能发达，而其制驭自然之力不强。亦因其过于宽容，不注意于人为的侵害，所以武力衰退，有时要受异族的压迫。印度文化，已经有一度的接触了。现在正和西洋文化接触。而西洋文化，制驭自然之力极强；他们习惯于对付自然，有时对于人，亦视之如物，足以为自己发展的障碍的，亦不免当作物，把他来排除；所以其侵略性质亦颇甚。我们于此，不可不兢兢注意。

虽然和西洋文化的接触，一时似乎临于危机，然而这正是我民族革新的好机会。因为文化之为物，达于一定的程度，是要发生平衡的现象的；非加之以刺激，则不能大变。西洋文化，和我既然各有所偏；他之所长，正是我之所缺；那正是我民族文化的好养料。我们能好好的吸收他，消化他，一定使我们的文化，更有崭新的进步。同理：我们的文化，也一定能发扬其光辉，矫正他人，补益他人，这便是我民族对于世界的贡献。

民族的自信力，是不可以没有的。近来有人，因中国一时的衰败，不说是政治、经济……关系，竟怀疑到中国民族的能力。甚而至于有人说："中国民族，已经衰老了，不可复振的了。"这真是妄自菲薄了。我们只看见个体有衰老，几曾见集体有衰老的呢？况且我们民族，不如人之处在哪里？知识不如人么？能力不如人么？人家做过的丰功伟烈，我们哪一件没做过？我们创建如此一个大的国家，经历数千年，而依然完固；我们吸合四万万人为一民族，从没像欧洲这么支离破碎，有不断的斗争；亦没有像印度这样，文明虽古，而种族错杂，语言错杂，阶级森严，自古以来，到底曾否有过印度国，现在的印度人，能否称为完全的一个民族，迄今还是疑问。只这两端，便足以表显我们的能力。我们现在，所以陷于困境，寻根究柢，不过近数百年来，科学的发达，比西洋人迟了一步。其他都是枝节问题；科学一发达之后，便都不成问题。科学不过是人所发明的事情，难道有什么学不会，赶不上的么？请再追想我民族居于此土之久。这一片土地，好一片适宜于发生高等文化的土地，我们利用它，已经好几千年；现在此种文化，正要发扬其光辉于世界；亦惟有我民族，最适宜于改进此文化，扩大此文化。我们要追想已往的光荣，我们亦勿忘掉已往的创痛；我们要懔然于目前的危机，我们要负起目前的责任；我们要服膺孙中山先生的民族主义；我们该鼓起民族复兴的勇气。

中国民族万岁！

附录一　参考书

关于中国民族的著述，现在颇形缺乏。我今酌量介绍三种于下，以供参考。第一种是研究民族的理论的。第二种是记载中国民族过去的史迹的。第三种是记载中国民族现在的状况的。

《民族论》　伯尔拿·约瑟（Bernard Joseph）著，刘君木译，民智书局出版。定价银八角。

> 此书共分廿四章。第一章名词的厘定，系说明有关民族的各名词的意义，并纠正种种误解及滥用。自第二至第十章，都是说明民族因素的。第十一章，论民族的起源和发展。自十二章至十八章，则广论世界上各个民族。虽然多与中国无涉。然而不啻是理论的证明；而且可以知道世界各重要民族的状况，和中国作一个比较：对于了解世界历史，又是一个帮助，所以读之亦极有益。第十九章以下，说明民族的本质及其功能，以及民族与国家及大同主义、国际主义等等的关系。此书理论颇为正确，却并不十分难解。我们必先了解民族的意义如何，乃可进而研究民族的历史。所以就参考书而论，此书实应首读的。

《中国民族史》　吕思勉著，世界书局出版。定价银一圆二角五分。

> 此书内容，专门的考据颇多，我本不想把它介绍给普通的读者。但是中国民族史，现在专著太少，不得已，勉强用以承乏。但为普通读者计，却亦有一优点，即其于各族的文化，叙述颇详，不徒可见各族进化之迹，且亦颇有趣味。此书将中国民族，分为十二族：（一）汉族。（二）匈奴。

（三）鲜卑。（四）丁令。（五）貉族。（六）肃慎。（七）苗族。（八）粤族。（九）濮族。（十）羌族。（十一）藏族。（十二）白种。于各族的源流及其支派，分得还算清楚。读者取其普通的叙述和议论，将于专门考证之处，暂且搁过亦好。

《中国民族志》 张其昀撰，商务印书馆出版。定价银六角。

此书凡分八章：第一章，中华民族发展史。第二章，中华民族之现状。第三章，海外华侨与祖国之关系。第四章，移民实边政策。第五章，原始民族之开化运动（这一章是叙述西南诸族，和东北森林地带诸小民族的）。第六章，西北回教徒之分布。第七章，外蒙问题与西藏问题。第八章，中国之民族精神。卷首另有"纲要"一篇，摘述各章的大要。此书是详于记载现状的。作中国民族演进史，其势不得不偏于既往；对于现状，其势不能甚详；此书很可以补其所不足。全书分量不多，叙述颇为简明，用作普通参考书，实在很为适宜。

附录二 复习问题

（一）构成民族的条件，有哪几种？这些条件，是一定不移的？还是因时地的不同而有出入？

（二）构成民族的条件中，以哪一种或哪几种为最重要？

（三）试述种族与民族的区别。

（四）中国现在，可否采用罗马字母，将中国文字，改为拼音？

（五）"宗教和风俗，都有使人民趋于协同一致的力量"，这句话确否？如其是确的，这一点，可否算做宗教风俗，对于民族的构成，有相同的作用？其同异的作用又如何？

（六）民族的构成，何以必须有外力这一个条件？

（七）民族成立在先？还是国家在先？如其都有的，还是民族造成国家的好？还是国家造成民族的好？

（八）何谓民族国家？

（九）研究古代历史的，何以必须借助于神话？神话之外，何以还须借助于考古学？考古学与神话，所能考得的时代，孰长孰短？

（一〇）从考古学上看来，中国民族，住在中国地方，为时久暂如何？假定中国民族，是从别地方迁徙来的，其迁徙的形迹，在神话及历史上，是否有考得的希望？

（一一）孔子所说的大同，是有事实为根据的？还是理想之谈？

（一二）有人说："中国的文化，全以农业社会的文化做根柢。"这句话确否？

（一三）有人说："炎帝是河南农耕之族，黄帝是河北游牧之族；炎族的文明，是中国文化的根柢；黄族的武力，是中国所以成为大国的原因。"这句话确否？

（一四）中国民族，最初的根据地，是黄河上流？还是黄河下流？

（一五）中国民族，是怎样向长江流域发展的？

（一六）何谓氏族？何谓部落？二者与民族的关系？孰为切近？

（一七）古代在中国的土地上，汉族而外，共有几族？这许多民族，如何把他分做南北两派？南派的性质如何？北派的性质如何？汉族是否可称为中派？其性质如何？

（一八）古代所谓华夏，与夷、蛮、戎、狄的区别，是否含有以文化为标准的意思？

（一九）封建制度和民族发展的关系如何？

（二〇）中国在古代，言语统一到什么程度？政治和风俗统一到什么程度？

（二一）中国民族，何时开始向珠江流域拓展？何时完成其政治上的统一？

（二二）两汉时代，中国民族，向中国本部而外开拓的方向如何？所开拓的，是现在的什么地方？

（二三）为什么住居在蒙古地方的民族，在历史上常成为中国民族的强敌？自汉至今，住居于蒙古地方的强大的民族，共有几种？

（二四）汉代管理西域的方法如何？其注意于南北两道，和现代的政策，是否有相似之点？

（二五）五胡怎样会迁入中原？设使他们始终在塞外，未入中国，其情形将如何？设使晋初实行徙戎之论，将他们都迁出塞外，其结果又将如何？

（二六）汉族与五胡民族相处的状况如何？

（二七）十六国中，最重要的是哪几国？属于什么民族？

（二八）为什么五胡民族，久居内地的先灭亡？留在塞外，后来迁入的，强盛较久？

（二九）北魏孝文帝的改革，对于鲜卑民族，利害如何？

（三〇）佛教的输入，为什么不引起宗教上的斗争？佛教对于五胡民族的同化，是有助力的？还是有阻力的？

（三一）有人说："夫余的灭亡，是东北一件很重大的事。"其理由若何？

（三二）汉唐两代的武功，同异之点若何？

（三三）试述回族的起源。

（三四）试述藏族的起源。

（三五）试述满族的起源。

（三六）有人说："唐代藩镇的兵强，所以外夷不能侵入；宋代废除藩镇，是外夷侵入的要因。"其说确否？

（三七）燕云十六州的割让，中国所受的损失如何？

（三八）辽、金、元、清的性质，与五胡有何异同？其民族性较诸五胡，孰为显著？

（三九）辽、金、元、清的侵入，和民族武德的盛衰，关系如何？

（四〇）有人说："元、清的侵入，汉族所建立的国家，暂时灭亡，其民族则并未摇动。"此说如何？

（四一）满清强迫剃发，激起汉族很大的反抗，为什么今日中国人民，会自动剪发？

（四二）满清对待汉族的手段，有何比前代的异族，更酷烈之处？

（四三）中国民族向南洋拓殖的成绩如何？

（四四）近代满、蒙、回、藏地方情形，与前代有何不同？

（四五）喇嘛教的传播，对于中国民族问题的影响如何？

（四六）中国在现代，民族问题，何以较前此特别严重？

（四七）中西文化的特质，同异若何？西洋文化与印度文化的同异若何？

（四八）试举外人压迫我民族文化的实例。

（四九）何谓民族复兴？

（五〇）有人说："就民族的立场论，中国民族，可称为民族的模范。"其说如何？